美国学与国际研究

American Studies & International Studies

（第1辑）

王波　主编

世界知识出版社

图书在版编目（CIP）数据

美国学与国际研究. 第1辑 / 王波主编. —北京：世界知识出版社，2021.12

ISBN 978-7-5012-6355-4

Ⅰ. ①美… Ⅱ. ①王… Ⅲ. ①美国学—文集 ②国际政治—文集 Ⅳ. ①K712.0-53 ②D5-53

中国版本图书馆CIP数据核字（2021）第005094号

书　　名	美国学与国际研究（第1辑） Meiguoxue yu Guoji Yanjiu (Diyiji)
主　　编	王　波
责任编辑	张迎辉
责任出版	赵　玥
责任校对	张　琨
封面设计	邓　燃
出版发行	世界知识出版社
地址邮编	北京市东城区干面胡同51号（100010）
网　　址	www.ishizhi.cn
电　　话	010-65265923（发行）　010-85119023（邮购）
经　　销	新华书店
印　　刷	北京虎彩文化传播有限公司
开本印张	710毫米×1000毫米　1/16　22¾印张
字　　数	413千字
版次印次	2021年12月第一版　2021年12月第一次印刷
标准书号	ISBN 978-7-5012-6355-4
定　　价	79.00元

序

本书是“美国学与国际研究”公众号的线下产品之一。2018年6月12日，我开通了“美国学与国际研究”个人公众号。当时我只是想尝个鲜，试试运用新媒体推进学术研究和公益学术，推送一些个人、学生以及朋友们的学术成果，让更多的人分享学术思想和学术心得。但是，有些事情一旦开头，结果往往无法预测，个人经常无法左右，甚至被推着不断向前再向前，于是有了许多意想不到的结果。

虽然公众号只是个人号，但是受到朋友圈较多的关注和欢迎，学术界的朋友提出了一些建议。特别是随着公众号粉丝的增加，随着公众号影响力不断扩大，我的一些同事和学生，主动加入团队，帮助我分担这项既无经济收益又默默无闻的公益学术事业。团队的力量是惊人的，公众号在推送过程中逐渐形成了一些特色。比如，从不定期推送到坚持每天推送，而且开设了周末观察、专题研究等栏目。特别是它立足于外语学科，每周定期推送晨读美文、双语时事等，希望通过这些学术传播工作有益于学生和外语学习者学习语言，了解外国文化，推动中国的美国学与国际研究事业，这也是呼应国别与区域研究的现实需求。这里尤其要感谢许戈辉、朱江甫两位我的在读硕士研究生，虽然是我手把手教会了他们如何编辑公众号，但是年轻人的思维往往比我更活跃，他们不仅协助我常态化编辑文章，做好推送等各项准备工作，大大减少我的工作量，而且经常为我出谋划策，提出好的建议。同时，我要感谢我的同事王慧玉老师和优秀的本科学员曾文冷，她们每周编辑晨读美文，还要感谢我的翻译硕士研究生周婧扬同学，她坚持每周编辑双语时事。正是他们的辛劳付出，让一切变得可能，一切变得轻松，一切变得更加美好。

2019年6月1日，受到公众号的启发，我发起并组织了江苏省首届美国学与国际研究论坛。来自北京外国语大学、上海外国语大学、外交学院、南京师范大学、东南大学、中国社会科学院、军事科学院、中国人民解放军国防科技大学等国内几十所高校或科研机构的老师参会，这是一次全国性的国别与区域研究会议，也是外语人召集的美国学领域首次论坛。学者们共同研讨，收到了意想不到的效果。受到论坛启发，当时我就萌发了编辑《美国学与国际研究》年度文集的想法，希望搭建更多学术平台，服务国别与区域研究学术阵地；同时，也想把公众号的部分原创文章编辑出版，让更多的人分享。想法说出来之后，得到同行的认可与支持。我的第一个博士毕业生、三江学院的尚洁老师与我的在读硕士生许戈辉一起协助我编辑整理文稿，付出了大量劳动。特别希望这个文集顺利出版，并且长期坚持下去，最终成为国别研究领域有影响力的学术文集。这里尤其要感谢《世界知识》杂志社的范庆华老师。在过去20多年时间里，我有幸在《世界知识》杂志发表过一些文章，范老师是我的编辑之一。在得知文集出版遇到困难后，她第一时间帮助我联系世界知识出版社的编辑张迎辉老师，选题构想得到了出版社领导的大力支持，第一时间通过了选题。

2019年12月20日，我还成功组织了第一届美国学教研工作坊。虽然参与者主要是我院一些老师和研究生，但效果出奇的好，它在多个层面促进了美国学教研工作。回顾短短一年多时间，从线上到线下，从虚拟到现实，我有了许多意想不到的收获。这些都是始料不及的。我从1993年攻读英语语言文学硕士学位开始从事美国研究，已近30年。看到国别与区域研究得到越来越多的学人认可，并被确立为外语学科的基础之一，真的是感慨万千、十分欣慰。希望通过自己的绵薄之力，可以为当前中国的国别与区域研究实实在在做点贡献。同时，我也希望通过这些方式搭建一些新的学术平台，让更多的人有机会表达，有机会分享，有机会讨论，共同促进美国学在中国的发展和建设，为中美深层次对话做出自己的贡献。

《美国学与国际研究（第1辑）》的主要内容包括首届论坛成果汇编、公众号周末观察和专题研究栏目部分原创文章及少量征稿录用文章。为了压缩篇幅，本文集删除了论文摘要、关键词和参考文献。不妥之处，敬请作者和读者谅解。文集整理完成之际，正值寒假。这是一个非同寻常的寒假，举国上下正在全力抗击新型冠状病毒。我不是医护人员，无法战斗在抗疫第一线。做好自己的本职工作，尽快将文集编辑完成就是我的职责。

傍晚时分，南京飘起了2020年的第一场雪。这应该是入冬以来南京最冷的一个晚上。尽管如此，已经立春，冬天即将过去，春天不远了。

王　波

2020年2月15日

于雪夜南京

目　录

论坛成果汇编

构建中国的美国学概念与学科体系
——首届“美国学与国际研究”论坛综述................王　波　章瀚夫　3
外语院校国别与区域研究人才培养模式研究：以北京外国语大学美国研究中心为例................付美榕　10
美国学教学与英语专业学生跨文化思辨能力深耕
——基于《美国社会与文化》本科课程实践的探索................林　玲　21
美国霸权的兴衰逻辑................赵一凡　28
双重的“他者”
——亚裔女性在美国女权运动中的独特障碍................陈丽颖　44
“美国（人）”还是“美洲（人）”？
——对克雷夫科尔《农场主信札》中America（n）的理解和翻译问题................黄卫峰　57
美国人身份认同的核心：信念与文化之争................李　静　70
外交视角下乔治·华盛顿与伍德罗·威尔逊比较研究................黄彩梅　78
美国智库的功能和运行机制................孟　磊　84
美国文官的自由主义思想与军事决策................尚　洁　99
美国霸权思维下太空军事能力建设................赵蔚彬　108
美国军事行政救济法律制度研究................刘　颖　125
美军外语战略之人事管理保障机制研究................陆丹云　134

试析冷战后美军战俘工作成效与问题……王焕定 148
2020换届选举对美国气候政策的影响……邹晓龙 156
赠地法案对美国高等教育的影响……朱宏清 166
美国军售牌能打多长？……王　安 176

周末观察文选

我看特朗普的贸易战……王　波 187
我看特朗普的移民“新政”……王　波 189
“后真相”时代的媒体人和社会人应该有怎样的新媒体观？
——从美国说起……王　波 193
为何美国的公立学校不允许出现有组织的祷告活动？……王　波 196
第二次提名大法官：特朗普有望登上权力巅峰？……王　波　李永佼 200
为何美国的“政治正确”不正确了？……王　波 206
改革与重塑：特朗普签署《2019财年国防授权法案》……许戈辉 210
罕见：特朗普与媒体的世纪口水大战……王　波 215
美国在南太平洋地区战略调整的动向及影响……肖　欢 218
特朗普与媒体之争背后的党派因素……王　波 226
当前美国军事智能化建设……鄢　瑞 228
麦凯恩离世：分歧之下，独行侠退场……许戈辉 234
艰难上任，仍需战战兢兢
——卡瓦诺提名背后的政治较量……李永佼 239
美国民众并未因美国挑起对华贸易战而反感中国……翟石磊 243
我看2018年美国中期选举……王　波 245
风波迭起：“特”翁又失“马”？……许戈辉 249
中美正在滑向全面冷战吗？……刘惠华 254
“软实力”如何为我所用……金衡山 256

科教在中美关系中的地位与作用……马秀山 260
我们离“后特朗普时代”还远吗？……刘惠华 262
汲取“共享历史”智慧，促进中美民间友好……倪建平 265
高科技手段在美军外语能力建设中的运用……王 萍 270
“同”与“不同”、历史文化传统、技术变革：影响2019年
中美关系走向的因素……王 波 279
美国政府“停摆”动因探究……顾 元 283
老布什离去，伟大一代的落幕……许戈辉 287
奥斯卡奖政治逻辑的演变
——基于2013年至2019年美国电影艺术与
科学学院奖的研究……武 洋 293
到底谁控制孔子学院
——解读美国审计署报告……江振春 297
浅谈美军的荣誉激励……许戈辉 299
从特朗普推特看新媒体对美国民粹主义政治生态的影响……章瀚夫 301
世界资源研究所的产品及传播……孟 磊 304
2020年美国大选再现“反特朗普式”候选人……章瀚夫 308
美国国土安全部高层频繁洗牌……许戈辉 310
废除“奥巴马医改法案”，特朗普还有“招”吗？……荣 霞 315
米勒出席国会听证会，2020年大选角力拉开……许戈辉 317
斯金纳事件引发的思考……王 波 320
特朗普时代的美国外交将何去何从？……刘惠华 324
美国国会纪念北美黑奴贸易400周年……王 波 328
美国在叙利亚正被边缘化……许戈辉 330
弹劾：权力的游戏2020……章瀚夫 332
如何看待美国的民意……王 波 334
重新认识美国的外交传统……王 波 337

拉美裔人口增长对美国总统大选影响探析
——以加利福尼亚州党派转向为例……许戈辉 340
美国弹劾制度与被弹劾的总统……黄彩梅 347

论坛成果汇编

构建中国的美国学概念与学科体系
——首届“美国学与国际研究”论坛综述*

王　波**　章瀚夫***

一、论坛简介

由江苏省高等学校外国语教学研究会主办、国防科技大学国际关系学院承办的首届“美国学与国际研究”论坛于2019年6月1日在南京召开。在开幕式上，国防科技大学国际关系学院院长王京武高度肯定了论坛的学术价值与现实意义，指出中美关系的良性发展既需要政策界高屋建瓴的通盘考量，也离不开学术界细致入微的学理思辨，希望论坛能够有助于美国学研究学术共同体的形成，为国家外交与对外战略贡献智慧与力量。江苏省高等学校外国语教学研究会会长李霄翔认为，论坛开创了江苏省乃至全国立足外语学科、博采跨学科视角探讨国别与区域研究的论坛之“先”，为本领域跨界交流、互促并进提供了重要学术平台。论坛发起人、国防科技大学国际关系学院王波主持了论坛开幕式和闭幕式。

论坛邀请到中国社会科学院外国文学研究所研究员赵一凡、外交学院副院长孙吉胜、北京外国语大学美国研究中心主任付美榕、上海外国语大学美国研究中心主任林玲、郑州大学特聘教授潘志高、《当代外语研究》主编杨枫、广西艺术学院蔡昌卓、军事科学院赵蔚彬、南京师范大学外国语学院汪凯等

---

* 本文已发表于《当代外语研究》2019年第4期。

** 王波，国防科技大学国际关系学院美国研究中心主任，教授，博士生导师，主要研究方向为美国学、国际传播、英语教学、翻译研究。

*** 章瀚夫，国防科技大学国际关系学院外国语言文学专业博士研究生，主要研究方向为美国学。

十位美国学及其他国别与区域研究学者做主题发言。来自全国军地院校及科研机构60余名专家学者及国别与区域研究者参加了论坛。首届论坛立足外国语言文学专业，融合跨学科方法，着眼美国学各研究领域，博采其他国别与区域研究视角。学者们就中国的美国学，美国学教学与学科建设，美国的文学、文化与社会，美国的政治、军事与外交以及国别与区域研究的跨学科问题等多元议题进行了深入的探讨和交流。

二、中国的美国学学科基础

作为当今国际社会地位和作用非常突出、与我国交往极其密切的国家之一，美国一直倍受学界关注，美国研究也因此成为国别与区域研究一个重要方向。学者们普遍认为，外国语言文学专业具有从事以美国研究为代表的国别与区域研究的优势与基础。2018年教育部高等学校教学指导委员会制定的《外国语言文学类教学质量国家标准》，将国别与区域纳入外语类专业学生的知识要求，确立了国别与区域研究在外语学科的合法地位。江苏省高等学校外国语教学研究会会长李霄翔在论坛开幕式上指出，语言能力对深入了解和研究美国有着不可或缺的作用，外语专业的学者和学生在此方面享有得天独厚的优势。与此同时，在培养和运用语言能力技巧基础上开发跨学科思维能力，应该成为外语人的社会责任和历史责任。事实上，美国研究成为外语专业一大分支已有较长时间。以北京外国语大学、上海外国语大学等为代表的知名外语院校在英语院系都设立了相应的国别研究中心，作为外语学科的研究领域，培养本硕博等各层次学生，已有相当长历史。北京外国语大学美国研究中心主任付美榕介绍，北京外国语大学在1979年就成立了美国研究中心，逐渐发展出相对独立的课程体系与专业的师资力量，40年来培养了大量专于美国问题研究的毕业生。论坛学者一致认为，从目前外语学科美国研究方向已有研究成果和课程体系看，外语专业已经历了从研究美国文学、文化，拓展到解读美国语言、文学、文化、社会、教育、宗教、政治、外交、军事等各方面的研究领域。

立场是国别与区域研究中的一个重要因素，因为该研究本身就富有地理归属的色彩，具有研究他者的目的。论坛学者们认为，当前中国在国际事务中发挥着越来越重要的作用，为了使学术观点更好地服务于决策，有必要立足中国立场，表达中国观点，建立中国范式，打造“中国的美国学”。为此，学术研究必须着眼国家利益发展需求，立足重大现实问题。原解放军外国语学院教授、现郑州大学特聘教授潘志高提出，从事国别与区域研究要有家国情怀，充分认识该领域的重要性和重要作用。原解放军外国语学院的一项经验是引导学生从全国“两会”报告中明确选题导向，选择富有现实意义的课题进行研究和论文写作。从本届论坛发言内容看，在基于对现象和问题的客观研究之上立足我国国情提出建设性、针对性意见和建议，已成为美国研究中较为常见的做法。

三、“美国学”的学科建设

美国研究乃至其他国别与区域研究的定位问题受到论坛学者高度关注。长期以来，美国研究是外国语言文学、政治学、社会学、历史学等诸多学科学者均有从事的工作。然而，包括美国研究在内的国别和区域研究的地位仍不稳固，往往不被认为是相对独立的学科，论文发表比较困难，学科壁垒导致高质量论文无刊可投、无刊录用的情况并不罕见。哈佛大学博士、中国社会科学院外文所赵一凡研究员援引其在美国的求学经历指出，美国学在美国是一个独立的专业，是区域研究的一支，类似于俄苏研究、中国研究，强调通过跨学科的综合性研究把握美国这个宏观主体。美国学人才应当精通美国的语言文化，熟悉其历史地理、政经传统，要有能力针对美国的变革趋势，长期跟踪研究，加以分析和评估。然而，目前国内学科过度切割，方向单一，外语专业学生多数从事翻译工作或文学、语言学研究，不易培养出与我国国力相称的研究人才。因此，外语院校非常有必要开设更多美国研究的相关课程。赵一凡从托克维尔民主思想、现代性之于美国、美国史上的三轮危机、摩根关于美国的核心悖论、美国的帝国主义、尼布尔神学思想、阿瑟·施莱辛格对美国世纪的批判、吉尔平的帝国发展理论等多个方面分析了美国，并借此论证了美国学是什么样的学问、美国学应该如何做的问题。国防科技大学国际关系学院王波提出，有必要在外国语言文学一级学科框架下倡导美国学学科建设，甚至建立独立的美国学学科，概念上区别于美国研究：前者是一个系统的学科知识体系，后者则是分属于不同学科的一个宽泛的学术领域。中国的美国学应从美国历史文化视角，深度解读美国文明，促进中美两个不同文明之间的对话，服务于国家对外战略需求。王波进一步倡议，构建美国学学术联盟，推动美国学跨界交流、共建共享，这一倡议得到论坛学者一致认可与支持。

论坛学者积极讨论了美国学“学什么”的问题。近年来，越来越多的高校开设包含美国研究方向在内的国别与区域研究课程甚至专业。但值得注意的是，较长一个时期以来，外语专业的相关课程主要集中于文学、文化和历史，政治、经济、社会、环境等课程相对缺乏，研究方法训练也远远不足。有时候，美国研究方向学生的翻译、语言学和文学课程甚至要多于美国研究的相关课程。翻译、语言学和文学是外国语言文学的重要组成部分，其理论和方法对从事美国研究有不可否认的帮助，甚至可以促进美国学的多元化发展，为美国学提供理论与方法参考与借鉴。然而，若主攻翻译、语言学和文学的学生选择美国研究的课程多于自己主攻方向的课程，显然不正常。就此，上海外国语大学（简称“上外”）美国研究中心主任林玲分享了上外在课程设置方面的做法，包括开设《美国社会与文化》等围绕美国多元文化、政党、利益集团、宗教等传统议题的核心课程，开设聚焦医改、控枪、堕胎等当代美国社会突出公共议题的专题课堂，引入讲座、研讨、辩论等多种教学模式，创新课程评估体系，组建学习共同体等。

显然，美国学教学必须深度依靠美国学科研。只有加强美国学学科建设，才能真正做好美国学教学工作。

四、美国学的跨学科研究

首届论坛学者来自多学科背景，广用跨学科视角，美国学跨学科研究成为论坛讨论的又一大主题。2015年教育部发布的《国别和区域研究基地培育和建设暂行办法》指出，高校国别和区域研究要具备学科背景多样的研究梯队。这就明确提出了美国学和其他国别与区域研究跨学科的必要性。多数学者认为，一方面要继续深挖传统理论方法的作用，另一方面需要积极开拓，融合新理论、新方法、新途径。外交学院孙吉胜指出，跨学科研究有利于打破学科壁垒，促进知识体系贯通，从而更好地解决复杂的社会科学问题。国际关系理论就曾经历“语言学转向”，通过借助语言学的核心概念创新国际关系理论，借助话语分析解释国际关系问题。孙吉胜进一步提出，除科研外，亦有必要在学科训练和人才培养阶段就引入跨学科理念，培养青年学者的跨学科意识素养。也有学者提出，鉴于当前出现研究方法跨界融合的潮流，如何平衡学科传统和跨学科的关系是一大重要问题。研究者需要做好研究是由问题驱动还是方法驱动的区分。广西艺术学院蔡昌卓说，美国学离不开广泛的知识体系，故尽管美国学的研究方法需因课题而异，跨学科的知识体系应是一个重要前提。这就为美国学以及其他国别与区域研究提出了较高的要求。

五、美国学的新动向

2017年，新任美国总统特朗普的上台反映且进一步引起了美国社会的深刻变化。对此，学界反应迅速，美国学领域也因此呈现诸多新动态。特朗普现象和民粹主义在美国再度抬头是受到本届论坛学者最多关注的主题之一，相关论文摘要在论坛所收论文摘要中占比逾10%。南京师范大学外国语学院汪凯认为，当前美国面临的治理问题同19世纪初美国的社会形势相似，也是导致民粹主义在美国再度崛起的主要原因。当代民粹主义继承了19世纪杰克逊民主的政治遗产，强调“人民当家作主”，试图颠覆传统、推动社会进行大众化改革。南京审计大学外国语学院江振春认为，特朗普现象的实质是保守派试图借民主之名反抗自由派提出的种种价值，试图回归美国建国初期清教传统的“文化战争”之举。也有学者认为，政治传媒民主化导致政治家与选民的关系发生改变，催化了以特朗普、桑德斯等人为代表的美国民粹主义跨党派崛起。此外，也有学者试图结合特朗普政府在各个领域的政策来解读特朗普主义。国防科技大学文理学院焦新平认为，特朗普上台后用“美国优先”挑战美国外交政策的基本原则，美欧关系由此进入调整期。吉林大学公共外交学院的邹晓龙认为，特朗普政府在气候问题上立场的转变表明其更多将该议题视作政治筹码而非实际需要解决的问题。昆明理工大学外国语言文化学院李泽生解读了特朗普的非常规性谈判策略，认为该策略从长远看不利于美国利益的维护。北京语言大学培训学院的刘惠华着眼特朗普上任以来的中美关系，结合案例分析了我国对美误判在数个方面的文化原因。

美军研究继续成为军队院校和研究机构学者的关注焦点，但该领域的研究已逐渐拓展至高技术战力、情报与反情报工作、国防工业、外军智库、美军的外军研究和外军研究方法等新领域。军事科学院赵蔚彬认为，本届美国政府“美国优先”原则已渗透到美军空天能力与太空战略建设中。美军正通过机构重组、军民融合、国际合作等途径追求在太空领域的绝对安全和军事优势，试图重塑太空霸权。解放军信息工程大学孔光指出，为应对国际战略形势转变，美国战略界兴起了第四轮威慑研究，并分析了其切入点、创新点和政策意义。国防科技大学国际关系学院王萍提出，为应对国际安全形势复杂化给美国国防工业带来的挑战，美国国防管理部门开始了以“可选择性战略”为主要特点的制度改革。解放军信息工程大学肖欢选取兰德公司和新美国安全中心2015年以来针对中国军事的研究成果，分析了美国智库中国军事研究的特点，探讨了智库与决策之间的关系，提出了建设中国特色高端防务智库的意见建议。国防科技大学国际关系学院孟磊分析了美国智库发挥的三大功能，并指出智库的组织管理、资金、人才管理及研究产品等运行机制，是智库发挥其功能的重要保障。解放军信息工程大学牛立伟分析了数字化时代信息技术对美军等外军研究带来的机遇和挑战，并提出了包括素材获取、信息处理、数据库建设与使用、研究方法创新等多个方面的建议。解放军信息工程大学刘明政以美军研究为例，探讨了外军研究在国别和区域研究中的地位，并对外军研究涉及的具体方法进行了阐述。

文学、文化、历史等外国语言文学学科美国研究传统领域的学者着眼美国现实变迁和学科发展新常态，积极开发新观点。《当代外语研究》杂志主编、上海交通大学杨枫从现代性角度解读了当代美国，认为从现代性的角度讲，美国在民主氛围和公民自由等领域确有所下降，软实力也遭到削弱，美国目前正是“撕裂的一代”。南京师范大学杨靖着眼玛格丽特·富勒1844年的作品，分析了美国超验主义的社会转向。东南大学外国语学院副院长胡永辉采用多学科交叉法，发现并解读美国文学代表性作品中清教伦理思想的新问题。上海师范大学人文学院王青松基于《障碍都烧毁了》一书，探讨了小说对美国认同的推动。南京特殊教育师范学院荣霞分五个阶段探讨了近代美国对华领土构建问题的认知与政策。南京三江学院尚洁从文武关系视角阐述了美国建国时期的自由与安全观，提出文官治军原则一定程度上是被统治者政治思维的产物。

六、结语

从论坛讨论情况来看，以美国学为代表的国别与区域研究的学科建设问题在近期将成为相关领域学者关注的重点。与会学者表示，有鉴于美国学和国别与区域研究的重要性及当前国内学科建设相对滞后的现状，有必要大力倡导并及早启动以美国学为代表的国别与区域研究学科建设，从教材、师资、理论、方法等多个方面着手，依托有效平台，共创共建，推动学科建立和发展。

本届论坛开创了全国立足外语学科、博采跨学科视角探讨国别与区域研究的论坛之“先”，为本领域跨界交流、互促并进提供了重要平台。在以美国为代表的西方发达国家自身困境持续引发矛盾与改革，发展中国家面临地区性全球性问题寻求共同治理的背景下，随着我国对外开放事业的不断推进，可以预见，美国学等国别与区域研究将在相当长时期内继续保持增长。首届论坛的召开有力推动了地区乃至全国外语学科国别与区域研究领域的学科发展建设与教研平台构建，增进了国别与区域研究的影响力，进而为服务国家战略和外交大局发挥积极作用。

外语院校国别与区域研究人才培养模式研究：以北京外国语大学美国研究中心为例

付美榕*

一、艰苦奠基时期（1979—1999）

1979年中美建交之际，北京外国语大学英语系[①]在美籍华人邓炎昌教授的倡议下设立了美国学专业暨美国社会与文化教研室[②]（简称“美社”），其宗旨是培养对美国有深入了解的优秀外语人才，推动中国的美国学教学与研究，促进中美之间的交流与合作。此后20年间，“美社”在邓炎昌教授、朱永涛教授、梅仁毅教授的带领下艰苦跋涉，坚持不懈，在研究生培养方面成绩斐然，特色卓然。这大大得益于以下几个因素。

1. 美国学人才培养理念：“美社”成立之初，中心主任邓炎昌教授设立了三个基本原则。第一，广泛地开设课程。邓教授认为，要全面地了解美国，只有历史和文学是不够的，必须扩大课程范围，包括政治、外交、文化、社会等方面。第二，平衡地看待美国。20世纪80年代，刚刚开放的中国有一股以美国为榜样的风气，也有一些人在思想上仍处在冷战时期，把美国视为丑恶的帝国主义。“美社”坚持引导学生平衡地看待美国——它不是天堂也不是地狱，并探究美国为何经过200多年就成为世界最强大的国家。第三，实行全英文教学。美国研究中心的教学活动，包括课程开设、文献阅读、毕业论文撰写，都必须用英文进行。这一原则在当时中国国内的美国研究机构中绝无

---

* 付美榕，北京外国语大学英语学院美国研究中心主任，教授，博士。其主要研究方向为美国人才机制、中美教育交流史、美国经济史。

① 1994年更名为北京外国语大学英语学院。

② 2000年之后改为美国研究中心，简称“美研”。

仅有。[①]

2. 第一代教师的作用：20世纪80年代中期之后，“美社”第一代专职教师邓炎昌、梅仁毅、杨立民、吴青、朱永涛、张毓霖、林克美、陆培敏等教授开设了一批用英语讲授的美国学课程，奠定了该中心可持续发展的基础。在授课之余，邓炎昌教授用英文编写了国内第一套美国社会与文化读本。这些教师均毕业于北京外国语大学英语系并留校任教，之后到美国深造或访学。例如：梅仁毅教授作为中美建交后的中国第一位富布赖特学者，于1982—1983年在耶鲁大学研习美国外交史，回国后开设了“中美关系史”和“美国外交史”两门课程；朱永涛教授于1984—1986年在弗吉尼亚大学攻读美国史硕士学位，并于1994—1995年作为富布赖特访问学者在普林斯顿大学研究美国历史和文化；陆培敏教授于1994—1995年作为富布赖特学者在加州大学伯克利分校研修教育学。第一代教师以深厚的人文情怀、国际视野和辩证观点，培养学生具备一种理性分析的眼光和能力，全面、客观地看待中国与美国。更重要的是，这些教师平易近人、谦逊儒雅的学者风范，使美国研究中心保持浓厚的亲和力和凝聚力，为学生营造了良好的成长环境。对于当年在“美社”的学习经历，毕业生普遍感到气氛自由，心态开放，令人怀念。毕业后赴美留学的一位校友回忆道：“他们的人格魅力对我影响很深。特别是吴青老师的美国社会与文化课，提倡要联系中国社会，让我感觉原来学者的任务很重大，也给我埋下了社会学的种子。”[②]

3. 外籍教授的支持与贡献：20世纪80年代初期，美国研究中心的师资力量薄弱，尤其缺乏具有社会科学专业背景的教师。邓炎昌教授利用自己的人脉，邀请到一批美国教授补充师资力量。外籍教师开设的美国研究课程及其教学方式，令学生们大开眼界，在专业知识和学术视野方面得到迅速提升。一位1986级校友回忆道：“（当时）有八门课都是美国专家上的，包括社会学理论（Social Theories）、社会组织机构（Social Institutions）、美国宪法（American Constitutional Law）、美国政府（American Government）、美国文化（American Culture）、美国历史（American History）等，这些课程给我的多元兴趣带来一定的学术训练的支撑，对我后来的个人发展和工作都有很大的益处。”[③] 除开设课程外，外籍教授还通过传授研究方法、分享国外学术动

① 《前辈话当年：对话梅仁毅教授》，“我和美社”微信公众平台，2019年1月21日。
② 《教师谈美研：对话李今朝老师》，“我和美社”微信公众平台，2019年3月21日。
③ 《校友忆母校：对话金利民校友》，“我和美社”微信公众平台，2019年9月30日。

态，培养学生的研究能力；他们对一个事件或一个制度基于证据的理性分析，对学生的思维方式影响很大。一位1990级校友讲述了两位富布赖特教授指导学生查资料的经历："他们一方面给我们授课，一方面做研究，分别研究中国近代史和传教士，所以会到图书馆和国博去查资料，也带着我们去。他们告诉我们如何调微缩胶片（Microfilm），如何看发黄的清朝官员的记录，也去资料室看书评、年鉴和索引。"① 特别值得一提的是，外籍教授在指导毕业论文方面贡献很大。例如，1989级10位硕士生中有四人的论文导师为外籍教授。20世纪90年代初，由于中美关系恶化，北京外国语大学美国研究中心处境艰难，前途未卜；邓炎昌教授已经退休并回到美国定居，加剧了该中心的困境。第二任中心主任朱永涛教授以巨大的勇气和决心承担重任，并积极聘请美国、加拿大、澳大利亚、奥地利等国家的教授补充师资力量，使美国研究中心的发展得以延续。②

基于以上因素，美国研究中心克服了创业阶段的种种困难得以继续发展，在硕士生培养方面取得了很大成绩，但在以下方面存在明显不足，需要大力改进。首先，课程设置不系统。美国研究中心的第一代专职教师，除邓炎昌教授外，均为英语专业出身，之后通过出国研修成为"半路出家"的美国研究学者。他们开设了美国历史、美国外交史、美国思想史、美国教育等多门课程，但这些课程涉及学科范围较窄。中心聘请的外国教授任期通常为一年，因而美国研究中心的课程设置不稳定，很大程度上取决于每年的授课教师的专长。其次，研究资料匮乏。20世纪80年代，北京外国语大学图书馆缺少关于美国研究的文献资料。学生撰写论文时主要依靠北京图书馆③ 的图书资源。虽然美国国会与美国驻华使馆在90年代后期向美国研究中心捐赠了一万多册英文图书，但一手资料非常少。由于研究资料的局限，学生只能借用他人的研究，难以写出论据充分且有新意的毕业论文。此外，研究方法薄弱。美国研究中心课程设置的一大缺失是，未开设研究方法类课程，造成早期学生的毕业论文选题范围局限大、研究方法单一。例如，1995级硕士毕业论文的选题局限于美国思想经典、社会文化、国内政治领域，所采用的研究方法多为历史分析法，论证的科学性不足。

---

① 《教师谈美研：对话李今朝老师》，"我和美社"微信公众平台，2019年3月21日。

② 梅仁毅：《主任致辞》，北京外国语大学美国研究中心网站，2014年4月25日，https://asc.bfsu.edu.cn/jgjj/zrzc.htm，访问日期：2019年8月10日。

③ 1998年更名为国家图书馆。

二、迅速发展时期（2000—2009）

进入21世纪，北京外国语大学美国研究中心的人才培养工作面临新的挑战。第一个挑战来自中国高校扩招。2002—2009年，北京外国语大学美国研究中心平均每年录取18名硕士生；招生类别包括少数民族骨干、外国学生、定向委培生等，因而学生入学时英语水平参差不齐、知识面较窄、思辨与研究能力差等问题比较普遍。第二个挑战是美国研究中心的师资断层限制了课程设置。其主要原因是第一代教授相继退休，朱永涛教授于1999年英年早逝。为了应对全球化时代对高层次人才的需求，美国研究中心教师着力加强师资团队建设，继续坚持“全英文、跨学科、重思辨”的指导思想，通过改进课程设置和教学手段努力提高学生的英语水平、知识储备、研究能力与综合素质，这些措施取得了良好的成效。

为了增强“跨学科”特征，美国研究中心在优化课程设置方面，注重历史与现实的结合，外交、经济、政治与文化、历史的结合，以促使学生从多个角度、多个层面看待美国并发现其不同维度的丰富内涵。“十一五”期间，美国研究中心平均每学年开设15门课程，涉及美国政治外交、文化、文学、传媒、华裔研究等领域，同时增设了研究方法课程。多元化的课程，丰富了学生的研究兴趣。从2001—2009级硕士论文可以看出，其选题包括中美关系、外交、文化、社会史、政治、媒体等领域。面对学生英语水平参差不齐的状况，美国研究中心努力拓展教学方式，强化“全英文”教学。我们在教学各个环节把英语作为工作语言，包括课堂讨论、研讨会、论文资格考试等。毕业生普遍感到，用英文做陈述（presentation）对提高思辨能力大有帮助。除了课程教学，美国研究中心还通过举办学术讲座鼓励学生用英文提问，以拓展沟通能力和国际视野。例如，2007年春季学期，共有八位美国学者为中心师生做讲座，包括西北大学本杰明·佩吉（Benjamin Page）教授、加州大学伯克利分校王灵智教授、华裔作家谢汉兰（Helen Zia）女士。此外，美国研究中心还提供辅助途径，以丰富学生的课外生活并开阔学术视野。一个途径是组织学生承担学术研讨会服务工作，包括美国研究中心2007年与中美教育基金（USCET）以及中国社会科学院美国研究所联合主办的“‘9·11’后的美国：变化与延续”国际研讨会，2009年与国际美国学学会（IASA）联合主办的第四届世界美国学大会暨美国研究网络第六届年会。另一个途径是支持学生到美国学习与交流。美国研究中心与中美教育基金建立了良好的合作关系，因而有11位硕士生先后得到该基金的暑期培训项目资助，到美国短期学习和实习。

2002年以来，美国研究中心更加注重构建一支结构合理、实力雄厚的教师团队。在教师发展方面，中心充分利用美国富布赖特项目和国家留学基金委的项目，支持教师去美国研修，并鼓励教师在职攻读博士学位。我们还从国内外知名高校聘请了12名客座教授与校兼职教师，并吸纳三名美国富布赖特教授进行短期执教。在促进教学与科研一体化方面，美国研究中心鼓励教师以教学带动学术研究，打造自己的优势领域和特色领域。为此，我们定期举办工作会议与学术活动，并充分利用英语学院学术午餐平台进行交流。中心教师承担了多项国家社科基金、教育部重大科研项目和北京市精品课程项目，并产出了一批高质量的著述。

2002—2010年，美国研究中心培养了104位硕士毕业生，其去向分布为：政府机关（12%），教育与研究机构（30%），中外企业（36%），新闻出版等文化机构（18%），继续深造及其他（4%）；他们的英语水平、国际视野与思辨能力受到就业单位的普遍认可。[①] 关于美国研究中心的硕士人才培养模式，毕业生的评价与反馈包括以下方面。

1. 英语能力：大部分毕业生对美国研究中心的英语能力训练非常满意。一个主要原因是英语是职场中的必要技能：超过一半（54%）的毕业生“总是使用英语”，34%的毕业生“经常使用英语”。[②] 对于“美社”的“全英文”教学，两位校友的感受是：“当时老师布置的阅读量比较大，都是英文原著。很辛苦，时间很赶，但也非常充实”[③]，“在美国研究中心的学习压力是非常大的，但是也让我习惯了英文读写，后来基本上没有什么障碍”[④]。

2. 师生互动：美国研究中心的互动式教学和教师的引导，对硕士生的能力提升大有帮助。毕业生普遍感到，各位老师带给学生不同领域的知识，并通过言传身教传递做人做事的方式；研讨班（Seminar）的教学形式对培养思辨能力帮助很大。54%的学生最怀念学习期间的课堂自由活跃的氛围，34%

---

① Mei Renyi & Li Jinzhao, “Thirty Years of American Studies in China, An Overview and a Case Study,” *American Studies* 35 (2012): 30-45.

② Ibid.

③《校友忆母校：对话闫亮校友》，“我和美社”微信公众平台，2019年7月23日。

④《校友忆母校：对话庄颖校友》，“我和美社”微信公众平台，2019年10月12日。

的学生最怀念老师的关怀和培养。[①] 一位毕业生说道，“美社”老师对所有学生都很是鼓励，而且非常肯定，“使我第一次感觉到老师竟然很看重我的观点，也是第一次让我觉得自己比较享受独立思考”[②]。

3. 思维方式：毕业生普遍感到“美社”经历大大提高了他们的思辨能力和国际视野。很多人提到老师们经常强调批判性思维（Critical Thinking）促使他们养成了良好的思维习惯。一位2008级校友坦言，“我毕业已经八年了，可能很多具体知识都忘得差不多了，但是Critical Thinking是非常重要的，因为它会让我认识到事物本来的样子，而不是人云亦云”[③]。对于在国际关系和在外事工作中遇到的美国式思维方式，72%的毕业生表示“较大程度”可以理解，28%的毕业生表示“完全”能理解。此外，大部分毕业生对美国“非常了解”并且态度更加平和、包容。[④]

4. 研究方法：毕业生在专业知识和研究方法上提升很大。很多学生提到“研究方法”“美国研究入门”“美国政治”等新课程对自己帮助很大。一位毕业生表达了对“研究方法”的感受：“我当时对定量分析（quantitative analysis）特别感兴趣，因为我觉得那是科学，它不是随便说说的，它有真实的数据支撑。”[⑤] 另一位毕业生对“美国政治”的评价是：“谢老师喜欢用数据统计等定量研究方法，对美国大选、总统制和两党制等政治现象进行分析，使我受益匪浅。”[⑥]

综上所述，美国研究中心在推进“全英文”“跨学科”“重思辨”的硕士生培养目标方面取得了良好的收效。然而，该中心在课程设置、研究水平和学术氛围等方面存在明显不足。

1. 课程设置：首先，课程选择余地小。从2003年至2008年，美国研究中心每学年开设的课程总数仅有14门左右，其中的一些选修课程被设定为“必选”，实际上成为必修课，因为学生必须完成所有这些课程，才能获得培养方案要求的总学分。学生需要更多真正意义上的选修课程。其次，课程安

① Mei Renyi & Li Jinzhao, “Thirty Years of American Studies in China, An Overview and a Case Study,” *American Studies* 35 (2012): 30-45.

② 《教师谈美研：对话马丽媛老师》，“我和美社”微信公众平台，2019年3月9日。

③ 《校友忆母校：对话赵玉花校友》，“我和美社”微信公众平台，2019年9月20日。

④ Mei Renyi & Li Jinzhao, “Thirty Years of American Studies in China, An Overview and a Case Study,” *American Studies* 35 (2012): 30-45.

⑤ 《校友忆母校：对话黄晓玉校友》，“我和美社”微信公众平台，2019年8月27日。

⑥ 《校友忆母校：对话刘宇校友》，“我和美社”微信公众平台，2019年8月15日。

排缺少计划性和稳定性。每学期开设的课程不固定，有“因人设课”的倾向，尤其是外聘教授开设的课程比较随意。再次，“研究方法”课程安排不当。作为一门重要的基础性课程，“研究方法”一直安排在第三学期开始，且缺乏“定量与统计分析”训练。最后，课程设置缺乏中国元素或中外对比类课程，这不利于“培养具有国际视野与中国情怀的高层次人才”。如梅仁毅教授所言，现阶段中国的美国研究是要通过研究美国为中国的问题寻找答案，因此首先需要加强对中国自身的了解。①

2. 研究水平：从毕业论文看，美国研究中心硕士生的研究兴趣范畴集中在美国政治、外交、中美关系等领域，缺乏对美国文化思潮、种族、性别、经济发展等方面的研究，社会学研究尤为匮乏；研究方法比较单一，基本上沿用历史分析法，缺少社会学框架下的定性分析、定量分析、统计分析以及经济学的“模式建构”等方法。

3. 学术氛围：虽然美国研究中心的课程设置和教学方式日臻完善，但缺乏课堂以外师生之间、生生之间的“交流与分享”，学术讲座的学术气氛不够浓厚。一些学生并未充分利用宝贵时间专心学习，而是花费大量时间在校外实习和兼职上。究其原因，一是社会上普遍存在的浮躁心理，造成学生的就业焦虑；二是美国研究专业的优势未得到充分认可，导致毕业生通常被招聘机构混同于“北京外国语大学英语专业毕业生”，这也反映了美国研究专业硕士生对自己的专业缺乏正确认知；三是美国研究中心缺乏有效的激励机制和管理制度。

三、成熟稳定时期（2010—2019）

2010年以来，中国高校在国别与区域研究领域的深入探索为北京外国语大学英语学院的国别与区域研究专业发展提供了更大动力。美国研究中心在完善研究生培养模式方面的行动包括以下方面。

1. 优化课程体系：“十二五”期间，美国研究中心更新了硕士课程，其特点包括五个方面。其一，课程设置更加全面、系统。总共28门课程分为“社会文化”“政治外交”“经济贸易”三个模块，涵盖不同学科的核心领域。其二，选修课比例大大增加。除三门必修课外均为选修课，从而为学生自主学

① 《前辈话当年：对话梅仁毅教授》，“我和美社”微信公众平台，2019年1月21日。

习提供了更大空间。其三，把“研究方法”定为必修课，该课程涉及历史学、社会学、政治学、统计学四个学科的研究方法。其四，充实了“经济贸易”模块，新增“美国贸易政策”“美国社会不平等”等课程，旨在培养学生从经济学视角分析问题的能力。其五，把“美国研究入门”定为第一学期的必修课，旨在强化美国研究的学科特性，使学生了解国外的美国研究范式及其与中国的美国研究的异同。

“十三五”期间，美国研究中心再次更新了课程规划。新的课程设置包含22门课程，分为历史文化、政治外交、经济贸易三个类别；硕士生可选其一为主攻方向，在四个学期内完成24学分。课程体系涉及政治学、社会学、传播学、经济学、历史学等学科，同时加强了基础理论和研究方法课程，如文化社会学、存在主义与美国艺术家作品、统计学等。此外，“中西文明对比”和“美国汉学与中国文化”两门新课程，增添了课程设置的中国元素。

2. 完善导师制：2011年秋季学期，英语学院开始实行硕士研究生“全程导师制”。其主要规定如下：第一至第三学期，硕士研究生由学业导师指导，第四至第五学期由论文导师指导（注：从2012年秋季学期开始，英语学院及美国研究中心硕士研究生学制改为三年）。学业导师指导研究生研修课程阶段的学业。在师生双方认可的情况下，学习导师自然转换为论文导师。美国研究中心遵照学院规定认真对待导师选择、学业指导、开题报告、论文指导等工作，并对论文答辩环节严格把关，每年都有少数学生未能通过论文答辩。因此，美国研究中心的硕士论文质量整体上显著提高。很多毕业生感到，经历了北京外国语大学美国研究中心的磨炼之后，更多困难和挑战都可以面对。

在努力按照学院规定完成硕士研究生指导工作的过程中，美国研究中心的教师普遍感到英语学院推行的“全程导师制”存在明显弊端。其一，过早确定导师的盲目性及其“从一而终”模式，限制学生更新研究兴趣的自由与学业规划。因为学生经过三个学期完成大部分专业课程之后才能明确自己的研究兴趣并选择适合的论文导师，这更有利于合理配置教师资源，也有利于学生与导师积极互动。其二，原来的导师制缺少监督机制，形同虚设，损害了英语学院规章制度的公信力。例如，要求学生“与导师每月至少面谈一次，确定研究方向，讨论学习进展，在导师指导下完成专业阅读”的规定，既不科学，也无约束力。

鉴于此，从2017年秋季学期开始，美国研究中心在学院的支持下试行新的导师制，把硕士生指导工作分为“集体指导制”和“论文导师制”两个阶段。第一阶段（前三学期）实行教师集体指导机制，旨在加强师生沟通与互动，从而有效地提升学生的研究能力、专业素养与综合素质。具体安排包括：（1）学术讲座：每个学期举办4—5次讲座，要求1—2年级全体硕士生参加并提交反馈报告；（2）辅导面谈：每学期学生须就学业问题与相关老师面谈3—4次，并由辅导教师签字确认；（3）师生座谈：每学期美研中心组织1—2次师生座谈，围绕学业进展与规划展开讨论。为了保障“集体导师制”的实施效果，美国研究中心积极调动师资力量承担相应工作，并对学生在各项活动中的表现进行认真评估，评估结果计入学业中期考核与硕士论文资格考试成绩。第二阶段（后三学期）的硕士生培养实行“论文导师制”。学生首先通过双向选择确定毕业论文导师，之后在导师指导下完成论文开题、撰写与答辩。与此同时，美国研究中心采用过程管理模式，对硕士论文各个环节进行督促和严格把关。新的导师制成效显著，也得到了师生的普遍认可。

3. 加强师资力量：“十二五”和“十三五”期间，美国研究中心进一步加强师资团队建设，具体措施包括为年轻教师提供展现才能的机会，充分利用相关院系教师资源，积极引进留学归国人才。其一，通过“以老带新”使一些核心课程延续下来，同时鼓励年轻教师独立开设新课程。其二，吸收了英语学院新闻系、英美文学中心、华裔美国文学研究中心的七名教师参与美国研究的教学与研究工作。其三，聘请了两位美籍教授在中心任教一年。“十三五”期间，美国研究中心共有专职教师20名，包括7名教授、5名副教授、8名讲师。绝大多数教师具有博士学位，且有在美国深造或访学的经历，其中一人获得北京市高校名师称号，三人获得教育部新世纪优秀人才支持计划资助，11人为富布赖特学友。教师团队兼顾教学任务与学术研究，其学科领域涉及美国政治、外交、经济、文化、传媒、法律、宗教、海外汉学等。更重要的是，美国研究中心教师团队继续保持积极进取、团结协作的良好传统。对此，一位校友坦言：“我在跟一群特别高质量的老师相处，他们每个人对自己的要求都是非常高的，对学生的要求也是非常高的。你就可能会期望自己去达到老师的一个预期，会去不断地努力去弥补这个差距。”①

2017年，国务院学位委员会把外国语言文学学科下设的二级学科调整为外国文学、外国语言学及应用语言学、比较文学与跨文化研究、翻译学及国别与区域研究五大学科方向。英语语言文学框架下的区域国别研究人才培养，

① 《校友忆母校：对话宋婷婷校友》，“我和美社”微信公众平台，2019年9月20日。

颇受高校的青睐。北京外国语大学英语学院美国研究中心如何保持先发优势与优良传统，面临诸多挑战，主要包括以下方面。

1. 师资优势的可持续性：美国研究中心多元化、系统化的课程设置得益于其强大的师资力量，其中一大批是从该中心硕士或博士毕业留校任教的。然而，这批教师将在10—15年内陆续退休，而能够招聘到的教师远远不足以补充空缺。造成此问题的第一个原因是北京外国语大学目前实行的“非升即走”制度，迫使新入职教师因疲于“科研”而忽略教学任务，三年后离职的可能性也导致师资团队不稳定。第二个原因是引进外籍教授的困境。虽然北京外国语大学为促进教育国际化已经推出一系列外籍专家项目，但实际上聘用的外教很少。一方面，北京外国语大学提供的工资待遇低，难以吸引外籍人才。另一方面，聘用外教的手续复杂，聘用期较短，因而阻碍了申请机构的积极性。美国研究中心近十年来只有一位富布赖特学者和一位特聘教授学者分别任教一年和两年半。此外，美国研究中心一直鼓励硕士生攻读博士学位，之后加入教师队伍，但很多优秀学子志不在此。正如孙有中教授所言：“每年我的课堂上都有一些头脑聪明、勤于思考、喜欢阅读的学生，如果他们继续深造并从事学术研究工作，肯定能做得很好。遗憾的是，他们大都急于就业，硕士毕业后就进入职场，不再读书或做研究了。”[①]

2. 课程设置的平衡：首先，课程设置需增加人文元素，即增设思想文化类课程，使之更平衡。其次，美国历史课程需要加强。应恢复硕士第一学年的美国通史必修课，使学生处在一个历史背景下，从历史的角度看待问题，有理有据地表达思想，而不流于表面。[②] 正如王心扬教授所言：“美国通史涉及美国政治、经济、文化、外交等各个学科，这就给学生一个广泛的选择空间，也有利于确定研究兴趣与论文选题。”[③] 此外，课程的学术性不强，教学与研究的结合不够紧密。一些课程偏重知识传授，缺乏以问题为导向的学术交流，以及对学术前沿的探讨。

3. 学术研究与研究成果：经过40年的发展，北京外国语大学美国研究中心已经从一个以教学为主的研究生项目变成教学与研究并重的学术机构，但在学术研究方面还很薄弱。这主要表现在缺乏有影响力的研究成果和强有力的学术带头人。其原因在于：大部分教师需同时承担英语学院本科和研究生

---

① 《教师谈美研：对话孙有中老师》，“我和美社”微信公众平台，2019年5月6日。

② 《教师谈美研：对话马丽媛老师》，“我和美社”微信公众平台，2019年1月21日。

③ 《前辈话当年：对话王心扬教授》，“我和美社”微信公众平台，2019年7月16日。

层次的教学任务，因而对学术研究的精力投入不足；北京外国语大学目前的职称评定标准“高不可攀”，科研评价体系缺乏理性，挫伤了一些教师对学术研究与发表论文的积极性；教师学术背景总体上学科性不强，不利于相互合作对重大问题进行跨学科性研究。

4. 招生规模与生源质量：其一，考生学科背景单一，优质生源缺乏。美国研究属于英语语言文学学科，因而报考该专业的大部分学生的本科专业为英语。由于中国的外语专业本科培养模式普遍缺乏通识教育基础，学生通常知识面比较窄，所以考入美国研究中心之后难以适应跨学科、高强度的专业训练。其二，专业型硕士项目产生挤压效应。近年来，北京外国语大学不断扩大翻译硕士（MTI）、新闻学、金融学等学科的专业型硕士招生规模，同时压缩学术型硕士项目的招生规模，因而美国研究中心每年的硕士生名额从十年前的20人减少到目前的14人。此外，很多考研学生选择“容易考取又好就业”的专业型硕士项目，加剧了美国研究中心优质生源不足的困境。

四、结束语

国别与区域研究是推进“一带一路”、重振外语学科的发力点之一，也是促进中国人文与社会科学发展与繁荣的必要途径。在当前的高等教育体制下，如何为以国别研究为重点的区域研究学科开辟空间，各个院校需要在顶层设计、行动方案、经费支持、制度保障等方面进行充分论证，进而把国别与区域研究学科循序渐进地培育起来。以英语语言文化为纽带，深入研究主要英语国家的历史文化、政治经济制度及其对外关系的英语国家研究，为英语学科人才培养和教学内容的改革提供重要支撑与动力，也日益成为中国的国别与区域研究的不可或缺的组成部分。北京外国语大学英语学院美国研究中心在硕士生培养方面的可喜成就，大大得益于其优秀的师资团队、完备的课程设置、自由的学术氛围和严格的规章制度。展望未来，美国研究中心的可持续发展面临诸多问题和挑战，值得深思与重视。

美国学教学与英语专业学生跨文化思辨能力深耕
——基于《美国社会与文化》本科课程实践的探索

林 玲*

2018年教育部高等学校教学指导委员会制定的《外国语言文学类教学质量国家标准》中指出，“外语类专业学生应掌握外国语言知识、外国文学知识、国别与区域知识，熟悉中国语言文化知识，了解相关专业知识以及人文社会科学与自然科学基础知识，形成跨学科知识结构，体现专业特色”。同时，《高等学校外语类专业本科教学质量国家标准》也明确：“外语类专业是全国高等学校人文社会科学学科的重要组成部分，学科基础包括外国语言学、外国文学、翻译学、国别与区域研究、比较文化与跨文化研究，具有跨学科特点。”相关国家标准的出台，确立了国别与区域研究作为外语学科五大研究领域之一的地位，拓展了外语学科的内涵。相关国家标准也体现了外语界对于英语学科人文属性与跨文化属性的共识，表明在新时代背景下，高校英语专业不仅注重学生的英语语言技能的培养，也注重其专业知识的积累与文化视野的拓展，要求学生能以语言为媒介审视中西文化差异，提升人文素养与思辨能力，从而进行有效的跨文化沟通，成为中西文化交流的桥梁。研究表明，高阶语言能力本身就蕴含了“思辨能力”与“跨文化能力”。[①] 思辨能力即批判性思维能力，是使用清楚、准确的语言表达或对概念的分析进行明白、有力的解释与论证的能力。[②] 而英语教育中的跨文化能力则包含了“尊重世界文

* 林玲，上海外国语大学英语学院美国研究中心执行主任，教授，博士。主要研究方向为英语国家研究、美国政治与社会思想史、英美社会少数族裔与种族政治等。

① 孙有中：《人文英语教育论》，《外语教学与研究》2017年第6期，第863页。

② Paul Richard & Linda Elder, *Critical Thinking: Learn the Tools the Best Thinkers Use* (New Jersey: Pearson Prentice Hall, 2006), p.2.

化多样性，具有跨文化同理心和批判性文化意识；理解中外文化的基本特点和异同；能对不同文化现象、文本和文化产品进行阐释和评价；能有效和恰当地进行跨文化沟通”[①]等内涵。因而，培养具有跨文化思辨能力的新时代外语人才，已成为高校英语教育作为人文教育的题中之义与重要目标。

作为英语学科国别与区域研究的重点领域，美国学（American Studies）以美国文化研究为核心，关注美国文化的历史传承与发展，同时注重对美国当代社会与文化现象的考察，考察文化对社会多元议题的作用与影响。[②]美国学对于新时代英语学科的内涵建设具有重要意义，构成了培养“会语言、通国别、精领域”的高端英语人才的必要途径。近年来，随着国别与区域研究的发展热潮，全国各大外语院校以及部分综合类高校的英语专业在本科阶段都开设了《美国社会与文化》《美国历史》《美国历史文献选读》等美国学课程，并设有相应的英语学科硕士、博士美国学专业研究方向。本文结合《美国社会与文化》本科课程的课堂实践与探索，探讨美国学教学在培养英语专业学生跨文化思辨能力方面的有效路径与意义。

《美国社会与文化》为上海外国语大学英语学院英语语言文学本科专业核心课程、英语翻译本科专业方向课程，也是英语专业本科阶段美国学的核心课程，课程旨在通过对美国多元地域文化与族裔文化、政治体制、选举制度、宗教文化、公共政策等美国社会文化各层面进行较为系统的研习，进而对美国社会形成较为全面深入的认识。课程分为两大内容板块：第一部分围绕美国多元族裔与区域文化、美国联邦制与三权分立的政治体制、政党以及自由派和保守派价值观分野与博弈、利益集团、选举制度、宗教文化、历史发展等主题展开，旨在对美国社会机制各层面进行较为系统的梳理；第二部分聚焦当代美国社会一系列重要公共政策议题，包括平权法案、枪支管控、同性婚姻与同性恋群体权益、堕胎权问题、医疗改革等，考察围绕这些热点议题的争议及其背后蕴含的社会矛盾。两大内容板块旨在体现“点面结合”，使学生在掌握系统的基本知识面即对美国社会机制的了解的基础上，能运用相关的理论知识框架对具体社会议题进行深入分析，探讨议题背后的理念之争、利益分配以及政治社会力量博弈等深层次社会动因。近年来，课程在授课方式上进行了研究型教学改革探索，旨在突破传统的讲座授课方式，通过组建

① 孙有中:《外语教育与跨文化能力培养》,《中国外语》2016年第3期，第1页。

② 王波:《试论美国学在外国语言文学学科中的地位》,《外语研究》2018年第6期，第50页。

学生合作探究的学习共同体，改变单一的教师讲授、学生识记的模式，调动学生的学习主动性，激发其研究潜能，发展独立思考的思辨能力，同时加深学生对相关知识的理解和把握。

对于第一部分内容板块，课程采用讲座与课堂研讨相结合的方式，讲座以相关主题的中心问题导入，围绕中心问题展开讲座内容与课堂讨论，最后再对中心问题进行总结与回应，并提出相关问题引导学生在课后做进一步调研。例如，在“美国社会多元族裔与多元文化”一讲中，讲座伊始引入相关问题：作为移民国家，美国社会以族裔多元化为显著特征，因而历史上出现了描绘美国社会族群关系的各类隐喻与假说，包括“大熔炉”（melting pot）、“色拉碗”（salad bowl）、“马赛克”（mosaic）、“比萨”（pizza）、“织锦”（tapestry）等。这些不同隐喻与假说的提出折射出怎样的历史背景？从早期的“大熔炉”说到后来的“色拉碗”以及此后提出的“织锦”等，是否体现了不同历史时期族群关系与社会思潮的演变？带着这些初始问题切入，讲座对美国社会各族裔的移民背景、族裔内部群体构成、历史发展进程及其当前的社会经济发展状况等方面进行系统梳理，并引导学生结合这些系统背景知识，对以上中心问题进行探讨。又如，在“美国选举制度与选举政治”一讲中，讲座围绕“美国选举制度中存在哪些主要争议？”以及“总统选举实质上是否为一人一票制？”等中心问题展开，在系统梳理美国总统选举、国会中期选举的基础上，集中探讨了美国联邦选举制度中存在的争议问题，包括美国国会选区划分中的“杰利蝾螈”（Gerrymander）① 现象、党内提名总统候选人的全国代表大会选举中由党内精英组成的“超级代表”（superdelegates）② 的“特权”

① 杰利蝾螈指专为某方选举利益而设计的选区划分方式。该词源于1812年美国马萨诸塞州州长盖利（Elbridge Gerry）出于政党选举利益而划分的国会选区形状貌似蝾螈（salamander），由此产生Gerrymander一词。杰利蝾螈有两大基本策略：“集中选票”（packing），即尽可能将对方阵营支持者集中划入己方铁票区域，以消耗降低这些选票在其他区域的作用力；分散选票（cracking），指尽可能将对方阵营的铁票区域划分成数个选区，以稀释对方铁票区域。

② 民主党及共和党全国代表大会的代表包括普通代表与超级代表，后者为不必经过各州选举而自动当选的代表，因而被称为“超级代表”。此外，民主党的超级代表还有一个重要“特权”，即在全国代表大会上可以根据自身意愿投票，这与普通代表不同，普通代表亦称为“承诺代表”（pledged delegate），不可随意投票，必须投票给在本州初选时选出的候选人。民主党超级代表主要包括：现任、前任正副总统及民主党州长、国会议员、民主党全国委员会成员。共和党超级代表则由党的全国委员会成员组成。目前，民主党超级代表约占参加全国党代会代表的16%，共和党超级代表约占参加全国党代会代表的7%。因而就两党超级代表人数及其权力而言，民主党的超级代表对最后决定党内总统候选人有更大的影响力，尤其是在候选人竞争激烈、不相上下时，超级代表的投票往往会发挥决定性作用。

与作用、联邦制下某些州出台的带有限制性的大选“选民身份法”（Voter ID Laws）[①]、总统选举人团制度（Electoral College）[②]下可能产生的“少数人票总统”（minority president）现象以及人口大州与小州之间选票票值不均等问题，聚焦这些问题所引发的社会争议与矛盾，结合具体实例，引导学生对党派政治在其中所起的作用及其与联邦制政体的关联性进行思考，从而对美国的选举政治、党派政治形成更为深入的认识。

课堂实践表明，以问题为导向的探究式教学能更好地激发学生的求知欲与积极性，促使其发现、思考、辨析、总结问题，由此在第一部分内容板块的主题讲座末尾我们通常会布置一份课后作业，要求学生就相关主题的研究领域进行一项具体的案例分析。鉴于该课程的班级规模通常在50—60人，我们要求学生自行组队，组成若干个5—6人的小组，每个小组负责一次讲座主题的具体案例研究，课后展开小组协同研究，一周内形成简要的研究报告，在下周的课堂上由1—2名小组代表进行总结陈述，同时也会请其他组同学对该小组的陈述进行提问和简要讨论。以“美国社会多元族裔与多元文化”讲座为例，在课堂讲座中我们注重引导学生关注特定社会现象、文化事件与特定族裔文化之间的关联，为学生在课后展开具体案例研究提供参考。比如从底特律、芝加哥等非裔美国人口相对集中的大城市的郊区化问题以及中心城区居住格局切入，来考察当代非裔美国族群实际存在的居住隔离状况，并以这些具有代表性的典型案例为视角，探讨非裔美国人的社会经济发展状况与面临的社会问题；也可以从一些民族传统节日如端午节活动在某个城市或区域的开展状况为案例研究，探讨美国华裔在民族文化的传承与文化适应（cultural adaptation）方面的问题。这些具体问题的导入，能引发学生对讲座

---

① 美国各州对于大选中选民身份登记的法规不同，包括要求出示带有照片的身份证件、无须照片的身份证件以及无须出示任何证件等类型。因没有身份证件的选民多为西班牙裔、非裔等少数族裔，部分州出台的相对严苛的选民身份证件法从而被指压制少数族裔选民投票，招致民权组织的抗议，而同时因少数族裔多为民主党支持者，针对选民身份证法的争议继而引发了民主党与共和党在选举政治上的党派之争。

② 美国选举人团制度为间接选举制度。选民在大选日投票需同时选择总统候选人及代表50个州和华盛顿特区的538名选举人（electors），以组成选举人团（Electoral College）。绝大多数州和华盛顿特区施行“胜者全得”（winner-take-all）规则，即在本州获得相对多数选民票的总统候选人获得该州的所有选举人票（electoral votes）。各州拥有的选举人票数与该州在美国国会的参、众议员人数相等，全美共538张选举人票。当选的选举人在选举人团投票时须投票给在该州获胜的候选人，赢得270张或以上选举人票的总统候选人当选。支持者认为，选举团制度可以更好地照顾小州和偏远地区的利益，巩固联邦制；而由于“胜者全得”规则，普选票相对较少而选举人票相对较多的“少数人票总统”候选人可能当选，从而成为选举人团制度的一大争议。

前提出的中心问题进行进一步的思考，巩固讲座内容要义，并促使学生在课后延续探究型学习模式，通过小组协作讨论，提升思辨能力，培养“批判性文化意识”（critical cultural awareness）[①]，而这种批判性文化意识与思辨能力正是实现有效的跨文化沟通的要素。

第二大内容板块聚焦当代美国社会一系列重要公共政策议题，鉴于这些美国社会关注的热点问题所存在的公众意见分野与争议性，课程教学采用了讲座结合辩论的方式，引入“美式公共论坛辩论”（American Public Forum Debate）环节。一方面，公共论坛式辩论是在美国国内应用最为广泛的辩论形式，许多美国著名高中与高校都有美式公共论坛辩论赛与校际邀请赛，熟悉这一辩论赛事能使学生更好地了解辩论这项美国社会全民运动如何构成了美国校园文化不可或缺的一部分；另一方面，更重要的是，美式公共论坛辩论通常聚焦于社会热点问题，学生通过参与辩论对课程讲座关注的一系列公共政策议题进行深入探讨，在审视美国社会热点、考察美国文化的同时，思辨能力、语言驾驭能力也得到了锻炼与提升。按照课程内容设计，我们通常要求全体选课学生参照此前的小组组队方式，组成10个辩论小组，研读推荐的参考书目与阅读材料，在课前小组讨论与充分酝酿的基础上，小组分别在五次主题课上选派正反方各两名辩手，代表小组针对各个特定议题展开正反方两组间的辩论，并请其他各组成员作为观察员对辩论中的相关问题进行提问与探讨。按照美式公共论坛辩论的规则，正反方各两名辩手进行辩论，辩论之前需投掷硬币（coin toss），掷硬币获胜方可以优先选择正方或反方立场或者选择发言顺序，这一带有即兴性质的环节对辩手双方而言无疑意味着更大挑战，对其在辩论前的准备工作提出了更高要求，要求对正反两方面的观点和论据都有充分的理解和掌握。辩论开始，双方第一位辩手各进行一次4分钟的立论发言，随后是两位一辩之间3分钟的攻辩（crossfire）；之后双方第二位辩手各进行4分钟的驳论发言，驳论环节可以选择自我陈述也可以选择质询对方，并且对方只能回答问题，不能提出相关问题。随后是两位二辩间的3分钟攻辩环节；紧接着是双方一辩各2分钟的总结陈词，接下来就是四位辩手的3分钟“全体攻辩”（Grand Crossfire）环节；在所有攻辩环节中，双方可以互提问题并可以打断对方发言，但首个问题必须向刚刚结束发言的辩手提出，

---

① M. Byram, “Language Awareness and (Critical) Cultural Awareness Relationships, Comparisons and Contrasts,” *Language Awareness* 21 (2012): 7.

之后双方可自由进行质询和回应；最后一个环节是二辩2分钟的“最终聚焦”（Final Focus），亦称“最后一击”（Last Shot），意在对之前辩论环节中遗留的重要问题进行阐释与补充，并点题收尾。辩论过程中双方各有共2分钟的准备时间，双方可以自由选择在哪个环节利用这个时间，2分钟用完即止。整个辩论过程为33分钟，加上共4分钟的准备时间，共37分钟，其中包含了一辩与二辩的各自对垒以及全体辩手的交锋环节，环环相扣，层层推进，对辩手的逻辑思辨与表述能力提出了较高的要求。而辩论所注重的论据、论点与推导结论的逻辑链条，需要辩手掌握大量的论据和资料，使学生的资料检索与阅读分析能力、逻辑推理能力、演讲与语言技能等都得到了锻炼与检验。

对辩论主题中的枪支管控、堕胎权、同性婚姻与同性恋群体权益等问题，鉴于中美社会存在着根本性差异，在辩论过程中对于这些文化差异的历史根源、文化传统、社会动因的探究成为培养学生跨文化意识与能力的有效途径。例如，枪支管控问题为何成为美国社会一大中心议题并争议不断，其中的重要因素包含了美国社会深厚的枪支文化传统、宪法第二修正案关于持枪权的法理基础、党派政治、利益集团政治以及公众舆论的分歧等，课堂讲座首先对这些要点进行系统梳理和较为全面的分析，为辩论过程中双方辩手聚焦的论点提供系统的背景知识参照，比如在为数众多的持枪派美国民众眼中，拥有私人枪支是个人自由与人身安全的保障，其中牵涉持枪权与枪支管控政策的法理基础问题以及管控政策对于控制犯罪率的有效性问题。辩论围绕这些层面展开，双方在交锋过程中对枪支管控背后的社会文化动因形成更深入的探究。在堕胎权与同性恋权益问题上，两者均牵涉到宗教保守派作为反对力量在其中的作用，针对这些个人问题如何在美国社会中发展为宗教问题、法律问题以及政治议题，辩手双方从美国文化语境的视角展开探讨，从而对自由派和以基督教右翼为主的保守派之间的价值观分野、自由派与保守派在社会和政治力量之间的博弈加深了认识，使学生能够理性地审视美国社会问题，加强跨文化意识。

关于平权法案、医疗改革等议题，中美社会相关政策则存在一定的异同。平权法案（Affirmative Action）又称“肯定性行动”，是美国政府在就业、高等教育等方面对非裔美国人等少数族裔群体采取的一定倾斜政策，这一政策与我国对少数民族的高考政策在形式上有相似性，但却存在着实质性的差异。平权法案很大程度上是20世纪中叶美国黑人民权运动的历史遗产，自实施以来就一直存在社会争议，进而演变为自由派与保守派社会力量以及党派政治之争的又一大焦点问题。同样，美国社会在医疗改革问题上也始终争议不断，一方面是联邦政府在医疗卫生项目上的大量资金投入，另一方面则是长期以来居高不下的医疗费用与相当大比例的无医疗保险人群，使得就医问题突出，医改问题进而成为公共政策中心议题。然而，与我国的全民医疗政策传统及其达成的基本社会共识形成对照的是，对于旨在逐步实现全民医疗的“奥巴马医改”（Obamacare）政策，美国公众舆论则存在明显分化，这一态度分歧也是社会分化的集中写照。针对“奥巴马医改”的社会争议主要聚焦于“个人参保义务”（individual mandate）、“企业主为员工参保义务”（employer mandate）等条款，此间涉及的个人主义价值观传统、“小政府”与“大政府”理念之争、利益集团政治以及党派政治之争都构成了对美国社会文化的重要观察点，而学生在辩论和探讨中对于这些具有美国文化特性的问题的认识得以逐步推进，在加深对美国文化了解的同时充分认识中美文化差异，为跨文化思辨能力的深耕奠定了基础。

在课程评估方面，我们采用了与研究型教学模式相对应的较为细化的评价体系，包含了对课程第一内容板块中的课堂陈述与小组研究报告、第二内容板块中的美式公共论坛辩论以及期末课程论文三个方面的综合评分，评分比例各为20%、30%、50%，其中第一、第二项内容评分以小组整体评估为基准，第三项按每位同学提交的课程论文评分，从而鼓励学生组建探究型学习共同体，加强小组协作沟通，并在此基础上进行独立思考与研究，以实现美国学研究型教学的最终目标，培养具有跨文化思辨能力的“会语言、通国别、精领域”的英语人才。

美国霸权的兴衰逻辑

赵一凡*

时常有人问我："赵老师，您在美国攻读美国学博士，请问美国学有哪些课程？培养目标又是什么？"这个问题挺大，也挺复杂，借助这个论坛，我谨作统一回答如下：

1. 美国学又称美国研究（American Studies），它是区域研究的一支，类似于俄苏研究、中国研究。有人称它是超级大国研究。其实，美国的区域研究（Regional Studies），肇始于20世纪30年代。当时美国并非超级大国，但它居安思危，主动应对天下大变与大乱，如苏联崛起、希特勒上台、欧美经济危机，以及接踵而来的第二次世界大战。

2. 如今的美国高校，普遍设立了美国研究系。若要追本溯源，还需从哈佛讲起：1937年，哈佛首创跨学科的美国文明史系，我的老师丹尼尔·艾伦，就是该系第一个博士。1981年，我入读哈佛美国文明史系。系里规定，但凡涉及美国的学问，均可纳入课表，从文史哲、政社经，直至美国的宗教、艺术、军事、外交。

至于培养目标，我的老师说，一个美国学博士应当精通美国的语言文化，熟悉其历史地理、政经传统，还要有能力针对美国的变革趋势，长期跟踪研究，加以分析和评估。

3. 中国老一辈学者，对此心知肚明。譬如费孝通先生1943年去美国访学，亲眼见识了美国大学里的美国学、中国学。费老说，美国政府明白第二次世界大战是全球性的，美军需对各战区的人民有所了解。所以他们召集各类人才，设立区域训练班。

---

* 赵一凡，原中国社会科学院外国文学研究所副所长、研究员，全国美国文学研究会副会长，博士，主要研究方向为欧美文学与文化理论研究。

费老晚年念念不忘美国高校的中国学和美国学，尤其是跨学科综合训练。为什么？众所周知，中国有一个“盲人摸象”的成语。美国战略学家布热津斯基，也把中国比喻为一只庞大的亚洲象。在他眼里，美国则是大海中的一头巨鲸。

面对庞然大物，中国学者单凭一己之力，仅靠一技之长，岂可全面了解美国？我们的经济学家，摸到了美国的尾巴。历史学家偏爱美国的肚子。政治学家呢，喜欢琢磨它的鼻子。如此而已。

4. 费孝通警告：中国高校偏爱学科切割，不懂学科交叉！大家都知道，钱学森有个临终一问：为何我们的学校，总也培养不出杰出人才？很显然，费老与钱老一样，对此忧虑重重。

以我个人所见，目前中国国内在校的外语本科生，每年高达几百万人，多数是当翻译和导游。另有一小批，有幸进入硕士、博士班，但他们只能选择两个方向：语言或文学。

总之，我国高校很少跨学科，这是长期套用苏联模式的积弊之一。即便在国防院校，也缺少地缘政治、国际战略等高级科目。结果呢？我们拥有庞大的英语人才，却由于琐碎切割、方向单一，无法培养出与中国国力相称的研究人才。

下面，我向大家报告一下，我在哈佛学到了什么，以及哈佛、耶鲁、普林斯顿的美国学权威，又是怎样潜移默化，影响了我对美国的总体看法和长远预判的。先说说我的老师丹尼尔，他教会我一些导向性原则（Guiding Principles）。

一、托克维尔：论美国的民主

1982年，我在哈佛上研讨班，讨论托克维尔的《论美国的民主》。托克维尔是美国学的开山鼻祖。身为法国贵族，他热情赞扬美国民主。他在1840年预言，美国人的开放思维、实用精神、民主实践，“必将汇合成一股巨大动力，推举它超越欧洲，成为一流强国”。

报喜之后，托克维尔又忧心忡忡道：美国民主也有四个弊端。丹尼尔将这一负面清单，带去研讨班，又命我们全神贯注、挨个儿掂量。援引当年的英文笔记，我摘译如下。

1. 民主令人忘记祖先。只有爱国主义或宗教，能让全民族奔向同一目标。

2. 世人迷信普选权，以为它能保证国民做出最佳选择，可那完全是幻想。

3. 民主国具有一种削平力量（Leveling Power），它排斥理性，蔑视精英，导致民主暴政。

4. 没有哪个民族会像美国人这样渴望发家致富，然而民主的首要原则，并非要消除庞大财富，而是要避免这些财富落入富豪统治、寡头垄断的掌控之中。

二、现代性，一个矛盾概念

我们讨论美国，须从哲学开始，首先要弄懂黑格尔的著名概念——现代性。所谓现代性（Modernity），是个矛盾概念，特征是悲喜交加、善恶交织、福祸相依。在黑格尔看来，现代性即是理性，是民主自由，也是资本主义的时代精神（Zeit Geist）。

然而尼采发疯之后，欧洲人却一再诋毁它、讽刺它。什么道理？因为现代性不断给世界带来进步与竞争、剧变与冲突，还有没完没了的精神焦虑和心理创伤。第二次世界大战后，现代性在许多学者眼里，变成了“危机”的代名词。

现代性到了美国，又有哪些变化？丹尼尔说，美国独立革命，代表它对宗主国的反叛，也是针对欧洲现代性的扬弃。从中可以发现：美国现代性后来居上，具备一种前所未有的创新势头与进步意义。

比方说，美国人鄙视欧洲的腐败僵化，所以他们强调美国例外、美国神奇、美国天命昭昭。此外，由于欧洲人打打杀杀，不得消停，美国人转而赞美自家的国土广袤、资源丰饶、偏安一隅。

最后，美国背靠大西洋，雄视太平洋，真可谓得天独厚，左右逢源，进退自如！这已转向了地缘战略。结果，便产生一系列美国特殊性、例外性，譬如阶级模糊、流动频繁、持续创新。而美国人热爱自由，追求平等，信奉个人成功，这在社会学家看来，也是人类的巨大进步。

丹尼尔在研讨班上，还留下一道思考题。大意是：黑格尔发明的现代性，实乃一个矛盾概念。托克维尔针对美国民主，也使用了矛盾修辞。在《共产党宣言》里，马克思更以一种独特的辩证方式，生动刻画了现代性与生俱来的矛盾本质："资产阶级在不到一百年里，开发出比过去世世代代还要大得多的生产力。它创造了与埃及金字塔、古罗马水道、哥特式教堂根本不同的艺术奇迹，它举行了与民族大迁徙、十字军远征完全异趣的远征。"在热情赞美之余，马克思又指出："它迫使一切民族在唯恐灭亡的忧虑下，采用资产阶级的生活方式。它使乡村依赖城市，使野蛮和半开化国家依赖于文明国家，使东方依赖于西方。"

我的老师丹尼尔，高寿104岁。他一贯褒扬进步传统，抵制少数权贵。他在自传中，反复提及美国的富豪统治（Plutocracy）、寡头垄断（Oligopoly），指其为美国民主的重大威胁。在他看来，美国史上先后出现了三股反民主势力：（1）挑起内战的南方蓄奴派；（2）导致1929年大萧条的垄断资本家；（3）在冷战中坐大的军工联合体。

丹尼尔教我的第二课，是把美国建国后的240年历史，粗略切分成三段，每一段长约80年。丹尼尔认为，美国每经历80年的迅猛发展与剧烈扩张，就会遭遇一场严重危机。譬如从独立战争到南北战争，美国度过了85年的"少年发育期"。从内战结束到第二次世界大战胜利，其间也有一个长达80年的"青春骚动期"。

丹尼尔肯定林肯、罗斯福的伟大功业，赞扬美国人民对民主制度的热烈追求。于是我在哈佛尝试写一篇论文——《美国现代性：第三轮危机》。至此，我已跟随老师步入历史哲学的殿堂。

简单地说，美国人民仰仗林肯和罗斯福，两次冲破难关，巩固了民主制度。至于第三轮危机，却是扑朔迷离，难以捉摸。直到特朗普上台，我才基本断定：大灰狼又来了！

三、摩根：美国奴役，美国自由

第二次世界大战后，流亡美国的德国哲学家霍克海默与阿多诺，联袂发表了《启蒙辩证法》。这两位犹太哲学家，从头爬梳欧洲启蒙史，从中赫然发现：欧洲人沾沾自喜的启蒙运动，不过是理性的诡计！

此话怎讲？只因他俩三生有幸，见识了党卫军、集中营和原子弹。这表明，人类并非从启蒙走向自由，而是"从但丁地狱，走向人间炼狱"。再者，第二次世界大战也不是什么远古野蛮，而是一种标榜逻辑思维、精确计算的现代野蛮。此乃经典的西马批判理论（Theorie der Kritik），也是剖析发达资本主义的手术刀。

法兰克福学派在纽约先后培养出500多个美国博士。1975年美军在越南惨败，这一年，耶鲁教授摩根（Edmund S. Morgan）推出一本名著《美国奴役，美国自由》，引发学界的热烈反思：美国号称是民主国家，干吗总喜欢奴役他人？

摩根发现：1776年前后，华盛顿与杰弗逊联合弗吉尼亚的一群乡绅，集体起草了《独立宣言》《美国宪法》《人权法案》。独立战争后，这些南方绅士联手统治美国，长达22年之久，史称“弗吉尼亚王朝”。然而别忘记：他们个个都是奴隶主！

摩根翻检17世纪的殖民档案，揭示一系列尖锐矛盾：南方贵族老爷，毫无民主意识。他们压迫用人、剥削黑奴。奴隶不断逃亡，奴隶主疯狂捕杀。殖民地的英国官员，目睹蓄奴经济利润丰厚，趁机捞油水。奴隶主们气急败坏，他们摇身一变，就成了民主斗士。

摩根质问：“共和国的自由，为何要仰仗奴隶制的支撑？《美国奴役，美国自由》试图破解这一埋藏在美国核心的悲剧性矛盾。”摩根的核心悖论（Central Paradox），即弗吉尼亚州是美国革命策源地，也是北美最大的蓄奴州。而美国民主制度，正是一桩“自由与奴役的婚姻”！

2016年哈佛又推出新书《这广阔的南方帝国》。此书作者卡普（Matthew Karp）揭示：内战爆发前，南方政客蠢蠢欲动，妄图纠集墨西哥、智利、巴西等蓄奴国家，打造一个横跨美洲的大帝国。在其周密的计划中，美墨战争只是一次预演！

美国学界一般认为，奴隶制是美国的原罪（基督教定义：人人都有原罪）。卡普却说，奴隶制是一桩现代性原罪。这是因为，美国民主脱胎于奴隶制。美国少年时期，又惨遭南方奴隶主的误导。由于奴隶制尾大不掉，美国成年后，很可能因此走向覆灭。

美国人民打响了革命第一枪，高高举起自由民主的旗帜。然而在其骨子里，这个新生共和国，依旧是善恶交织：从中孕育出一种新野蛮，这又埋下了南北战争的祸根。

四、一个美丽新帝国

下面，我要转入一个高难度课题——帝国主义研究。19世纪末，美国大举扩张。美国学者强调这一轮扩张的特殊性，却不接受马克思、列宁有关帝国主义的经典判断。

1963年，拉菲伯教授(Walter LaFeber)出版了一本《新帝国》。此书认定：美国扩张并不依赖攻城略地，也不像英国人那样派遣殖民总督，征收苛捐杂税。相反，美国开启了一个新型工业化进程，即鼓励创新，刺激垄断，推广流水线生产，尝试管理革命。

拉菲伯据此断言：美国人在打造一个新帝国（New Empire）之际，也建立起一套现代化的工业基础、贸易法则。他们利用这一压倒性优势，推行更开放、更便利的自由贸易。

美国左派学者质问：从1846年美墨战争霸占墨西哥近一半领土，到1898年美国夺取古巴、波多黎各，再到1899年美军入侵菲律宾，杀戮土著，镇压起义，这一系列侵略与扩张的暴行，难道还不够帝国主义？美国自由派一片哗然，纷纷辩护说：美国并不追求霸权，它要构建一个全球互助系统！美国还拥有在全球行善的能力，它打败了法西斯！

上述帝国辩护书，连篇累牍，越来越搞笑。1993年，美国汉学家沈大伟(David Shambaugh)，又出版了《美丽的帝国主义》。此书分析了中国文人、商人与自由职业者针对美国的矛盾心态，即美国好坏参半、善恶交织，简称"美帝"。

如今多数美国人相信：尽管美国统治着世界，可它并非帝国主义。关于这方面，普林斯顿政治学教授伊肯伯里（John Ikenberry）写了一本《自由主义利维坦》，影响最是深远。该书认为，美国利用一整套国际法与国际机构，取代了帝国统治。如此先进方式，当称一种自由主义世界秩序(Liberal World Order)。

美国人所谓的"自由秩序"，明显超越了大英帝国的殖民统治。第二次世界大战后，殖民地国家纷纷独立，英国统治土崩瓦解。美国抓住时机，鼓吹美国的民主政治，推广美国主导的自由经济，进而引导亚非拉的大批穷国，相继转型为现代民族国家。

然而不难发现，自由秩序的关键，是以美国为主，拉拢欧洲与日本，结成一个发达国家联盟，又称"富国俱乐部"（G7）。其次是将众多的弱小国家，纳入一个松散的外围结构，让它们成为欧美联盟的附庸国，为其提供原料、市场、劳动力，同时分担防务费用。

哈佛政治学教授约瑟夫·奈，深入阐明自由世界的精巧机制。他表示，美国成为超级大国，并不仅仅依靠军事霸权。美国的软实力，也是一种强大的领导力，例如民主政体、门户开放、科技发达、法制健全，又比如各国青年争相赴美留学，美国大片风靡海外。

感谢奈老师提醒，原来美国现代性的特征，除了善恶交织，还有一大亮点，即软硬兼施、恩威并举。

五、梅教授：美式帝国主义

从内战到第二次世界大战，美国实现了社会改革、经济腾飞，继而在罗斯福引领下，完成了美国民主的现代转型。然而这一奇迹，也导致全球经济危机，还引爆了两场世界大战！

美国学界自相矛盾，搅浑了帝国主义这一潭深水。多亏哈佛历史系的梅教授（Ernest May），他教会我识别美帝的霸权特色。1968年梅教授发表《美式帝国主义》，明确指向帝国主义的新变种。

据梅教授多年研究，起初是马克思、霍布森、卢森堡，合力开启了帝国主义研究。后经布哈林、列宁的修订，发展出一套帝国主义经典理论。1942年，哈佛经济学教授熊彼得，推出《资本主义、社会主义与民主》。此书振聋发聩，揭示美国资本主义一大变数，即自由创新、持续变革、自我毁灭。

梅教授发现，美国国力超常，体量庞大，足可以抗衡沙俄、碾压日本。而与欧洲列强相比，这个新生的民主政体，思想开放、主动创新，又凸显一条别具优势的发展轨迹。

不仅如此，美国在地缘战略上，也要比英国更高明。其长远目标，并非封建领主式的割据与厮杀，而是打造国际联盟，设计条约体系，确立美元霸权，以便长期主导全球的经济发展。

华盛顿总统说，美国是一个“年幼帝国”。富兰克林也说过：早期的殖民首领，即是“民族之父”。他们驱逐土著，再把抢来的土地，留给子孙后代。杰弗逊大声疾呼：“让我们向西推进，占据一片又一片的西班牙领地！”

对此，耶鲁教授保罗·肯尼迪指出：“定居者从新英格兰出发，向西不断拓展。他们代表一个帝国，一个征服民族。”问题是，美国民众太天真，始终看不清美国的扩张本性。

左右两派，各执一端。梅教授只好杂糅出新了。他承认，美国作为民主国家，拥有强大的进步动力。同时，美国也是帝国主义的新变种，即美式帝国主义。为何要用帝国主义，而非帝国（Empire），来形容美国霸权？梅老师的理由如下：

第一，罗马帝国持续千年，势力范围有限。而美国剧烈变革，彰显一种史无前例的扩张势头。所以“美式帝国主义”一词与美国300年发展史，即持续扩张、不断干涉他国的历史更加吻合。

第二，美国的扩张轨迹，并不符合列宁定义的资本主义垄断阶段（腐朽与垂死）。它更像是哈佛历史系主任蓝厄教授（William Langer）所说的预防性帝国主义（Preclusive Imperialism）。

简单地说，美国的主要战略方向一向集中在欧洲。所以它对贫瘠的第三世界，并无太多经济图谋。但出于地缘战略考虑，美国往往会提前下手，抢占势力范围，防范新兴大国。

六、尼布尔：美国历史的讽刺

南北战争后，美国扩张迅猛。待到打赢了第二次世界大战，美利坚已是威风凛凛、君临天下了。美国人相信：这一连串辉煌成就，代表上帝的特别恩宠。故此，美国理所当然，负有领导全人类的使命。果真如此吗？美国神学家尼布尔（Reinhold Niebuhr），于1952年发表《美国历史的讽刺》，一时轰动朝野。

尼布尔的神学思想，饱含人类学家的睿智。他又擅长心理分析，一再挖苦美国人的自负与自恋。譬如美国人相信，他们漂洋过海，是要在新大陆上改天换地。美国人不仅要推进民主事业，还要重建一种失落的天真（innocense）。

幼稚民族，拒绝长大。世界上的其他民族，难得有此奇葩念头。尼布尔却说，这念头激励美国人锐意开拓，又将这个幼稚民族带入烈火烹油的美国世纪。问题是，第二次世界大战后的美国如日中天，却还像顽童那样任性妄为！尼布尔冷酷地指出：美国是个拒绝长大的民族。而美国世纪，又滋养一种“对于天真和美德的幻觉”。

尼布尔指出，美国历史短、扩张快，这导致一种暴发户式的自负与自恋。美国人满以为，一旦摆脱君主制，美国就能像弥赛亚那样，宣布人类解放的最佳方案。

尼布尔承认，美国科技发达，富得流油，可你随处可见贫困、仇恨与不平等。美国的巨大成功，往往建立在贪婪与暴行之上。而在国际事务中，它也习惯于扮演“天真的民主斗士”。

美国人笃信自己是救世主，却又坚持一种“假装的天真”。美国人的自由梦想，就此分裂出两种模式，一种是所谓现实主义外交，即反战、孤立，不买欧洲人的烂账。其实他们明白，等到欧洲打烂了，美国再去抄底，也是很精明的一桩生意。另一种方式，号称理想主义外交，即“美国的好战分子，善于把私欲包装成一种美德”。只可惜，美国老百姓天真到家，总以为派兵出国、大打出手，就是替天行道。

美国建国之始，性情粗野，放浪不羁。一旦遭遇压迫，它便激烈反抗家长式统治。为此，欧洲人挖苦美国，说它是一个逃学顽童，一个叛逆成性、离家出走的小外甥。

这个缺少家教的野孩子，居然在第二次世界大战后，当上了全球大家长！问题是：新家长趾高气扬，自命不凡。他不明白，何谓忍辱负重、韬光养晦。他也搞不懂，何谓三十年河东，三十年河西。

七、小阿瑟：批判美国世纪

尼布尔的辛辣讽刺，影响了一批哈佛教授，其中便有小阿瑟·施莱辛格（Arthur M. Schlesinger Jr.）。阿瑟是我老师丹尼尔的师弟，哈佛历史系教授。他也是美国现代史权威、罗斯福的传记作者。

1961 年肯尼迪竞选上台，请阿瑟做顾问。师叔放弃了哈佛的终生教职，隐入白宫深处。1963 年，肯尼迪在达拉斯遇刺身亡。阿瑟在白宫卷起铺盖，回家写书。针对美国世纪的最大疑案，我曾记下一些线索，备忘如下。

美国世纪，最大疑案：首先，艾森豪威尔总统执政八年间，冷战局势紧张，国内暗流汹涌。艾克卸任前，一度闷闷不乐。他发现，美国已形成一个权势熏天的利益集团，俗称“军工联合体”。老总统自知惹它不起，只能明哲保身。

艾克在 1961 年告别演说中，突然发出严厉警告：“一支庞大的军队，与一个大型军事工业相结合，这在美国是史无前例的。我们必须警惕军工联合体，它可能攫取不正当的影响力。”

艾克是欧洲战场的盟军总司令。对于美军及其高级将领，他自然能明察秋毫。然而身为总统，他却如履薄冰！

为了对付军工联合体，美国自由派一致支持肯尼迪竞选。1961年，肯尼迪顺利上台，随即仿效罗斯福，任命一个由哈佛教授组成的智囊团，又请阿瑟（肯尼迪的历史课老师）出任顾问。我的老师丹尼尔，身为肯尼迪的文学课老师，也成了总统的坚定支持者。

哈佛的全明星阵容，当年曾为罗斯福新政立下过汗马功劳。他们还力助美国打赢了第二次世界大战。众所周知，哈佛教授主导了战略情报局（现在的CIA）。麻省理工与加州理工，负责研发兵器，包括原子弹。这批出类拔萃之辈，却在肯尼迪时代一败涂地，而且败得不明不白！

肯尼迪因何失败？我几番揣度，试说如下。

第一，肯尼迪年轻气盛，与银行家关系紧张。他继承罗斯福的强力干预政策，坚持由国家控制美元的发行与流通，可是他的多数提案，都在国会遭遇了挫败。

第二，1961年5月，肯尼迪访问巴黎，与戴高乐商谈东南亚局势。戴高乐说越南是个大沼泽，千万别陷进去！阿瑟证实：古巴导弹危机后，总统决定从越南撤军。很显然，此事惹恼了利益集团。

第三，肯尼迪挑选得克萨斯州参议员约翰逊作为竞选搭档。但二人生性不合，矛盾公开化。再度竞选前，肯尼迪表示要换人。结果是总统被人一枪爆头，副总统在血泊中宣誓接任。

约翰逊上台，下令向越南增兵50万，随之投入上千亿美元。美国大银行与军工联合体，从中狠赚了一票，美元也开始在全球泛滥。法国总统戴高乐乘机抛售美元，回收黄金。

1968年初，美联储一口气抛出9300吨黄金，不料全被欧洲人吸纳！约翰逊吓得魂飞魄散，放弃了总统连任。尼克松上台后，被迫放弃了金本位。1971年，布雷顿森林体系轰然倒塌。

2007年，阿瑟因病故去。我以为，美国史学大家中，唯有阿瑟一人，他见识了阴森的政治内幕，体验了惨烈的社会动荡。阿瑟晚年笔耕不辍，持续批判美国世纪。

阿瑟在《冷战》一文中，潜心研究帝国。何谓帝国？阿瑟说帝国自古就有，特征是穷兵黩武、扩张成性。何谓帝国主义？阿瑟说那是一种扩张意志：每当强国崛起，它自会恃强凌弱，挤占空间。然而美国世纪降临，改变了传统帝国的扩张方式，即从宗教战争、领土兼并，走向政治颠覆、文化渗透。

阿瑟又说，美国是一个准帝国，因为它缺少领土欲望。但它更像一种强势扩张的文化帝国主义。美国的称霸，关键在于第二次世界大战。第二次世界大战为美国打造了一支庞大军队、一套举世无双的先进军工体系。冷战进一步提升它们的规模与水准，并将其制度化、职业化了。

阿瑟又指出，美国世纪的扩张意志，主要来自政客、将军、银行家。此说代表学术界精英，印证了艾森豪威尔的警告："我们必须警惕军工联合体。权力的恶性增长，已经存在，并将继续存在。"说到底，美国有一个爱打仗的利益集团，且气势汹汹，谁敢阻挡？

1973年，阿瑟又出版了《帝王式总统》，区分三种类型的总统。首先是宪政式总统，它遵循开国元勋的原则，推行大民主、小政府、弱总统的治国理念。

罗斯福利用经济危机，颠覆这一模式，确立了总统主导权。然而他的继任者，都想延续罗斯福的权势与荣耀。阿瑟说，从杜鲁门、艾森豪威尔，到约翰逊、尼克松，构成一组君临天下的帝王总统。他们个个手握美元、美军与核弹，又把持着国安会（NSC）、中情局（CIA）、兰德公司。这在政治学家眼里，无疑是一个全球帝国的现代化架构，在人类史上绝无仅有。

再看帝王式总统如何滥用战争权。在美国历史上，只有五次符合宪法的国会宣战，即美英战争、美墨战争、美西战争、第一次世界大战、对日宣战。换言之，罗斯福死后，国会宣战权就名存实亡了。其后的总统不断向海外派兵，从韩战、越战，再到海湾战争、叙利亚战争。这些军事干涉，都是不宣而战。

帝王总统肆无忌惮，终于引发了水门事件。尼克松遭弹劾，阿瑟戏称他是"造反总统"。此后几任总统，被迫有所收敛。里根上台后，又开始新一轮的权势膨胀。

第二次世界大战后的美国总统，几乎不分党派地喜欢打仗。这是为何？回顾一下艾森豪威尔的告别演说，再看看阿瑟的《帝王式总统》，还有哈佛智囊团的那一轮惨败。难道美国民主的背后，还真的隐藏一个深层国家（Deep State）？

八、从传统帝国，到英美帝国

说起美国，中国人会想起一句俗语：美国的月亮圆又圆！我想告诉大家：美国的月亮早先一点也不圆。借助黑格尔的现代性，它后来逐渐圆起来，一度圆得非同寻常，以至于现在又不那么圆了。依照中国的传统历法，此乃自然规律，没什么稀罕。

再看美国世纪。1941年，美国报业大王亨利·卢斯，写下《美国世纪》一文。同年底，日本袭击珍珠港，罗斯福宣布对日开战。从那时起，美国世纪持续了78年。

还记得我的老师的说法吗？每过80年，美国就会爆发一轮严重危机！在我看来，南北战争是政治危机，1929年大萧条是经济危机。眼下这一轮，应该是一场霸权危机了。

各位若是不信，请看普林斯顿教授吉尔平（Robert Gilpin）做出的一个类似判断。吉尔平是西方政治经济学、国际关系学的领军人物。他于2018年去世，留下了两部传世大作，即《世界政治中的战争与变革》和《全球政治经济学》。

我们先看第一本。吉尔平在《世界政治中的战争与变革》中称，人类史上出现过三种国际体系，其结构特征，先后有别。

原始社会的地方结构：所谓地方结构，是指古希腊的雅典与斯巴达，或中国的战国时期。那一批早期国家，依赖奴隶和战俘，实行低水平的农业生产，很难扩大再生产。

传统帝国的掠夺体系：从罗马帝国到波斯帝国，形成一种帝国支配下的国际体系，特征是穷兵黩武，开疆拓土，扩大势力范围。吉尔平将这种传统帝国，称作“掠夺性帝国”（Predatory Empire）。

就是说，它们为了维持霸权统治，必须通过不断的杀戮、征服与掠夺，拼命搜刮硬通货，譬如攻城略地、勒索小国、收受贡金，又比如开采金银矿，控制贸易通道，征收苛捐杂税。至于帝国的经济盈余，主要取决于土地的大小、人口的多少。

海上重商帝国：17—18世纪，史称“欧洲重商主义时期”。这一时期，民族国家呱呱坠地，国际市场逐渐打开。传统的掠夺性帝国，开始升级为现代帝国。最先出场的是西班牙与葡萄牙。它们凭借远洋船队，漂洋过海，建立殖民地。荷兰与英国紧随其后，改进殖民模式。其中关键，是宗主国不断输出工业产品，用来交换殖民地的劳动力、农产品、矿产资源。200多年的激烈竞争，促使英国人打造一种新帝国。新旧帝国，有什么不同？吉尔平指出，英国人改变统治方式，发展出缜密的敛财手段，建起一个海上重商帝国。

该帝国由两大部分组成：首先是一个工业强盛、商业发达的霸主国，其次是霸主国控制的海外殖民地。如此掠夺方式，与罗马帝国雷同。但大英帝国的成功，恰在于现代化转型，即由粗放农业，转向工业制造、跨洋流通，同时依托一个民族国家体系。

吉尔平感慨：英国人赶上了资本主义大发展的头班车。他们占尽先机，因为能在工商科技领域长期保持领先。他们疯狂榨取殖民地，从中获得高额收益，那可是传统帝国无法想象的！

吉尔平断言：大英帝国代表一种“现代资本主义发明的世界政治经济结构”。这个结构日新月异。第二次世界大战后，美国进入全盛期，迅速顶替了英国，成为新霸主。与英国不同，美国高度重视自身的国家安全、经济利益。为此它出钱又出力，主动建立一套国际组织，如联合国、世贸组织、世界银行、北大西洋条约组织。

美国霸权，后来居上。凭借这一套条约组织，也仰仗罗斯福留下的超强国力，美国推行一种自由开放的国际贸易。这导致美军在全球部署，美元到处流动，经济长期繁荣，民主深入人心。民主与现代性一样，也是一个自相矛盾的悖论。就是说，美国在推广民主之际，也导致各国人民竞相批评美国的反民主行径。

如果说，从罗马帝国到大英帝国，代表一次从传统到现代的飞跃，那么从大英帝国到美式帝国，历史再次腾飞，进入一个全球帝国时代。吉尔平冷静地指出，新旧国际体系，自有一种内在连续性，即弱肉强食。作为新霸主，美国恶习不改，照样是贪得无厌，赢家通吃。

吉尔平强调：美国打造了一套号称民主的统治秩序，却未从根本上改造国际政治。相反，新霸主妄自尊大，并将因此而走向衰败。

九、吉尔平：帝国衰败，在劫难逃

千百年来，数十个新老帝国，争相控制国际体系。一旦他们拔得头筹，就开始不劳而获，贪婪攫取。吉尔平叹息：这种争霸努力，却是一项烧钱事业，一种慢性自杀。它让霸主国变得入不敷出，直至饮鸩止渴。从罗马帝国到大英帝国，莫不如此。

吉尔平确信，任何霸权统治，都涉及一个经济学基本命题，即霸主国能从国际体系中攫取财富，可它也要为此付出巨大成本。例如它要加大投入，增强军力。同时，它必须拉拢盟国，提供援助。它还要镇压反叛，确保帝国运转。这些巨额费用，都不是生产性投资。对于霸主国，它们层层加码，构成一种要命的负担。

霸主国若要继续统治，就不得不巧取豪夺。这在吉尔平看来，也不过是枉费心机。请看传统帝国，往往延续上千年。英国霸权也长达200年。美国治下的和平，仅仅过了几十年，便已极度紧张了。全球帝国为何短命？吉尔平给出五个理由，介绍如下。

帝国发展，S型曲线：英国学者莱本斯坦，描述了帝国的S型生命周期。第一段指传统经济，特征是低技术、低投资、低效益。第二段是改革开放，即引进新技术，推行新政策。第三段进入成熟社会，即拥有庞大的工商业与城市人口。此时消费发达，腐败滋生。

在此成熟阶段，美国大力提倡经济自由化，鼓励资本输出、技术扩散。如今它又后悔不已，因为发展中国家，尤其是中国，开始彰显后发优势。在此成熟阶段，一旦停止军事扩张，霸主国就会出现资源枯竭，经济减速。这又必然导致军费、消费与投资的持续下降。这就是那条该死的S型曲线！

战争成本，成倍增加：为了避免曲线，霸主国只能到处打仗，加紧掠夺。这又激活一道催命符，即战争成本成倍增加。亚当·斯密的《国富论》指出，现代战争，成本翻番。原因是霸主国必须确保其军事上的压倒性优势。但军事技术一再扩散，落入敌国之手。这又反过来刺激霸主国，大幅改进技术，疯狂提升军备力量。

公共财政扩张：罗斯福新政开创了福利国家的先例。战后每一届美国政府，都要加大福利投入，从社会保险、国民教育，到失业救济、医疗保障。就是说，政府买单越来越多，直到不堪重负。

从肯尼迪到约翰逊，公共财政迅速膨胀，老百姓获得了巨大好处。问题是，他们过惯了好日子，政府的麻烦可就大了！如今美国人酷爱消费，不喜欢存钱。这一享乐倾向，始于罗马帝国。如今的美军，也像罗马军团那样，开始依靠雇佣军，或征召烂仔当兵。

美国经济由实向虚：美国在冷战中挥金如土，推行马歇尔计划。等到欧洲恢复了元气，布雷顿森林体系也瓦解了。于是美国放弃金本位，转而大规模印制钞票，玩起了金融空手道。

苏联垮台后，美国又犯了三个大错。其一是迷恋军事超强，不断砸钱，升级军事装备。其二是炫耀武力，到处打仗，结果造成了22万亿美元的巨额亏空。其三是依赖金融市场，大搞虚拟经济，这又导致美国制造业大量流失，本土实业空洞化。

财政优先权的困境：与传统帝国相比，美国人如今的理财手段，早已鸟枪换炮，不可同日而语了。在国际体系中，美国独享一系列霸主特权，例如美元的国际信用、国际储备货币的权重、美元印刷权、石油定价权、军火买卖的暴利。

此外，美国的高科技优势，源源不断地转换成知识产权、科技专利。美国大公司也能从遍布全球的产业链中，轻松抽取高额利润。最后作为金融霸主，华尔街老板习惯于操控大盘，买空卖空。而他们最喜欢的把戏，恰恰是剪羊毛、发横财。

上述不义之财，如同钱塘江的潮水，来得快，也去得快。如今美国财源枯竭，内部争斗加剧。各派势力围绕军费、消费与投资这三大项，争夺国会拨款的优先权。

吉尔平分析，如果抑制消费，必定加剧种族矛盾，扩大贫富差距。倘若减少军费，大规模裁军，又怕新兴大国乘虚而入。而要避免上述危机，政府只能降低工资，削减福利，压缩基建投资。这又会带来工业、农业、教育、民生等方面的持续衰退。

吉尔平预计，美国只剩下三种选择。第一个选择是发动战争，摧毁挑战国，以便一劳永逸，消除威胁。然而美国政府的大麻烦，一来是打不起仗，二来又怕打不赢。特朗普灵机一动，打起了贸易战、科技战、金融战。

第二个选择是减少国际义务，压缩国际开支。请看特朗普的“美国第一”：他不断宣布撤军，撕毁条约，还逼迫盟国出钱，否则就要退出朋友圈。这是要返回孤立主义，千方百计地省钱。

第三个选择是和平变革，即霸主国与挑战国达成妥协，实现联手共治。这方面，英国人为美国树立了榜样。19世纪末，大英帝国风雨飘摇。如何摆脱困境？英国人通过绥靖政策，逐一解决它同挑战国的分歧。譬如1898年，英国承认美国在美洲的地区霸权。1902年，英国又与日本联盟，分享远东利益。

吉尔平担心，美国霸权衰落，将给世界带来混乱与冲突。他又说，如今美国处境艰难，几乎是史无前例。首先，美国要调整霸主心态，适应新兴大国崛起。其次要认真反思，推进政治改革。最后，美国还不得不寻找新资源，发明新技术，以便振兴国内经济。

吉尔平最后认定：上述三种选择，都不太可能成功。结果会怎样，让我们拭目以待。

双重的“他者”

——亚裔女性在美国女权运动中的独特障碍

陈丽颖*

随着赵小兰当选美国劳工部长，赵美心当选美国国会议员和奥巴马竞选委员会全美共同主席，华裔女性在美国政界所取得的成就引起了众多美国人和中国人的关注。以她们为优秀代表的美国亚裔女性从19世纪移民美国开始，用100多年的努力为实现个人价值付出了艰辛的努力，也收获了尊重和认可。这一结果和美国20世纪60年代兴起的民权运动不无关系。女性、黑人以及少数族裔纷纷发起了众多运动，主张和争取自己的权利。20世纪70年代，同性恋群体也加入了民权运动的大潮。女权运动在这一时期成为运动中的一个重要部分，见证了美国女性地位和命运的改变。作为女权运动中的少数派，亚裔女性也在其中做出了自己的贡献，不仅伸张了权利，也积极发出声音来表达自己的价值观。然而，作为性别和种族的“双重少数派”，亚裔女性在女权运动中也遇到了一些特殊的障碍。这种障碍，来源于亚洲传统文化中女性的从属地位。本文将回顾历史，通过分析亚洲女性在家庭、美国社会和亚裔社群中的不同角色来论证这一观点，其中也包括对家庭暴力的案例分析。

---

* 陈丽颖，南京农业大学外国语学院讲师，博士，主要研究方向为中美关系、美国历史与文化、美国的亚洲移民、国际信任理论等。本文受到南京农业大学中央基本业务费（人文社科项目）资助，项目名为“国家间互信理论与中美缓和进程中互信形成问题的研究”，项目号：SKYC2019018；受到江苏省教育厅江苏高校哲学社会科学研究项目（一般项目）支持，项目名为“国家间互信理论与中美缓和进程中互信形成问题的研究”，项目号：2019SJ0052。

一、研究现状

对美国亚裔女权方面的研究主要以历史学和社会学的实证方法——采访和统计的方法，来说明亚裔女性在争取权利中遇到的性别和文化障碍。① 从历史学角度来说，国内研究的代表作是令狐萍的《金山谣——美国华裔妇女史》。该书引用了大量史料，介绍了华裔妇女从19世纪到达美国之后的家庭生活和社会生活。② 另外还介绍了美国女权意识发展状况历史，总结亚裔女性需要学习，增加社会参与度，认为白人女性也需要关注有色人种。③ 另外，也有学者从更具体的方面研究过亚裔，例如华裔妇女在当地社会从政的情况，美国的亚裔妇女也是主要研究对象之一。美国亚裔的身份认同问题和代际问题也曾经成为讨论话题。④

一些研究者（如派克）运用实证方法，通过对亚裔女性的采访，得出：亚裔女性由于她们的种族身份，被白人主流社会先入为主地认为应该是被动和温顺的，在和白人交往过程中，不得不为了适应那些评价而成为"变色龙"，以压抑她们自身受美国社会影响之后形成的积极开放等性格。⑤

在现有研究中，常常是把历史研究方法和实证研究方法分开进行的，而且缺乏从具体的某种社会现象进行深入分析。这样会导致实证的问卷调查缺乏针对性，忽略被调查者的历史背景和身份背景（比如移民的代际问题等），容易以偏概全。而单纯地对历史过程进行梳理不容易找到这一群体在争取权利的过程中所遇到障碍的原因，从而流于史实的表面叙述。本文试图结合历史事实和纪实性文学作品，并将其作为研究的根据，从美国的亚裔所受到的三个不同群体的偏见角度来进行分析，揭示出这一群体作为双重的他者在美

---

① Patti Duncan, *Tell This Silence: Asian American Women Writers and the Politics of Speech* (Iowa City: University of Iowa Press, 2004); Sonia Shah (ed.), *Dragon Ladies: Asian American Feminists Breathe Fire* (Boston: South End Press, 1997); Helen Zia, *Asian American Dreams* (New York: Farrar, Straus and Giroux, 2000).

② 令狐萍：《金山谣——美国华裔妇女史》，中国社会科学出版社，1999。

③ Esther Ngan-Ling Chow, "The Development of Feminist Consciousness among Asian American Women," *Gender and Society* 1 (1987): 284-299.

④ 参见李其荣、姚照丰《美国华人新移民第二代及其身份认同》，《世界民族》2012年第1期，第52—59页；赵红英：《海外华人妇女参政刍议》，《华侨华人历史研究》1999年第1期，第32—36页。

⑤ Karen D. Pyke and Denise L. Johnson, "Asian American Women and Racialized Femininities: 'Doing' Gender across Cultural Worlds," *Gender and Society* 17 (2003): 33-53.

国社会中所面临的挑战。

二、亚裔女权运动的历史背景

当回顾亚裔女权运动的历史时，我们不得不提到美国20世纪60年代开始的那场民权运动。肯尼迪和约翰逊两位总统陆续签署了一系列法案来保护美国公民的权利。除此之外，美国政府在移民政策上的转变，也为亚裔女权运动创造了良好的契机。女性、黑人和同性恋这些相对弱势群体在这个时期不约而同地起来捍卫和争取权益。1965年颁布的《移民法案》成为移民政策的一道分水岭，它废除了原有移民的配额制度，对美国人口结构产生了巨大的影响。因此，亚洲合法移民的数量不断增加，很多移民家庭的团圆得以实现。在此背景下，很多亚裔女性来到美国和丈夫团聚，因此这一群体的移民增加幅度更甚。

由于人数的增加和女权运动的兴起，亚裔女性开始成立自己的组织。最早，大学校园成为亚裔女性组织的摇篮。华裔妇女活动家和学者陈梅影（May Ying Chen）就是在校园里加入了组织并且积极筹划出版了自己的杂志、书报等出版物。除了成立自己的组织之外，亚裔女性还把自己的政治活动拓展到其他方面。比如，在洛杉矶的"亚洲姐妹"（Asian Sisters）就是一个关于防止药物滥用的组织。[①] 一方面，性别和种族是她们的身份中最重要的两个方面。另一方面，也有一些人认为，无论在女权运动还是亚洲移民的民权运动中，亚裔女性的作用都是被忽视的，特别是她们那种"双重少数派"的特殊身份。[②] 必须承认，亚裔女性虽然在女权运动中也发挥了作用，但是他们在自己的家庭中，在白人主导的美国社会中以及亚洲移民的群体中都是扮演着顺从者的角色，处于从属的地位，所以她们在社会活动中会遇到很多或明或暗的阻碍。

① Becky Thompson, "Multiracial Feminism: Recasting the Chronology of Second Wave Feminism," *Feminist Studies* 28 (2002): 339.

② Sonia Shah (ed.), *Dragon Ladies: Asian American Feminists Breathe Fire* (Boston: South End Press, 1997).

三、亚裔女性在家庭中的从属地位

在传统亚裔美国人的家庭中，无论是父母与子女，还是丈夫和妻子的关系，女性都是处于从属地位的。儒家思想曾经提出的“三从四德”（在家从父，出嫁从夫，夫死从子）的思想正是其根源。

作为女性，女儿的身份是她在家庭中的第一个角色。在东亚传统文化中，一个“好”女儿就意味着对父母的顺从和为家庭做出牺牲。儿子在中国家庭中，无论对财产的继承还是受教育的权利都是具有优势的。相比较而言，在家里经济条件有限的情况下，女儿获得上学的机会是较少的。除此之外，女儿被认为应该待在家里照顾家庭，最好和外界社会保持距离，这样才能成为一个天真单纯的“好”女孩。

对于大多数亚裔女性来说，即使是第二代移民或者1.5代移民（小时候移居美国的人）在家里仍然要遭遇管教甚至压迫，仍然不能享有平等的权利。虽然她们身处的美国比原来的祖国要更加开放，但是在家庭的小环境里，原有的文化传统仍然很难打破。在一本由华裔女作家黄玉雪写于20世纪40年代的自传体小说《华女阿五》中，我们就可以发现一位带有中国传统思维模式的父亲。当主人公玉雪表示了自己上学的愿望时，父亲是这样说的："你现在应该很清楚，只有儿子才能传宗接代，所以在上学的问题上一定是儿子优先，毕竟我们家经济条件有限。这么多年来，我们黄家的血脉都是靠儿子传下来的，我们才有这样的牌位可以进祠堂祭拜，以后世世代代也是如此。黄家的女儿是要嫁人的，将来给别人家生儿子，也只能为别人家传宗接代。"[①] 这段话描绘的是20世纪40年代在美国的华人家庭的生活。从这里可以看出，女儿只是被当成财产和物件，将来是要给别人的。在女儿身上“浪费”钱就没有意义了。因此，在这样的家庭中，女儿的个人需求和个人价值常常被父母忽略。如果他们在自己出生的家庭里都不能获得尊重和承认，那么当面对一个更宽广更复杂的外部世界时，她们又如何能促进妇女解放甚至人类解放呢？在小说的最后，玉雪通过自己的努力给自己挣来了学费。设想一下，如果她

---

① Jade Snow Wong, *Fifth Chinese Daughter*, accessed May 11, 2010, http://books.google.com.hk/books?id=abgFDPVdJG4C&printsec=frontcover&dq=Fifth+Chinese+daughter&source=bl&ots=Hc8ok7idrR&sig=l_LX9OZ6o7tmiD3WETclUJaiHKY&hl=zh-CN&ei=IBjkS-qaB8qLkAWmwJUF&sa=X&oi=book_result&ct=result&resnum=2&ved=0CBIQ6AEwAQ#v=onepage&q&f=false.

不是一直坚持活出自己的人生，她也许就是一名家庭主妇，也就不太可能找到自己的价值了。

即使过了很多年，亚裔女性在家庭中的这种处境也并没有多少改变。出生于20世纪50年代的著名华裔女记者和学者谢汉兰（Helen Zia）曾经说过自己的“亚裔美国梦”：“儒家思想是不尊重女性的……在我的家庭里，父亲一直这么说。”① 尽管美国兴起了女权运动，尽管随着时间的推移情况有了一些好转，但是亚洲传统文化仍然在家庭中占主导位置。

不仅是华裔女性要面对这样的问题，印度裔、日裔女性等也都是如此。在日裔移民珍妮·休斯顿（Jenny Houston）的回忆录《永别了，曼扎那》中也记录了她在家庭中作为女儿的从属性角色。休斯顿这样描述她家里的等级制度：“爸爸说话的时候，你只有听着。”② 而作为一名印度裔美国移民、学者莎米塔（Shamita）这样写道：“如果一个印度好女孩想独自生活，那真的是一件丢人的事情。”③ 她承认说：“在我成年之后的大部分时光里，我都要克服心里原来那个印度‘好女孩’的标准。”④ 尽管印度裔美国人或者除东亚之外的亚洲移民并不尊崇儒家思想，但是和白人群体相比，她们在家庭中的从属地位还是显而易见的。

对于传统亚洲文化中的妻子来说，丈夫是家庭的中心，是养家糊口的人。正如前文所说，传统儒家思想提倡“三从四德”。女性受教育和外出工作的机会较少，她们应该在家照顾丈夫、孩子和公婆。

《华女阿五》第16章里，描述了华裔女作家四姐的婚礼：“新娘子看起来有点忧郁，不说话然后戴上喜帕，表示女性的被动和谨慎。”⑤ 在传统中国文化中，这是一个新娘子该有的样子。另外，还有很多婚礼中的仪式都体现了女性受压迫的地位。比如说，当新娘由一位娘家亲戚陪着待在闺房等待婚礼

---

① Helen Zia, *Asian American Dreams: The Emergence of an American People* (New York: Farrar, Straus and Giroux, 2000), p.282.

② Jeanne Wakatsuki Houston and James D. Houston, *Farewell to Manzanar* (New York: Laurel Leaf Books, 2007).

③ Sonia Shah (ed.), *Dragon Ladies: Asian American Feminists Breathe Fire* (Boston: South End Press, 1997), p.184.

④ Ibid., p.185.

⑤ Jade Snow Wong, *Fifth Chinese Daughter*, accessed May 11, 2010, http://books.google.com.hk/books?id=abgFDPVdJG4C&printsec=frontcover&dq=Fifth+Chinese+daughter&source=bl&ots=Hc8ok7idrR&sig=l_LX9OZ6o7tmiD3WETclUJaiHKY&hl=zh-CN&ei=IBjkS-qaB8qLkAWmwJUF&sa=X&oi=book_result&ct=result&resnum=2&ved=0CBIQ6AEwAQ#v=onepage&q&f=false.

的时候，会有人把爆竹扔进房里来戏弄新娘。一般新娘都会被吓住，有的还会受伤。作者的母亲是这样解释的："这些行为就是为了告诉新娘她是处于从属地位的。她必须伺候公婆和丈夫，而自己的个性是完全要压抑起来的。"[①] 因此，新娘从开始就要遵守婆家的规矩。尽管在现代社会中亚裔女性已经获得了更多独立的机会，但是和其他族群相比，她们仍然面对更多来自家庭的束缚。

四、亚裔女性在白人眼中的从属角色

在白人主导的美国社会中，无论是白人男性还是女性都对亚裔女性持有一种或多或少的偏见或者成见。在第一代亚裔女性移民之中，有不少妓女和所谓的"照片新娘"（也就是亚裔男性移民通过照片在国内找的配偶，双方结婚之前只交换过照片）。因为上述原因，亚裔女性移民的身份从一开始就蒙上了一层阴影。她们遭受种族歧视就成了一件司空见惯的事情。曾担任美国劳工部长的华裔女性赵小兰就提到过这样的经历。《纽约时报》曾经这样报道过她第一次出现在美国校园的场景："一个懂礼貌的八岁小姑娘对大家鞠躬，却受到同学的嘲笑。"对此她自己如是说："我明白这就是歧视。"[②] 在采访中，赵小兰基本上很少提到歧视的问题，这其实是她的刻意回避，她想证明如果移民自己足够聪明努力，就可以实现自己的美国梦。当然，她还是承认，亚裔移民在美国社会中的确遇到过种族歧视。

女性主义文学中曾经提到过"霸权女性特征"，这指的是在女权主义运动中白人女性的支配地位。和亚裔女性这一群体相比，白人女性被认为是"自信、独立、坚持己见和成功的"[③]。而一般来说，亚裔女性却被看成是被动和自卑的。这一群体所面临的处境是"被排除在女权主义话语之外的，而白人

① Jade Snow Wong, *Fifth Chinese Daughter*, accessed May 11, 2010, http://books.google.com.hk/books?id=abgFDPVdJG4C&printsec=frontcover&dq=Fifth+Chinese+daughter&source=bl&ots=Hc8ok7idrR&sig=l_LX9OZ6o7tmiD3WETclUJaiHKY&hl=zh-CN&ei=IBjkS-qaB8qLkAWmwJUF&sa=X&oi=book_result&ct=result&resnum=2&ved=0CBIQ6AEwAQ#v=onepage&q&f=false.

② Elizabeth Becker, *Family History Forges Labor Secretary's Conviction*, accessed May 11, 2010, http://www.nytimes.com/2001/02/26/us/public-lives-family-history-forges-labor-secretary-s-convictions.html?scp=3&sq=%22Elaine%20L.%20Chao%22%20Asian&st=cse.

③ Karen D. Pyke and Denise L. Johnson, "Asian American Women and Racialized Femininities: 'Doing' Gender across Cultural Worlds," *Gender and Society* 17 (2003): 50.

女权运动组织认为这种状况是合理的，因为一直以来她们把种族关系看成是白人与黑人的关系”[①]。所以在女权主义运动中提到种族问题，白人首先考虑的人是黑人群体。实际上，很多白人女大学生来到种族隔离问题严重的美国南部地区，虽然也受到了性别歧视，但是她们仍然作为志愿者参加了很多社会活动，帮助黑人孩子获得上学的机会。而亚裔女性的权利，却在女权运动中受到了忽视。美国女学者佩蒂·邓肯（Patti Duncan）认为，亚裔女性之所以被忽略，是因为长期以来她们都被当成一个被动和幼稚的群体。[②] 其次，在20世纪60年代的美国，有些人把亚裔移民称为“模范少数派”（Model Minority），意思是说亚裔虽然是少数族裔，但是在各领域成绩斐然。这样白人女性认为亚裔已经取得了很多成绩，也就忽视了她们遇到的歧视。但是，民权运动也应该保护亚裔女性的权利。

在针对亚裔的歧视中，中文也成了华裔移民受到歧视的一个理由。早在1917年，有一首叫《青虫歌》（*Ching Chong Song*）的歌曲就是用讽刺的语调来嘲笑广东话的发音。甚至在2002年，在对美国职业篮球明星奥尼尔的采访中，提到初来乍到的中国球员姚明时，奥尼尔也提到了这首侮辱性的歌曲。但是他后来解释说，他并没有种族歧视的意思。[③] 除此之外，2006年著名主持人奥康纳也在节目《视角》中模仿过中文的发音，体现出她嘲笑的态度。尽管时光流逝、时代变迁，歧视犹在。对中文发音的偏见也是因为华裔的自卑心态造成的，因为他们觉得自己的发音和地道纯正的美式英语相比永远不一样。他们的中国口音使他们成为“永远的异乡人”。

而白人男性通常会认为亚裔女性是比较被动和忍让的。例如，在主流文艺作品中描述的亚裔女性在白人主导的美国社会中都是顺从的形象。20世纪40年代华人女演员黄柳霜（Anna May Wong）在很多美国电影中出演过华人女性角色，当时这些角色就形成了白人心目中对华裔女性的固有看法。在好莱坞电影中，黄柳霜所表现的形象如下：“她有一个中文名字，只穿中式旗袍，对那个‘尊敬’的父亲永远言听计从。”[④] 另外，在美国家喻户晓的亚裔

---

① Patti Duncan, *Tell This Silence: American Women Writers and the Politics of Speech* (Iowa City: University of Iowa Press, 2004).

② Ibid., p.221.

③《奥尼尔挑衅姚明带种族主义　亚裔球迷扬言撕碎鲨鱼》, accessed June 2, 2010, http://www.canadameet.com/bbs/archive/index.php/t-91629.html。

④ Hye Seung Chung, *Hollywood Asian: Philip Ahn and the Politics of Cross-Ethnic Performance* (Philadelphia: Temple University Press, 2006), p.78.

女性形象是在电影和戏剧作品《蝴蝶君》（*M. Butterfly*）和《西贡小姐》（*Miss Saigon*）中所体现的那样。以《蝴蝶君》为例，一位法国的外交官爱上了一个叫宋立凌（Song Liling）的京剧演员，但是演员的真实身份却是一名间谍，外交官因此身败名裂，他自己身份暴露之后也被判处死刑。[①] 法国外交官之所以会爱上京剧演员，正是因为法国人对东方女性的传统看法，他想找一位顺从又带有神秘意味的伴侣。《蝴蝶君》的作者采用讽刺手法把两位主人公都设计成男性，目的是让观众回想起另外一个著名的歌剧作品——《蝴蝶夫人》，这也是以东方女性为主人公的。然而在戏剧《蝴蝶君》之中，蝴蝶夫人变成了蝴蝶先生，结局中西方男主人公的恍然大悟真是表明了华裔戏剧家黄大伟（David Hwang）的用心——一心想找温顺的东方伴侣的西方男士居然找了一位男间谍！除了文艺作品里的映射，现实生活中也有很多例子。一位亚裔女孩在说到自己和白人男性交往的时候，感觉到她们这个群体更受欢迎。“和那些我约会过的白人男生一样，他希望我温顺一点，对他依赖一点。他约会的时候会叫我‘亚洲妹’。要是我说话大声，他会觉得有点被吓到了。”[②] 这个例子说明了美国白人男性希望亚裔女性表现出温顺和依赖，如果不是这样，他们会觉得奇怪。但是这样的心态也会让亚裔女性感到不舒服，她们觉得白人男性对自己的喜欢是因为她们的亚裔身份特征而并非是她们自身的魅力。[③]

此外，在职业发展过程中，亚裔女性移民也经常因为这些固有偏见而受到歧视，难以施展才华。不少人遭到误解，白人雇主和同事常常认为她们比其他雇员要“被动而且缺乏主见，当她们大声说出自己的想法并且反抗不公平待遇的时候会觉得很奇怪”[④]。从这个例子中我们可以看到这种偏见对亚裔女性的影响。作为少数族裔，亚裔女性必须要站出来争取和保护自己的权利和利益，否则她们在职场上升的通道就会被堵塞。就像一位亚裔女性丽莎所说的，“我完全能够感到他们对我们的看法，他们觉得我们应该就是顺从的一类人。但是我其实一直都在告诉他们，我并不是这样”[⑤]。1994年的一个调查表明，82%的韩裔美国女性认为，“女性就是应该以家庭为中心，生活就是应

---

① David Henry Hwang, “M. Butterfly,” accessed May 11, 2010, http://www.enotes.com/m-butterfly.

② Karen D. Pyke and Denise L. Johnson, “Asian American Women and Racialized Femininities: ‘Doing’ Gender across Cultural Worlds,” *Gender and Society* 17 (2003): 45.

③ 令狐萍：《金山谣——美国华裔妇女史》，中国社会科学出版社，1999，第223页。

④ Karen D. Pyke and Denise L. Johnson, “Asian American Women and Racialized Femininities: ‘Doing’ Gender across Cultural Worlds,” *Gender and Society* 17 (2003): 46.

⑤ Ibid.

该以照顾孩子和丈夫为主”，而只有19%的美国白人女性认同这种观点。[①] 从这个数字的对比可以看出，亚裔女性在主观上受到家庭的影响之后也更加倾向于顺从家庭需求的价值观。

五、亚裔女性在美国亚裔社群中的从属角色

由于亚洲传统价值观在亚裔社群中的影响，造成亚裔女权运动遇到了特殊的障碍。亚洲传统文化中注重集体主义思想的观念不利于亚裔女性为争取自己的权利而进行斗争。中国著名人类学家、社会学家费孝通先生指出，亚洲文化强调集体主义，而西方文化强调个人主义。[②] 这样的话，亚裔女性在接受女权主义观点时就容易面临自己社群内的反对意见。

有时候，她们在斗争中会面临内心的矛盾与挣扎。一位亚裔女权主义者这样说道：“我们是亚裔女性。我们的身份是亚裔，美国就是这么来定义我们的。如果要和我们族裔内部的同胞斗争，我们是承担不了这样的代价的。我们首先应该争取在美国亚裔人的利益，我担心‘女权主义’并不能成为我们的有效武器。如果我们作为亚裔人种还要受到压迫，那么我们争取女性解放就毫无意义了。”[③]

有些亚裔女性会面临两难的处境，到底是争取亚裔族群的利益还是争取性别的平等呢？如果她们为了争取女性的利益而损害了亚裔群体的利益，那么这种斗争的结果是要缩水的。有些亚裔女权主义者就会被冠以“被洗白”的帽子，认为她们被白人同化了，站在了自己种族的对立面上。有一位有此经历的韩裔女性这样解释自己的处境，“我看上去是韩国人的面孔但是我的举止不像韩国人……我说话大声，一点也不安静含蓄”[④] 。以前大家听过“洗脑”这个词，现在“洗白”的意思就是——脑子被洗成白人的了。也有人会把这种具有西方思想的亚裔人称为“香蕉人”，意思是他们黄皮白心，表面上看是

① Karen D. Pyke and Denise L. Johnson, “Asian American Women and Racialized Femininities: ‘Doing’ Gender across Cultural Worlds,” *Gender and Society* 17 (2003): 38.

② 齐力:《个人主义、集体主义与家族主义：三角关系的概念格局》, http://mail.tmue.edu.tw/~chiag/article/triangle01.htm，访问日期：2010年6月5日。

③ Esther Ngan-Ling Chow, *“The Development of Feminist Consciousness among Asian American Women,” Gender and Society* 1 (1987): 284-299.

④ Karen D. Pyke and Denise L. Johnson, “Asian American Women and Racialized Femininities: ‘Doing’ Gender across Cultural Worlds,” *Gender and Society* 17 (2003): 48.

亚洲人，骨子里却是美国人了。一方面，亚裔女性希望参加女权运动争取自己性别平等的权利，另一方面，从亚洲传统集体主义文化的角度来说，她们也不愿意损害自己亚裔群体的利益。

除了集体主义思想，亚洲文化里认为女性应该保持对家庭的忠诚，少表态，少参与那些男性们感兴趣的政治和社会话题。亚洲文化中“别惹事”的思想盛行，亚洲女性更是如此。所以很多亚裔女性在自己的族群里和主流社会中表现出不一样的自己，就是为了避免亚裔男性对自己的指责。一位韩裔美国女性在调查中说道：“和韩国人在一起的时候，我就会显得更害羞和腼腆。如果别人不和我说话我不会主动说……但是当我和白人在一起的时候，我经常开玩笑或是放声大笑，坦率地表达我内心的感受。”①这种刻意表现出的差别正是来源于亚洲文化对女性的约束，所以为了安全起见，她们在族群内部会更加沉默寡言，不愿意表露自己的想法。

在谢汉兰的书中，一位二代亚裔移民女性这样说：“南亚移民家庭的女孩子都必须要坚守自己的文化传统，要保持贞洁而不能把美国社会中的坏因素带到自己的群体中。”印度裔美国妇女莎米塔在采访中谈道：“女权主义没有给我们带来什么好东西，因为这意味着你会影响到家庭的团结，会破坏成员间的亲密关系。我丈夫的很多朋友都同情他，而且他们从来不让自己的妻子和我接触，怕我把她们‘带坏’了。”②亚洲文化的传统导致亚裔男性极其重视自己妻子对家庭的忠诚度。③

亚洲文化中女性作为传宗接代工具的角色也阻碍了女权运动中女同性恋者的解放。前文中提到的谢汉兰，不仅是一位女权主义者，也是一位同性恋，她说：“无论从哪个角度说，同性婚姻和亚洲文化绝对是风马牛不相及的。”④众所周知，同性恋解放运动兴起于20世纪70年代的美国，和女权运动也是息息相关的。谢汉兰的经历说明，同性恋的身份和亚裔人的身份在文化上就是矛盾的。“我是一个亚裔女性，我也是一名同性恋者，但是我觉得这两个身份

---

① Karen D. Pyke and Denise L. Johnson, “Asian American Women and Racialized Femininities: ‘Doing’ Gender across Cultural Worlds,” *Gender and Society* 17 (2003): 42.

② Sonia Shah (ed.), *Dragon Ladies: Asian American Feminists Breathe Fire* (Boston：South End Press, 1997), p.183.

③ Ibid., p.192.

④ Helen Zia, *Asian American Dreams: The Emergence of an American People* (New York: Farrar, Straus and Giroux, 2000), p.236.

不能同时存在。”[①] 和白人相比，亚裔女同性恋遇到的攻击和非难更多。如果女人成为同性恋，那么谁来履行传宗接代的任务？这对在传统亚洲文化下成长的人来说是一件不可思议的事情。当然，男同性恋也会影响传宗接代的任务。但是作为女性的一种解放运动，女同性恋受到的指责更多，而亚裔女性中的这一人群更是被认为罪不可赦。

总体来说，女权运动挑战了亚洲文化传统女性的从属地位。亚裔女性从西方女权主义中吸取的思想越多，也就越会被指责成背叛自己种族文化的人。她们不可避免地站在了一个两难的局面中。

六、亚裔女性争取权利的障碍在家庭暴力中的体现

在原生家庭中，白人主导的美国社会和在亚裔社群中所遇到的三种不同类型的偏见给亚裔女权运动主义者的解放带来了特殊的障碍，而家庭暴力就是这些障碍的典型体现。众所周知，家庭暴力对于全世界女性来说都是一个共同的悲剧。而说到亚裔美国女性的时候，她们自己的父母、兄弟、丈夫以及白人社会对她们的成见就是她们悲剧的根源。

第一，由于亚洲文化比西方文化更不能容忍女性家庭成员的“背叛”，因此他们在相对开放的美国文化背景下，对妻子的“不忠”会有更强的警戒与敌视。1987年，美国就发生过华裔丈夫杀死妻子的惨剧。丈夫杀人的动机就是他对妻子忠诚的怀疑，他说：“在这种情况下，中国男人对妻子施加暴力是一种正常的行为。”[②] 最终，杀人凶手只被判了五年缓刑，因为法官相信了他的观点，认为凶手“受到亚洲文化传统的驱使，因为亚洲文化中男人遇到妻子通奸会感到失去了男人的尊严”[③]。案件宣判之后，很多亚裔女性联合起来游行示威，表示不满。而亚裔族群中的男性基本上都无动于衷，漠不关心。

第二，白人女性也对亚裔女性的遭遇持有不同的看法。她们通常认为，“亚裔人会解决好自己的问题”，或是“亚裔女性不会遇到家庭暴力”。[④] 正因

① Helen Zia, *Asian American Dreams: The Emergence of an American People* (New York: Farrar, Straus and Giroux, 2000), p.230.

② Ibid., p.237.

③ Ibid.

④ Shah, Sonia (ed.), *Dragon Ladies: Asian American Feminists Breathe Fire* (Boston: South End Press, 1997) , p.82.

为如此，亚裔女性成立了自己的组织来反对家庭暴力，比如纽约市就有一个叫作“亚裔女性庇护所”的地方。[①] 但是事实上，由于性别、种族和阶层的差异，亚裔女性还是常常被美国社会中主流的女权主义者所忽视。[②] 如果说她们在意少数族裔的话，那么黑人常常是她们更加关注的群体。

第三，在美国亚裔社群中如果有人要干预家庭暴力的事情，很多亚裔男性会把它看成是“家丑外扬”，这样会给整个亚裔族群抹黑，使得美国社会中业已存在的种族歧视更加严重。通常情况下，他们会劝说受到家庭暴力的女性保持沉默，以求给亚裔社群“保留脸面”。[③] 上千年来，家庭暴力都被视为家庭私事。由于特别强调血缘纽带和家庭内部团结，亚裔移民一般不愿意独立于自己的家庭。他们的低离婚率并不意味他们的婚姻质量更高，只是因为他们更加看重家庭结构的稳定性。

相比较而言，白人女性遇到家庭暴力时会诉诸多种手段，给“警方、社会机构以及联邦或者州政府”施加压力，以求他们对问题加以足够的重视。[④] 另外，大家庭的结构形式也使得亚洲女性受到更多的家庭暴力，因为她们和丈夫的父母住在一起的比例更高，并且在家庭关系上处于弱势和从属地位。

七、结论

总体说来，亚裔女性作为双重的少数派，不断地和偏见做着顽强的斗争，以争取自己的权利。这些偏见不仅来源于自己的家庭内部，也来自白人社会和亚裔群体。亚裔女性在家庭和自己的族群内部受到的束缚更多，享受平等权利的机会相比于其他族裔的女性来说更少。这一性别不平等的状态，很大程度上是从她们原生的国家被继续移植到了美国。

亚裔女性在美国社会所遇到的障碍，一方面是由于历史原因，第一波亚裔女性移民多为妓女和照片新娘，白人社会对她们成见颇深。另一方面，传统上说，白人群体认为亚裔女性具有顺从和被动的特质。亚裔女性在学校和

① Shah, Sonia (ed.), *Dragon Ladies: Asian American Feminists Breathe Fire* (Boston: South End Press, 1997), p.82.

② Ibid., p.195.

③ Ibid., p.112.

④ Elizabeth Pleck, *Domestic Tyranny—The Making of Social Policy Against Family Violence from Colonial Times to the Present* (New York: Oxford University Press, 1987), p.20.

职场等社会环境中，因为这些偏见会直接或者间接地失去一些学习和晋升的机会。在与白人男性的交往中，有些亚裔女性也会因为对方对这一族裔的看法而不得不委曲求全，隐藏自己在新环境中养成的独立自主的品质。这样，她们在争取独立、平等和自由的道路上就遇到更多的障碍，利益也常常受到忽视。

美国的亚裔女性兼具少数族裔和女性双重身份，会遇到一些共同的问题。但是，由于代际的差别，他们所面临的困难也是不同的。第一代移民因为自己主要成长在亚洲国家，所以受到传统亚洲文化的影响是更为直接和深刻的。所以她们在适应美国社会的过程中，也是最艰难的一个群体。而第二代移民，或者是1.5代移民因为在价值观形成阶段主要是受到美国文化影响，也受到家庭中的亚裔文化影响，所以她们更加认同自己的美国人身份，在社会环境中更多的是受到族裔身份的限制。同时，她们也受到父母身上较为浓重的亚洲儒家文化的影响。这样，第二代移民所遇到的双重障碍，因为不同的力量而对第二代移民造成的影响也会有所不同。而第三代往下的亚裔，受到美国的影响更大，族裔文化对他们产生的障碍也就更小。

作为亚裔美国人的一分子，亚裔女性不得不在种族和性别的双重压迫中寻找平衡和生存空间。在她们的成长道路上，她们遇到的困难是全方位的，也是非常独特的。尽管道路艰辛，历经各种甘苦，亚裔美国女性仍然取得了学业和事业的成功，并且在一代又一代人的努力下，自身的处境有了较大的改善。在今天这样一个全球化浪潮席卷世界的时代，不同国家、民族文化的融合和交流大大加强，美国的亚裔女性也更多地受到了多元的影响。而亚洲尤其是亚洲主要国家的崛起也在改变国际格局的力量对比，亚洲在美移民的地位、数量和处境也会受此影响，亚裔女性特别是华裔女性在美国的发展机会也会随之增加。美国社会中的这一“双重的他者”也正在走向中心舞台。

“美国（人）”还是“美洲（人）”？
——对克雷夫科尔《农场主信札》中America（n）的理解和翻译问题*

黄卫峰**

一、引言

语言障碍对于中国的美国研究学者来说是一个无法回避的问题，对于美国早期史研究者尤其如此。由于17、18世纪的英文与现代英语在拼写、语法、语义等方面存在较大差别，语言难度就会更大。要正确理解这种英文资料，我们需要具备一定的历史语义学知识。对此，我国著名美国研究学者李剑鸣教授有着深刻的体会。① 脱离具体历史语境而导致的历史年代错误在我国学术界并不少见。杨玉圣教授指出：“我们目前流行的美国史和世界近代史著作、教科书、工具书仍有不少似是而非的说法，广传不已。”② 一个典型例子就是对《独立宣言》的理解和翻译，由于对《独立宣言》的原稿研究不够，加之没有考虑英属北美殖民地历史发展的背景，我国一些学者误把《独立宣言》视为美国诞生的标志。③ 另一个比较普遍的历史年代错误是对美国早期史文本

---

* 本文为2018年国家社科基金后期资助项目“奥巴马现象与美国种族融合”（编号：18FMZ005）的阶段性成果。

** 黄卫峰，杭州电子科技大学外国语学院教授，博士，主要研究方向为美国黑人文学及文化、翻译批评。

① 李剑鸣：《学术的重与轻》，商务印书馆，2017，第108—109页。

② 杨玉圣：《〈独立宣言〉史事考——兼议美国史考实性研究》，载齐文颖主编《美国史探研》，中国社会科学出版社，2001，第219页。

③ 齐文颖：《〈独立宣言〉是美利坚合众国诞生的标志吗?》，载齐文颖主编《美国史探研》，中国社会科学出版社，2001，第206—217页。

中America（n）的理解。[①] 其中一个典型例子就是约翰·克雷夫科尔于1782年出版的*Letters from an American Farmer*（为了避免给人以先入为主的印象，译文中暂省去American一词，以下简称《农场主信札》）。本文对该书第三封信引用最多，讨论的问题主要涉及该书标题和第三封信中对America（n）的理解和翻译。

迄今为止，国内学者在引用该书时主要存在四种情况。第一，大多数学者想当然地把该书书名和书中出现的America（n）译为“美国（人）”。[②] 第二，个别学者在书名中使用“美国”，但在引用第三封信的具体内容时使用“美利坚人”。[③] 第三，个别学者在书名中使用“北美”，但在引用第三封信的内容时使用“美国人”。[④] 第四，还有个别学者在书名中使用“美洲”，在引用第三封信的内容时使用“美利坚人”。[⑤] 另外，虽然何顺果教授和李剑鸣教授在引用第三封信的内容时都把American译为“美利坚人”，但其表达的意思截然不同。李剑鸣教授提出：“至少在1783年以前，‘美利坚人’还只是一个对北美英裔居民的基于人文地理的泛称，不具备严格的民族学意义。”[⑥] 何顺果教授则认为，“‘Americans’的诞生具有明显的民族学意义，它虽然不是美利坚民族完全形成的标志，但也不仅是英属北美殖民地共同体意识增强的表现，因为它在某种意义上已是一个新的融合了不同血缘并有着共同地域和文化意识，

① 黄卫峰：《美国早期史研究中America的翻译问题》，《中国科技术语》2018年第4期，第52—57页。

② 周琪：《“美国例外论”与美国外交政策传统》，《中国社会科学》2000年第6期，第90页；拉维奇·戴安娜：《美国读本——感动过一个国家的文字》，林本椿等译，生活·读书·新知三联书店，1995，第74页；张冲：《新编美国文学史》（第一卷），上海外语教育出版社，2000，第153页；伍斌：《历史语境中的美国“熔炉论”析论》，《世界民族》2013年第3期，第11页。

③ 何顺果：《“Americans”的民族学意义》，《读书》2013年第2期，第71页。

④ 周淑娟：《文化跨界中主体的建立/崩解：〈来自北美的农夫的信〉中美洲自我与欧洲他者的交错》，载《第二届翻译与跨文化国际学术研讨会论文集》，2010，第84、88页。《文化跨界中主体的建立/崩解：〈来自北美的农夫的信〉中美洲自我与欧洲他者的交错》一方面指出：“国内读者对此书的中文标题大概都理所当然地理解为《来自美国农夫的信》。本论文的研究将显示，《（来自美国）农夫的信》写作时期美国尚未独立，即使后来革命成功，本书作者也未曾明确支持革命大业，是以选择将此书标题之American一字译为北美。从国内传统的标题翻译也可看出一般人对此书的印象也停留于美国开国神话论述之一。”另一方面，该文作者在后文中谈及该书时依然使用“美国人”的说法：“从第三封信《何谓美国人?》起，格里夫各（指本文所说的‘克雷夫科尔’）地志学之笔法已有所流现。在第三封信中，农夫詹姆斯先对美国人特质作整体介绍后，随之就空间位置，约略介绍各地的特有生活面貌，包括沿海、中部、边境森林垦殖区等。”

⑤ 李剑鸣：《美国的奠基时代1585—1775》（修订版），中国人民大学出版社，2011，第454页。

⑥ 同上，第454—456页。

而又不同于原来的英格兰人及其他欧洲人的族群，其诞生应是美利坚民族初步形成的标志"[①]。由此可见，李剑鸣教授使用的"美利坚人"意思等同于"美洲人"，而何顺果教授使用的"美利坚人"意思等同于"美国人"。

总之，学界对该书关键词America（n）存在不同理解和译文，而"美利坚人"说法在不同学者笔下具有不同的含义，容易引起混乱。鉴于该历史文献在美国早期历史文化中的重要地位，尤其是对America（n）的理解关系到对美国民族形成年代的看法，这个问题有深入探讨的必要。本文拟从该书作者的国民身份、该书的主要内容、America(n)词义的历史演变、《农场主信札》揭示的英属北美殖民地居民的身份混杂意识四个方面对该书的历史语境进行分析，希望有助于澄清该书涉及的一些历史事实和现象。

二、约翰·克雷夫科尔的国民身份

我国学界之所以对《农场主信札》中America（n）一词的意思存在误解，一个重要原因可能是对克雷夫科尔的国民身份缺乏了解，把他理所当然地视为美国人，如《新编美国文学史》（第一卷）写道："克雷夫科（尔）出生于法国诺曼底省一个贵族家庭，19岁时前往英国，随后转往加拿大，于1759年到达美国纽约，从一个法国贵族变成了自由自立的美国人。"[②] 事实上，虽然克雷夫科尔（1735—1813年）一度归化成为英属北美殖民地纽约的公民，但他在北美革命后从未加入美国国籍，而是以法国公民身份度过余生。

克雷夫科尔出生于法国诺曼底一个没落的贵族家庭，法国名字为"Michel-Guillaume Hector St John de Crevecoeur"。1747年，他在13岁时被家人送往英国接受教育，从此喜欢上了英国的政治自由和英国文化。1755年，他前往北美的法国殖民地魁北克。在法国与印第安人的战争（1754—1763年）期间，他曾在法国军队服役。

随着法国军队被英国打败，克雷夫科尔从法国部队退役，于1759年来到英国北美殖民地。他最初在宾夕法尼亚居住，1764年来到英属纽约省，获得该省公民身份，成为乔治三世的臣民，并取英文名字John Hector St. John（约翰·赫克托·圣约翰）。1769年，他与纽约一个商人的女儿结婚，在纽约奥兰

① 何顺果：《"Americans"的民族学意义》，《读书》2013年第2期，第64页。

② 张冲：《新编美国文学史》（第一卷），上海外语教育出版社，2000，第154页。

治县（Orange County）购买了一个占地120公顷的农场，命名为“松山”（Pine Hill），过着田园般的宁静生活，开始为他的书收集资料。他对宾夕法尼亚和纽约的定居区进行过比较彻底的考察，并到过西部各殖民地，往南到过查尔斯顿。他对大自然和社会抱有强烈的好奇心，用笔记录下英属北美各殖民地的风土人情。

1776年英属北美殖民地爆发的独立战争打破了平静安逸的农村生活。1779年，由于父亲健康状况恶化，克雷夫科尔试图返回法国。他在儿子陪伴下进入英国人占领的纽约，但由于被英国人怀疑为法国间谍而入狱三个月，精神近乎崩溃。最终他在纽约担任公证员的朋友威廉·西顿（William Seton）帮助下获得释放，并获准前往英国，但不允许携带家人。他乘坐的轮船在距离爱尔兰海岸不远的地方触礁，但他设法到达了伦敦，然后于1781年8月转道回到法国，得以与父亲短暂相聚。

克雷夫科尔到达英国后把《农场主信札》书稿以三十几尼（英国旧货币单位，价值21先令）出售。该书稿在他返回法国后的第二年即1782年在伦敦出版，取得很大成功。1784年，经过扩充和改写的法文版两卷本《农场主信札》出版，1787年以三卷本形式再版。他的英文版和法文版都被翻译成多国文字，他因此在欧洲声名远扬，受到读者尊重。1801年，他出版了三卷本法文版《18世纪宾夕法尼亚与纽约游记》，但他的名声已经下降，而且由于受到法国革命的影响，人们已经对美国没有兴趣，因此该书直到1964年才被译成英文。

此外，克雷夫科尔还为改善诺曼底的农业做出了贡献，在法国很受欢迎，被任命为法国驻纽约领事，管辖范围包括新泽西州、康涅狄格州。1783年11月，他返回纽约，迫切希望与家人团聚，但却得知他在美国的农场已经被毁，妻子去世，两个孩子失踪。他暂住在朋友西顿家中，并在其帮助下找到了被波士顿一个家庭收留的失散孩子。1789年，法国革命爆发，他因为出身贵族面临风险，后在美国驻法大使詹姆斯·门罗帮助下获得美国签证。他晚年回到法国，1813年11月12日逝世。

总之，克雷夫科尔虽然曾经是英属纽约殖民地公民，但在独立战争期间，他接受的英国教育和他的绅士教养使他倾向于保皇党。[①] 他的贵族出身使他不

---

① 沃浓·路易·帕灵顿:《美国思想史1620—1920》，陈永国等译，吉林人民出版社，2002，第132页。

忍同旧大陆隔断联系，而他作为农场主又不忍看到自己长年累月辛勤劳动积累起来的成果在战争中付之一炬，因此，他对北美殖民地革命不是张开双臂欢呼，而是感到惶恐不安。美国独立后，他并未选择加入美国国籍，而是保留自己的法国公民身份。

三、《农场主信札》的内容

《农场主信札》出版后立即受到英国读者的欢迎。其原因有多方面：改革者对该书流露出的反政府激进思想持赞同态度；浪漫主义作家如塞缪尔·泰勒·柯勒律治对书中描述的亲近大自然的美好生活非常向往；随着独立战争接近尾声，该书对北美大陆的详尽描述具有文献价值。[①]

从文体上来说，《农场主信札》属于欧洲书信体小说传统。所谓书信体小说，是指通过书信推进叙述的小说，小说文本由一封或多封书信组成。18世纪中叶，随着英国小说家塞缪尔·理查逊（Samuel Richardson）系列书信体小说取得巨大成功，书信体小说已经成为欧洲比较成熟的文学体裁，在法国尤其流行，这“得益于当时法国社会热衷于私信写作并积极将其公开的风习”[②]。书信体小说具有便于议论、情节弱化、叙事自由的特点，往往带有哲理成分，有助于作者借助通信人物之口表达对各种社会现象或问题的思考。在《农场主信札》中，两位通信人——美洲农场主詹姆斯和英国绅士F.B.先生——是作者虚构出来的，从这点上来说，《农场主信札》具有书信体小说的特点。但《农场主信札》并不具有小说最基本的故事情节，其根本目的正如作者在第一封信中所明确阐明的，是为了提供信息，交流观点。因此，《农场主信札》与其说是文学作品，不如说是历史文献。也正因为这个原因，该书成为许多学者研究美国殖民时期的重要原始资料。作者在不同信件中使用了不同的写作手法，其中既有记录性描述、游记，也有社会学观察和沉思。《农场主的信札》在欧洲之所以能取得成功，一个重要原因就在于它是当时欧洲读者了解美洲信息的最好渠道。

克雷夫科尔以书信形式描写了英属北美殖民地的自然环境、殖民地人民

① J. Hector St. John De Crevecoeur, *Letters from an American Farmer* (New York: Oxford University Press, 2000), p.xxxix.

② 耿波、李东瑶：《18世纪法国书信体小说与巴黎人的自我认同》，《社会科学》2016年第10期，第187页。

的生活方式及风土人情，刻画了殖民地社会机会均等、自决的原则，强调了殖民地人民在血统上的混杂性、族裔和文化上的多样性、宗教上的多元性，讴歌了北美辽阔的疆土、美丽的自然景色、丰富的自然环境和自由自在的生活，展现了一幅只要辛勤劳动人人可以发财致富的动人前景，是研究18世纪美国文化极具价值的原始资料。[①]

不论是标题还是文本具体内容都清楚无误地说明，该书是关于英属北美殖民地的情况。该书的标题很长，全称是《美洲农场主的来信：描述通常不为人所知的省的某些情况和礼仪风俗，传达关于英国北美殖民地过去和当前内部情况的看法》（*Letters from an American Farmer: Describing Certain Provincial Situations, Manners, and Customs not Generally Known; and Conveying Some Idea of the Late and Present Interior Circumstances of the British Colonies in North America*）。该书副标题中出现了“省”（provincial）、“英国殖民地”（British Colonies）和“北美”（North America）等措辞。因此，书名主标题中的American与副标题中的America都应该理解为“美洲”，才能形成前后呼应。信的具体内容也是关于殖民地的。第一封信介绍了写信人詹姆斯与收信人F. B. 先生之间的关系和写信的缘由，尤其是詹姆斯对自己写作能力的担心和牧师对詹姆斯的鼓励。假想中的写信人詹姆斯是英属北美殖民地农场主，收信人F. B. 先生是曾到英属美洲殖民地访问的英国人。第二封信详细描述了詹姆斯农场的情况，包括农场的活动、周围的动植物等自然资源，重点在于强调生活的富足和对北美土地的依赖，描绘了一幅天人合一的和谐画面。第三封信阐明了英属北美殖民地人民的特点，包括族裔混血性、文化和宗教多样性，并通过来自赫布里底群岛的移民安德鲁的成功经历，描绘了基于机会均等、地位平等的美好生活。第四至第八封信详细描绘了欧洲移民在北美创造的乌托邦社会及其居住的土地，描述了他们的生活状况和以捕鲸鱼为业的两个村庄的风俗习惯。第九封信讲述了英属南卡罗来纳省查尔斯顿的情况，探讨了南方奴隶制问题，尤其是奴隶主与奴隶之间的毁灭性关系，指出奴隶制是英属北美殖民地一种真正邪恶的制度。第十封信详细谈论了美洲的各种蛇、美洲印第安人吃蛇的做法，以及关于蛇的各种习惯和传说。信的结尾提到在詹姆斯农场发现的蜂鸟及其习惯和种类。第11封信描述了一位俄罗斯人

---

① 张冲在《新编美国文学史》（第一卷，2000年，第154页）中提出，该书是“研究19世纪美国文化的相当有价值的材料”，这种说法欠准确，应该是笔误。

在拜访宾夕法尼亚一位著名植物学家时的所见所闻，尤其是这名植物学家所发明的对植物进行施肥和灌溉的新方法。第12封信讲述了詹姆斯对即将到来的北美独立革命的不安，谈到了对印第安人的看法，并打算带着家人逃到印第安人居住地，直到战争结束。

总之，无论该书标题还是其具体内容，都清楚无误地显示，America（n）指的是“美洲（人）”。

四、America（n）词义的历史演变

《农场主信札》是1782年正式出版的，而里面收录的12封信件写于1769—1776年的七年间。[①] 这就提出了一个问题，《农场主信札》出版时，America（n）是否已经具有“美国（人）”的含义？换言之，在美国历史上，America（n）何时具有了“美国（人）”的含义？

我们知道，在现代英语中，该词既可以用来泛指“美洲大陆”，也可以用作美国的简称，尤其在美国英语中，该词几乎总是指美国。然而，历史上，America（n）并不是一开始就具有了“美国（人）”的含义，而是经历了一个词义演变的过程。

从词源学的角度来说，America最初是指“美洲”。虽然美洲的发现离不开哥伦布，但他误把美洲当作亚洲的印度群岛，因此把当地居民称为Indian（哥伦布的本意是指“印度人”，为了与当今印度人区别开来，我们往往才把它译为“印第安人”）。另一位意大利航海家阿美利哥·维斯普奇（Amerigo Vespucci，其拉丁文拼写是Americus Vespucius）后来从理论上提出了美洲是“新大陆”的说法。德国神职人员马丁·瓦尔德西缪勒（Martin Waldseemüller）正是根据阿美利哥的航海日志，在圣迪耶教堂绘制完成了第一幅标有新大陆的全新世界地图，并以阿美利哥的名字命名新大陆为America，以示纪念。这就是America的由来，而用America指“美洲”的原始意义一直保存到现在。由于美洲大陆又分为“南美洲”和“北美洲”，所以在现代英语中该词表示“美洲”的意义时经常使用复数形式Americas。

在北美殖民地时期，随着时间推移，America（n）被越来越多地用于专

① 何顺国教授在《“Americans”的民族学意义》一文中认为，这些书信或文章写于1762年前后。这种说法值得商榷，因为第三封信明确提到1774年爆发的弗吉尼亚白人与印第安人之间的冲突。

指“英属北美殖民地（人民）”，一个不同于英国和欧洲的新社会。北美殖民地居民逐渐认识到，他们与一般英国人之间既存在相似之处，又表现出不同特点。随着殖民地的发展，两者之间的相似性越来越少，不同点越来越多，冲突越来越频繁。尽管如此，美国独立前，北美殖民地居民永远无法改变的唯一事实就是，他们与英国人一样都是“英国国王的臣民”，经常以英国人的身份要求平等权利和保护，在1776年以前他们反英的旗号一直是维护“英国人的自由”。对于殖民地居民与英国人的不同点，殖民地内外的人士都有了越来越清楚的认识。在英国政治家埃德蒙·伯克看来，殖民地居民具有一种“狂热的自由精神”。就北美殖民地人民而言，他们不仅为自己的家园感到自豪，而且对自己不同于欧洲的独特性也有了清晰的认识，认为这种差异源于“我们人民的才智、他们的生活方式、他们的经济境况、本地的风俗、社交方式和幽默感等”因素。他们在“马萨诸塞人”“弗吉尼亚人”“纽约人”等体现狭隘地域观念和本土意识的身份基础上，越来越频繁地认同“美洲人”这一具有广义区域观念的群体身份。“‘America’和‘American’这样的字眼，经常出现在时人的口头和文字中。早在1741年，北部的报纸在提到英国人时就称‘欧洲人’，以示和‘美利坚人’有所区别。到18世纪六七十年代，‘America’‘American’一类的字眼在各种场合出现的频率越来越高，有一些团体在名称前面冠以‘American’，还有人创办了叫作‘American Magazine’的杂志”。不仅如此，虽然英国人直到独立战争爆发前一般把殖民地居民视为本国人，称其为“同胞臣民”或“同胞国民”，但他们有时也使用“American”来称呼殖民地居民，以便与英格兰本土的英国人加以区分。①

把America与“美国”联系起来的说法可以追溯到短语“the United States of America”。1776年1月2日，北美独立战争期间，华盛顿将军的副官斯蒂芬·莫伊伦（Stephen Moylan）写信给中校约瑟夫·里德（Joseph Reed），第一次使用了该措辞。1776年4月6日，这一说法在《弗吉尼亚公报》（*Virginia Gazette*）刊登的一篇匿名文章中首次公开出现。1795年9月5日，美国与北非诸国签订的《和平友好条约》（*The Treaty of Peace and Amity*）中，America被直接用于指代“美国”。在这份文件里，American Citizens与citizens of the United States交替出现，这表明American已经被用作the United States的

① 转引自李剑鸣《美国的奠基时代 1585—1775（修订版）》，中国人民大学出版社，2011，第450—455页。

替代词。不过，明确使用American指代“美国人”的说法可能要归功于美国第一任总统乔治·华盛顿。1796年，他在《告别演说》中说道：“美国人（American）这个称号是属于你们这些有国民身份的人，这个称号一定会提高你们爱国的光荣感，远胜过任何地方性的称号。”[①]

由此可见，克雷夫科尔写作《农场主信札》时，America（n）还不具有“美国（人）”的含义，因此把《农场主信札》的标题和内容中出现的America（n）译为“美国”“美国人”显然脱离了具体历史语境，犯了历史年代错误。

五、《农场主信札》中北美殖民地居民群体认同的特点

《农场主信札》最有价值的部分是第三封信“What is an American”。该信对American的特点进行了非常详细的分析，是学者关注和引用最多的部分。那么，英属北美殖民地居民的认同具有什么特点呢？American是民族学概念还是人文地理概念？

美国是一个由来自世界各地的移民组成的国家，其公民的民族认同一直是我国学术界关注比较多而且存在争论的问题，争议的焦点在于美利坚民族形成的具体时间。对此，学者们提出了不同观点：“一种意见认为，‘美利坚民族’在反《印花税法》时期就已经形成，因此，独立战争就很自然地是一场争取‘民族独立’的运动，是一场‘殖民地反民族压迫’的‘资产阶级革命’。另一种看法是，‘美利坚民族’的形成始于殖民地的建立，经历渐进时期、急进时期和跃进时期，而1776年《独立宣言》的发表，则是美利坚民族形成的标志。这种认为‘美利坚民族’形成于独立战争以前的观点，后来受到了质疑。有的文章从经济角度考察‘美利坚民族’的形成，认为在独立战争以前，‘美利坚民族’并不是一个‘既存事实’，而只是处在正在形成的趋势当中，这个过程直到‘南北战争之前’或经过‘南北战争’才完成。还有文章提出，不仅独立战争前没有形成‘美利坚民族’，独立以后直到1812年战争时期，美国人还对英国有民族认同意识，‘美利坚民族的整体意识和精神’直到重建时期才形成。还有论者质疑斯大林的民族定义及其关于‘美利坚民族’形成的论述，梳理了国内学者的相关论述，并以‘民族自我意识’为主要指

---

① “United States,” Wikipedia, accessed January 20, 2019, https://en.wikipedia.org/wiki/United_States.

标，把‘美利坚民族’的‘雏形’形成的时间定为18世纪60、70年代。”①

从《农场主信札》来看，可以说北美殖民地居民群体还没有形成独立的民族认同意识。在《农场主信札》中，北美殖民地居民的认同具有混杂性特点，认同三种身份：狭义的地域身份意识，如“马萨诸塞人”“弗吉尼亚人”“纽约人”；广义的区域身份意识，即美洲人（American）；国民身份意识，即“英王臣民”。这种身份混杂意识典型反映在原文下述句子中：“如今他是一个美洲人，一个宾夕法尼亚人，一个英国臣民。”（He is now an American, a Pennsylvanian, an English subject.）②

第一，由于英属北美13个殖民地在建立时间、成员结构、地理位置和环境、宗教、经济生活、政治体制等方面相互之间存在很大差异，加之通信和交通不便造成的闭塞状态，各殖民地居民具有强烈的狭隘地域观念和本地意识，形成了“纽约人”“弗吉尼亚人”“马萨诸塞人”等身份认同。在《农场主信札》中，通信人詹姆斯多次提及自己的“宾夕法尼亚人”身份。詹姆斯坚持环境决定论，认为住在不同地区的殖民地居民存在不同之处是非常自然和正常的事情。“人类如同植物，果实的好坏和气味来源于其生长的土壤和暴露的环境。我们是什么人，与呼吸的空气、居住地的气候、统治我们的政府、信奉的宗教、从事的职业性质等密切相关。”③“除了这些一般的特点之外，各省都有自己的独特性，这些独特性建立在政府、气候、耕作方式、习俗、独特的环境等基础之上。欧洲人在不知不觉中受到这些强大因素的影响，经过几代人，不仅成为一般意义上的美洲人，而且成为宾夕法尼亚人、弗吉尼亚人或其他省的人。加拿大、马萨诸塞、中部各省、南部各省的居民如同其气候一样各不相同。唯一把他们连为一体的是宗教和语言。”④

第二，尽管各省居民相差很大，但他们已经形成基于区域认同的“美洲人”意识。首先，英属北美殖民地的人民已经开始有了地理意义上朦胧的整体意识。在第三封信中，克雷夫科尔指出，这些殖民地已经组成了一个庞大的“联盟”（association），成为一个整体，并多次从整体意义上使用country

① 转引自李剑鸣《“克罗齐命题”的当代回响：中美两国美国史研究的趋向》，北京大学出版社，2016，第437—438页。

② J. Hector St. Johnde Crevecoeur, *Letter from an American Farmer* (New York: Oxford University Press, 2000), p.58.

③ Ibid., p.45.

④ Ibid., p.48.

一词，如他把这片土地称为this country和my country。不过，值得注意的是，在英文中，该词除了“国家”之意外，还有“地区、区域”之意，短语the country还可指“乡下”。这些意思在《农场主信札》中都出现过。如第三封信中有这样一句话：How does it concern the welfare of the country, or of the province at large, what this man's religious sentiments are, or really whether he has any at all？[①] 从at large可以看出，这句话中的province（省）显然大于the country，因此这句话中的country只能理解为“地区”，否则就存在逻辑问题。该句可译为：“这种状况与这个地区乃至整个省的福祉有何关联？这种人的宗教情感是什么，抑或他是否真正具有宗教情感？”《农场主信札》还体现出英属北美殖民地人们民族意识的萌芽。这种意识在第三封信《美洲人是怎样的》中得到明确阐述。克雷夫科尔把生活在这里的人民称为a race（一个群体），认为英属北美殖民地人民是一种新人（new man）。当然，虽然作者在书中把美洲人称为race，但这个词在该文献中不能被理解和翻译为“种族”。在历史上，race是一个意思非常灵活的概念。该词16世纪进入英语，其渊源可以追溯到中世纪的意大利语razza，意思是“群体”。因此，race只不过是对人类、动物、植物进行分类的一种方法。每一个欧洲国家的人民都可以称为一个具体的race，如法国人、意大利人、德国人、英国人。他们的分类不是基于外表，而是基于习俗、历史、语言，尤其是宗教。[②]

这种“美洲人”意识是建立在英属北美殖民地居民的英国臣民身份基础之上的。假想的写信人詹姆斯把自己视为英属北美殖民地的居民。在第三封信开头，詹姆斯以“英国人”（Englishman）的口吻把英属北美殖民地的开发和建设成就归功于“我的同胞”（my countrymen）的辛勤劳动，[③] 并用“民族自豪感”来描述这一成就。信件还把英国人称为“家乡人”（home Englishmen）[④]，把英国国王称为“我的国王”（my king）[⑤]。詹姆斯还明确指出，这里的America是British America（英属北美殖民地）。他写道：“英

① J. Hector St. Johnde Crevecoeur, *Letter from an American Farmer* (New York: Oxford University Press, 2000), p.49.

② Timothy Lockley, “Race and Slavery,” in *The Oxford Handbook of Slavery in the Americas* eds. Robert L. Paquette & Mark M. Smith (New York: Oxford University Press, 2010), p.337.

③ J. Hector St. Johnde Crevecoeur, *Letter from an American Farmer* (New York: Oxford University Press, 2000), p.40.

④ Ibid., p.21.

⑤ Ibid., p.25.

属美洲（British America）分为许多省（province），组成一个庞大的联盟（association），沿着一条长11500英里、宽200英里的海岸线分布。”[①] 在提到殖民地政府的性质时，詹姆斯写道：“这就是我们的法律日常发挥巨大作用的地方。这些法律从哪里来？来自我们的政府。我们的政府从哪里来？来自人民的创造性天赋和强烈的愿望，这种天赋和愿望得到国王的批准和肯定。”[②] 詹姆斯在提及各殖民地时，有时使用“provinces”，有时使用“colony”。

基于以上分析，笔者完全赞同李剑鸣教授的观点，即《农场主信札》中的America（n）只是一个人文地理概念，而不是一个民族学概念。此外，李剑鸣教授使用的“美利坚人”说法只是“美洲人”的另一种说法或译文而已，并不具有今天我们所说的“美利坚民族”的意义。鉴于我国学术界在使用“美利坚”一词时的多种意义，笔者认为在该文献中还是使用“美洲人”的说法为好。

六、结语

把《农场主信札》中的America（n）理解和翻译为“美国（人）”是一种“年代误植”错误。该书成形于美国建国之前，克雷夫科尔不可能有如此先见之明，准确预见到在北美13个殖民地建立起来的国家会以“美国”命名。产生这种问题的原因，主要有两方面。其一，没有从具体的历史语境出发把《农场主信札》创作的历史与美国的历史联系起来；其二，没有认真阅读原稿，对《农场主信札》中American一词出现的语言语境进行分析，而是想当然地进行理解和翻译。

事实上，无论从作者克雷夫科尔本人的国民身份和《农场主信札》的措辞和内容来看，还是就America（n）含义的历史演变而言，把书中提到的America和American译为“美国”“美国人”显然是不准确的，“美洲”和“美洲人”才是更加恰当的理解和翻译。《农场主信札》虽然流露出北美人的共同体意识，但这种意识主要建立在共同地域的基础之上，并不是国族意识。换言之，他们只是认为自己是英国国王统治之下的“美洲人”，并没有形成“美国人”意识。

---

① J. Hector St. Johnde Crevecoeur, *Letter from an American Farmer* (New York: Oxford University Press, 2000), p.45.

② Ibid., p.43.

另外值得一提的是标题译文的措辞问题。如前所述，对标题中的三个关键词不同学者采用了不同译文。第一，America（n）是译为“美洲”还是“北美”？虽然这里的America（n）在当时确切来说指“英属北美殖民地”，但信件是写信人詹姆斯以美洲人身份写给假想的欧洲人F.P.先生的，因此译为“美洲”更符合原文的语境和作者的视角。第二，farmers是译为“农夫”“农民”还是“农场主”？众所周知，英语中的farmer一般指“拥有农场的人”（a person who has a farm），是不动产权持有者（freeholder），与中国文化中的“农民”“农夫”显然不同，因此“农场主”的说法更符合源语的历史文化。第三，letters是译为“来信”还是“信札”？从修辞学角度来说，“来信”属于口语用词，而“信札”带有书面语特征。不仅如此，“信札”还指历史上的一种文体，即“书信体”，因此更能揭示文献的文体特征。由此可见，李剑鸣教授的译文《美洲农场主信札》是精心斟酌、反复思考的结果，可以成为这一文献的规范译文。

美国人身份认同的核心：信念与文化之争

李　静*

关于美国人身份认同（identity）① 的思考奠定了美国政权的基础，美国人身份认同与美国建国之初和之后的政治理论和重要思想论述有密切的关系。2004年，美国学者亨廷顿出版《我们是谁》一书，提出美国人的国家认同应该既包括对美国政治信念的坚持，即《独立宣言》的原则和体现它精神的宪法机构，又包含美国的核心文化——盎格鲁新教文化，后者包括政治信仰，还包括基督教、职业价值观、道德主义、英国的法律传统和对政府权力的限制，以及欧洲文学、哲学和音乐等艺术遗产。② 亨廷顿认为，对于美国人的身份认同，盎格鲁新教文化应该排在第一位，美国信念排在第二位。而他的批评者则认为，美国人的国家身份应该由能否接受美国政治信念来定义。③

亨廷顿和他的批评者之间的争议主要在于对美国人身份限定的深度不同。亨廷顿的定义相对较深，因此他的定义具有排他性，使所谓的外来者很难融入其中。根据亨廷顿对美国人身份认同的阐述，移民成为美国人将更加困难，因为移民需要更彻底的身份转变才能成为真正的美国人，而不是仅仅通过接受政治信念就能实现。他的批评者则倾向于更加明确的定义，认为美国人的国家身份通过接受美国政治信念就可以实现，因此更加开放，不管什么种族和什么肤色，只要能够认同和接受美国的政治信念，都可以成为美国人，具有极大的包容性。而亨廷顿认为仅靠政治信条来定义美国人的身份是一个错

---

* 李静，国防科技大学国际关系学院副教授，主要研究方向为美国研究、英语教学。

① “identity”是西方文化研究的一个概念，虽然各类研究对其表述不一，“身份认同”“身份”和“同一性”使用较多，但是基本内涵都是一致的，即对主体自身的一种认知和描述，它包括很多方面，如文化认同、国家认同和种族认同。

② 塞缪尔·亨廷顿：《我们是谁？》，程克雄译，新华出版社，2005，第31页。

③ Tamar Jacoby, “Review of Who Are We,” *Washington Post*, 16 May 2004.

误。他极力捍卫传统的美国人身份，然而，亨廷顿对传统的坚持是否真的具有合理性和说服性？可能大多数美国人一直认为亨廷顿肯定是正确的，作为一个美国人，就是要接受和践行英国新教文化的各种要素。但是，大多数人的认可并不能证明这就是一个完美的定义。那么，什么才是完美的定义，美国人身份认同争议的根源是什么？

美国在建国初期和之后的重要政治思想和重要历史文献对美国人身份认同的阐述比较模糊，从可及的文本资料中，我们仍可以窥见人们对美国人身份的认知脉络。

一、《独立宣言》的模糊说

这种模糊性可以追溯到美国建国初期的政治思想以及为这一思想提供基础的政治哲学。《独立宣言》（下文简称《宣言》）通常被认为是建国政治理论中最具代表性和权威性的论述，也是亨廷顿提出作为美国政治信念的最初表述。然而，细读可以发现，《宣言》对美国人的国家身份阐述模糊不清，完全可以从两个不同方面去理解，一方面，《宣言》在一些不言而喻的真理基础上为新国家的创立提供了有力的理由。在这个意义上，《宣言》似乎倾向于美国人身份的信念定义。另一方面，在宣布这些不言而喻的事实之前，《宣言》的开头就提到，这是一个“民族”决定切断与另一个“民族”之间的政治联系。[①]从这个角度说，《宣言》预设这个“民族”并非新创造的，在这个新的“民族”产生之前就已经有一个存在的身份，那么如何区分这个新旧身份便留给美国人无限讨论的空间，切断政治联系并不代表失去文化联系，在这个意义上，《宣言》中新的“人民”又与浓厚的文化认同有密切的关联。

更仔细地研究《宣言》中提出的美国信念的具体内容，这种含混不清仍然存在。一方面，《宣言》鼓励我们将人视为一律平等，并没有任何限制的身份。显然，对美国人来说，重要的是他们拥有“生命，自由和追求幸福”的权利。这些权利源于人们是一样的来源，即造物主的创造。造物主创造了所有人的“平等”，这些权利对所有人来说都是一样的。而且，根据《宣言》内容，政府和社区的超级权力机构是为了确保这些权利而存在，因此，似乎任

---

① Peter Augustine Lawler & Robert Martin Schaefer (ed.), “The Declaration of Independence,” *American Political Rhetoric: A Reader* (Maryland: Lanham, Rowan and Littlefield Publisher, Inc.,2001), p.1.

何由这种理念构成的社区都可以接纳任何持有这种理念的成员。从这个意义上来说,《宣言》应该支持美国人身份认同的信念定义。另一方面，虽然《宣言》中的这些话语可能倾向于这个观点，但《宣言》中又没有任何内容明确禁止人们采用更独特的身份定义。《宣言》中的权利当然主要被理解为个人的消极权利，也就是说，最理想的状态是，他们每个人的生活、自由和财产的权利，没有政府的任意干预。根据《宣言》的说法，很难想象，一个要把政府排除在外的人有成为其成员的自然权利，结果又会是怎样。实际上,《宣言》中有些表述能够进一步印证上述关系。在谈到关于人类的不言自明的真理之前，在世界列国之中取得那“自然法则”和“自然神明”所规定给他们的独立与平等的地位时，就有一种真诚的尊重人类公意的心理，要求他们一定要把那些迫使他们不得已而独立的原因宣布出来。[①] 这里,“自然法则”和“自然神明”这样的语言暗示一个民族有权将自己置于与其他民族不同的地方，这反过来也意味着他们有权对自己的民族根据自然的法则重新定义，并相应地排除其他不合适的成员。

二、林肯的信念说

一开始，美国人意味着英国北方美国人。后来，其他欧洲人来到美国并被接纳为其政治团体的正式成员，其美国人的身份是由种族决定的：美国人就是白人，而非裔美国人和亚裔美国人则处于从属地位。亨廷顿认为美国人的国家身份不应该包含种族或种族元素。他认为，对包括种族和民族在内的过去身份的否定是美国“最伟大的成就之一”。展望未来，在希望重新致力于美国传统的英国新教文化的同时，他也担心一种排他性的白人民族主义会随之崛起，就像美国分化为双语和双文化社会一样。亨廷顿有充分的理由拒绝将美国人的传统国家身份简单化，他试图保持英国新教文化的主导地位。实际上，美国人国家身份的定义完全或者至少主要是以政治信念为基础。对此，美国历史上早就有关于这方面的论证。亚伯拉罕·林肯就是其中之一，他对美国人国家身份的形成产生了深远的影响，从他的诸多辩论和公开演说中，可以看出，他支持对美国人国家身份的信念定义。在林肯与道格拉斯的一次辩论中，他曾提到,“这个世界没有理由不让黑人去享受《独立宣言》所提出

① 王波主编《美国历史与文化选读》，北京大学出版社，2010，第25页。

的自然权利”。这也暗示他认同将政治信念作为美国黑人国家身份定义的基础。有一次他在芝加哥的演讲中，中途停下来评论他对7月4日庆祝活动重要性的理解，在这场著名的演讲中，他说英美人的革命血统使他感到自豪，肯定传统文化对美国人的影响，但是，他还指出，在美国，也许有一半人来自欧洲，如德国、法国、爱尔兰和斯堪的纳维亚。他认为，尽管这些人与英裔美国人缺乏血缘关系，但他们可以使自己成为美国人，他们可以通过接受《独立宣言》的原则来实现这一目标。在他最著名的葛底斯堡演说中，林肯的话语可以看出他支持美国人身份认同的信念定义，将美国视为一个主张致力于人人生而平等的国家。在他的芝加哥演讲中，林肯有意淡化了民族认同的重要性，以强调信仰身份的重要性。无论我们如何解读林肯的话语或解释他的遗漏，至少可以说明一点：林肯对美国人国家身份的形成起到非常重要的作用，他的演说也表明美国人的身份认同主要是以信念为基础。

林肯为何支持信念定义，笔者认为，这与当时的时代背景和信念的特点有关。国家分裂，奴隶制还未废除，为了维护国家的统一，必须有一致的信念。而美国“信念”满足这一要求。第一，“信念”始终相当稳定。正如利普塞特所说，“就国家价值观体系的主要成分而言，连续性大于变化”[①]。第二，直到20世纪后期为止，“信念”得到美国人民广泛同意和支持，不论人们实际行为是否偏离，但态度是一致的。第三，唯一的重大例外是19世纪中期南方一些州企图为奴隶制辩护。

但是，这并不意味着林肯反对美国身份的文化定义。在后来的政治生涯中，林肯也强烈支持对被解放了的黑人进行移民，坚信黑人不可能同化进美国社会。[②]不管是出于当时政治的考虑还是迫于种族利益冲突的压力，都说明在确立美国黑人的国家身份和合法权利这一问题上，理想与现实差距甚远。

三、麦迪逊的派系说

早期的思想家提出，人类天生就有得到尊重的权利，但是人天生并不倾向于尊重彼此的权利。在美国创始人的思想中，对这个问题的认识同样存在。

---

① Seymour Martin Lipset, *The First New Nation: The United States in Historical and Comparative Perspective* (New York: Norton, 1973), p.103.

② 托马斯·伍兹:《实事求是：林肯的种族观》，http://news.163.com/09/0720/12/5ELS2L9K00011247_2.html，访问日期：2019年11月6日。

麦迪逊在《联邦党人文集》第十篇中体会到，人们在本质上都有派系倾向，他们自然而然地愿意与一些人团结起来以侵犯他人的权利，这是创始人政治智慧的一个基本要素，与他们在《宣言》中所宣传的人人平等和拥有自然权利的原则一样重要。[①] 然而，社区可以合理地利用这种自然的人类倾向，作为维持同质文化认同的理由。因为派系倾向，统治者在早期的方案设计中就有可能尽量削弱派系的存在基础。在一个文化统一的社会，文化冲突相对较少，排斥他人的社会基础也随之减少。从这个角度来看，自由主义社会可能会出于自由的原因寻求保持统一的文化。也就是说，它可能寻求维持它，不是为了它本身，而是基于个人权利在这种文化中更加安全的原因，文化差异可能产生威胁个人权利的派系冲突。

有人反对说，麦迪逊的论点则相反。毕竟，《联邦党人文集》第十篇提出的著名论断认为，派系问题不能解决，只能控制，最好的控制方法是让派系多样化，这可以阻止多数派的出现。在民主社会，令人恐惧的是，多数派能够成功地执行不公正的计划。麦迪逊选择通过多种派系来限制派系，因为他得出的结论是，派系不能被消除，并且因为他发现更多的派系可能比少数派别，特别是比两个派系的社会更加稳定。这些假设肯定与麦迪逊所说的派系存在的根本原因有关，即财产分配的各种不平等所产生的利益差异。经济冲突不可能从政治社会中消除，因为任何社会，无论规模多么小，文化多么一致，都不可能消除贫富差距。同样正确的是，正如麦迪逊所观察到的那样，有一些意见分歧的派系是不可避免的，这是人类理性的不可靠性和对自我利益追求的体现。然而，尽管根据麦迪逊的观点，没有一个社会能够实现纯粹的利益和一致性意见，但社会享有大众文化一致性的可能性是存在的。如果这种一致性是可能的，那么社会肯定试图保护它，通过限制他者进入来防止可能会引发派系冲突的文化差异，以维护国内政治稳定。值得注意的是，麦迪逊支持多种派系的部分原因是，根据他的观点，如果不侵犯人民的自然权利，就无法消除经济利益和舆论的差异。对于麦迪逊来说，人民拥有他们所获得的财产以及他们自己关于自然权利的看法。保护这些权利是政府的目的，因此政府无法在这些方面强加统一。相反，正如我们所看到的，也可以在不侵犯任何人权利的情况下，通过控制人们进入一个社会的标准来保护文化，至少在创始人的政治思想中是如此。

① Jacob Cooke (ed.), *The Federalist* (Middletown, CT: Wesleyan University Press, 1961), p.58.

这并不是说，自由社会必须寻求保持统一的文化认同，只是决定是否这样做是一个谨慎的问题，即使是在自由主义原则基础上也是如此。人们当然可以想象，政治家麦迪逊可能会寻求鼓励多元文化的环境。如果社会由一个占主导地位但不是排他性的文化组成，同时还有一大批少数人文化，那么受一种文化影响的多数派应该得到认真对待。在这种情况下，政治家麦迪逊可能会认为，如果社会走向多元化的文化，相互制约，那么个人权利就会更加安全。另外，如果社会目前具有广泛的文化特征相似之处，由于上述原因，麦迪逊可能会合理地寻求通过限制外来文化人士入境来保护它。

四、民主自治政府的自治说

还有另一个与美国人身份相关的问题，即美国对民主自治的承诺含混不清。这种含混不清可以再一次追溯到政权本身。对于美国人的身份认同，精英和民众对其不同的描述揭示了这种含混不清的态度。公众舆论更倾向于支持更严格的移民控制，移民能够被美国主流文化所同化，以及英语能够作为国家的官方语言，而精英舆论则更倾向于支持移民开放、多元文化和双语教育。这必然导致公众舆论与公共政策之间的矛盾。在上述问题上，美国的文化、商业和法律甚至政治精英都在顽强地推进公众一贯拒绝的公共政策。其结果是，公众喜欢的政策与政府实际所追求的政策之间的差距越来越大。从民主自治的角度来看，人们可能会发现这种情况令人有点不安。当然，人们会认为，共和政权的政治伦理要求对人民的意愿有一定的尊重，即使有人不同意这些意愿。这并不是说民主自治要求公共政策能够回应人民的每一个诉求，但正如亚历山大·汉密尔顿所说的那样，人们的“蓄意感”盛行。如果说美国精英对民主自治漠不关心，那肯定是轻率和不公平的。这通过电影《阿拉伯的劳伦斯》中劳伦斯与阿拉伯王子的交流得到了更好的体现。在电影的一个场景中，尽管他们与英国的利益不一致，当主角劳伦斯表达了对第一次世界大战中阿拉伯人的同情时，阿拉伯王子费萨尔惊讶地说：“你是一名英国军官。你不忠于英国吗?”劳伦斯令人难忘地回答：“当然忠于英国，但也有其他。”为了捍卫自己的行为，美国的精英们无疑会声称他们忠于民主还有其他目标。而且，在维系这种极大的忠诚时，他们肯定会声称他们是好的美国人。也就是说，他们对自己的辩护会揭示出美国身份的另一种模糊性，这种模糊致力于民主自治，只是不够清楚。

总的来说，创始人致力于在美国建立一种民主自治形式。然而，他们对民主自治也持怀疑态度，因为他们敏锐地意识到其被滥用的可能性。然而，这意味着除民主自治外，他们还了解并致力于追求其他的目标。这些目标中最有价值的便是《宣言》中提出的个人权利。而且，如果创始人致力于追求个人权利和民主自治，他们不会以完全相同的方式来实现这两个目标，因为《宣言》将个人的自然权利视为政府的目的。因此，民主自治无论多么好，都只能成为《宣言》政治理念的次要方面。

由于《宣言》对美国政治思想的影响，对特定文化的保护尽管是被允许的，但在政治上却并不是非常重要。毕竟，这不是政治的目的。人们可以设想一种政治理论，根据这种理论，政府的主要目的之一是保护、发展和传播某种文化。然而，这不是《宣言》的意义。信念对于美国人来说，强调个人权利的首要地位影响了美国精英和美国公众的思想。因此，它创造了美国精英孜孜不倦地反对民众意志的盛大场面，同时为自己辩护的理由是他们抵制人民的方式不涉及侵犯他们个人的权利。与此同时，这种学说倾向于解除人民武装，如果人们理解自治本身就是一种目的，那么意见不会太大。换句话说，由于个人权利相对于美国信念处于中心地位，毫无疑问，人民自己虽然被那些一直蔑视其欲望的公共政策所羁绊，但只要他们的个人权利不受干扰，他们就不会揭竿而起。正如前面所述，在不侵犯任何个人自然权利的情况下，将“他者”排除在现有社区之外是可能的，因此，同样可以在不侵犯现有居民个人自然权利的情况下将“他者”纳入他们的社区。大多数美国人的生命、自由和财产等个人权利都可以得到尊重，即使他们习惯的文化被大众移民、多元文化主义和双语制度所改变。

五、结语

回顾历史，政治信念与文化的有机互动，成为考察美国文明发展的一条重要脉络。约翰·海厄姆指出，新教信仰和美国政治信念走到一起，形成了“19世纪把美国人民团结在一起的最强有力的纽带”。托克维尔的研究表明，美国之所以成为美国，民主与自由在那里得以共融的原因是其独特的民情，宗教是其中的核心要素。这种民情在很大程度上来自英国，来自盎格鲁—撒克逊基督教传统。[1] 而除了大革命时期的法国，"信念"的主张从未在欧洲大陆出现过，也没有出现在英国。美国"信念"是持异议的新教文化的独特创造，美国人对它的信仰也证明它是美国人身份认同的重要方面，对各种族的团结统一起到了至关重要的作用。对于美国人身份认同的核心到底是政治信念还是文化，或许没有标准的答案。通过这里的讨论，可以看出，它之所以存在争议，恰恰是因为其所根植的盎格鲁新教文化。

① 王建勋：《身份政治、多元文化主义及其对美国秩序的冲击》，《当代美国评论》2019年第2期，第66页。

外交视角下乔治·华盛顿与伍德罗·威尔逊比较研究

黄彩梅*

一、引言

在美国历史上，伍德罗·威尔逊是一位可以与乔治·华盛顿相提并论的总统。1962年，有历史学家对31位总统的投票进行排名，威尔逊高居第四位，仅次于华盛顿、林肯和富兰克林。华盛顿与威尔逊有着截然不同的个人性格，执政理念亦是差异甚大。两者所处的历史时期虽然相隔百年之久，却在20世纪初有了外交思想上的碰撞和冲突，威尔逊宣布加入第一次世界大战的决定打破了华盛顿开启已久的孤立主义外交政策。

二、个人性格差异

华盛顿个人性格特征：乔治·华盛顿，美国首任总统，被誉为“美国国父”。华盛顿一生经历丰富，从事过勘测工作，参加过英法战争，曾任美国独立战争大陆军总司令，领导美国人民取得了民族独立。独立战争胜利后，华盛顿把军权交给了届时实力弱小的国会。这在人类历史上实属罕见，同时也说明华盛顿不迷恋权力。两届总统任期结束后，他选择不再续任总统，开启了两届制先例，开创了民主政治的先河。华盛顿崇尚自由平等的幸福生活，这也是他带领美洲人民争取自由和平等权利的重要原因之一。可以说，华盛顿身上聚集了坦诚、谦虚、高贵、平和及绅士风度等众多美德。

* 黄彩梅，国防科技大学国际关系学院讲师，主要研究方向为外语教学和美国研究。

威尔逊个人性格特征：伍德罗·威尔逊，民主党人，美国第28任总统，被喻为美国历史上唯一的一位“学者中的总统，总统中的学者”。威尔逊曾任普林斯顿大学校长，是美国历史上第一个获得博士学位的总统。威尔逊正直、勤奋、勇敢，是一位杰出的政治改革家与外交家，也是一个十足的理想主义者。他在异见中经常表现出自以为是、一意孤行以及心胸狭窄的性格特征。

华盛顿与威尔逊性格差异：华盛顿与威尔逊在个人性格方面存在着巨大的差异，这种鲜明的差异主要表现在以下两个方面：

第一，华盛顿心胸开阔、任人唯贤，善于倾听不同意见；威尔逊心胸狭窄、固守己见，很难听进不同想法。华盛顿在独立战争以及任总统期间，曾多次受到他人言语上的恶意攻击，但他没有利用自身的权力去处置这类事件。华盛顿政府涵盖了托马斯·杰斐逊和汉密尔顿等众多杰出人物。杰斐逊因与汉密尔顿政见不和而辞去国务卿一职，华盛顿对此感到苦闷，因为他在做重大决策之前习惯于倾听各种不同的观点。华盛顿的这一性格特征显然不同于威尔逊。威尔逊在普林斯顿以及从政的各个时期所表现出的一个显著性格特征就是心胸狭窄。约翰·希本曾是威尔逊在普林斯顿的知心好友，他不赞成威尔逊提出的生活区计划。威尔逊就此认为他是犹大式人物，从此再也不予理睬。威尔逊规定过一条政治原则：“假如总统带路，他的党就必须跟着他走，决不允许背叛他的意旨。”① 威尔逊的顾问豪斯上校在1919年曾经这样评价威尔逊：“总统是我所见过的最怀偏见的人，他只相信他自己，却很少欣赏他人。”②

第二，华盛顿淳朴而现实，威尔逊则是个理想主义者。由于父亲早逝，华盛顿没有受过多少正规教育，他渊博的学识主要是在实践中不断学习和积累起来的。也许正是因为这一点，他没有威尔逊身上的清高之气，是一个淳朴、现实、充满实干精神的人物。对华盛顿而言，成为大陆军总司令就意味着带领人民取得独立战争的胜利，成为美国总统就意味着为民众谋取利益，为新生的美国添砖加瓦。由此可见，华盛顿是一位具有务实精神的总统。与华盛顿不同的是，威尔逊是一个十足的理想主义者。威尔逊从不轻易妥协，他的名言是“宁肯战败千次，也绝不为不光荣的妥协而朝三暮四”③。威尔逊理想主义的性格可以从他这句名言中窥见一斑。

① 邓蜀生：《伍德罗·威尔逊》，上海人民出版社，1982，第222页。

② 威廉·德格雷戈里奥：《美国总统全书》，社会科学文献出版社，2001，第453页。

③ Edith Wilson, *My Memoir* (New York: The Bobbs-Merrill Company, 1939)，p.355.

三、时代背景差异

1789年，华盛顿当选为美国第一任总统。所谓的新政府，就是一位总统、一个国会、十几个办事人员、一个空空如也的国库和一大堆债务。[①] 美国建国早期，经济和军事力量落后，政府内阁纷争不断，联邦政府没有偿还债务的能力。同时，美国还面临着对外贸易问题。自新政府成立以后，美国商船在一些国家的海域里经常遭到海盗的劫掠。在华盛顿的第二届总统任期中，英法爆发战争，许多美国人支持美国参与其中。但是，美国自身的众多问题尚未解决，加入战争势必使刚刚有所起色的美国经济发展受到影响。因此，华盛顿确立了注重国内经济发展、对欧洲事务保持中立的政策，这是华盛顿书写美国外交史的重要时刻。

如果说华盛顿面临的是一个处于婴儿时期的美国，那么威尔逊面临的则是一个处于青少年时期的美国。第一次世界大战以后，欧洲各国经济发展迟缓甚至是衰退，而美国的经济实力则不断提升。逐渐强大的国力为威尔逊的外交思想提供了国内基础。威尔逊跃跃欲试，试图建立以美国为首的战后新秩序。

四、外交政策差异

由于个人性格特征和所处时代背景的不同，华盛顿和威尔逊推行的外交政策亦不相同。主导美国外交历时最长的孤立主义政策最早起源于华盛顿，而威尔逊则是理想主义的主要代表人物。

（一）华盛顿外交政策及其影响

建国之初，美国在经济和军事上相当落后。英法战争爆发后，华盛顿发表了《中立宣言》，确立了美国的中立立场。他充分地认识到摆脱一切结盟纠缠的意义，认为美国的地理特点决定了他要“遵守一种严格的中立”，为新生的共和国营造和平的局面，以便更好地发展壮大。从独立战争时期起，华盛顿就有了他外交政策的基本构想：美国不能过分信赖和依靠任何其他国家，

---

① 金秋：《世界名人传——华盛顿》，内蒙古人民出版社，2005，第217页。

不能卷入欧洲各集团的纷争和战争。

华盛顿的孤立主义外交思想集中体现在他于1796年发表的《告别演说》中，演讲全文没有直接提及孤立主义，而是总体性地构建了美国孤立主义的外交方向。华盛顿认为，美国应该“避免永久结盟（steer clear of permanent alliances）；在扩大商业关系的同时，尽可能不与外国发生政治联系（...in extending our commercial relations to have with them as little political connection as possible）”。此外，华盛顿还详细论证了不与他国永久结盟的两个主要原因：欧洲国家的核心利益与美国相去甚远（Europe has a set of primary interests, which to us have none, or a very remote relation.）；美国有着独特的地理优势，可以寻求一条与欧洲国家截然不同的发展道路（Our detached and distant situation invites and enables us to pursue a different course.）。由此可见，华盛顿在外交上是典型的现实主义者，这与其务实、实干的性格特征密不可分。《告别演说》所表达的思想已经成为美国外交思想的经典理论，可以说美国的外交思想第一次被确定下来。[①] 孤立主义在美国历史上有着特殊的意义，对众多美国总统的外交思想产生了深远的影响。

从18世纪末到19世纪中期，美国的外交通常带有孤立主义的特点，主要表现为对欧洲事务持中立态度。门罗主义是美国在外交政策上对华盛顿孤立主义正式做出的第一次重要延伸。第二次世界大战后，美国凭借超强的政治、军事和经济实力推行称霸世界的全球干涉主义，放弃了孤立主义外交理念。但是孤立主义作为一种思潮并没有放弃争夺外交政策主导权的努力。每当全球干涉主义遭到挫折并导致国家利益受损时，就会出现新孤立主义回潮。自特朗普就任总统以来，美国先后退出了《巴黎气候协定》、《跨太平洋伙伴关系协定》、《全球移民协议》、《伊朗核协议》、联合国教科文组织、联合国人权理事会、万国邮政联盟以及世界贸易组织等群体。特朗普的“退群”行为是美国在新时代背景下滋生的选择性孤立主义，即有选择性地不参与某些协定或组织，其本质是为美国谋取更多核心利益，实现本国利益最大化。由此可见，华盛顿的外交思想在一定程度上依然影响着当今的美国外交。

（二）威尔逊外交政策及其影响

威尔逊执政后，注重国内社会改革，力求实现“新自由”。虽然威尔逊改

① 李青：《威尔逊主义外交政策理念及影响》，《国际关系学院学报》2006年第4期，第27页。

革的重点是内政，但“人们把1913年威尔逊就任总统，欢呼为美国对外关系中一个更为理想主义的时代的开端”[①]。

在某种程度上，第一次世界大战爆发预示着华盛顿与威尔逊外交思想的交锋。由于孤立主义的长期影响，美国民众对欧洲的纷争关注较少，威尔逊在大战初期顺理成章地宣布美国保持中立，延续了美国历来奉行的孤立主义外交政策。战争接近尾声时，美国以反对德国的无限制潜艇战为由加入协约国一方作战。很多美国人认为，威尔逊这一举动与华盛顿所倡导的孤立主义外交政策背道而驰。1916年，威尔逊在一次演讲中重新诠释了华盛顿《告别演说》的内容，“我们永远怀念和尊敬华盛顿总统，他建议我们避免卷入外交事务。我认为他是要我们避免卷入他国充满野心和民族主义的事务”。威尔逊对华盛顿的意图进行了限制性诠释，希望借此获取美国民众的理解和支持。美国选择参与世界战争，打破了其奉行一个世纪之久的孤立主义政策，这也是华盛顿与威尔逊两位总统在外交领域的一次隔空交锋。

1918年，威尔逊提出了“十四点计划”，并将其作为建立“世界和平的纲领”。“十四点计划”把美国自战争爆发以来倾力追求的目标以具体纲领的形式展现出来，勾画出一幅以美国为领袖的国际新秩序蓝图，被称为“威尔逊主义”，成了“理想主义”的代名词。“十四点计划”系统完整地体现了威尔逊理想主义的外交思想，包括杜绝秘密外交、公海自由、贸易自由、裁军、民族自决和国际联盟等。其中，威尔逊最为看重的是第十四点，即建立国际联盟，以确保各国政治独立和领土完整（A general association of nations must be formed under specific covenants for the purpose of affording mutual guarantees of political independence and territorial integrity to great and small states alike.）。其中，民族自决和裁军等原则凸显了威尔逊对人类的普遍关心。建立国际联盟则是威尔逊理想主义的一大实践，他认为只有建立这样一个集体安全机制才能够阻止未来战争，世界和平才能得以实现和维持。然而，美国国会最终拒绝加入国际联盟，宣告了威尔逊“十四点计划”的失败，使得国际联盟形同虚设。

国际联盟的失败与威尔逊不易妥协的个人性格密切相关。1919年，威尔逊在巴黎和会上签署的《凡尔赛条约》遭到了美国国会的反对。马萨诸塞州

① 阿瑟·林克、威廉·卡顿:《1900年以来的美国史（上册）》，刘绪贻等译，中国社会科学出版社，1990，第178页。

议员亨利·卡伯特·洛奇提出修正盟约，减少美国对联盟国承担的义务。但威尔逊坚持他在巴黎达成的协议不可更改，他认为美国在道义上有责任准确地奉行合约的每一条条款。① 他知道盟约在参议院无法通过，因而开始了声势浩大的全国巡回演讲，以期获得民众的支持。但不幸的是，他在一次演讲中生病，回到华盛顿不久后患上了中风。国会最终否决了《凡尔赛条约》，美国因此没有加入国际联盟。作为《凡尔赛条约》的重要促成者，威尔逊排除万难，说服其他各国签署了该协议，而最后恰恰只有美国没有加入，这让威尔逊感到义愤填膺。如果威尔逊性格中能够少一些"宁折不弯"，美国极有可能加入国际联盟，人类也许会因为这样一个集体安全机制的存在而避开第二次世界大战。

虽然威尔逊理想主义未能阻止第二次世界大战的爆发，但它对美国外交产生了十分深远的影响，最直观的影响是20世纪后的美国外交政策开始从孤立主义走向对外扩张。富兰克林·罗斯福和吉米·卡特等美国总统都深受威尔逊理想主义的影响。富兰克林提出建立联合国并得以实施，完成了威尔逊对国际联盟的构想，最终实现了美国期望通过国际组织走向国际舞台的梦想。基辛格在评价威尔逊理想主义对美国外交政策的影响时曾说："无论如何，威尔逊在思想上的胜利比任何其他的政治成就更根深蒂固，因为每当美国面临建立世界新秩序的使命之际，它总是殊途同归地回到威尔逊的观念上。"②

五、结语

作为杰出的政治家和外交家，华盛顿和威尔逊均在美国外交史上留下了浓墨重彩的一笔。由于个人性格和所处时代背景的不同，他们奉行的外交政策也是截然不同。华盛顿生性务实，顾全大局，他坚决贯彻中立政策，深信这是真正符合国家利益的政策。威尔逊则是典型的理想主义者，他希望美国能够引领战后新秩序，同时也希望通过建立国际联盟来阻止未来战争的发生。但威尔逊的理想主义者性格在一定程度上导致了其国际联盟梦想的破灭。由此可见，执政者推行的外交政策往往与他们的个人性格特征及时代背景息息相关。熟知这一点，有助于了解一国外交政策的来源以及预测政策走向。

---

① 艾伦·布林克利：《美国史》，邵旭东译，海南出版社，2012，第665页。

② 亨利·基辛格：《大外交》，顾淑馨等译，海南出版社，1998，第747页。

美国智库的功能和运行机制

孟 磊*

一、引言

智库（think tank）又称为“思想库”，这一词汇最早出现在第二次世界大战时期的美国，指当时军事人员和文职专家聚集在一起制订战争计划及其他军事战略的保密室。现代意义上的智库，最为人知的一个定义是由Kent Weaver[①]提出的：智库是“非政府、非营利性的研究机构，并且相对于政府以及诸如企业、利益集团和政党等社会利益团体而言，实际上具有组织自治的特点”。在个人主义、自由主义、实用主义以及对政府不信任的思想所奠定的思想基础上，在三权分立、两党轮流执政的联邦政治制度所创造的空间中，美国现代智库产生于20世纪初期。从产生至今，美国智库在100多年间随着美国社会发展和全球政治经济格局的变化而不断演化发展，并在政府决策中发挥着重要影响力，被称为除立法、司法、行政、媒体之外的“第五种权力”以及“政府的外脑”、国际关系的“第二轨道”等。美国智库影响力的发挥，是由智库的功能所决定的，而智库的运行机制是其功能得以实现的重要保障，研究美国智库的功能及运行机制，可以为提高我国智库管理水平和影响力提供有益的借鉴和启示。

二、美国智库现状

美国智库发展日臻成熟，机制也较为完善，目前美国拥有近2000家智

* 孟磊，国防科技大学国际关系学院英语语言文学专业博士研究生，主要研究方向为美国学。

① K. R. Weaver, “The Changing World of Think-tanks,” *Political Science and Politics* 22 (1989): 563.

库，在数量上已经遥遥领先世界其他地区和国家，全球智库排名显示美国智库在影响力和质量上也处于优势地位。但目前美国智库数量的增长已减缓，并呈现出综合化和专业化并存、全球化和网络化发展的新特点。

（一）数量众多但增长减缓

根据2019年初美国宾夕法尼亚大学发布的《全球智库报告2018》，全球共有智库8162家，美国一直以来都是世界上拥有智库数量最多的国家，在2018年达到了1871家，占总数的22.9%，远远超过分列第二位、第三位的印度（509家）和中国（507家）。全球排名前20位的智库中，美国智库占了10家。无论是从数量上还是质量上来看，美国智库都处于绝对的优势地位，是名副其实的智库大国。

表1　美国前十位智库全球排名情况

美国智库	全球排名
1. 布鲁金斯学会	1
2. 卡内基国际和平基金会	3
3. 战略与国际问题研究中心	5
4. 传统基金会	8
5. 兰德公司	9
6. 伍德罗威尔逊国际研究中心	11
7. 彼得森国际经济研究所	12
8. 美国进步中心	13
9. 卡托研究所	15
10. 外交关系协会	17

根据发布的《全球智库报告》，纵观近十年来的全球智库增长变化，从2008年到2018年，全球智库从5465家增长到8162家，增幅为49.4%。美国智库从1777家增加到1871家，十年时间仅仅增加了94家，增幅仅为5.3%，增长比例低于全球总水平。美国智库占全球智库的比例从32.5%降低到22.9%。

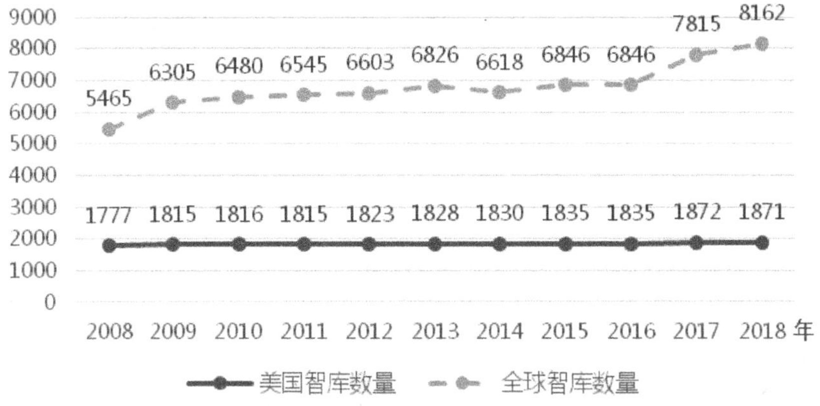

图1　2008—2018年全球智库数量和美国智库数量情况

美国智库在100多年中经历了不同的发展阶段，比起20世纪70至80年代的爆炸性增长时期，当前美国新成立的智库数量在逐渐下降，智库总数量增长速度减缓。根据2007年《全球智库报告》统计，2007年的1776家美国智库中的91%创建于1951年之后，其中58%创建于1980年之后，31%创建于1981—1990年。[①] 进入21世纪后美国新建智库的数量急剧衰减，出现此趋势的因素复杂多样，本文分析主要有两方面的原因：一是此前成立的各类智库发展较为完善，运行良好，智库研究范围广，已经基本涵盖美国政治和社会各个方面，新智库成立的必要性降低，并且新智库在竞争中无法与老牌智库相抗衡。二是在近十多年世界经济危机的大背景下，智库运行的资金支持面临一定的困难，一旦缺少了来自社会和企业家的捐助，智库的生存状况就堪忧。要进一步探究该趋势的原因，需要在针对智库发展的政府规定、智库制度能力强弱方面开展进一步的研究和分析。

（二）综合化和专业化并存

在智库发展早期的20世纪初，美国的经济和城市飞速发展，引发了一系列国内政治、经济、社会等领域的新问题——经济垄断、政治腐败、管理效率低下、城市贫困等。在进步主义运动的大背景下，进步主义者致力于把科

① James G. McGann, *The Global Go to Think Tanks: The Leading Public Policy Research Organizations in the World* (Philadelphia: Foreign Policy Research Institute, 2007), pp.5-6.

学专业知识用于解决社会问题，主张掌握社会科学知识的专家为社会改革提供科学的方案，因此，最早一批现代智库应运而生，其研究领域主要集中在针对社会改革和社会进步所提出的不同政策主张。例如，1904年成立的工业研究局，进行有针对性的政策研究，并对政府决策者产生影响。[①] 第一次世界大战前后，美国有一种孤立主义的倾向，当时成立的一批外交政策智库，例如1921年成立的对外关系委员会，希望说服美国的政治精英和普通大众，在国际舞台上发挥更大作用，以符合美国的利益。经济大萧条时期，智库政策建议需求增大，诸如美国企业研究所、经济发展委员会等智库纷纷建立。第二次世界大战后，美苏对抗推动了美国国家安全、防务、核战争等智库产生，例如1947年成立的国防分析研究院、1962年成立的海军分析中心等。第二次世界大战结束后的20年，美国经济显著增长、科技巨大进步、社会深刻变革、社会矛盾进一步多元化，现代化进程取得的巨大成功，使人们认识到了科学思想、专家智慧的价值。在政府面对专业知识、管理能力不足的问题时，来自经济学家、社会学家等专业人士的智力支持，为智库发展创造了良好的社会环境。这一时期许多专注于国内事务问题研究的智库建立起来，聚焦城市和经济社会问题。

20世纪70年代美国经济进入萧条时期，通货膨胀、越战、第三世界民族解放、“水门事件”等问题错综复杂，美国政府、各种利益集团都希望借助智库获取解决问题的途径。美国的政治意识形态运动开始兴起，意识形态智库大行其道。[②] 20世纪90年代，政府需要市场的力量和广泛的智力协助处理公共事务，智库更多地关注公共政策研究。可以看出，智库的发展与美国社会发展密切相关，新智库的成立大多是为了解决特定问题向政府提供政策建议，针对性较强，研究范围较为局限。

近年来，美国一些大型智库综合性增强，研究范围越来越广，已经从传统的内政、外交、军事扩展到经济、科技、教育、文化、人口、环境等许多方面。[③] 连续数年排名全球第一的布鲁金斯学会的研究领域有对外政策、经济研究及政府研究，具体包括国际关系、核武器、人权、全球环境、社会政策等。兰德公司坚持综合性的发展路线，研究领域从军事、外交、国防扩展到教育、健康、法律、科技等多个领域，研究区域扩展到全球，每年进行700—

① 袁鹏：《美国思想库：概念及起源》，《国际资料信息》2002年第10期，第2页。

② 元利兴：《美国智库与政治》，中国经济出版社，2018，第101页。

③ 杜骏飞：《全球智库指南》，江苏人民出版社，2018，第52页。

800个不同的研究项目。[①] 美国大型智库越来越具有综合能力，能够开展跨学科、体系化、全维度的政策研究。

与大型智库相比，一些规模较小的智库注重专业化发展，选择专一领域作为主要研究方向。这一方面是由于智库资金捐助者更加趋于指定特定项目的捐助，从而限制了智库政策研究的自由度，迫使一些智库将研究重点放在特定领域，强化了智库的专业化程度。[②] 另一方面是由于大型智库发展较为成熟，综合化水平高，小型智库在影响力和竞争力方面难以与之相抗衡，研究综合化问题所需的资金和难度增加。根据《全球智库报告2018》调查结果，美国专业化智库依旧在各专业分类排名中处于领先地位，如城市研究所在教育政策智库中排名全球第二，世界资源研究所在环境政策智库中排名全球第三，彭博大学公共卫生研究中心在医疗卫生智库中排名全球第二，信息技术与创新基金会在科技政策智库中排名全球第一。对于规模较小的智库而言，向专业化发展比向综合化发展更加能够增强其竞争力和影响力。

（三）全球化和网络化发展

自20世纪80年代后期开始，国际格局有了深刻变化，多极化和全球化趋势已经成为不可逆转的潮流，各国的相互依存程度不断增加。越来越多的美国智库已经不再满足国内政策市场，向全球范围拓展，在全球层面活跃起来。总部位于华盛顿的卡内基国际和平基金会，已在全球开设六个研究中心，开展国际性合作研究工作，范围覆盖欧洲、中东、东亚、南亚等区域。美国环境政策智库排名第一的世界资源研究所，其研究内容覆盖50多个国家，并在巴西、中国、印度、印尼、欧洲、墨西哥等地设有办公室。智库全球化的表现主要有：一是加强全球性问题的研究，如全球气候变化、环境保护、核扩散等方面；二是智库机构在全球范围内开设分支机构，雇用国外研究人员，提升国际化研究水平；三是智库之间国际交流增多，派遣专家学者出国访问、参加国际会议、针对跨国性课题进行合作研究等。智库的全球化发展需要资金、全球化视野和领导能力，因此美国智库的全球化发展一方面是其在全球智库领先优势的体现，另一方面更加促进了智库国际化影响力的发挥。

全球化和信息技术的发展促进了智库网络化的兴起。智库网络化可分

---

① 王晓:《美国智库发展情况及运作经验初探》,《知与行》2015年第11期，第155页。

② 詹姆斯·麦甘:《第五阶层：智库·公共政策·治理》，李海东译，中国青年出版社，2018，第75页。

为合作伙伴的网络化和智库平台的网络化。随着政策问题的复杂性越来越大，决策过程越来越多地依靠多部门的参与，除了智库和政府之外，国际组织、大学、非营利机构等主体都可能参与其中。针对全球性问题，美国智库在全球范围内的分支机构都会参与研究，并且会与国外智库合作交流。这些众多参与者与智库一起形成了智库网络，以提高政策研究的准确度，实现智库影响力。美国外交关系委员会发起了一个名为“智库委员会理事会”（The Council of Councils）的组织，其成员智库包括澳大利亚的罗伊国际政策研究所、比利时的欧洲政策研究中心、巴西的赫图里奥·巴尔加斯基金会、中国的上海国际问题研究院、埃及的政治与战略研究中心等来自24个国家的外交政策智库，对全球治理和多边合作的有关问题共同展开讨论，寻找到针对共同威胁的共同认识，并在成员国家的政策制定过程中反映出研究成果。在信息时代，互联网成为智库传播自己声音的重要平台。智库在网络平台发布研究报告、工作文件，设立博客、播客，及时分析、评论政策问题，开设网络研讨会，让公众参与研究议题。这加速了政策建议的传播，提供了信息资源产品的共享，是智库发挥其功能作用的重要平台。

三、美国智库的功能

美国价值观中的个人主义、自由主义、实用主义、不信任政府等思想以及美国的三权分立政治制度，为美国智库的繁荣发展奠定了重要基础。作为“政府的外脑”，智库能够发挥其专业性的优势，对政策影响巨大，并在全球化趋势中参与国际事务，已经成为美国政治体系和社会体系中不可或缺的角色。其影响力的发挥，是由智库的功能所决定的。美国智库的主要功能是产生政策思想、引导公众舆论和汇聚人才。

（一）美国智库功能的思想及政治基础

个人主义和自由主义是美国分权的政治体制和权利法案得以确立的思想根源。个人主义强调个人先于社会存在，社会是由个人派生出的，社会、国家是个人为了保障自己的权利或利益而人为组成的机构。它强调人人生而平等，上帝赋予人们一些不可转让的权利，建立政府就是为了保障这些权利，因此政府的权力需要受到限制。这种价值观念成为美国关于人的价值的核心，也成为美国民主思想的出发点。自由主义比个人主义带有更为浓厚的政治色彩，[①] 确立了美国的自由资本主义制度，奠定了美国宪法中言论自由的根基。[②] 平等、民主、法治等都是自由主义的基本原则，成为美国宪法的指导思想，因而宪法中规定了对政府权力的限制和对公民权利的保护，并确立了三权分立的联邦制度。美国哈佛大学政治学家路易斯·哈茨对美国独立战争之后历史上几个关键政治变革期进行分析后认为，建国以来自由主义已经成为美国社会牢固的社会政治传统。[③] 个人主义和实用主义思想维护个人言论自由、结社自由，产生了民主的社会意识，这为美国智库的产生奠定了思想基础和发展空间。早期美国人在移民的进程中，形成了独立、自由、务实、进取的民族精神，并显示出特有的求实、求利、求效的心态，这种实用主义强调行动和实践对于社会发展的决定性意义，成为美国价值观的重要组成部分。这种“有用即真理，真理即工具”的思想，使得智库这样一种独立于政府之外的政策机构蓬勃发展，在权力和知识之间寻找到一条实用主义道路。

智库得以产生发展的另一思想源头，是美国人不信任政府的早期思想传统。早在建国前，托马斯·潘恩在《常识》中就指出：政府是由人们的邪恶产生的，它制止人们的恶行，从而消极地增进人们的幸福。对社会来说，政府仅仅是一种“必要的恶”。因此，他提出的新型整体构想是一种有限政府模式，不能给予政府过多的权力，否则便有侵害社会及人们的权利和自由的可能。联邦政府建立后，以开国元勋华盛顿为首的制宪者们创设了三权分立的独特体制，对联邦政府的权力加以体制性平衡与制约，这充分表明美国人民对政府天然存在的不信任感。[④] 这种权力的相互制约进而使得总统、国会和联邦法院之间展开权力争夺，具有影响力的政策方案则成为权力争夺中重要的工具。在面对多元复杂的政策问题时，各方都不可能具备所有的知识，各种专门的、独立的智库则恰好可以弥补这一不足，对信息进行综合分析，产生政策思想并引导舆论。1946年对外关系委员会撰写的“西欧重建”计划推动了杜鲁门总统实施对欧洲的“马歇尔计划”和对苏联的“遏制政策”。这是智库的政策主张转化为政府政策、对总统的重大政策产生重大影响的有力例证。智库通过参加国会听证和辩论、提出议案等方式影响国会立法决策。例

---

① 刘恩东：《利益集团与美国的政治文化》，《国际观察》2008年第1期，第55页。

② 王莉丽：《旋转门：美国思想库研究》，国家行政学院出版社，2010，第78页。

③ 路易斯·哈茨：《美国的自由主义传统：独立革命以来美国政治思想阐释》，张敏谦译，中国社会科学出版社，2003，第156页。

④ 王波：《“旋转门”与美国的民主政治》，《世界知识》2018年第12期，第70页。

如，2000—2005年，布鲁金斯学会、传统基金会、对外关系委员会、战略与国际研究中心等智库多次出席关于反恐战争、伊拉克、阿富汗、朝鲜等问题的国会听证会，并向国会发表证言，提升了证言的可信度，使公众更加认同其政策选择。同样，美国智库对于司法机关也具有一定的影响作用。2016年，美国最高法院法官安东宁·斯卡利亚突然去世后，传统基金会立即展开工作，为特朗普总统开列了一个可供选择的法官人员清单，最终协助特朗普提名并任命了保守主义法官尼尔·戈萨奇作为最高法院法官，进一步巩固了传统基金会在司法机构的优势地位。①

美国多党制的政治制度为智库的持续繁荣提供保障。美国的政党组织、权力都较为分散，民主党和共和党两大政党对任何人开放，而且选民可以随时改变立场。虽然两大政党是全国性的政党，但都没有中央领导机构，没有统一的权力中心，也没有自己有规模的政策研究机构，政党本身的力量并不足以获取足够的信息和资源，也很难在多个领域同时进行长期而深入的研究，因此作为一种政治组织，他们就不可能在政策发展方面起太大作用。智库的政策研究能力，弥补了各党派在政策决策过程中的不足。尽管大多数美国智库都声称自己没有党派归属，但智库不同的产生背景、从事的不同项目、不同的人员组成等因素导致智库或多或少具有一定的政治倾向。

（二）功能之一：产生政策思想

智库又被称作“思想库”“思想工厂”“点子工厂”等，兰德公司的创始人弗兰克·科尔博姆（Frank Collbohm）对于智库的定义就是一个“思想工厂”，一个没有学生的大学，一个有着明确目标和坚定追求，却同时无拘无束、异想天开的“头脑风暴”中心，一个敢于超越一切现有智慧、敢于挑战和蔑视现有权威的“战略思想中心”。美国智库最主要、最传统的功能就是产生专业知识和思想，并在政府政策决策过程中发挥举足轻重的作用。美国学者Kent Weaver认为，提出政策理念是智库的基本任务。②

在美国智库发展初期，政府为了解决国内外复杂的政治社会问题，选择向智库主动寻求建议和咨询，智库扮演被动的“被咨询”角色。随着智库产业的不断发展，智库的关系网络广泛，学术影响力与日俱增，许多智库开始

---

① 王海明：《政治化的困境——美国保守主义智库的兴起》，中信出版集团，2018，第V页。

② K. R. Weaver, “The Changing World of Think-tanks,” *Political Science and Politics* 22 (1989): 563.

主动寻求与政府的合作，向政府提出自己的政策建议，影响政策制定过程。智库通过诊断社会、发现社会问题，寻找解决问题的方案，并通过各种直接或间接的手段来发挥自己政策研究及建议的功能，实际上承担了“社会医师”的角色。①

另外，在信息爆炸的时代，政策制定者面对的问题，不是缺少信息和政策建议，而是信息呈雪崩之势。② 政策制定者往往被大量信息包围，只有很小一部分可用。智库能够发挥其独立性、专业性的特性，将大量信息过滤转化，并生成及时、易懂、可靠、便于获取和有价值的思想。

美国智库影响政府决策的例子不胜枚举。传统基金会于20世纪70年代后期最早提出社会保障改革的建议，被认为是美国政治的“第三条道路”，后来最终成为一种主流思想，建议变成了有价值的政策选择。③ 布鲁金斯学会提出的以“日本模式”处理台湾问题、实现与中国建交的政策构想，对推动美中建交发挥了作用。奥巴马时期，新美国安全中心在2008年6月发表了题为“平衡权力：美国在亚洲”的报告，要求政府重新思考美国在亚太的地位，而2010年奥巴马政府就做出了亚太政策的调整和“战略再平衡”，这与智库的政策建议有密切关系。

美国智库的宣传思想和观点采用多种形式：发布研究报告，出版著作，在新闻媒体上发声，参加国会听证会，举办研讨会，与政府官员进行约谈，建立与决策者的私人关系等。

（三）功能之二：引导公众舆论

除了为政府直接提供政策思想，美国智库的另一个重要功能是通过间接的方式引导公众舆论，形成一种政治氛围，以取得认同。如果将政策决策、智库、公众自上而下排列，智库引导舆论的方式既包括“自上而下”地将政府、党派、利益集团的政治思想通过多种方式传播到公众当中，获得公众的支持，又包括“自下而上”地将自己的研究成果和思想观点向公众传播，通过影响公众形成舆论压力，从而影响政策决策。

---

① 王沪宁：《美国反对美国》，上海文艺出版社，1991，第38页。

② M. Ahmad, “US Think Tanks and the Politics of Expertise: Role, Value and Impact,” *The Political Quarterly* 4 (2008): 529.

③ J. G. McGann, *The Global Go to Think Tanks: The Leading Public Policy Research Organizations in the World* (Philadelphia: Foreign Policy Research Institute, 2007), p.99.

美国智库引导舆论的途径主要有发行出版物，通过媒体发表评论，举办讲座、培训班等。美国主要智库每年都会出版大量的专著、研究报告、简报等，例如，外交关系委员会的旗舰期刊《外交》刊登的文章经常会涉及全球性的话题，对世界舆论有巨大的影响力，并且《文明的冲突》与《历史的终结》这两部影响巨大的著作，都与外交关系委员会密切相关。除了传统出版物，智库还经常在媒体上发表解读国内外政策和全球问题的文章和评论，并通过推特（Twitter）、播客（Podcast）、脸书（Facebook）等新媒体平台传播自己的思想，起到了影响舆论、引导舆论方向的作用。正因如此，在智库影响力的评价中，媒体曝光率是重要的评价参考指标。智库通过举办讲座、培训班、研讨会等形式，为公众、智库专家、政府官员之间搭起沟通的平台，既可以加深公众对政策问题的理解，又为公众发表自己的意见提供了一种渠道，[①] 还能宣传自己的思想，影响政府政策的制定。

（四）功能之三：汇聚人才

作为思想的生产和传播机构，智库的人才汇聚效应不言而喻，人才是智库生存和发展的核心要素，也是智库核心竞争力的构成。智库这样一种高智力研究机构，能够提供吸引高层次智力人才的研究平台，吸引社会各领域的专家学者和优秀人才，其中不乏前政府要员、社会精英。同时，智库也是未来研究人员和决策者的培养机构，一些毕业不久的研究生进入智库参与项目研究、学术交流等活动，能够提高他们分析和运用知识产生思想的能力，拓宽他们的人际网络，积累社会资本。例如，兰德公司设有自己的研究生院，并为年轻人提供进入政府、企业、大学等机构进行实习的项目。这些吸引和培养人才的举措，能够在聚集大批优秀人才的基础上，改善人才结构，进一步整合人才资源，提高人才竞争力。

美国智库有一项特殊的人才交换通道——“旋转门”，一方面智库精英进入政府机构任职，由研究者变为决策者，另一方面许多卸任官员到智库从事政策研究，由决策者变为研究者。这一重要机制的产生与美国的政治制度有一定关联，两党通过竞选而轮流执政，一个政党执政后，很多前任政府官员会被更换，一些官员会到智库进行研究活动，以待东山再起，而很多智库学者也会加入新的政府，成为政策的直接制定者。

① 黄振威:《国外智库研究要览》，中共中央党校出版社，2017，第84页。

具有丰富经验的卸任官员进入智库，为智库带去了庞大的人脉资源，强化了智库研究的实效性，对智库影响力提升具有重要作用。例如，美国布鲁金斯学会近300名研究员中，有近一半的人具有政府工作背景，担任过驻外大使的就有六位之多。前任布鲁金斯学会会长斯特罗布·塔尔博特（Strobe Talbott）曾担任克林顿政府的副国务卿。有些政府高官，甚至总统，卸任后建立了自己的智库，如胡佛总统卸任后建立胡佛研究所，卡特总统卸任后建立了卡特中心。

智库也是政府官员的人才输送基地和“蓄水池”。根据詹姆斯·G.麦甘（James G. McGann）的统计，美国智库总共有2万多名研究学者和管理人员，聚集了政府所需的各领域各类型人才。而智库人才进入政府和国会，无疑成为该智库影响力的延续。由智库研究人员成功转型为政府官员的有基辛格、布热津斯基等。基辛格在外交关系委员会效力多年后出任尼克松的国家安全事务助理，布热津斯基从国际战略研究所进入卡特政府内阁。奥巴马组阁后，新美国安全中心10多位专家被政府聘用，包括助理国务卿坎贝尔、副国务卿斯坦伯格等。

四、美国智库的运行机制

美国智库上述作用的充分发挥，有赖于其成熟的运行管理机制的保障。本文将从组织结构、资金来源、人才管理、研究产品等典型的运行机制方面进行分析。

（一）组织结构

美国智库数量众多，规模不一，研究领域也千差万别，但它们在组织体制和管理体制方面仍有一些共同点可循。美国智库采取董事会或理事会管理制度。董事会一般由著名企业家、政治家、学者等组成，董事会的职责是为智库提供重大事务决策，决定智库的方向，包括重要的人事变更，制定、审议研究规划，审理财务的预算、结算等。有的董事会或理事会下设顾问委员会，总裁是智库的负责人。委员会监管智库的日常运行，总裁负责管理智库的日常项目，总裁之下设立具体的行政管理和研究部门。以布鲁金斯学会为例，在总裁之下，学会由行政管理和学术研究两大机构组成，其中行政管理机构包括五个部门，学术研究机构包括五个部门。图2为布鲁金斯学会组织结构示意图。①

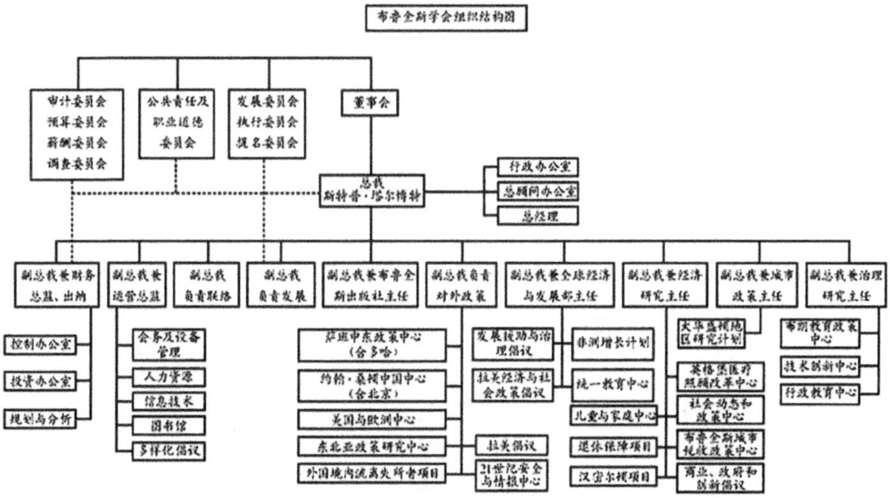

图2　布鲁金斯学会组织结构示意

从布鲁金斯学会的组织结构可以看出，组织机构管理较为扁平化，压缩了决策层和操作层之间的距离，使智库高层和研究人员之间的距离尽量短、层级尽量少，以保证信息的及时准确传递，提高了效率。另外，这种组织结构能够保证研究人员享有宽松的空间和较高的地位，在得到研究项目和经费后，能够大胆地开展独立的研究，不会受到任意干涉，这是智库产生高质量研究成果的重要保证之一。

（二）资金来源

智库的正常运行需要吸收优秀人才、开展研究活动，强大的资金支持是重要保障。美国智库的资金来源主要有三个方式：政府拨款、社会募集和经营收入。对于直接隶属于政府的智库，其资金来源主要是政府部门，例如总统科学咨询委员会、美国和平研究所等。对于诸如兰德公司这样的政府半官方智库，它独立于政府体系之外，但对政府决策起到十分重要的作用，它们最大的客户就是美国政府和军方，这类智库的资金来源是根据与政府签订的

① 周琪：《美国智库的组织结构及运作模式——以布鲁金斯学会为例》，《智库评论》2015年第1辑，第110页。

合约获得的研究经费。作为获取资金的另一种渠道，社会募集的来源更为广泛，包括企业捐赠、个人捐赠、基金会组织出资、委托项目等。智库的声誉能够决定智库获得捐赠的数目，越是有影响力的智库，在资金获捐方面越有优势。除此之外，智库的出版物和学术会议所得的经营收入也是智库的资金来源之一。这似乎与智库定义中的“非营利性”相冲突，“非营利性”的标准是基于只有经济利益动机才有可能损害意见独立性这一观念。但事实上，智库的经营收入也用作确保智库正常运行，开展各项研究，并同其他资金来源一起使得智库的运营不致依赖某一位赞助人，比方说，收到合同约束而听命于唯一一家委托机构。[①] 多样化的资金来源并不会降低智库的独立性，而是使得智库不依赖某一单一资金来源。并且美国智库都声明不接受附加条件的捐款，从而维护智库的形象，保证智库的独立性。

虽然美国智库的资金来源比较多样，但支出相对单一，主要用于项目研究。充足的经费支持能够在一定程度上保证研究成果的质量，高质量的研究成果会提升智库的声誉，而声誉的提升又会促进智库获得捐助的能力。因此，智库的影响力与获得资金捐助的能力相互联系、互为促进。

表2显示了美国环境政策类的顶尖智库世界资源研究所2017年度的收支情况。2017财年中，在收入部分，92.7%来自捐赠，项目服务收入为0，其他营收仅占7.3%；在支出部分，职能费用支出占总收入的101.2%，其中项目支出占总职能费用支出的90.1%，行政费用占总职能费用支出的7.1%，筹资费用占总职能费用支出的2.9%。

表2　世界资源研究所2017财年收支情况

（单位：美元）

收入		支出	
捐赠	86599329	项目支出	85165094
项目服务收入	0	行政费用支出	6699011
其他营收	6860936	筹资费用	2700737
总收入	93460265	总职能费用	94564842

除此之外，根据美国国内税收政策，智库在税收方面享受优惠待遇，可

① Stone et al., *Think Tanks across Nations: A Comparative Approach* (Manchester: Manchester University Press, 1998), p.138.

免交所得税、财产税，这为美国智库获得资金提供了极其便利的条件，为智库的发展壮大起到了锦上添花的作用。

（三）人才管理

人才是智库形成和提升竞争力的关键因素，美国智库拥有多元的人才招募渠道，强调科学合理的人才使用，并注重人才的培训。美国智库的重要功能之一就是汇聚人才，研究人员既有硕士和博士毕业生，也有经由“旋转门”进入智库的大学教授、企业高管、卸任的政府官员等。多渠道的人才招募机制为智库提供了充足的、专业的、高水平的人才资源，保证了智库的核心竞争力。

美国智库的研究员有三类：高级研究员（senior fellow）、研究员（research associate）和助理研究员（research assistant）。[①] 除此之外，还包括行政人员、辅助人员等。美国智库强调人员配置的合理性和科学性，以提高工作效率。如兰德公司认为“两个研究员不如一个研究员加半个秘书的效率高”。对于研究专家的使用，智库会根据研究课题的领域，从相关研究分支中抽调研究人员，一些综合性能力较强的智库还会为其搭配其他领域分支的研究人员，进行跨学科综合性的研究。

美国智库还非常重视研究人员的培训，一些大型智库有自己的研究生院，例如兰德公司的帕迪兰德研究生院，专门培养政策研究和分析的人才。智库还为年轻研究人员提供进入政府、企业、大学等机构进行实习的项目，让他们了解决策的具体过程，并积累一定的人脉资源。

（四）研究产品

智库最终依靠研究产品来扩大影响力，从而影响政策制定。智库的研究产品种类繁多，传统的产品是发行出版物，包括著作、论文、研究报告等，通过出版物推销它们的思想。例如美国对外关系委员会的《外交》、布鲁金斯学会的《布鲁金斯评论》、战略与国际研究中心的《华盛顿季刊》等。

智库出席国会各种委员会的听证会并提供证词是一种比较正式的策略，这能直面国会议员和公众，影响国会议员在特定问题上的看法，进而影响行政当局的政策。从2001年10月到2006年10月，布鲁金斯学会学者就国防、

---

① 王辉耀、苗绿:《大国智库》，人民出版社，2014，第151页。

反恐问题向国会相关委员会陈述40余次。[①]

智库越来越多地依靠互联网等媒体传播自己的声音。智库官网设立了博客板块，供研究所专家及时分析和评论。许多智库还建立了原创播客，定期进行更新，公众可在苹果公司最热门音乐软件iTunes上订阅收听。一些智库官网还通过可视化呈现的方式，向访问者提供展示研究成果的演示文稿和视频，给访问者更多的视觉展示，以扩大自己的影响力。

除此之外，智库还举办大量学术活动，例如公共论坛、研讨会、公共演讲等，通过定期邀请政府官员、媒体、专家学者等人士讨论各种问题，并向公众开放，从而提高公众的认知度，有助于达成共识，推动问题的解决。例如，美国国家战略与国际研究中心每年都会举办700次以上的会议。

五、结语

由个人主义、自由主义、实用主义、对政府不信任的思想传统，以及三权分立、两党轮流执政等联邦政治制度所奠定的基础产生发展而来，美国智库在从诞生至今蓬勃发展的100多年中，在美国政治社会中发挥了重要作用，在“权力”和“知识”间开辟了一条相对独立发展的道路。美国智库在全球居于领先地位，发展现状呈现出新的特点，并通过较为成熟的组织管理、资金募集、人才管理、生产研究成果等运行机制，在政治和社会中发挥了产生政策思想、引导公众舆论、汇聚人才的作用。

2012年，党的十八大把智库建设正式写入文件，指出：“坚持科学决策、民主决策、依法决策，健全决策机制和程序，发挥思想库作用，建立健全决策问责和纠错制度。”2015年1月中央发布了《关于加强中国特色新型智库建设的意见》，标志着中国特色新型智库建设正式上升为国家战略。党的十八大之后，习近平总书记多次对中国的智库建设做出重要批示，明确提出建设中国特色新型智库的新目标，要求智库积极为党中央科学决策提供高质量的智力支持。我国近年来在智库的数量和影响力方面发展较为迅速，但相对于世界上智库发展最为成熟、发达的美国而言，我国的智库还有很大的发展空间。中国的智库发展，应借鉴美国的有益经验，结合我国的国情和政治体制，进一步形成中国特色。

① 林芯竹：《为谁而谋——美国思想库与公共政策制定》，知识产权出版社，2001，第61页。

美国文官的自由主义思想与军事决策

尚　洁*

一、引言

军政关系（civil-military relation）[①] 是西方军事政治学的核心概念。《布莱克维尔政治制度百科全书》将这一词条定义为："广义的军政关系是指涉及社会上的一般公众和武装力量成员相互间所持有的态度和行为，但在这里所使用的是较为狭隘、特定的政治含义，它意味着武装力量与合法建立的国家政治权威机构之间所存在的主从关系或上下级关系。"文官治军，是美国国内政治制度中界定军政关系的基本原则。这一原则规定文官与军人职责不同，界限分明，文官掌管国家的战略规划和军事决策，军人负责保卫国家，执行文官的政策和命令。[②] 按照西方军事政治理论的公开主张来推断，军政关系是西方民主政治学的自然延伸，在理论和实践上必须遵循西式民主政治的逻辑，这意味着军队有义务且只有义务服从文官政府，除去有限的法定政治权利外，在政治和军事决策领域，现役军人不能公开表达政治意见，而军队作为一个团体更不能整体性地表达自己的政治爱好，必须服从宪法，服从最高指挥文官的军事决策。或者说，在军事决策过程中，军人有陈述军情、分析战况的

* 尚洁，三江学院外国语学院副教授，博士，主要研究方向为英语教学和美国研究。

① 关于civil-military relation的翻译还存在分歧，大陆部分学者和台湾学者洪陆训将其译为"文武关系"，而军事政治学学者高民政则认为"军政关系"更能体现其准确内涵。西方文武关系的概念大致相当于我国学者比较熟悉的"军地关系"和"军民关系"（高民政:《军事政治学的对象范围及其核心问题与分析路径》,《社会科学》2013年第8期）。《布莱克维尔政治制度百科全书》2011年版则将这个词条译为军民关系。本论文着重于研究美国的文官治军原则是否能真正体现联邦政府中的文官精英与武装力量之间的关系，因此本文采用了军政关系的译法。

② K.W. Kemp & Charles Hudlin, "Civil Supremacy over the Military: Its Nature and Limits," *Armed Forces and Society* 19 (1992): 7-26.

义务，但是，打或不打，总统说了算，怎么打，军人来负责。

然而，美国军队思想之根本是保守的现实主义，而自由主义则是美国文官政治思想之基石，军人分析军事问题的出发点是胜败推算、伤亡评估，文官决策军事问题的出发点则是国家利益，以及自由主义思想的普世化，双方在军事评估与决策中，经常意见相左。美国政治学学者赫斯普林在讨论美国文官的政治思想对管理军队的影响时，曾这样推断："从根本上看，文官的思想文化和行事风格越接近或者尊重军事文化，他与军队发生冲突的可能性越小。相反，如果总统缺乏领导力，其政治思想与军队思想完全相左，那么他与军队发生冲突的可能性必然提高。"[①]

事实上，自由主义虽充斥于美国政治词汇的各个角落，其含义却很难被解释清楚。各个派别的自由主义者愿意用自己的方式诠释自由主义。甚至，自由主义被视作语言学意义上或者说是名义上的自由主义，它被理解为美国政治行为的语法框架。一个政治行为或是公共政策是否能够被接受，取决于它能否被描述成契合自由主义核心理念的语言，政治行为或公共政策背后的合理性依赖于语言学或是名义上的自由主义共识。[②] 遵循这个理论，研究美国的军政关系，就变成了判别美国的军人思想是否能与文官政府达成名义上的自由主义共识。在过去的半个多世纪里，捍卫所谓自由主义思想的美国政府从来都面临着难以解释美国各种"反自由主义思想"的尴尬，唯一能够达成共识的是战后的美国进入了"自由主义共识"时代。此时的"自由主义共识"是指依靠发展资本主义，促进美国国内经济增长，确保美国的经济繁荣昌盛，以及积极利用政府权力来增强美国力量，并遏制共产主义发展。

二、自由主义思想对美国早期军事政策的判断

美国的历史学者小阿瑟·施莱辛格认为自由主义是美国政治的出发点。[③] 与欧洲国家久远的历史变迁相比，美国的自由主义思想没有遇到可以与之比

① Dale R. Herspring, *The Pentagon and the Presidency: Civil-Military Relations from FDR to George W. Bush* (Kansas: University Press of Kansas, 2005), p.3.

② J. David Greenstone, *The Lincoln Persuasion: Remaking American Liberalism* (Princeton: Princeton University Press), 1993.

③ Arthur M. Schlesinger Jr., *The Vital Center: The Politics of Freedom* (Boston: Houghton Mifflin, 1949), p.3.

较优劣的政治遗产。自殖民地时期起，美国人在建国设想中自然地接纳了约翰·洛克的个人自由、自由市场等思想，对欧洲的封建贵族思想，或是维护旧世界秩序的看法深恶痛绝。以托马斯·杰弗逊为代表的建国者们欣赏靠道德和才能立足社会的“天然贵族”，抵制那些靠出身和财富的“人工贵族”，并坚持只有前者才能成为国家的管理者。

相比古典自由主义，美国的自由主义思想更强调经济发展和孤立主义思想。他们更赞同这样的推理：自由主义思想下的政治和经济发展相对容易，并产生良性循环——他们认为宣扬自由式民主，实施道德和意识形态的统一，既有助于实现美国的国家利益，又能使世界变得更加和平，极端主义和革命是不好的；政治民主比政治秩序更加重要。[①] 美国的政治家们认为，稳定的经济增长可以缓解甚至减少阶级冲突，如果蛋糕本身在不断变大，没有人会为了一块蛋糕的分配而起冲突。欧洲的封建体制、阶级冲突、无产者与资本家之间的激烈争斗到了美国被浓缩为拥有共同信仰的不同利益集团之间的冲突，这个信仰就是自由主义。遵循这个逻辑，自由主义被认定为世界上最好的意识形态，所有非自由主义的思想肯定是有缺陷的。

尽管自由主义从诞生之日起不断分裂并衍生出多个派别，他们对待战争的态度不一，但共同点是美国式的自由主义信仰者，在第一次世界大战结束前从未对军事职业怀有好感。这种对军事价值和军事机构的厌恶和敌意构成了美国早期自由主义思想影响下的军事决策基础。独立战争结束后，为了避免军队加重税负、危害民权，大陆会议解散了华盛顿领导下的大陆军，并决定和平时期不保留常备军，战时之外，国家安全防御主要依赖民兵，这一政策一直沿用至第二次世界大战结束。在制定军事政策、建设军事机构时，美国自由主义思想指导下的论点是：（1）军事防御和投票一样是每个公民的责任；（2）民主国家应该有一支民主的军事力量；（3）如果非得建设一支正规军队，那么它必须为社会所用，并且为社会做出贡献。[②] 自由主义对军队的指导思想是：不服从就消灭。这一时期，美国的自由主义思想拥簇者希望能够消灭所有暴力的机构，并借此解决所有复杂的国际问题。

可以看出，建国初期的美国文官在思考军事政策时，因为初生的美国国

---

① Robert Packenham, *Liberal America and Third World: Political Development Ideas in Foreign Aid and Social Science* (Princeton: Princeton University Press, 1973), Chapter 3.

② Samuel P. Huntington, *The Soldier and the State* (Harvard: The Balkap Press of Harvard University Press, 1985), p.149.

力弱小，无法与强国抗衡，因此利用两洋的天然屏障，远离欧洲大陆的旧秩序，避开欧洲强国之间的激烈争斗，遵循孤立主义思想，专注发展国内经济，增强国力，解散正规军，依赖民兵建设国防，既能做到充分保护公民社会中的个人自由，又能减轻税负。20世纪伊始，美国经济实力增强，文官政府依然延续自由主义的方式思考军事以及国防问题，但此时他们中的一部分人认为孤立主义不应再继续被保留为美国军事政策的基调，仅在美国国内实施自由主义思想远远不够。

从伍尔德·威尔逊总统开始，联邦政府的文官们认为有必要把美国的社会制度传播到国外去，使欧洲和亚洲都能跟随美国主义（Americanism），赢得世界的永久和平，此时的自由主义思想中包含了一种绝对道德论——美国主义至高无上——他们试图重建外国一切的“异教”思想。美国人不再坚持孤立主义所提倡的远离一切“异教”思想，转而全身心地改造世界上的一切“异自由主义”思想，认为美国的自由主义思想应该是世界的主旋律，自由主义无法与其他社会思想共存，只能是世界上唯一主导的意识形态。时至今日，美国的文官政府在决策军事事务以及外交问题时，从未抛弃过这一核心观点。

三、自由主义思想对战后美国军事事务的思考

美国早期政治理论中的自由主义思维，关注个人与国家的关系，强调社会中个体与个体之间的关系，在思考国际关系时，会假设国家的天然存在，但不过多分析国家作为一个整体可能遇到的外在威胁，或者说，他们的自由主义理论更多考虑的是军队本身对国家内部和平和经济繁荣的威胁。在《士兵与国家》一书中，亨廷顿这样评论，“相比欧洲，20世纪美国的外交政策思想中没有中间地带，缺乏对保守主义理论或是其他哲学思想的运用及思考，自由主义对美国的外交思想和军事决策至少有三个方面的影响：漠视国家事务，运用解决国内问题的方式解决国际问题，试图为国际事务寻求客观标准”[①]。

在讨论欧洲自由主义的表现时，学者鲁吉罗列举了自由主义的三项功能：（1）政治功能，负责调节并整合社会中的利益；（2）法律功能，负责保证个

① Samuel P. Huntington, *The Soldier and the State* (Harvard: The Balkap Press of Harvard University Press, 1985), p.149.

人的权利；(3)经济社会功能，负责拓展个体自我发展的机会。[1]他并没有提及自由主义还有保护国家安全、抵御外来入侵的功能，在自由主义者看来那是天然存在的事实，每一个公民都是国家的守卫者，真正需要他们关心的是如何确保与国家机器对抗的个人权利，也正因为如此，欧洲和美国的自由主义政党，通常淡化国防政策和军事问题，甚至，在面临复杂的外交问题和军事抉择时，自由主义者倾向于将所有问题都简化为国内事务的模式。或者说，美国的自由主义思想者们认为“全世界的理想应该都是追随美国模式，建立民主共和制政府，实施国际贸易自由化、落后地区工业化，签订仲裁条约，设立国际法庭，遵守公共外交方式，并拓展国际间的文化交流”[2]。自由主义者们坚信把美国这些成功的国内经验移植到国外去，可以解决所有国家的问题，必然为世界带来和平与稳定。

自由主义思想最优论的存在或许是因为美国缺乏君主制、贵族制等思想占据统治的历史经历，无法在悠长的思想统治历史实践中进行对比。不过很显然，美国在全盘接受自由主义思想的同时陷入了用绝对的方式看待自由主义的危机，自由主义绝对论演变成限制其他地区不同意识形态存在的“反自由主义”。任何异于自由主义的思想都变成了洪水猛兽。学者罗伯特·派克汉对此解释说：“对个人自由和机会平等的推崇令美国人过分乐观，强调市场自由令美国人反对革命，对代议制政治的欣赏令美国人容易变得自命不凡。”[3]哈佛大学政治学教授路易斯·哈兹认为美国自由主义传统的问题在于洛克式的绝对主义，“它包含了一种没有言说却深刻无比的欲望，即阻止任何形式的积极行动，直接把国外的非自由主义思想定性为异类、愚蠢思想，并在国内掀起对这种愚蠢思想的恐惧心理”[4]。美国国内在第一次世界大战后出现的“红色恐惧”事件（Red Scare Incident）以及冷战时期曾一度盛行的麦卡锡主义正是这种恐惧心理的最佳佐证。

美国人认为自由主义无法在不够自由的世界中生存，对美国式自由主义的绝对优良感和绝对论促使美国人始终怀有天定命运论，认为有必要在世界

---

① Samuel P. Huntington, *The Soldier and the State* (Harvard: The Balkap Press of Harvard University Press, 1985), p.148.

② Ibid., p.146.

③ Robert Packerham, *Liberal America and Third World: Political Development Ideas in Foreign Aid and Social Science* (Princeton, NJ: Princeton University Press, 1982), p.173.

④ Louis Hartz, *The Liberal Tradition in America* (San Diego, CA: Harcourt, Brace, Jovanich, 1955), p.285.

各地传播自由主义——帝国主义+自由主义（Liberal Imperialism）。他们尝试把自由主义中包含的道德内容和美国的资本利益结合起来，打着为世界贫瘠地区带来进步和光明的旗号逼迫他们接受自由主义。这种政治理想深深地扎根于美国的政治文化中，20世纪初，美国逐渐抛弃孤立主义思想，自西奥德·罗斯福起，伍尔德·威尔逊、富兰克林·罗斯福、约翰·肯尼迪、罗纳尔多·里根等历任总统采取各种形式，发表宣言，在全世界范围内宣传自由主义理想，同时维护并扩张美国的资本主义利益。学者罗伯特·卡根曾这样描述，“美国人从没有接受欧洲的旧秩序，无法欣赏马基雅维利的主张，美国始终是个自由、进取的社会，美国人相信权力，并认为权力是通往自由文明和自由世界的方式”[①]。强调美国式自由主义思想和资本扩张的结合，成为20世纪后半叶至今，美国制定国家对外政策，尤其是军事政策的基本原则。

另外，美国自由主义信仰者在看待军事问题时，喜欢用一个绝对的标准衡量国际事务——是否能够最大化地保障个人自由。自由主义思想使美国的文官用一种极端的方式看待战争，或者全身心地投入战争，或者完全地远离战争。传统的自由主义思想拒绝承认保护国家安全利益存有道德上的合法性，因此对美国人来说，发动战争要么是由于敌人违背了自由主义的目标，要么是为了支持敌方的自由主义思想运动。也正是由于上述原因，第一次世界大战爆发后，美国的自由主义者到处宣称说美式自由主义思想是解决共产主义与法西斯主义思想缺陷的最好办法。

四、美国文官的自由主义思想与美军现实主义思想的冲突

美国军政关系的冲突源于两股不同的意识形态：军方保守的现实主义和文官的自由主义：“任何一个军事机构都面临着两项不同职能的冲突，一项是行使维护国家安全的功能，另一项是履行社会义务的功能，军事机构仅仅履行社会功能意味着它无法承担军事职能，相反，任何社会也无法包容一个仅承担军事职能的军事机构。这两项功能的意识冲突是文武关系的起源。”[②] 受到路易斯·哈兹《美国的自由主义传统》一书的启发，亨廷顿认为美国的文

---

① Robert Kagan, “Power and Weakness,” *Policy Review* 113 (2002), http://www. policyreview.org/JUNo2/kagan.html.

② Samuel P. Huntington, *The Soldier and the State* (Harvard: The Balkap Press of Harvard University Press, 1985), p.2.

官政治文化是彻底地坚守自由主义理想的，与军事现实主义思想有至少五个方面的冲突："一、自由主义思想倾向于漠视国际事务；二、当自由主义思想偶尔地关注国际问题时，他们寻求传播自己的社会制度来解决国际问题；三、美国的自由主义思想体现了一种绝对的姿态：他们要么选择从非自由主义世界撤离，要么颠覆非自由主义世界，从不选择与之妥协；四、美国式的自由主义思想在对待战争问题时体现了矛盾的态度，要么试图彻底地避免战争，要么选择无休止地进行战斗以结束所有的战争；五、美国的自由主义包含着一种警惕，甚至不信任军事机构的思想。"① 可以看出，美国文官坚守的自由主义理想，从不意味着他们爱好和平，远离战争；相反，在特定的情形下，为了捍卫自由主义思想，文官们很有可能利用文官治军原则，忽视军方判断，要求军人发动战争，以追求自由主义思想主宰世界的"理想目标"——苏联解体后，美国在全世界范围内从未停止发动战争的步伐足以说明这一点。

为了实现美式自由主义理想，克林顿政府曾采取多边合作方式，小布什则十分高调地采取单边行动的方式来改造世界，奥巴马政府则不断延迟从伊拉克和阿富汗撤军的计划。为了实现自由主义思想统一世界，拯救他们眼中"愚昧落后"的民族国家，几位总统动用军事武力摧毁或者颠覆"非民主"国家的频率居高不下。

反观美国军方，构成复杂，思想多样，相比于士兵阶层，美国军官阶层更多地倾向于共和党，信守保守的现实主义思想的人居多。他们的现实主义思想继承了埃德蒙·伯克的经典保守主义哲学思想和曼切斯特的自由主义思想，强调对政府权威的不信任，强调对经济问题的放任自由。这些高级军官们，在分析军事和外交政策时并不包含自由主义思想中的鹰派主张，或者说军方在对待战争问题时持有保守而谨慎的态度。他们与自由主义的拥簇者一样，坚守反共立场，同意自由和个人主义的主张，强调道德、社会秩序的重要性，认同向外传播自由主义的必要性，但在决定是否对外发动战争时，他们当中很少有人属于自由主义中的干涉派，并不认同武力可以快速、有效、全面地解决世界上的任何问题。然而，"9·11"事件后，自由主义思想中的鹰派在文官政府中如日中天，相比军人，这些文官们有时有更多杀人的欲望。小布什政府于"9·11"后在中东问题，尤其是伊拉克战争的决策中受鹰派影

① Samuel P. Huntington, *The Soldier and the State* (Harvard: The Balkap Press of Harvard University Press, 1985), pp.148-162.

响，曾做出多项陷美军于不利局面的决策，尤其是在军力部署、派驻伊拉克士兵数量等方面，以国防部长拉姆斯菲尔德为首的文官领导受到军方高级将领的公开批评，指责小布什政府错误地把理想主义理论运用到伊拉克问题中。在美国军方看来，小布什政府天真地相信伊拉克人民会像期盼解放者一样迎接美国士兵，认定只要推翻萨达姆政权，重新选举一位新的领导就可以解决伊拉克的民主问题。美国陆军前参谋长、中将格雷格·纽博德在信件中严肃地指出，把美国军人送到伊拉克战场上是一种极其轻率和自大的行为，那些做出决策的人既没有执行过类似的任务，也没有能力承担这项决策的严重后果。①

2006年美国的《军队周刊》在美军中做了问卷调查，调查结果显示，大约42%的美国军人认为小布什政府错误地发动了伊拉克战争，他们共同表达了对小布什政府，尤其是对拉姆斯菲尔德的不满，并希望拉氏辞职。② 美国军方认为，小布什政府内的高级文官不论是小布什本人、切尼副总统，还是拉姆斯菲尔德都陷入了一种天真的乐观思想中，不管是对攻占伊拉克的难易程度判断、美国利益的获得途径，还是对伊拉克建立美式民主制度的可能性评估。在美国的高级将官们看来，鹰派影响下的军事决策，与自由主义的理论契合，但与伊拉克战场上的现实情况相距太远，而国防部长拉姆斯菲尔德强悍的企业管理作风，令军官们要么保持沉默，要么选择辞职。这一时期，军方对于外交政策的看法，对军事问题的专业判断无法找到合适的途径予以表达。文官政府，在处理国际问题时动辄诉诸军事力量的手段，无法与美国军方保持一致看法，而美国士兵在伊拉克战场和阿富汗战争的维稳工作中难以发挥军力优势，士兵的事故率和伤亡率不断增加，更是令军政关系陷入僵局。

五、结语

观察美国过去30年的军政关系，学者迈克尔·戴斯评论说："冷战后美国军政关系冲突的根源，是文官们在自由主义思想传统的影响下，敦促一支

① New Bold, *Why Iraq Was a Mistake* (New York: The Free Press), 2006, p.43.

② George Sanger, "Iraq, Afghanistan, and President Bush," *Military Times Poll*, December 29, 2006, www. Militarycity.com/polls/2006poll-iraq.php.

不愿全心全意投入的军队参战而造成的矛盾。”[①] 文官治军领导下的美军，既不能相同于它所服务的社会，但又不能距它所服务的社会有万里之遥，军方与文官政府之间，很难达成理想中的自由主义共识。美国的文官治军原则要求减弱军政之间的思想冲突，可能的解决方式有:（1）军队的政治权力及功能性意义被削弱，以至于军队作为一个保守型机构，存在于自由社会的边缘，这种方法被称作是“根除之策”（extirpation）。（2）军队的价值观和看法可以从保守主义变为自由主义，与社会趋向一致，并且拓展军事职能，使其包括通常是文职领域的职责，这种方法可以称作是“变异之策”（transmutation）。（3）社会上盛行的价值观可以从传统的自由主义向保守主义转变，也就是说要求社会对军队采取“宽容之策”（toleration）。[②] 这是调解军事机构和文官思想之间关系的三大理论选择，在美国历史上的这个或者那个时期，必有其中一个理论会发挥作用。从现在美国军队既有的规模、地位和权威来看，不论是根除还是宽容之策，都不可能成为解决美国当下军政思想冲突的方案。可能的选项是变异之策，也就是说军队保守的现实主义价值观在有限的范围内向自由主义价值观靠拢，军事职能不断拓展，并使其逐渐包括通常的文职领域职责，以促进美军思想与自由主义的价值观靠拢，甚至重合。当然，不可改变的事实是文官控制军队，负责军事决策，实际上是一种政治主张，美国军官高层、国会以及美国民众这三方的思想、利益诉求、价值观必然会通过不同途径对军事决策产生程度不一的影响。

---

① Michael C. Desch, *Huntington and the Liberal Tradition in America* (Baltimore: John Hopkins University Press, 2009), p.103.

② Samuel P. Huntington, "The Soldier and the State in the 1970s," in *Civil-Military Relations*, ed. Andrew Jackson Goodpaster (Washington D.C.: American Enterprise Institute for Public Policy Research, 1977).

美国霸权思维下太空军事能力建设

赵蔚彬*

自20世纪80年代里根政府实施“战略防御态势”以来，美国在太空领域的战略思想一贯呈现出谋求霸权的价值取向。里根政府与苏联在太空争霸，使外层空间成为冷战的重要战场。老布什与克林顿政府充分利用太空霸权地位，以制天权有效地支援地球表面（陆、海、空）的作战行动，赢得了海湾战争和科索沃战争的胜利。小布什政府面临太空格局从“一超（美）一强（俄）”向多极化转变、美国失去太空霸权的风险，强调“控制太空”，试图通过发展“颁发太空许可证”的能力遏制他国太空力量发展，维持其太空独霸地位。奥巴马政府面对太空多极化态势，强调维护太空领导地位。① 特朗普上任后，更是将太空霸权思维表现得淋漓尽致。2018年3月23日，美国白宫发布新版《国家太空战略》概要，② 高调宣示绝对优势、以实力求和平、美国优先等原则。为落实该战略，美国国防部制定太空任务保证、实战能力建设、国内国际环境塑造等太空战略目标，③ 以全面维护其太空霸主地位。

---

* 赵蔚彬，军事科学院战争研究院研究员，主要研究方向为中美军事关系、太空安全。

① 唐笑虹、吴承义：《试析美国军事太空战略思想的价值取向》，《军事学术》2014年第5期，第74—77页。

② “President Donald J. Trump Is Unveiling an America First National Space Strategy,” The White House, accessed March 23, 2018, https://www.whitehouse.gov/briefings-statements/president-donald-j-trump-unveiling-america-first-national-space-strategy/.

③ Kenneth Rapuano, “Statement Before the Subcommittee on Strategic Forces, House Armed Services Committee,” accessed March 15, 2018, http://docs.house.gov/meetings/AS/AS29/20180315/106970/HHRG-115-AS29-Wstate-RapuanoK-20180315.PDF.

一、追求“绝对安全”，完善太空任务保证之策

美国对其军事优势地位可能受到的任何真实和假想的挑战都保持高度警觉，一直以来不断夸大俄罗斯和中国的“太空军事威胁”。为了预防“太空珍珠港”事件，新版国家太空战略宣称要“不遗余力地保障美国的太空必胜态势”①，美军2018年版《太空作战》条令强调要通过防御、重构和弹性等三类策略，实现“太空任务保证”。②

防御行动旨在减弱或消除敌方对美国及其盟友和伙伴的太空系统所采取的敌对行为的效果，具体包括：机动在轨资产，使敌方难以确定目标；欺骗、降级或摧毁敌方目标确定系统；监视、识别可疑太空物体，及时提供预警，准确描述攻击性质；备份太空指挥控制能力，演练、实施防御等。

重构行动指功能被严重降级后，采取行动迅速恢复作战能力，保障完成特定任务或应对突发事件。重构主要是通过增加资产或链路来恢复能力或容量，具体包括：快速增补发射卫星；调用更多的地面站、新的信号和频谱等。

弹性指在遭遇敌对行为或处于不利条件时，太空体系架构仍能在各种场景、条件和威胁中，坚持提供天基保障，支持联合部队成功完成任务。提升弹性的方法包括：（1）分解，将重要能力拆分置于不同平台或有效荷载中；（2）散布，调用多个节点协同执行同一任务，如分布式全球定位系统体系架构将增加对对手的攻击目标数量；（3）多样化，利用不同平台、轨道，或商业、民用或国际伙伴的系统和能力完成同一任务；（4）防护，采取电磁干扰防护、抗核加固等被动措施，以及前文提及的主动防御措施；（5）冗余扩散，部署大量相同类型的平台、有效荷载或系统，执行同一任务；（6）欺骗，在重要安全系统或有效荷载的方位、能力、作战状态、任务类型和/或稳健性等方面，设法迷惑或误导对手；（7）威慑，通过宣示决心、展示力量，“拒止”敌方获得预期收益，“惩戒”攻击行为。特朗普版国家太空战略尤其强调威慑，誓言如果关键太空基础设施受到有害干扰或攻击，美国将以自己选择的时间、

① “President Donald J. Trump Is Unveiling an America First National Space Strategy,” The White House, accessed March 23, 2018, https://www.whitehouse.gov/briefings-statements/president-donald-j-trump-unveiling-america-first-national-space-strategy/.

② Joint Chiefs of Staff, *Joint Publication 3-14: Space Operations*, accessed April 10, 2018, http://www.jcs.mil/Portals/36/Documents/Doctrine/pubs/jp3_14.pdf?ver=2018-04-25-094556-297, pp.7-9.

地点、方式和领域实施报复，[①] 宣示“睚眦必报”决心。为加强太空威慑，美国战略与国际问题研究中心（CSIS）空天安全项目主任托德·哈里森于2018年3月在国会作证时建议，需阐明太空行为“红线”，创新发展先进太空能力，加强战略传播。[②]

二、“以实力求和平”，加快太空实战能力建设

在美国《国防部军事及相关术语辞典》中，“国家安全”被定义为：“囊括美国国防和外交关系的集合术语，目的是获取：（1）相对于任何外国或国家集团的军事或国防优势；（2）有利的外交关系；（3）能够成功地抵抗来自内部或外部、公开或隐蔽的敌对或破坏性行动的国防态势。”[③] 其中，实力优势成为其国家安全的关键要素，即美国的安全建立在压倒他国军事优势的实力基础之上。以实力求和平是特朗普版国家太空战略的重要原则，强调要确保毫无障碍地自由进入太空并开展行动。[④] 2019年4月，在第35届太空大会上，美国代理国防部长帕特里克·沙纳罕、空军部长希瑟·威尔逊、空军参谋长戴维·高德费恩上将等高官纷纷表示要确保美国在太空的绝对优势。[⑤]

美国一直炒作中国2007年的反卫星试验“打开了潘多拉的盒子”[⑥]，事实上美国是太空军事建设起步最早、机构最全面、理论最先进、实战经验最丰富的国家。特朗普就任总统以来，在太空领域更是“全政府”资源投入，全

① “President Donald J. Trump Is Unveiling an America First National Space Strategy,” The White House, accessed March 23, 2018, https://www.whitehouse.gov/briefings-statements/president-donald-j-trump-unveiling-america-first-national-space-strategy/.

② Todd Harrison, “Statement Before the House Committee on Armed Services on ‘Space Warfighting Readiness: Policies, Authorities, and Capabilities’,” accessed March 14, 2018, http://docs.house.gov/meetings/AS/AS00/20180314/107973/HHRG-115-AS00-Wstate-HarrisonT-20180314.pdf.

③ “DOD Dictionary of Military and Associated Terms,” U.S. Joint Chiefs of Staff, accessed April 25, 2019, https://www.jcs.mil/Portals/36/Documents/Doctrine/pubs/dictionary.pdf?ver=2019-04-25-095717-503.

④ “President Donald J. Trump Is Unveiling an America First National Space Strategy,” The White House, accessed March 23, 2018, https://www.whitehouse.gov/briefings-statements/president-donald-j-trump-unveiling-america-first-national-space-strategy/.

⑤ Charles Pope, “Shanahan, Wilson, Goldfein offer views for ensuring U.S. superiority in space,” accessed April 9, 2019, https://www.af.mil/News/Article-Display/Article/1810124/shanahan-wilson-goldfein-offer-views-for-ensuring-us-superiority-in-space/.

⑥ William B. Roper Jr., “Testimony before the U.S. – China Economic and Security Review Commission Hearing on ‘China in Space: A Strategic Competition?’,” accessed April 25, 2019, https://www.uscc.gov/sites/default/files/William%20Roper%20USCC%2025%20April.pdf.

力推进军事太空机构重组，全方位加强太空军事能力建设。

（一）“全政府”资源投入

在竞选期间，特朗普就对太空领域表现出极大兴趣。在总统就职典礼上，他宣称要“准备解开太空的谜题”。其“太空梦”和“使军队再次强大”的“强军梦”相遇，使军事太空领域成为获取更多资源的“赢家”。2017年3月，特朗普签署“过渡授权法案”，批准国家航空航天局2017财年195亿美元的预算，比2016财年多2亿美元；6月，特朗普签署行政命令，重组“国家太空委员会”，从顶层长远规划太空战略和政策，协调国家航天活动；12月出台的新版《美国国家安全战略》明确提出要“将太空作为优先发展领域”①；2018年1月版国防战略将太空领域视为作战域，并将其列为现代化计划的优先事项；②3月，特朗普政府发布“美国优先”的国家太空战略，要求在太空保持伟大、强大和竞争优势。③2019财年总统预算为太空领域申请了125亿美元，以打造更具“杀伤力”的太空部队。④白宫2020财年预算申请了140亿美元，比前一财年又上涨17%。⑤

（二）全力推进军事太空机构改革重组

成立天军的争论在美国由来已久，第一轮浪潮可追溯到冷战时期里根政府的“星球大战”计划。2017年4月，美众议院武装力量委员会战略力量分委会主席罗杰斯在第33届太空研讨会上呼吁设立太空部队，掀起第二轮创建天军的大讨论。

---

① President of the United States, *National Security Strategy of the United States of America*, December 2017, p.31.

② “Summary of the 2018 National Defense Strategy of the United States of America: Sharpening the American Military’s Competitive Edge,” U.S. Department of Defense, accessed January 2018, https://www.defense.gov/Portals/1/Documents/pubs/2018-National-Defense-Strategy-Summary.pdf.

③ “President Donald J. Trump Is Unveiling an America First National Space Strategy,” The White House, accessed March 23, 2018, https://www.whitehouse.gov/briefings-statements/president-donald-j-trump-unveiling-america-first-national-space-strategy/.

④ Kenneth Rapuano, “Statement Before the Subcommittee on Strategic Forces, House Armed Services Committee,” accessed March 15, 2018, http://docs.house.gov/meetings/AS/AS29/20180315/106970/HHRG-115-AS29-Wstate-RapuanoK-20180315.PDF.

⑤ Charles Pope, “Shanahan, Wilson, Goldfein Offer Views for Ensuring U.S. Superiority in Space,” accessed April 9, 2019, https://www.af.mil/News/Article-Display/Article/1810124/shanahan-wilson-goldfein-offer-views-for-ensuring-us-superiority-in-space/.

此轮太空机构改革主要涉及三方面内容：（1）成立“太空军”，负责组织、训练和装备太空作战部队；（2）组建“美国太空司令部”，开发军事太空作战的战术、技术和程序；（3）建立“太空发展局”，确保太空作战人员拥有最先进能力。虽然关于三者的改革方案，美国空军、国防部、白宫、国会之间争论不休，在特朗普政府高度重视、国会立法支持和国防部全力推动下，各种不确定性最终尘埃落定。

2018年6月，特朗普总统指示国防部立即启动第六军种“天军”的组建进程。[①] 12月，白宫发布总统特朗普给国防部部长关于建立美国太空司令部的备忘录。副总统彭斯认为，美国国家太空安全的“新时代”将始于当日。[②] 2019年2月，特朗普签发第4号太空政策令，下令成立太空军。3月，特朗普提名美国空军太空司令部司令约翰·雷蒙德上将兼任美国太空司令部首任司令。[③]

根据美国国防部建议，2020财年将正式成立美国太空军，成为空军部领导之下与空军并立的军种。空军部将新设一名文职副部长，专门负责管理和监督太空军。2020财年将投入7200万美元建立太空军总部，2024财年完成人员、预算等的移交。随着组织机构更加精简优化、指挥链条更加清晰高效、装备战法更加先进创新、人员队伍更加专业强大，美国太空军事力量将强势发展。

（三）全方位加强太空军事能力建设

在美国国防部于2018年1月公布的新版国防战略中，作战能力是美军太空领域投资建设的重中之重。[④] 根据2018年4月10日出台的新版联合出版物第3-14号《太空作战》条令，美军将太空作战行动分为太空态势感知，太空控

---

① “Remarks by President Trump at a Meeting with the National Space Council and Signing of Space Policy Directive-3,” The White House, accessed June 18, 2018, https://www.whitehouse.gov/briefings-statements/remarks-president-trump-meeting-national-space-council-signing-space-policy-directive-3/.

② “Remarks by Vice President Pence at Kennedy Space Center,” The White House, accessed December 18, 2018, https://www.whitehouse.gov/briefings-statements/remarks-vice-president-pence-kennedy-space-center/.

③ “United States Space Command Commander Nominated,” Air Force Space Command Public Affairs, accessed March 26, 2019, https://www.stratcom.mil/Media/News/News-Article-View/Article/1797058/united-states-space-command-commander-nominated/.

④ “Summary of the 2018 National Defense Strategy of the United States of America: Sharpening the American Military’s Competitive Edge,” U.S. Department of Defense, https://www.defense.gov/Portals/1/Documents/pubs/2018-National-Defense-Strategy-Summary.pdf.

制，定位、导航和授时，情报、监视和侦察，卫星通信，环境监测，导弹预警，核爆炸探测，航天运输，卫星操作等10项。不难预料，美国将围绕这些作战领域，全面建设相关能力。

1. 太空态势感知

美国认为，空间态势感知是实施太空作战的基础。2011年《国家安全太空战略》将发展空间态势感知能力置于最优先地位，2012年国防部《太空政策》指令首次将太空态势感知与其他四种太空作战任务相并列，2013年版和2018年版美军联合出版物第3-14号《太空作战》条令都明确将太空态势感知作为独立且位列第一的太空作战任务，具体包括四项子任务：一是探测/跟踪/识别，寻找、发现、跟踪和维护空间物体，区分、识别各种物体的类型和任务，保障飞行安全，支持进攻性和防御性太空控制任务；二是威胁预警和评估，预测和区分潜在攻击或实际攻击、太空气象环境效应和太空系统异常情况，及时提供己方太空资产状况，直接支持进攻性和防御性太空控制；三是特征定性，确定他国太空能力（包括地基、天基能力和相关链路）的特征和运行参数，以及其构成的威胁的战略、战术、意图和活动；四是数据集成和开发，融合、关联和整合多方来源数据，形成通用作战态势图，定制帮助各项太空作战任务决策。①

近年来，一方面，美国注重态势感知系统的完善，在升级改造“太空篱笆”等地基系统、研发“深空先进雷达”② 等新系统的基础上，大力发展同步空间态势感知项目（GSSAP）等天基系统，显著缩小覆盖盲区，大幅提升对深空微小目标的探测、跟踪与识别能力，并将具备广域与局域威胁告警与评估能力。另一方面，美国注重多源空间数据的一体化融合与智能分析。美国战略司令部每年向空军太空司令部、陆军太空与导弹防御司令部等10余家单位索取数据，整理、编目超过170种太空数据源，将其置于“太空和网空分析资源”门户网站（https://halfway.peterson.af.mil/SARP），同时提供模型算法，用于仿真模拟、分析预测空间物体轨迹，并在“研究/数据图书馆”中共享已

---

① Joint Chiefs of Staff, *Joint Publication 3-14: Space Operations*, May 29, 2013, pp. II-3.

② Kenneth Rapuano, “Statement Before the Subcommittee on Strategic Forces, House Armed Services Committee,” March 15, 2018, http://docs.house.gov/meetings/AS/AS29/20180315/106970/HHRG-115-AS29-Wstate-RapuanoK-20180315.PDF.

有研究报告。[①] 在数据处理方面，美军使用人工智能无缝融合、快速分析多源数据信息，以实时监视、预测、发现太空威胁，及时定性、溯源，在“安静的吠叫者”项目下提供“空间情报及敌情征候与警报”[②]。

2. 太空控制

太空控制分为进攻性太空控制和防御性太空控制。前者指采取进攻性行动，通过欺骗、扰乱、降级、拒止或摧毁太空系统或服务等手段，阻止对手利用太空的能力和服务。后者指采取主动和被动措施，保护己方太空能力免受攻击、干扰或意外伤害。值得注意的是，在美军作战条令中所谓的“防御性太空控制”强调先发制人。[③] 因此不管是进攻性还是防御性，美军太空控制的实质都是确保美国的自由并剥夺他国的自由，要确保美国在太空“横行自由”。

早在冷战时期美国就开始研发、部署各类反卫星武器，包括可逆软杀伤和动能硬摧毁两种手段。一是利用地基和天基激光、电磁、粒子束等定向能武器，使感知屏蔽、通信中断、指挥失灵的可逆软杀伤。2017年11月，美国空军“自防护高能激光演示器”（SHiELD）波束控制子系统通过初始设计评审，低功率激光系统开发和飞行测试也在同步进行。[④] 2017年10月，空军开展大功率电磁技术实验，探讨电子作战中电磁能量的理想比例，于2020年8月实现作战应用，以使计算机系统瘫痪、破坏电子设备或中断电网。[⑤] 二是利用高超声速飞行器、巡航导弹、弹道导弹等直接击毁敌方卫星的动能硬摧毁。美军在研的高超声速武器项目包括：空军“高超声速打击武器”（HSSW）；空军和国防部高级研究计划局合作的“高超声速吸气式武器概念”（HAWC）和

---

① “Space and Cyberspace Analysis Resource Portal,” U.S. Air Force Space Command, March 22, 2017, http://www.afspc.af.mil/About-Us/Fact-Sheets/Display/Article/249007/space-and-cyberspace-analysis-resource-portal/.

② John W. Raymond, *Presentation to the Subcommittee on Strategic Forces*, House Armed Services Committee on Fiscal Year 2018 Priorities and Posture of the National Security Space Enterprise, May 19, 2017, p.8, http://docs.house.gov/meetings/AS/AS29/20170519/105974/HHRG-115-AS29-Wstate-RaymondJ-20170519.pdf.

③ Joint Chiefs of Staff, *Joint Publication 3-14: Space Operations*, April 10, 2018, http://www.jcs.mil/Portals/36/Documents/Doctrine/pubs/jp3_14.pdf?ver=2018-04-25-094556-297, pp.II-2.

④ Yasmin Tadjdeh, “Air Force to Test Laser Weapon on Fighter Jet by 2021,” *National Defense Magazine*, November 8, 2017, http://www.nationaldefensemagazine.org/articles/2017/11/8/air-force-to-test-laser-onfighter-jet-by-2021.

⑤ Morgan Cole, “Air Force Research Lab Tests High Power Electromagnetic EW & Cyber Weapons,” Defense Systems, October 18, 2017, https://defensesystems.com/articles/2017/10/18/air-force-hpem.aspx.

“战术助推滑翔”（TBG）项目；陆军“先进高超声速武器”（AHW）项目；洛马公司高超音速监侦飞机SR-72、“猎鹰”高超音速飞行器（HTV-2）项目，雷声公司和洛马公司合作开发的“战术助推滑翔”项目（TBG）。《2018财年国防授权法》要求美军高超音速飞机在2022年9月前具备“早期作战”能力。[①]

3. 导航战（NAVWAR）

导航战指采取预有准备的防御和进攻行动，通过协调一致地运用太空、网络和电子战能力，保证己方使用定位、导航和授时（PNT）信息，防止对手获得此类信息。美军联合出版物第3-13.1号《电子战》和联合出版物第3-12号《网络空间作战》都涉及导航战。

美国战略司令部设有联合导航战中心（JNWC），负责制订计划、确定任务、整合资源、提供指挥控制，支持全球范围的一体化导航作战。该中心的导航战支援分队和协调分队，以及部署至战区的协调分队，共同协助遂行导航作战。作战指挥官提出导航战申请后，该中心对当前任务进行冲突化解和优先排序，调用美国战略司令部导航战组成力量，支援作战指挥官实施导航作战。

美军虽然意识到导航战可能会减损己方部队及民间、商业和科学用户的信息使用，但仍不惜通过攻防一体的导航战行动确保己方畅通无阻地使用定位、导航和授时功能，同时阻止敌手获得相关保障，[②] 再次凸显美方的蛮横。

4. 定位、导航和授时

军事用户依赖可靠的定位、导航和授时系统，获得高精度的地理位置、导航和时间基准服务。美国全球定位系统（GPS）提供标准和精准两个级别的定位服务。所有用户都可通过不加密信号广播，获得标准定位服务。只有美国国防部、得到授权的政府机构和部分美国盟友，通过使用两个频率的加密广播，才能获得精准定位服务。由于加密信号更强劲，还能够通过两个频率对环境条件进行校正，因此精准定位服务用户相对于标准定位服务用户拥有明显的优势。新式军用全球定位系统接收器内置有先进的体系架构（包括硬件和软件），能够保护保密版全球定位系统的密钥和算法，确保信号不被他

① U.S. congress, “Sec. 1693. Conventional Prompt Global Strike Weapons System,” *H.R. 2810 National Defense Authorization Act for Fiscal Year 2018*, https://www.congress.gov/115/bills/hr2810/BILLS-115hr2810enr.pdf.

② Joint Chiefs of Staff, *Joint Publication 3-14: Space Operations*, April 10，2018, http://www.jcs.mil/Portals/36/Documents/Doctrine/pubs/jp3_14.pdf?ver=2018-04-25-094556-297, pp.II-3.

方利用。[①]

美军2019财年预算申请了4.52亿美元，研发能抗电子信号干扰的第三代GPS，更新地面接收设备的代码，使用先进的军用M码，进一步提升抗干扰能力。[②] 首颗GPSIII卫星于2018年12月成功发射。

5. 情报、监视和侦察

天基情报收集指同步整合各种传感器、资产和系统，针对某一物体或某一关注区域，或是持续，或是由事件驱动，或是按计划，采集其数据和信息。天基情报、监视和侦察工作包括威胁预警、目标分析、威胁能力评估、态势感知、战斗毁伤评估和作战环境描述。其服务对象既包括美国总统和政府各部门和机构（特别是国家地理空间情报局、国家安全局和国防部），也包括作战司令部及其组成部队。美军强调与非军事部门、情报界及盟友伙伴在天基情报、监视和侦察方面开展合作，增强弹性和互操作性，以推进美国国家安全目标的实现。[③]

2018年8月，美国空军发布下一代情报、监视和侦察计划，将通过颠覆性技术、跨域协作和文化变革，增强弹性、耐久性、渗透性和敏捷性，打造多领域、多智能、政府/商业合作的感知网格，应对数字时代的大国竞争。[④]

6. 卫星通信（SATCOM）

卫星通信不依赖地表通信体系架构，能使国家和战略领导人保持态势感知，并向联合作战指挥官传递其意图，能为地理上分散部署的战术机动部队提供连通性，能支持（核）指挥控制、总统生存性通信等。[⑤] 美军正积极塑造卫星通信一体化行动环境，为各类卫星通信需求提供关键协调点，同步整合

---

① Joint Chiefs of Staff, *Joint Publication 3-14: Space Operations*, April 10, 2018, http://www.jcs.mil/Portals/36/Documents/Doctrine/pubs/jp3_14.pdf?ver=2018-04-25-094556-297, pp. II-4.

② Kenneth Rapuano, "Statement Before the Subcommittee on Strategic Forces, House Armed Services Committee," March 15, 2018, http://docs.house.gov/meetings/AS/AS29/20180315/106970/HHRG-115-AS29-Wstate-RapuanoK-20180315.PDF.

③ Joint Chiefs of Staff, *Joint Publication 3-14: Space Operations*, April 10, 2018, http://www.jcs.mil/Portals/36/Documents/Doctrine/pubs/jp3_14.pdf?ver=2018-04-25-094556-297, pp.II-4.

④ "Air Force Charts Course for Next Generation ISR Dominance," Secretary of the Air Force Public Affairs, August 2, 2018, https://www.af.mil/News/Article-Display/Article/1592343/air-force-charts-course-for-nextgeneration-isr-dominance/.

⑤ Joint Chiefs of Staff, *Joint Publication 3-14: Space Operation*, April 10, 2018, http://www.jcs.mil/Portals/36/Documents/Doctrine/pubs/jp3_14.pdf?ver=2018-04-25-094556-297, pp.II-5.

跨频谱、多领域的信息，为联合部队提供更多可行选项。①

美军卫星通信建设分三步进行：一是加强“宽带全球卫星通信”（WGS）系统网络防护，率先为航母战斗群升级“受保护战术波形”（PTW）抗干扰软件，加快研发“受保护战术企业服务”（PTES）地面系统；二是研制新型通信卫星或可加装在商业平台上的有效载荷，聚焦星座架构设计、有效载荷方案、先进太空处理、新型天线设计等；三是研发战术战略一体化“先进极高频军事通信卫星”（AEHF），保障核指挥控制。②

7. 环境监测

环境监测任务包括地表环境监测和太空环境监测。前者负责提供海上、地面和空中影响军事行动的气象和海洋（METOC）数据；后者负责预报、警戒、预警可能影响太空资产、太空行动和相关地表使用者的太空环境。第577气象联队、编号舰队气象和海洋中心、海军海洋办公室汇总来自国防部、国家海洋和大气管理局（NOAA）、国家航天航空局（NASA）及欧洲、日本的气象卫星，为联合部队指挥官提供作战环境感知。③

8. 导弹预警

导弹预警任务主要由北美空天防御司令部执行，负责向国家领导人、战区作战司令部、多国伙伴和前沿部署人员通报导弹攻击，并进行相关评估。其基本流程是：国防支援计划、天基红外系统等天基传感器发现导弹发射征兆；地基雷达提供发射后续信息，确认是否属于战略性进攻。④

美国导弹预警能力建设主要分两部分：一是昂贵星座更新迭代。当前使用“天基红外系统”（SBIRS）4颗在地球同步轨道运行的卫星，以及4个寄宿在大椭圆轨道“号角”情报采集卫星上的有效载荷。计划2021年和2022年发射第5颗和第6颗SBIRS卫星，取消对第7颗和第8颗的投资。⑤ 加大资助“下一代战略导弹预警”系统，升级传感器技术。21世纪20年代中期开始发射“天

---

① Joint Chiefs of Staff, *Joint Publication 3-14: Space Operation*, April 10, 2018, http://www.jcs.mil/Portals/36/Documents/Doctrine/pubs/jp3_14.pdf?ver=2018-04-25-094556-297, pp.III-2.

② Sandra Erwin, “Air Force to Accelerate Deployment of Anti-jam Satellite Communications Equipment,” *Space News*, December 26, 2018, https://spacenews.com/air-force-to-accelerate-deployment-of-anti-jamsatellite-communications-equipment/.

③ Joint Chiefs of Staff, *Joint Publication 3-14: Space Operation*, April 10, 2018, http://www.jcs.mil/Portals/36/Documents/Doctrine/pubs/jp3_14.pdf?ver=2018-04-25-094556-297, pp.II-6, II-7.

④ Ibid., pp.II-5, II-6.

⑤ Sandra Erwin, “The End of SBIRS: Air Force Says It’s Time to Move on,” *Space News*, February 19, 2018, https://spacenews.com/the-end-of-sbirs-air-force-says-its-time-to-move-on/.

基宽视场持久红外预警”卫星，使用成熟的弹性架构，保持战略生存能力。[①]二是灵活载荷遍布低轨。由国防高级研究计划局（DARPA）牵头、空军负责的“黑杰克”项目是由60—200颗卫星组成的星座，在低地轨道运行，据称能够侦测、追踪高超声速武器。每颗卫星构造将是商业化平台、军事有效载荷和任务级自主软件，带有分布式决策处理器，可无须地面协助，在轨自主处理数据、共享任务。目前该项目已获得1.25亿美元经费支持。[②]“黑杰克”成为新成立的太空发展局从空军接手的第一个项目。[③]

9. 核爆炸探测

核爆炸探测指运用持续、全球和一体化的传感能力，对全球关键地区覆盖监视，为总统、国防部长和作战指挥官就核爆炸地点、高度和当量提供预警和评估建议。天基系统、地基系统、相关中心的指挥和控制系统、作战指挥官/国家领导层决策支持系统等，将为紧急事件会议提供支持。这些系统为盟友和高级领导者提供不可或缺的及时预警和核爆炸特征描述，支持威胁/非威胁判定和后续决策。[④]

10. 航天运输

航天运输是将卫星或其他物资送入太空的能力，要确保太空进入，包括航天运输行动和发射场作业，由空军太空司令部具体实施。航天运输行动负责部署、保障、加强或重组卫星星座，以支持美国的军事行动、国家安全目标和/或商业客户。发射场作业需提供安全、有保证、反应迅速的进入太空能力，具体包括发射活动支持、发射前测试、发射交通管制和调度服务等。[⑤]

2019年3月，按照《2019财年国防授权法》要求，美国空军太空和导弹系统中心“一次性运载火箭项目”正式更名为“国家安全太空发射项目”，旨

① Kenneth Rapuano, “Statement Before the Subcommittee on Strategic Forces, House Armed Services Committee, ” March 15, 2018, http://docs.house.gov/meetings/AS/AS29/20180315/106970/HHRG-115-AS29-Wstate-RapuanoK-20180315.PDF.

② Sandra Erwin, “Senate Defense Bill Proposes Big Funding Boost for Military LEO Constellation,” *Space News*, June 7, 2018, https://spacenews.com/senate-defense-bill-proposes-big-funding-boost-for-military-leoconstellation/.

③ Sandra Erwin, “Wilson Defends Air Force Record on Space Acquisitions: ‘We’re Moving Fast’,” *Space News*, April 10, 2019, https://spacenews.com/wilson-defends-air-force-record-on-space-acquisitions-weremoving-fast/.

④ Joint Chiefs of Staff, *Joint Publication 3-14: Space Operations*, April 10, 2018, http://www.jcs.mil/Portals/36/Documents/Doctrine/pubs/jp3_14.pdf?ver=2018-04-25-094556-297, pp.II-7.

⑤ Ibid.

在利用生机勃勃的商业航天发射，打造更加经济、安全、敏捷、高效的航天发射能力。①

11. 卫星操作

卫星操作指通过专用和共享网络，调遣、配置、操作和运维在轨资产，实现对其指挥和控制、运动和机动、防护和维持保障。卫星操作包括航天器和有效载荷操作。前者有测控（TT&C）、机动、健康状态监控和维护等行动；后者有监管、操控、数据搜集等行动。② 值得注意的是，近期美国各智库出台的太空威胁报告中必提俄罗斯和中国的“交会和接近操作”（RPO），而实际上该行动一直是美军太空作战任务之一。按照2018年版《太空作战》条令，在轨维修能力可对航天器子系统组件进行检查、修理、更换和/或升级，补给航天器耗材（如燃料、液体和冷冻剂）。

当前美国正积极发展这种具有太空进攻潜能的在轨“巧服务”能力，例如：国家航空航天局“Restore-L”任务旨在发展自主交会、抓握机械臂、燃料加注、推进等多项在轨维修与延寿技术，其“雷文”系统将被安置于国际太空站上，跟踪飞船往来；国家航空航天局“小行星重定向任务”机器人将能“抓取”小行星，计划2021年发射；国防部高级研究计划局成立“交会和在轨操作行动联盟”（CONFERS），③ 其“地球同步轨道卫星机器人服务”（RSGS）航天器预计于2021财年发射，将能检视、修复、重置、升级在轨航天器；轨道ATK公司“任务扩展飞行器”将能与卫星对接，进行姿态控制、位置保持和寿终处理；穆格公司“轨道机动运载器”可将多个小卫星部署至不同轨道。

① Space and Missile Systems Center Public Affairs, “Air Force Establishes National Security Space Launch Program,” U.S. Air Force, March 1, 2019, https://www.losangeles.af.mil/News/Article-Display/Article/1776502/air-force-establishes-national-security-space-launch-program/.

② Joint Chiefs of Staff, *Joint Publication 3-14: Space Operations*, April 10, 2018, http://www.jcs.mil/Portals/36/Documents/Doctrine/pubs/jp3_14.pdf?ver=2018-04-25-094556-297, pp.II-8.

③ 航天新闻网站2018年8月29日报道，2018年5月21日，该联盟在加利福尼亚州举行筹建会议，明确业务范畴和工作重点，标志着DARPA主导的“卫星在轨服务”操作标准建立工作迈出实质性一步。详见：Sandra Erwin, “In-orbit Services Poised to Become Big Business,” *Space News*, June 10, 2018, https://spacenews.com/in-orbit-services-poised-to-become-big-business/.

三、追求“美国优先”，推进国内国际环境塑造

特朗普政府的施政标签是“美国优先”，其在太空领域主要体现为塑造对美国有利的国内国际环境。在国内，将致力于改善监管环境，以便更加充分、高效地利用商业航天工业，确保美国航天工业在国际太空市场上是太空技术、产品和服务的首要供应方，同时限制潜在对手获取关键技术和能力。在国际上，将推动责任分担，引领规则制定，构建由美国霸权主导、符合美国战略定义、公共产品成本最低、自由度最高的太空新秩序。

（一）军民融合

美国一方面恶意抹黑中国军民融合战略，[①] 另一方面在太空作战条令中明确指出：商业卫星可为军方提供通信、环境监测、定位、导航和授时、成像、太空运输等服务，提高太空资产弹性，在国防部太空能力被降级、扰乱或摧毁时，保证联合部队有效作战；增加对手干扰或攻击太空系统的成本，增强太空威慑。[②] 近年来，美国通过政策支持、政府主导、领域开放等举措，全面开展商业合作，以充分利用业界创新成果。

1. 法规政策全面保障。美国先后制定《国家航天政策》《商业航天发射竞争法》《鼓励私营航空航天竞争力与创业法》和《商业航天法》等，并让美国航天局通过派驻技术人员和专利转让等方式，帮助私企发展和验证关键航天技术。《2019财年国防授权法》第1611条要求国防部长、空军部长和国防业务局领导人指定一个办公室，负责协调“有关利用寄宿在商业卫星上有效载荷的信息、程序和经验教训”[③]。

2. 政府主导大力扶持。特朗普政府采取了一系列的措施，鼓励太空领域商业发展：（1）精简监督太空发射、重返大气层和新型太空商业运作的许可证制度，消除增加成本和抑制创新的不必要法规。（2）放宽对空间的管制，包括

① *Annual Report to Congress: Military and Security Developments Involving the People's Republic of China 2019*, Office of the Secretary of Defense, May 2019.

② Ibid., pp.IV-15.

③ U.S. Congress, “Sec. 1611. Designation of Component of Department of Defense Responsible for Coordination of Hosted Payload Information,” *John S. McCain National Defense Authorization Act for Fiscal Year 2019*, https://www.congress.gov/115/bills/hr5515/BILLS-115hr5515enr.pdf.

地球空间和近地轨道空间。(3)制定美国首份太空交通管理政策，监控管理环绕地球运行的成千上万颗卫星和其他人造物体。(4)鼓励商业航天公司与政府机构合作，开发数据共享系统、技术指导方针、安全标准。(5)要求商务部主导构建“开放架构数据库”，并于2019年夏公布部分空间物体目录实时信息，提供基本级别的“空间态势感知”数据访问。(6)确保工程师和企业家们能够继续使用无线频谱，努力赢得5G竞争。①

3. 合作领域拓宽开放。一是在航天发射领域，私营公司继续以响应快速、价格低廉、技术创新等优势，抢占航天发射市场。继美国太空探索技术公司获得执行美国军用航天发射任务资格以来，蓝色起源公司等更多私营企业推动着航天飞行事业向前发展。二是在地理空间情报领域，商业卫星应用从出售数据向出售信息、提供云服务转变，按需订制、交付迅速。数字全球公司、天空盒子成像公司、行星实验室公司等，为美国五角大楼提供着强大的地球图像产品及信息服务。三是在通信领域，美国国防部早已开始依赖国际通信卫星公司、美国卫讯公司等商业卫星通信公司，满足全球作战通信需求。此外如前文所述，越来越多的商业卫星将搭载军用载荷。

此外，学界也在纷纷研究太空军民融合的潜能，例如：2019年3月，新美国安全中心研究员约翰·克莱因（John J. Klein）发表文章《商业航天能力对威慑的影响》②；2019年4月，总统与国会研究中心两位国会议员发布报告《确保至高高地安全：将商业空间创新融入国家安全任务》。③

（二）国际合作

美国无盟不战，在高投入、高风险和高难度的太空领域更是如此。2010年《美国国家太空政策》强调国际太空合作中美国的领导地位；④2011年《国

① “Remarks by Vice President Pence at the Satellite 2019 Conference,” The White House, May 6, 2019, https://www.whitehouse.gov/briefings-statements/remarks-vice-president-pence-satellite-2019-conference/?utm_source=link&utm_medium=header.

② John J. Klein, “The Influence of Commercial Space Capabilities on Deterrence,” CNAS, March 25, 2019, https://www.cnas.org/publications/reports/the-influence-of-commercial-space-capabilities-on-deterrence.

③ Mike Rogers and Glenn Nye, “Securing the Highest Ground: Integrating Commercial Space Innovation into National Security Missions,” Center for the Study of the Presidency and Congress, April 2019.

④ President of the United States, *National Space Policy of the United States of America*, June 28, 2010, p.2, p.6.

家安全太空战略》提出要与负责任的国家和国际组织结成伙伴关系；① 2012年国防部《太空政策》指令明确合作领域包括共同设计、采购、操作军事太空系统，提供战场支援，研发军民两用技术和服务。② 2017年初出台“国际太空合作战略”，领域涵盖太空作战、研发、采办、战略规划、人员互换及国际法应用，特别是太空战演习和桌面推演，③ 充分体现了美国与其盟友在太空领域的亲密关系。

通过信息共享、系统共建、能力整合、成本分摊、风险共担，能够增加美国太空能力的弹性和冗余度，形成太空规则取向一致的“利益共同体”，陷对手于“势单力薄”“失道寡助”的境地，降低其太空攻击的收益，增加太空打击的政治军事成本和国际声誉代价，从而强化美国太空威慑。近年来，美国主要在以下三个领域加强国际太空合作。

1. 空间态势感知信息共享。截至2019年4月，美国战略司令部已经与19个国家（即荷兰、巴西、英国、韩国、法国、加拿大、意大利、日本、以色列、西班牙、德国、澳大利亚、比利时、阿联酋、挪威、丹麦、泰国、新西兰和波兰），两个国际组织（即欧洲空间局、欧洲气象卫星应用组织），以及77家商业航天公司签署太空态势感知数据共享协议，用以支持航天发射、规划卫星机动、监测异常事件、汇报并调查电磁频谱干扰情况、评估卫星健康状况和轨道拥挤状况等。④

2. 军事太空能力共建共演。2018年9月，美国战略司令部在位于弗吉尼亚州萨福克的洛克希德·马丁创新中心举行第五届“全球哨兵”演习，邀请到九个盟国参加，基于共同的数据信息交换网络、作战分析讨论平台和报告程序，实现天基资源公用及空间态势感知、卫星追踪等统一行动。⑤ 10月，美

---

① Department of Defense & Office of the Director of National Intelligence, *National Security Space Strategy (Unclassified Summary)*, January 2011, pp.8-9.

② Department of Defense, “Directive No.3100.10,” *Space Policy*, October 18, 2012, p.2.

③ John D. Hill, “Statement before the Strategic Forces Subcommittee of the House of Representatives Committee on Armed Services on Fiscal Year 2018 Priorities and Posture of the National Security Space Enterprise,” May 19, 2017, http://docs.house.gov/meetings/AS/AS29/20170519/105974/HHRG-115-AS29-Wstate-HillJ-20170519.pdf.

④ “USSTRATCOM, Polish Space Agency Sign Agreement to Share Space Services, Data,” USSTRATCOM Public Affairs, April 11, 2019, https://www.stratcom.mil/Media/News/News-Article-View/Article/1811729/usstratcom-polish-space-agency-sign-agreement-to-share-space-services-data/.

⑤ William Delaney, “USSTRATCOM Hosts Fifth Space Experiment with International Partners,” U.S. Strategic Command, October 25, 2018, https://www.stratcom.mil/Media/News/News-Article-View/Article/1672840/usstratcom-hosts-fifth-space-experiment-with-international-partners/.

空军太空司令部在亚拉巴马州马克斯韦尔空军基地举行第12次施里弗演习。主要目标有：（1）研究国际合作伙伴对太空威慑的作用；（2）与国际合作伙伴同步太空和网络行动；（3）探索一体化指挥控制框架；（4）确定太空和网络在多域作战中的贡献；（5）探讨建立框架内伙伴关系。2019年4月，美国、澳大利亚、加拿大、法国、德国、新西兰和英国在美国空军太空司令部发表联合声明，[①] 表示将进一步深化"多国太空作战"倡议，加强军事太空合作，提升空间态势感知和数据共享，探讨太空作战概念及人员和基础设施需求，并通过"多国太空作战中心"[②] 和各国太空作战中心加强国际太空力量指挥控制。美国空军太空司令部计划于2019年8月首次将盟友伙伴纳入"太空旗"演习。[③]

3. 国际太空规范寻求一致。当前，外层空间治理机制欠缺，关于私营部门太空活动的授权和监督、外空资源的主权和利用、太空武器化等问题，仍存在激烈辩论。几十年来，中国一直积极参与联合国和平利用外层空间委员会（COPUOS）和裁军谈判会议（CD）等空间治理问题的多边论坛，在和平利用外空、制定空间活动长期可持续性准则、防止放置武器、不首先部署武器、透明与建立信任措施、防止太空军备竞赛等方面扮演建设性角色。[④] 与之形成鲜明对比的是，美国一直以来用种种借口既反对中俄联合提出的"防止在外空放置武器、对外空物体使用或威胁使用武力条约"（PPWT），也不接受欧盟提出的《太空行为准则》，其目的是延长太空军事力量发展的机遇期，

---

① 14th Air Force & JFSCC Public Affairs, "Multinational Statement for Combined Space Operations," U.S. Strategic Command, April 10, 2019, https://www.stratcom.mil/Media/News/News-Article-View/Article/1810720/multinational-statement-for-combined-space-operations/.

② 2019年2月19日至22日，在美国加利福尼亚州范登堡空军基地召开的"多国太空作战联盟峰会"上，来自美国、澳大利亚、加拿大、法国、德国和英国的120余名代表讨论如何通过增加美国太空司令部中盟国人员岗位、开展多国训练、一体化融合各国空间传感器、加强空间监视和态势感知合作等手段，使"多国太空作战中心"尽早达到"全面作战能力"。详见：Major Cody Chiles, "Team Vandenberg Hosts Combined Space Operations Coalition Summit," *14th Air Force Public Affairs*, February 22, 2019, https://www.stratcom.mil/Media/News/News-Article-View/Article/1769341/team-vandenberg-hosts-combined-space-operations-coalition-summit/.

③ Kristen Shimkus, "AFSPC Commander Highlights Joint, Coalition Warfighters at Space Symposium," U.S. Strategic Command, April 10, 2019, https://www.stratcom.mil/Media/News/News-Article-View/Article/1810705/afspc-commander-highlights-joint-coalition-warfighters-at-space-symposium/.

④ Brian Weeden, "Testimony before the U.S.-China Economic and Security Review Commission Hearing on China in Space: A Strategic Competition?," April 25, 2019, https://www.uscc.gov/sites/default/files/Brian%20Weeden%20USCC%2025%20April.pdf.

推进于己有利的太空国际治理规则和未来交战规则，规制对手力量发展方向，限制其行动自由。不难预料，美国将在外交舞台上积极开展工作，赢得世界航天大国对美方太空战原则的支持，同时与盟友和伙伴加强沟通，在太空防御合法性等方面努力达成一致。

美国追求太空绝对安全和霸权地位，加速推进太空军事建设，维护特殊的太空权利，将降低全球战略稳定性，激化大国间战略竞争，引起太空军备竞赛。

美国军事行政救济法律制度研究

刘　颖*

军事行政救济是军人依法维护个人权益的有效途径。美国作为实行军人职业化的国家，其军事行政救济方式较为多样，受案范围较为广泛，已成制度化发展，在法律实践过程中，为维护军事行政处罚人员权益起到了积极作用。研究美国军事行政救济法律制度，有助于我国管窥域外军事行政救济法规及实践，为进一步深化我军行政救济法律制度改革提供借鉴。

一、美国军事行政处罚的种类

美军根据军事人员不当行为的严重程度和不利影响，利用多种行政手段对其加以定性、分类和处罚。对于轻微违反《统一军事司法法典》的行为施以行政矫正措施，适用于过失、懒惰、疏忽大意等行为，目的在于矫正而非处罚。针对更严重一些的不当行为，军队会根据《统一军事司法法典》第十五条规定，对诸如滥用药物、妨害安全、暴力等行为进行非司法性处罚。最后，对于情节恶劣的违法行为，军队才会召集军事法庭进行审判，其本质带有影响深远的惩罚性质。前两种情况属于军事行政处罚手段。

虽然指挥官及相关部门在处理军人违纪行为时发挥了高效作用，但其间也不免出现疏忽、错误和不公正的情况，某些行政违纪行为被过度禁止，军人的军旅生涯、军衔、名誉被严重危害，甚至被不公正地被迫退伍，严重危及军人退役后的社会生活质量和福利水平。依照《美国宪法》和《统一军事司法法典》相关规定，若军事人员对军队行政手段处罚不服，则可根据案件

* 刘颖，国防大学政治学院西安校区军队司法工作系副教授，主要研究方向为外国军法和外军政情。

类型及程度，利用不同方式进行军事行政救济自我维权，如可向军内上级组织提起行政申诉，向军队以外特定行政机关提出行政复议，或向地方法院提起行政诉讼。

二、美国军事行政救济的种类

美国军人对错误或不公正军事行政处罚不服时，可通过多种途径进行自我维权。美国现有军事行政救济种类主要体现在向军内上级组织提起的军事行政申诉。另外，部分维权诉求可借助向军队以外特定行政机关提起的军事行政复议，以及向地方法院提起的军事行政诉讼来进行。

（一）美国军事行政申诉

军事行政申诉是军人向军内上级组织提起行政救济的维权方式。美国军人通过行政申诉进行维权，呈现出涉案范围广、诉求数量高的特点。各类委员会是受理行政申诉案件的主要平台，如能力评估委员会、行政退伍委员会等。这些委员会通常以召集听证会模拟司法审判的模式，来具体处理申诉案件。军人可与其军队律师或地方律师一起，在委员会所召集的听证会上进行供认证据、接受询问及交叉盘问，向听证委员提出自己的论点和请求，听证委员审议后或通过或驳回当事人的诉求。

（二）美国军事行政复议

军事行政复议是借助军队以外特定行政机关对军人进行行政救济的维权方式。针对某些军事行政事宜，军人除了可以向军内上级组织提起行政申诉，还可以到地方相关机构提起行政复议。虽然美国军人通过行政复议维权的案件涉及面较窄，但军事行政复议救济也为维护军人权益、保障军人福利发挥着重要的辅助作用。

（三）美国军事行政诉讼

军事行政诉讼是美国军人向地方法院提起司法审查程序的维权行为。在美国，军人情节恶劣的行为均被认为是“犯罪”，军方会通过军事法庭或军事法院对其罪行进行审判，而对情节较轻的行政诉讼案件则不予审理。这就导致军人往往就不认可的军事行政裁决向地方法院系统寻求司法救济。长期以来，地方法院受理军事行政案件数量少、领域窄。除非原告明确提出军方侵害了其宪法上的权益，或者军方行为超出了其法定权限，否则法院对军队做出的行政决定不予司法审查。

三、美国军事行政救济的受案范围

美国作为实行军人职业化的国家，军人对自身合法权益非常重视。美国军人经常就退伍、任务部署、晋升和补偿等方面向司法机构或行政机构提出诉求。根据美国律师受理的有关军事行政方面案件的调查和统计，军人的诉求主要集中在以下领域。

1. 向政府提出索赔（Military Claims against the Government）。美国军人无论在现役期间或退休后，如因政府雇员玩忽职守、不公正或疏漏行为造成军人人身伤害或财产损失，均可根据《美国法典》第二十八章第1491条和《联邦侵权索赔法》的规定，向美国联邦索赔法院（Court of Federal Claims）提起针对联邦政府或雇员的诉讼。根据规定，联邦法院应依法对原告实施金钱补偿、恢复职务或退伍军人身份，以及更正军人履历档案等救济补偿行为。虽然联邦政府依法有义务依法向军人进行索赔，但很多军人对起诉政府一事顾虑较多，往往选择放弃维权，保持沉默。因此，地方律师倡导军人聘请他们参与地方法院的涉军行政诉讼。在此领域，地方律师为援助军人实现利益诉求做出了较多努力。

2. 军人民事救济（Service Members Civil Relief）。许多美国军人的个人债务、租金或抵押贷款均可能遭遇困境。军人在海外执行任务时，其在国内的各种经济问题就更加难以解决。《军人民事救助法》（Service Members Civil Relief Act）为美国武装部队成员提供了重要保护。根据该法规定，军人可获得多种类型的财政救济，如抵押贷款减免（Mortgage Relief），租约终止（Termination of Leases），免受驱逐（Protection from Eviction），重新启动违约判决（Reopening Default Judgements，指对未到庭被判败诉的军人进行重审），税率6%上限（6% Cap on Interest Rates），以及被动员预备役人员就业保护（Employment Protection for Reservists Who Have Been Mobilized）。军人可根据《军人民事救济法》规定，向州以下政府分支机构、州行政机构或联邦政府，以及州法院提起军事行政复议或军事行政诉讼。

3. 能力评估（Competency Review）。军人能力评估是对军人的表现做出的综合评价，如果军人在服役期间被认为行为不当、能力有限，其指挥官可通过能力评估委员会（Competency Review Board）对该军人做出降职、降级的处理，或提出行政退伍的决议。能力评估委员会至少由三名军官组成，主要负责组织召集听证会对军人能力进行具体评估。如果评估结果对军人不利，而军人对处理决议不服，则有权提起军事行政申诉，要求委员会再次组织听证会对其能力水平进行重新评估。在此过程中，军人有权获得一名由军方指派的军队辩护律师，还可以自费聘请地方律师，与军队律师一起参加能力评估委员会召集的听证会，确保其结果客观公正，提高军人维权成功概率。

4. 健康状况评估（Fitness Report）。军人在职务晋升或领受任务时，往往受到不利的健康评估报告的影响。无论该不利报告是因人为疏忽，还是因不公正所造成的，军人都有权依法要求删除或更改不利记录，从而保护和挽救自己的军人职业生涯。根据《美国法典》第1552条规定，军人向联邦法院提起诉讼是实现诉求的途径之一。但是最常见的救济渠道是军内的军事行政申诉。比较典型的受理平台为军事记录更正委员会（Board for Correction of Military Records）、表现评估委员会（Performance Evaluation Review Board）、空军内部的评估报告申诉委员会（Air Force Evaluation Reports Appeal Board）等。但无论申诉还是诉讼，军人应把握时效三年这一法律规定。

5. 退伍伤残军人保障（Veterans Disability）。《退伍伤残军人法》（Veterans Disability Law）为受伤、致残的美国军人提供了诸如伤残补偿金、生活津贴、免税服务、教育培训、康复治疗、就业、保险，甚至丧葬事务等多方面的福利保障。虽然美国有专设的法规，但伤残退伍军人的权益保障仍常常被忽视。伤残退伍军人可通过三种救济渠道维护自身权益。首先，他们可以向退伍军人申诉委员会（The Board of Veterans' Appeals）提起行政申诉。其次，美国退伍军人事务部在各州均分门别类地设立了地区办事处，面向伤残退伍军人展开专业的、专项的服务。他们可以向地区办事处提起军事行政复议，地区相关办事处依法受理案件，就军人诉求展开审查程序并做出复议决定。最后，退伍伤残军人还可向退伍军人索赔上诉法院（Court of Appeals for Veterans Claims）、联邦巡回法院（Federal Circuit），甚至联邦最高法院提起行政诉讼。

6. 非自愿行政退伍（Involuntary Administrative Separation）。非自愿行政退伍与退休存在本质差别。通常情况下，退休军人将进入退休预备役，除非军队要求他们保卫国家，否则他们将保持非现役。但非自愿行政退伍是指军人不得不接受的被军队强制辞退的军事行政行为。非自愿行政退伍是一种较为严重的行政处罚，对退伍军人带来巨大的身心压力，影响其返回民众社会后的就业机会、贷款申请，以及联邦政府和州政府对其大学、研究生学业的申请和学费补助等福利。若军人想继续留队服役，或避免遭受退伍后的利益损失和风险，就必须寻求法律途径进行行政救济维权。

造成非自愿行政退伍的原因很多，如轻微违规（Minor infractions），像迟到、缺勤等《统一军事司法法典》规定的不当行为，与毒品有关的犯罪和/或吸毒（Drug-related crimes and/or abuse），或者仅是被认为不适合继续服役的其他因素。有调查认为轻微违规行为与患有创伤后应激障碍（PTSD）和创伤性脑损伤的军人行为吻合。因此，针对处罚过重的非自愿行政退伍，军人可以依法维权。

第一，行政退伍委员会（Administrative Separation Board）是受理非自愿行政退伍行政申诉的主要渠道。另有一名军队辩护律师和一名代表指挥官的检察官同时出席听证会，必要时军人还可聘请地方律师协助辩护。第二，美国军人还经常请求地方法院审查对其不利的军事行政退伍决定。虽然联邦法院对服役引起的许多争议拥有管辖权，但常以不干涉军队事务为由拒绝司法审查。在为数不多的案例中，地方法院也常支持原军队的行政决定。例如在2016年的一起军事行政诉讼案中，原告军人不服美国海军令其退伍的行政决定，向美国联邦索赔法院提起行政诉讼，该案最终维持原行政决定。

7. 军人退役等级提升（Military Discharge Upgrade）。美国军人的退伍等级主要分为“光荣退伍”“一般退伍”和“非光荣退伍”。“光荣退伍”（Honorable）意味着军人在军中表现优异，确保其离开军队后能够获得为退伍军人提供的全部福利。“一般退伍”［General（Under Honorable Conditions）］意味着退伍军人的服役表现比较令人满意，但是在军中出现一些纪律、行为或表现方面的问题。这一等级的退役会降低军人获得退伍军人福利，影响其寻找好工作。“非光荣退伍”（Other than Honorable）表明军人在服役时有严重的问题，如吸食或注射违禁物品、暴力、通奸、违反安全行为、因民事案件听证及定罪等。这类退伍会给军人退伍后的生活带来很大阻碍。很多雇主不愿雇用此类退伍军人，他们需要做更多更彻底的情况解释，福利方面也受限重重，通常还被禁止重新入伍，禁止进入联邦单位工作。另外，还有一种被叫作“短时服役”（Entry Level Separation）的退伍等级，针对的是服役不到六个月即退伍的军人。总的来说，这个类型不算是不利的退伍等级，但仍带有一些负面的含义。需要厘清的是，“开除，耻辱退伍，或恶劣行为退伍”（A

Dismissal, Dishonorable Discharge, or Bad Conduct Discharge）是非常严重的退伍等级。这些类型不属于行政领域处理的范畴。军人因性侵犯、谋杀或谋杀未遂、战时临阵脱逃等行为被军事法庭被判有罪，由军事法庭进行退伍等级评定，没有资格接受再审查或退伍等级升级。

非自愿行政退伍军人的退伍等级通常都不高，他们因此通常被禁止重新入伍，禁止进入联邦机构工作，其退伍福利也会受影响。如果军人对其退伍等级评定不服，则有权向退伍评估委员会（Discharge Review Board）申请提升退伍等级。一般由五名现役军官或高级领导组成的退伍审查委员会，有权提升除军事法庭裁定外的任何行政退伍级别。在听证会上，听证委员主要考虑以下方面：退伍原因、已退伍多久、退伍人员社区服务记录、就业记录、平时表现、教育经历、家庭成员，以及推荐信等。

8. 军事记录更正（Correction of Military Records）。军人在职务晋升或进行任务分配时，可能受到错误的军事记录或评估报告的不利影响。据调查，造成军事记录出现错误的原因很多，如非专业人员操作错误或“不公正”等因素。如果评估报告因工作人员疏忽或不公正造成了错误，军人有权申请删除或更改这些错误。最常见的申诉渠道是军事记录更正委员会、表现评估审查委员会和评估报告申诉委员会等。军人有权在发现记录存在错误或不公正之日起三年内，向军事记录更正委员会提起申诉。是否可以更正记录的决定通常是经委员会听证会商议后做出的。值得注意的是，如果曾被指控的刑事犯罪最终不成立，军人可向军事记录更正委员会申请删除调查记录，或标明此记录“无根据”。军事记录更正委员会有权审查和更改军人的军事记录，如删除违纪报告、删除不利表现评估、发布修正后的新记录、更改有关个人表现的记录等。事实上，军事记录更正委员会唯一不能做的事情就是推翻军事法庭的判决。

不良的军事记录会严重影响军人的工作和生活，如财务待遇、退休福利、公务员资格、退伍后薪酬、就业资格、医疗保障等。如果军人未通过军事记录更正委员会申诉成功，还可向联邦索赔法院提起军事行政诉讼。军人向联邦索赔法院提起诉讼时，诉讼内容必须和向军事记录更正委员会提出的诉求内容保持一致。

四、美国军事行政救济的程序规定

通过军内各类委员会进行申诉，是美国军人进行军事行政救济的主要渠道。虽然各军兵种各类别委员会在处理申诉案件时程序不尽相同，但在大多数情况下，会依照一般程序进行。在此，军事行政申诉救济程序将被作为重点加以概述。

指挥官就军人某行为发出斥责信或负面评估，对军人进行正式形式的处罚，甚至发出责令其退伍的通知。这时，军人需在30天内做出回应。他可提交辞呈以代替行政处罚；还可对有关处罚做出书面回应，要求指挥官撤销对其不利的行政命令。如果未能说服指挥官撤销命令，则该军人将面临委员听证会。通常地，在被通知即将召集委员会后，委员听证会必须在90天内举行。该委员听证会是一种类似于诉讼模式的行政委员听证会，看起来类似于证据规则较少的审判。在听证会上，委员将审查证据，盘问军人及其他证人，交叉盘问，军人可向委员提出论点，委员审议并做出决议。如果军人对决议不服，可再次申请发起委员听证会，进行维权申诉。针对军官的调查委员听证会还可以由相应军种的人力资源部门发起。例如，陆军人力资源司令部和其他军种的类似部门均可对军官发起委员听证会。

不同的委员听证会在处理案件时情况也多有不同。这体现出程序规定的特殊性。以针对非自愿行政退伍案件的委员听证会为例，如果有证据显示该军人发生不当行为次数较多，占总证据数量51%及以上，听证委员将考虑该军人是否应该继续在军中服役。如果听证委员建议其退伍，他们必须对军人的服役表现进行评级。如果被要求非自愿退伍的军人的预备役和现役总年份超过六年，或在听证会之前，其指挥官已有意将他的退伍等级定为“非荣誉退伍”，或经过委员听证会决议，他的退伍等级已被定得等级很低，那么他将有权向行政退伍委员听证会申请重审。与军事法庭不同的是，军官通常不会像在军事法庭上那样得到两名指定的军队律师。他将有一位指派的免费军队律师为其辩护，他也可以聘请地方辩护律师壮大辩护力量。在军人非自愿退伍前，还会收到一份国防部第214号证明，它也被称为退伍或解除现役证明。此项的记录内容广泛，包括军事记录及军人的退伍资料，最重要的细节之一就是退伍等级。

在美国，除了海军陆战队，其他各军种都有自己的退伍评估委员会，海军陆战队的申诉案件由海军退伍审查委员会处理。这些审查委员会一般由五名现役军官或高级领导组成。军人若申请退伍等级升级，则需填写国防部第293号申请表。

退伍审查委员会只受理15年以内的案件。如果一个案子已过去太久，退伍军人应选择另一种途径，即申请更正其军事记录。随着缩编对美军各军兵种和机构产生的影响越来越大，由指挥官发起召集的行政退伍委员会越来越多；另外，由人力资源指挥部或相应的部门设立的委员会数量也在增加。因此，由第一次听证会产生的不服案件有增无减，复审听证会也随之增加。

又如，在针对更改军事记录的申诉过程中，军人必须在发现记录存在错误或不公正之日起三年内向军事记录更正委员会提出申诉，委员会召开听证会经商议做出是否可以更正记录的决定。如果超过了三年期限，军人必须证明是何原因使其错过了三年期限，如果原因成立，申诉仍有可能得到委员会的批准。另外，还有一种情况，即军人如果曾被指控过刑事犯罪，即使指控最终不成立，但其犯罪调查可能会被记录在案。如果调查结果清白，军人可申请删除此项调查记录，或使记录显示“无根据”。值得注意的情况是，如果调查认为该军人属于“特别处置”对象，他则有权确定在联邦调查局数据库中自己的情况是否被准确地记录。

美军各军种都有自己的军事记录更正委员会，运作方式基本一致。需要注意的是，在军人向军事记录更正委员会申诉之前，必须确保他已用尽所有其他行政补救措施。换句话说，他只能在没有其他选择的情况下才能向军事记录更正委员会提出诉求。当事人需首先提交国防部第149号申请表。委员会有权审查和更改军人的军事记录，如更改复员守则，删除违纪报告，删除不利表现的评估，发布修正后的新记录，更改其他任何有关个人表现的记录。事实上，此委员会唯一不能做的事情就是推翻军事法庭的判决。

五、美国军事行政救济的特点及启示

美军军事行政救济具有鲜明的特点。第一，各种法院和各类别委员听证会是军人实现行政诉求的主要渠道。其中，各军种的各类别委员听证会具有小规模司法审判的特点。听证会环节包括供认证据，询问证人和交叉盘问，向听证委员提出论点，听证委员审议并通过或驳回当事人的诉求。第二，地方法院对军事行政诉讼案件可审性态度模糊、不一致。军人经常要求地方法院审查涉及退伍、任务部署、晋升和补偿等方面不利于己的军事行政决定。地方法院认为审理军事行政案件应基于原告所声称的军方剥夺了宪法赋予其的权利，或军方违反了军事法规或条例，但是基于三权分立、权力制衡、司法资源角度的考量，地方法院也认为不适合对军事行政决定进行复审，地方法官不应取代对军事行动具有高度敏感的军事决策者的裁决。第三，军事行政诉讼或申诉的重点集中在退伍相关人员事宜。有关退伍军人福利和非自愿行政退伍更成为律师受理的主要领域。由非自愿行政退伍又引申出更改退伍等级、更正军事记录等诉求，反映出美国社会对个人品格和信誉的重视和认可，也反映出与退伍状态挂钩的社会福利之多样和深入。第四，具有服役背景的地方律师积极参与军事行政诉讼或申诉。处理军事行政方面案件的律师不仅具有法律专业背景，而且基本都曾在部队服役。他们熟悉军队情况，了解军队行政体制，能够为当事人提供专业的法律援助。他们以辩护律师身份参与地方法庭或军事委员听证会进行抗辩，为当事人据理力争。第五，美国现役和退伍军人广泛利用军事行政救济手段进行维权，深刻反映出美国在依法优待军人、保障军人福利方面，具有方式多样、覆盖面广的特点，也反映出美国社会对个人良好品行的高度认可和重视。

值得注意的是，中美国家权力结构有根本性差异，美国军事权属于行政权，而我国军事权与行政权并列，军事行政争议集中在军队系统内部寻求救济，并不求助于地方法院或行政机关。但是，在具体的受案范围、审理程序上，美国军事行政救济法律制度有值得我国学习借鉴之处。

美军外语战略之人事管理保障机制研究

陆丹云*

外语战略是21世纪美国国家安全与军事战略的重要组成部分。美国在20世纪末及21世纪初国土安全遭受重创，海外行动举步维艰，在反思的过程中，国防安全、军事政治、区域与文化等领域的专家与海外行动一线官兵形成共识——美军在“语言文化”软实力方面的短板影响其在世界军事舞台的表现，唯有提升美军的“外语、文化与区域”综合能力，方可保证其各项战斗能力满足即时军事行动和未来国家安全需求。外语战略的核心思路是“外语是关键战斗技能”，掌握此关键技能的外语人才是美军的战略资源，外语战略实施的成败取决于如何合理地管理外语人才，提升外语类人力资源的数量、质量和调用效率，确保军事行动中不再出现“外语人荒”。①

一、外语人事管理保障机制之演进历程

美军外语战略强调建设一支关键外语人才队伍，以满足军事行动和国家安全需求，保证美国“在长期战争中处于不败地位，在21世纪称雄于世界”②。21世纪美军的外语战略实施与国防语言转型同步并行，③ 转型初期目标

---

* 陆丹云，国防科技大学国际关系学院教授、博士，主要研究方向为功能语言学与国防语言文化战略。本文为2020年全军军事理论课题“新时代中国国防战略视野下我军外语实战能力生成模式研究”（20-JSLLKY-055）阶段性成果。

① 陆丹云：《21世纪美军外语新战略——背景、举措及特点》，《解放军国际关系学院学报》2016年第1期，第50—55页。

② U.S. DoD, *Quadrennial Defense Review Report, 2006*, accessed July 12, 2019, http://www.globalsecurity.org/military/library/policy/dod/qdr-2006/2010/2014-report.pdf.

③ 陆丹云：《美军外语能力建设的演变规律研究》，《解放军国际关系学院学报》2017年第5期，第65—70页。

体现了人事制度建设理念，继之逐步形成一整套人事管理保障政策、行动方案和检测标准。

（一）转型之初的人事制度转型目标

美国国防部2005年发布的《国防语言转型路线图》（以下简称《路线图》）为美军实施外语新战略、启动国防语言转型设定了四个总体目标，[①] 其中目标4是外语人事制度建设（见图1），即将外语人才作为关键战略资源，通过“建立一套流程，跟踪军队外语人才和“外域军官”（Foreign Area Officers，FAOs）的征用、分配和提升信息”加以管理并随时调用。为实现此目标，美军应在转型中采取以下行动：（1）更新《外域军官项目》，确保相关计划和管理流程能够配合当前需求和潜在需要；（2）开发并维持一套人才信息系统，以标准化的输入方式录入并管理所有外语人才和区域专家信息；（3）建立监督外域军官入职、留用和提升的测评跟踪机制；（4）建立评估外语人才表现的评估机制和定期上报机制。

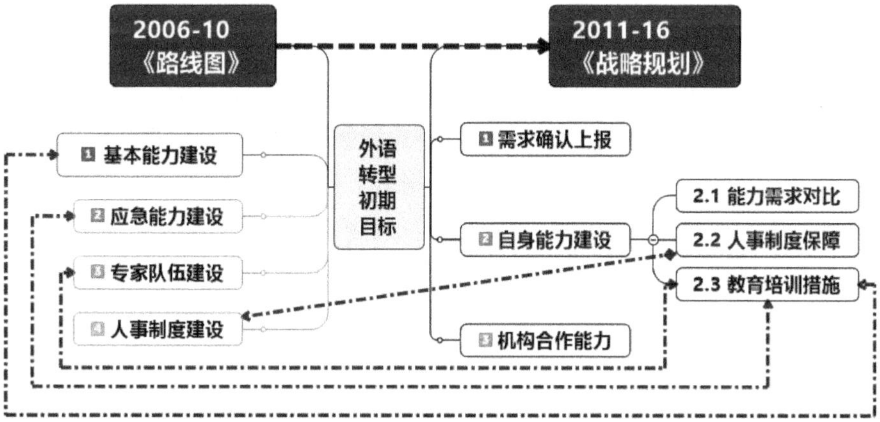

图1　美军外语战略目标演变

在《路线图》指导下的初期转型存在两个问题：

第一，人才管理覆盖面不全。美军21世纪外语战略要求建立全方位外语

---

① 文秋芳、苏静：《军队外语能力及其形成——来自美国〈国防语言变革路线图〉的启示》，《外语研究》2011年第4期，第1—7页。

人才队伍，体现于《路线图》的目标1-3（见图1），这是对20世纪人事管理体系仅关注“专家级外语人才”（即目标3）的改革。然而，由于2005年初美军外语转型尚未展开，对于现有外语人才和未来外语人才的数量、质量和类别均无准确判断，因此《路线图》四项人事管理转型任务的实施对象依然以FAOs为主，侧重于解决20世纪外语人事管理中凸显的“外语专家”匮乏和“外域军官管理”不力的问题，未能充分体现外语战略思维中的“全员外语能力提升”“基础能力”和“应急能力”建设理念。

第二，初期人事制度建设目标中提到的“人员培训项目计划和管理流程”“人才信息管理系统”“测评跟踪机制”“上报机制”等建设任务，缺乏具体的流程方案和实施办法，难以在全军部署和实施。在外语战略实施过程中，政府问责局和议会军事委员会开展了针对美军外语能力建设的评估调研，其系列评估报告指出转型初期人事制度目标的落实情况并不乐观：国防部无法评估各军种能力需求差异，缺乏帮助各级指挥人员发现和解决问题的办法，①各兵种各战区缺乏具体的、透明的、实现目标的方法和“检测目标实现的手段”②。

（二）人事管理保障机制的战略定位

由于《路线图》是一个战略纲领性文件，它所提出的诸多目标及其相关性有待实践检验。③经过五年转型实践，美军尝试细化人事管理制度，通过人事管理政策保障促进美军整体外语能力提升，取得了一定的经验。同时，国防部也分析了外语转型第一个五年人事管理制度中的问题，指出此前国防部外语人事管理制度政策较为空泛，相关项目缺乏指导性，相关流程不明确，导致各战区、军种在吸引和保留外语人才方面收效甚微，难以达到保障“全军外语能力提升”的战略目标。外语转型正式启动后，美军外语人才出现了基础数量激增、层次多元化和储备渠道多样化的特点，需要一个更科学合理、更具有实操性的人事管理体系来实现人力资源效用的最大化。为此，国防部

① U.S. GAO, “Military Training: DOD Needs a Strategic Plan and Better Inventory and Requirements Data to Guide Development of Language Skills and Regional Proficiency,” 2009, accessed June 15, 2019, https://languagepolicy.org/wp-content/uploads/2015/03/DoD-Foreign-Language-Needs-2009.pdf.

② HASC O&I Report，*Building Language Skills and Cultural Competencies in the Military: Bridging the Gap*，2010，accessed May 9, 2019, https://www.gpo.gov/fdsys/pkg/CHRG-111hhrg61632/pdf/CHRG-111hhrg61632.pdf.

③ 文秋芳：《美国国防部新外语战略评析》，《外语教学与研究》2011年第5期，第738—747页。

在《语言技能、区域知识和文化能力战略规划：2011—2016》[①]（以下简称《战略规划》）中，重新定位了人事管理在外语战略实施中的地位作用，即：人事管理制度是全军能力建设的保障机制，将人事制度转型目标设定为“建立人事管理和人员部署工作，使全军能够更好地满足当前和未来的外语战斗力需求”并服务于“全员外语战斗力建设”，此目标的实施属于2011—2016外语战略“模块2”（见图1）。

（三）人事管理保障机制的实施计划

为将《战略规划》落到实处，美国国防部制定了《LREC实施计划》，[②] 通过“需求确认”“人力提升”“伙伴合作”三个方面实施战略规划中的“能力需求”“能力提升”和“能力扩展”三个总体目标（见图1、图2）。为了达到提升能力的目标，必须“改进人事管理、优化人力资源”，即通过对人事管理政策的改进落实，提升美军整体的外语实战能力（LREC），确保能力与国防任务需求相匹配。

人事管理保障机制主要在“征兵任职”“能力提升”“战略级人才”和“训练教育”四个方面形成具体的政策和行动方案。《实施计划》规定了四个方面的具体任务行动、任务参与者、预期效果，针对每一项任务拟定了行动方案、时间节点和关键测评项目，具化为14项行动和19项测评项目（见图2），借此保证外语“人力提升”的所有行动在指导、实施和检测的每个环节都具有可操作性并确实服务于外语战斗力建设。

二、外语人事保障机制之基本构成

美军外语战略实施的特点之一是政策牵引。通过对《路线图》《战略规划》和《实施计划》中相关制度的提炼，以及对美军外语战略实施中的人事管理情况进行分析，我们发现其外语人事管理机制主要通过落实五个方面的管理政策和配套措施，以此保障全军的外语战斗力建设工作。

---

① U.S. DoD, *Department of Defense Strategic Plan for Language Skills, Regional Expertise, and Cultural Capabilities 2011-2016*, 2011, accessed August 21, 2019, https://dlnseo.org/sites/default/files/DLNSEO_Strategic%20Plan.pdf.

② U.S. DoD, *Implementation Plan for Language Skills, Regional Expertise, and Cultural Capabilities*, 2014, accessed August 21, 2019, http://www.au.af.mil/au/culture/assets/implementation_plan_lrec.pdf.

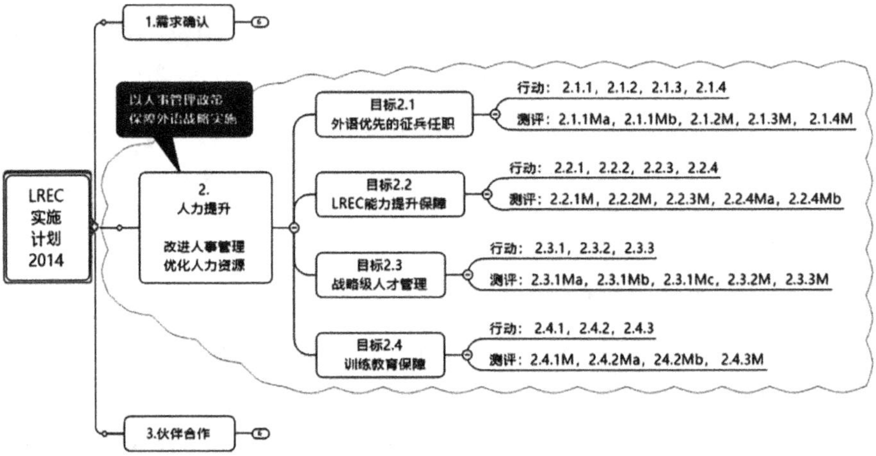

图2 《LREC实施计划（2014）》目标模块2——“人力提升”

（一）聚焦外语的军人职业发展保障政策

外语人事管理保障机制的核心目标是“以人事管理提升军队外语战斗力”，其核心政策是将外语作为军人职业发展的重点，力图通过有效的人事管理从多个维度提升全军LREC技能，使之成为贯穿军人职业生涯始终、关涉美军所有人员的自主训练项目，通过维持和提高个人能力提高美军整体LREC水平，形成外语能力提升和军人职业发展的正向互动。这体现在国防部以及各军种的系列人事管理规定中，尤其是保障军人职业发展的相关规定和发展项目。

例如，空军《文化、区域和语言飞行计划》凸显了“以人为本”、以人事管理促CRL[①] 能力建设的理念。[②] 该计划为其服役人员制定了分层外语能力目标，并为每个类别设计了能力提升方案，体现了外语能力提升与职业发展的同步规划（见表1）。

① CRL：是用来指代外语战斗力的术语，指“Culture, Regional Expertise & Language”（文化、区域专业知识和外语能力）。

② U.S. Air Force, *Air Force Culture, Region & Language Flight Plan*, 2009, accessed August 21, 2019, http://static.e-publishing.af.mil/production/1/af_a1/publication/afpd36-40/afpd36-40.pdf.

表1　空军外语战斗力提升分类目标

人员类别	建设目标
全体人员	具一定的跨文化交际能力
外语专家	官兵中保持一定比例的外语专业人士，具有保障空军专业需求和任务需求的外语能力
普通飞行员	具有学习外语的潜能，在短期能够通过及时培训达到“战术”要求
飞行政治家	具有高水平跨文化交际能力、空军特别培养的未来空军领导人

针对具有CRL潜能的飞行员（第四类人员），空军铺设了独特的职业发展通道——通过一组相互关联的、空军特有的人才发展规划和配套措施选拔和培训特殊人才，分阶段、分类别提高其整体“飞行CRL能力”，保障有志成为“飞行政治家”的空军官兵顺利获取相应的CRL能力（见图3）。

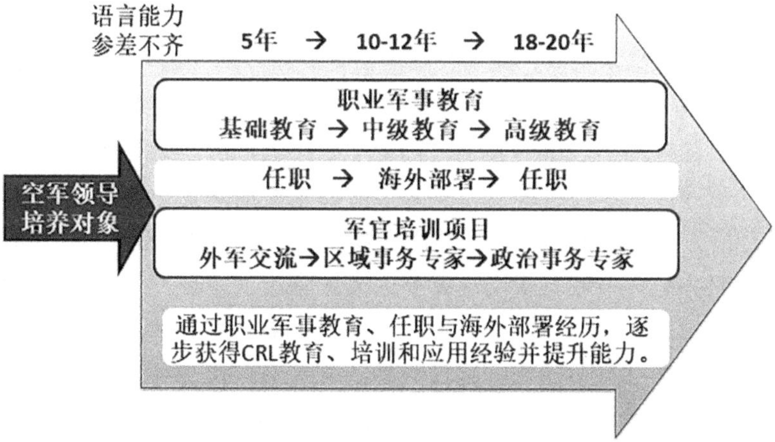

图3　空军“飞行政治家”培养模式

（二）外语优先的征兵任职政策

此政策将外语技能的核心战斗力地位体现于征兵入职、任职分配等人事环节，通过外语优先的人事制度提高全军LREC能力及其与当前和未来任务需求的匹配度。

从征兵环节看，首先要求改变征兵标准、军种学院的入学要求、预备军官训练团的招募要求、国防教育项目的申请标准等，将外语能力水平作为征兵中的“国家利益攸关项目”，列为优先录取条件，借此吸引具有一定外语能力的青年参军入伍，提高新生力量的整体外语水平。另外，为确保源源不断地输入优质外语人才，国防部还鼓励通过一些特殊的征兵项目为军队纳入外语人才，称之为“输油管道”计划。例如，由于美国是个移民国家，全美有约18%的公民能说英语以外的其他语言，为利用此得天独厚的多语种环境，陆军的“本族语后裔征兵计划”将征兵深入到非英语社区，动员以战略关键语为母语的移民后代加入国防事业。再如，空军启动了“语言直通车奖学金”，扩大后备军官训练团奖学金向外语专业学生的倾斜力度，激励优秀外语专业大学生将服役从军列为职业发展方向。

外语优先政策还体现在人才引进中的审查流程上，防止严苛的安全审查流程将优秀的外语人才（尤其是移民后裔）排除在国防人才之外。例如，陆军于2003年到阿拉伯语、达里语和普什图语社区招募了一批士兵，将他们培养为口/笔译员并派往伊拉克和阿富汗战场，这批译员在海外战场充分发挥外语技能并为军事行动增效，此举在陆军得到好评并演变为“陆军口/笔译员计划”。此后，项目针对特定语言的移民后裔母语使用者（阿拉伯语、达里语、库尔德语、普什图语、土耳其语）制定了专门的审查政策，相比其他参军项目做到了程序简单、流程缩短、军事素养要求有所降低，并逐年增加母语后裔在其外语人才队伍中的比重，提升了陆军关键语、非通用语的整体能力。

从任职分配环节看，适岗率是外语人才管理的重要环节：一方面要保证外语需求岗位的人员能力匹配，另一方面要保障外语人才的职业发展，力争最大程度地发挥其外语能力，降低将外语人才分配在无外语需求岗位任职的差错率。《国防语言项目》[①] 规定具有高级别外语熟练水平的官兵可具备“语言分析专家”身份，可被优先分配到翻译、密码破译、战情分析岗位工作，这是保证外语人适岗率的具体人事措施之一。

（三）战略级外语人才管理政策

战略级外语人才，在美军人事体系中属FAOs，应具备超越一般广度与深度的军事技能，尤其是高水平LREC能力和政治军事外交事务的分析判别能

① U.S. DoD, *Defense Language Program*, 2005, accessed August 21, 2019, http://www.defenseculture.org.

力，在工作中运用自己所掌握的区域专长、外语技能、军事技能，履行“军事政治家”的特殊职能，包括：在非行动部门观察和研究国际政治军事事件，为高级官员提供决策咨询和相关报告，为即将派驻海外的部队或军官提供文化指导，与外国政界军界人士保持长久关系，促成安全合作或安全援助项，遂行海外兵种行动、联合行动或者跨机构行动，LREC相关政策计划的制定和实施等。

FAOs是美军人才资源库中的珍品，在国防语言转型之前，美军曾因人才管理不利造成外语专家流失严重，经长期培训的FAOs续任比例远远低于其他类别的军官，成为FAOs意味着“军人职业生涯的终结”，这对于21世纪立足于“长期反恐”、取得“非线性战场”胜利的美军而言，是一个重大疏漏。① 为此，外语战略要求人事管理上必须采取特别措施确保这支队伍的数量与质量，建立一支“拥有履行国防使命的核心技能”的高水平FAOs队伍。具体人事政策包括：

1. 任职适岗政策：国防部规定了FAOs专业能力标准（高级别的外语听说读能力、区域研究相关专业硕士学位），详尽描述FAOs岗位上岗条件。例如，“武官”岗位要求——对特定地区情况非常熟悉，掌握当地与美国相关的军事、社会、经济、文化、宗教现象和重要事件，理解国家安全战略、国家军事战略、战区介入计划、国家战略规划的细节和部署，能为大使和国家相关团队提供相应的军事咨询。

2. 职业发展政策：在任职适岗标准基础上增设相应岗位军官名额，在有竞争性的条件下择优选取FAOs培养对象，在职业规划、发展和管理等方面采取措施，为FAOs相关人员设计、搭建更通畅的职业路线等，确保FAOs成为国防部相关岗位的首选任职人选（如在武官情报、国家安全事务助理等战略级外语岗位任职），确保其LREC能力得到充分利用，职业生涯能顺利向上发展。

3. FAOs管理年度报告制度：各军种根据“报告模板”提供的要求和标准统一向国防部报告三个部分内容：FAOs项目内容、FAOs需求情况和FAOs相关标尺，此统一格式报告将汇入国防部FAOs数据系统。国防部跟踪所有FAOs的任用和职业发展过程，统筹管理和实时调试，以提高适岗率。

---

① U.S. DoD, *Foreign Language Proficiency Bonus*, 2007, accessed August 21, 2019, http://www.dlnseo.org.

在国防部整体规划下，各军种均出台了相应的管理办法并启动其FAOs项目。例如，海军LREC计划[①]将FAOs单列为“特殊岗位人才”（职能标号为1700），利用海军信息控制中心为FAOs开展外语、文化和区域能力训练和教学，为FAOs铺设特别职业通道，保证向海军其他部门转岗的军官可终身保留FAOs身份。海军在训和已经开展工作的FAOs已达350人，预期在2019年可达400人。海军陆战队依托《国际事务军官项目》培训FAOs，目前约有280名FAOs。《陆军语言项目》[②]将FAOs列于第48功能区域的“战略领导人”管理类别，陆续培养了1257名FAOs（包括在训人员）。空军依托多种途径培养FAOs，包括“密码分析人员”“国际事务专家”“国际卫生专家”等，针对不同类别外语战略人才设定了专项计划和培养模式。例如，空军高级别密码分析师的职业发展路径是：基本军事训练（入职）→语言入门训练（国防语言学院：2年）→密码技术训练（院系：2年）→二外、三外学习（贯穿职业生涯：隔年轮训），其中语言维持将伴随其职业生涯（见图4）。

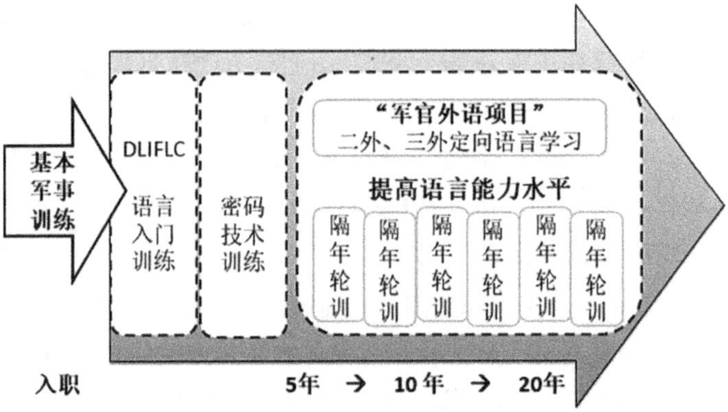

图4　空军密码分析师培养模式

总之FAOs属于外语战略中最关键的“战略级人才”，美国国防部为FAOs度身定做外语学习课程，为其提供海外留学、实习的机会，一旦符合入职条件即安排其进入特定的职业发展路径，所有的外语人才管理政策均应用于FAOs项目，是人事管理制度保障专家队伍建设的集中体现。

① U.S. Navy, *Marine Corps Language, Regional and Culture Strategy*, 2008, accessed August 21, 2019, http://www.navy.mil/maritime/Signed_Navy_LREC%20Strategy.pdf.

② U.S. Army, *Army Foreign Language Program*, 2009, accessed August 21, 2019, http://www.apd.army.mil/pdffiles/r11_6.pdf.

（四）外语训练教育保障管理政策

人事管理机制中的外语训练教育保障政策，主要通过配套作训计划、人员部署、职资调整和分配任职等政策，支持和保障国防语言和国家安全办公室协同联邦政府、地方组织和教育机构所开设的教育类项目，管理美军参与相关项目的情况，监控美军通过上述项目在语言、区域知识和跨文化交际等领域的收获和表现。美国国防部责令陆军部长负责外语训练教育保障管理，制定专业外语院校（国防语言学院外语中心、西点军校等）的关键语招生、培训和考核规定，检查和评估全军每年外语培训（各军种外语中心）对全军LREC能力的影响，了解、记录和上报每年美军基础水平和专业水平的LREC能力改变情况，包括人员构成和能力级别方面的具体数据。例如，陆军部在转型后通过提高国防语言学院的毕业要求提升各类培训课程的教学效果，国防语言与安全教育办公室制定了更为详尽务实的“预备军官训练团”计划，并将其纳入国防部正式编制以保留外语专业人才。

（五）外语熟练水平奖励政策

为鼓励军人聚焦并谋划外语职业发展，美军出台了一系列奖励政策，通过外语加薪机制、外语人才提前晋升、优先分配岗位等措施促进官兵自主维持和提高外语能力，挽留外语人才继续为美军服务，其中最为有效的就是外语熟练水平奖励津贴制度。

《美国法典》准允美军为特殊人才发放专业奖励津贴，国防部将外语技能纳入专业能力奖励范围并通过《国防部财政管理规定》公布外语奖励津贴的发放对象、办法和额度。外语新战略提升了激励机制在美军外语人才管理工作中的重要性，强调以奖惩方式“认可高级别外语熟练水平的国防价值”“激励所有国防人员积极加入外语行动，学习关键外语”[①]。为此，国防部《外语熟练水平奖励津贴》[②]更新了现役人员外语熟练水平奖励管理办法，启动了文职人员外语津贴，2013年国防部将相关规定重新命名为《军事外语技能熟练

① U.S. DoD, *Financial Management Regulation*, 2009–2017, accessed August 21, 2019, http://comptroller.defense.gov/Portals/45/documents/fmr/current/07a/07a_19.pdf/.

② U.S. DoD, *Foreign Language Proficiency Bonus*, 2007, accessed August 21, 2019, http://www.dlnseo.org/.

水平奖励》，将高级预备役军官训练团外语熟练水平纳入奖励范畴。[①] 经过数轮调整改革和政策演变（见图3），美军凭借特殊津贴更有效地保障了《路线图》所规划的四项外语战略目标（见图1）：

1. 基本能力建设：降低申请外语奖励津贴的门槛（将加薪申请资格由2002年的“需同时满足四项条件”降低为“满足至少一个条件”），简化申请流程和计算方式（将“潜在语种”从B级奖励升级至A级，取消C级），扩大人员和语种范围（将奖励对象从军人扩展到文职和预备役人员），政策全员覆盖，激励更多国防人员通过各类途径学外语、用外语、练外语，提高全军外语能力。

2. 应急能力建设：奖励政策针对战略级外语，同时也为“特殊”情况的“特殊语种津贴”预留空间，将B级津贴的具体额度交由各战区、司令部决定，准允各单位依据自身特点适度调整政策，根据行动需求发放津贴，准允其将SLL[②] 之外的特需语言、方言列入奖励范畴，重点奖励与本部门任务需求和未来发展需要密切相关的语种。

3. 专家队伍建设：奖励政策提升了A级语种的奖励额度，将单项语言的月津贴从2002年的100美元提高到500美元，将年最高奖励额度从2002年的3600美元提高到12000美元，将级别差从每级25美元提高到50美元，尤其是“急需语种”高水平级差飙升到每月100美元，可促进低水平外语能力者向专家级靠拢，高水平能力者自发维持语言能力。

4. 人事制度建设：奖励政策规范了申请条件、核定办法和发放流程，是人事管理机制的构成细节。

三、问题与调整

外语人事保障制度建设是一个渐变的过程，需要在使用和运行过程中不断调整优化。回顾美军在外语人事保障机制改革方面所做的一系列改革尝试，“以人事管理保障外语能力”机制的建设现状尚未完全达到战略目标要求，突

① U.S. DoD, *Department of Defense: Military Foreign Language Skill Proficiency Bonuses*, 2013, accessed July 6, 2019, https://dlnseo.org/sites/default/files/DoDI_7280.03_1340.27.pdf.

② 指国防部每年发布的“战略级外语清单”（Strategic Language List：SLL），清单将所需外语语种分为“急需语种”“潜在语种”和“长期语种”三类。

出体现在外语岗位的适岗率方面。根据《实施计划》[①]，转型10年后美军外语岗位的适岗率依然达不到20%，FAOs适岗率2012年仅达到9.3%，到2018年仅提高到12%，说明大多数外语岗位的任职军官并未达到预定的水平能力。究其原因，一方面美军极力吸引和培养的外语人才在军队留用时间不够、任职周期较短，另一方面在战略级人才队伍建设过程中，“外语素养”“军事素养”以及“政治素养”难以兼修并举：某些项目设立了周期较长的培训流程和机关实习经历，会导致军官远离任务区、忽略军事技能，而在部队任职的过程中，由于缺乏维持语言水平的条件，军官的外语能力可能处于下滑状态。为此，如何提高专业技能、监控并保证适岗率成为美军下一阶段外语军官管理需要解决的问题。

表2 外语奖励津贴要素及变化

时间（年）	外语级别（IRL）	A级津贴（$/月）	B级津贴（$/月）	C级津贴（$/月）
2007—2013	7个级别	SLL急需语种	SLL潜在语种 SLL长期语种	非SLL语种
	1/1	100	50	25
	2/2	200	150	125
	2/2+	250	175	150
	2/2+或2/3	300	200	175
	2+/3	350	250	200
	3/3	400	300	275
	3/3/3或4/4	500	400	300
2013—	8个级别	SLL急需语种 SLL潜在语种	SLL长期语种	非SLL语种
	1/1	100	0—100	0—100
	1+/1+	150	0—150	0—150
	2/2	200	0—200	0—200
	2/2+	250	0—250	0—250
	2/2+或2/3	300	0—300	0—300
	2+/3	350	0—350	0—350
	3/3	400	0—400	0—400
	3/3/3或4/4	500	0—500	0—500

① U.S. DoD, *Implementation Plan for Language Skills, Regional Expertise, and Cultural Capabilities*, 2014, accessed August 21, 2019, http://www.au.af.mil/au/culture/assets/implementation_plan_lrec.pdf.

针对上述情况，美军也积极地尝试调试改良方案，包括加强外语人才分配的针对性，保证外域军官在自己重点研修的区域工作，能够始终发挥自身外语特长，再如对职业外语人才实施定期轮训的职业规划，确保其外语能力不丢失、军事技能和知识得以更新，等等。国防语言和国家安全教育办公室还牵头研究开发军队外语人才适岗率的“匹配指数”和“纠错策略”，及时发现和纠正“误配”现象，使之成为确保LREC人才外语能力和岗位外语需求相匹配的重要技术手段。

四、启发

自2005年《路线图》部署外语人事制度转型到2011年《战略规划》将人事管理定位为“能力提升”的“保障制度”，从2009—2010年问责局和国会发现外语人事制度的各类问题，到2014年《实施计划》制订了分类目标和行动计划，美军构划了保障外语战略顺利实施的人事管理系统，形成了较为完整和体系化的配套政策。虽然美军外语人事管理机制目前仍然在调试和优化阶段，但对我军的外语能力建设和外语人才队伍建设而言仍旧值得思考与借鉴。

在当前的外语人才管理体制下，我军存在外语人才流失、关键语人才匮乏、外语熟练水平下滑、高级别外语人才队伍不稳定、外语岗位适岗率低、官兵缺乏自主学习外语动力等问题，此类问题的长期存在对于维持和提升军队外语实战能力不利，成为我军走出国门、加入世界和平力量过程中的掣肘因素。[①] 美军在其外语战略的宏观视野下，构建了聚焦外语的职业发展保障政策、外语优先的征兵任职政策、外语教育训练保障政策、以多样化战略级人才项目和外语奖励机制为基本构成的外语人事保障机制，以贯彻落实其“外语是关键作战技能”“外语人才是重要军事力量”的战略理念。我军可借鉴美军以人事管理保障机制来维持和提升军队整体外语能力的战略思想，形成促进我军外语实战能力建设的人事管理保障系统，该系统应总体上把握“外语实战能力”理念，落实在人才引进、征兵入学、岗位任职、留用提拔、教育培训、薪金职资、专业队伍建设等各个环节的配套人事管理政策上，提炼为

① 参见陆丹云《美军外语新战略及其对我军外语能力建设的启示》,《海军院校教育》2016年第2期，第70—78页；李洪乾、唐贤清:《加强国防语言战略研究，提升国家软实力》,《湖南社会学刊》2014年第6期，第253—255页。

一系列指数化的实施细则和评测标准，为全军官兵开展自主的外语能力提升、关键语言学习提供激励，为更多的外语专业人才进入国防队伍提供便捷通道，为现有的外语人才在相应岗位发挥作用拓宽职业生涯发展路径。

试析冷战后美军战俘工作成效与问题

王焕定*

冷战以来，“一超多强”的世界格局激发了美国国家安全战略制定者运用军事手段介入国际事务、主导国际秩序和规则的强烈意愿。美国对外关系委员会主席理查德·N. 哈斯曾直言不讳地指出：“美国所面临的明显挑战，就是如何合理地使用武力。”① 冷战后世界格局的变化，持续不断地影响着美国的全球军事战略，美军战俘工作也随之紧锣密鼓地演进调整，并在历次海外作战中得到实践检验和效果评估，形成了现代战争特别是联合作战和跨域作战中的俘虏工作体系，在彰显国际规则、集成作战效能、获取审讯情报、保存有生力量等诸多领域都发挥了不容替代的作用。然而冷战结束后20多年的穷兵黩武不仅销蚀着美国维持霸权的根基，以虐俘丑闻为标志事件的冷战后美军战俘工作，也彻底摧毁了美军“人权卫士”的幻象。深入剖析冷战后美军战俘工作，批判地借鉴美军在战俘工作法规体系建设、俘管机构设置、战俘交换遣返和被俘教育训练等主要环节中的经验教训，有助于我们更好地认识、把握新形势下俘虏工作的特点和规律，对避开可能遇到的“暗礁”“险滩”，探索建立契合我军特色的俘虏工作体制机制具有十分重要的意义。

一、俘管机构不断完善，但力量整合尚需时日

美军战俘工作的指导机构依托美国国防部内部基本架构组成，主要成员包括美国国防部政策副部长，采办、技术及后勤副部长，人事及战备副部长，情报副部长，法律总顾问，陆军部长和参联会主席等。2014年版的国防部指

* 王焕定，中国人民解放军国防大学政治学院西安校区军队司法工作系战争法与法理斗争教研室副教授，主要研究方向为战争法、军事法治研究和外军研究等。

① 理查德·N. 哈斯：《新干涉主义》，殷雄、徐静译，新华出版社，2000。

令2310.01E整体上更加强调国防部内部及跨机构协调，而且再次就职责分工进行了微调，订立、协调、批准及实施有关拘禁人员管理行动的重大政策和计划的职能统一划归国防部政策副部长，人事及战备副部长下属的卫生事务助理部长和预备役事务助理部长所负责的业务工作也首次做了明确说明。历来是美军战俘工作执行代表的陆军部长，担负领导国家俘虏信息中心等主要职能，新版指令增加了与美国参众两院军事委员会沟通并提交评估报告的要求。

战俘管理工作包括收容看管、运送转移、情报审讯、综合保障等具体任务，美军中执行这些任务的机构主要分为师旅级初始集结点（detainee collection point, DCP）、军级拘禁区（detainee holding area, DHA）和战区俘管中心（theater detention facility, TDF）三个级别。其中，前两级拘禁机构羁押被俘人员的时间一般不超过72小时。前线被俘人员通过这两级机构不断被转移到战区级的俘管中心。宪兵和军事情报部队是担负美军俘管工作的主体力量，但战争实践证明俘管工作人员需求越发广泛，因而美军在联合部队和拘禁机构陆续增设了一些职位或者扩大所属人员职责范围，这些承担俘管任务的人员之间构成了纵横交错的指挥关系。出于对美军虐俘事件后的调查报告的回应，同时为了理顺俘管机构内部关系，2005年颁布的首部JP3-63《拘禁行动》规定了俘管中心应当满足的七条标准，[①] 由联合部队指挥官指派拘禁行动指挥官，负责联合行动区域内拘禁机构、联合情报和审讯中心的运转，并向联合部队指挥官报告所有拘禁管理事务，如此，原本互不隶属的宪兵部队和情报部队有了共同的上级指挥部门。2014年版的JP3-63《拘禁行动》也明确了民事行动官员、军事信息支援人员、行为科学顾问、信息行动官员等人员在俘管工作中的职责。

尽管目前美军俘管机构已经比较健全，但实战中还是暴露出不少新的问题，尤其表现在跨机构合作和内部力量整合方面。冷战后，在美军所实施的海外军事行动中，敌对双方实力差距更加悬殊，美军仅仅依靠高强度空袭和少量地面部队就能击溃敌军，成千上万的塔利班成员、伊拉克军队向美军及

① 七条标准是：（1）建成后应立即配备监狱管理专业的宪兵。（2）永久性建筑物，照明、供水等日常设备，清洁和卫生设施。（3）向拘禁人员提供第二级或更高医疗服务的能力。（4）开展宗教活动和宣传教育的场所。（5）用于发布拘禁人员序列号和维护拘禁人员信息系统数据库的网络信息系统。（6）通信能力（用于向战区或国家拘禁人员报告中心通报拘禁人员的情况）。（7）由一个区域补给大队提供所有级别的供应和补给。

其盟军投降或被俘获。不论是俘虏看管、情报审讯还是医疗卫生、法律咨询、基础设施建设，反恐战争中俘管工作人力需求大、综合保障要求高的性质并没有改变，谋划俘管工作时最重要的参考指标仍然是俘虏的数量、来源和人力情报需求。另外，冷战后美军在裁军和转型过程中，宪兵、情报部队等俘管力量受到严重削弱，甚至基本上处于瘫痪的状态。“在整个陆军，只有两个负责拘押工作的宪兵营受到过关于基本作战方面的矫正培训，这两个宪兵营的其中一个目前在阿富汗服役，另一个营的某些部队驻扎在科威特的阿瑞坎营。”[①] 情报审讯人员内部关系松散、各行其是，中情局特工和私人承包公司雇员并不会按照陆军条例和野战条令行事。在美军关于虐俘丑闻的三份报告中，多次提及了宪兵部队和军事情报部队之间在指挥权归属和职权划分等方面的龃龉，而中央情报局等“其他政府机构”执行另一套规则的做法，使得当时施行的美军战俘工作法规权威性严重受损。在俘管工作跨机构合作日益普遍、社会力量承担更多俘管职能的前提下，美军俘管机构的不断调整以及一些专门法规的修订，在一定程度上加快了俘管力量磨合的进程，增强了统合力度，但美军的俘虏机构设置显然还处于验证阶段，参与俘管工作的多元力量之间还缺乏稳定密切的合作关系，相较于美军针对其他任务所组建的特遣部队，美军的俘管机构仍然是脆弱的结合体。

二、遣返交换手段灵活，但合作关系屡遭破坏

作为战俘工作的末端环节，遣返交换是判断战俘工作是否顺利完结的重要标志。冷战后，美军在战俘分类中刻意提出的“敌方战斗员”和“非法战斗员”（非法交战者）概念使遣返交换战俘的困难加大，并且在很多环节和细微问题上都存在障碍。但关塔那摩监狱的运行成本高昂，长期来看，无限期拘禁战俘不仅在经济支出上，而且在对外形象塑造、舆论宣传上都不符合美国利益。因而美军在遣返交换俘虏时的表现相当灵活变通，一切以当时的政治需要和自身利益为转移，并不拘泥于自己曾提出的某些原则。

冷战后特别是在反恐战争中，美军抓获的战俘来源复杂，拘禁原因、对美国的威胁程度也不一致，在美军参联会出版物JP3-63中将俘虏分为初级敌方战斗人员、重要拘禁人员等五类，并提出了不同的处置方案，没有较高作

① 《美军虐囚报告》，赵秉志、王志祥、郭理蓉等译，中国人民公安大学出版社，2005。

战、战略情报价值的俘虏陆续被遣返。2006年9月以来，美国先后将多名囚犯移交给科威特、摩洛哥、伊朗等数十个国家和地区，其中大部分目的地是阿富汗和沙特阿拉伯。关塔那摩拘禁的俘虏已经从最高峰的将近800人减少到155人。另外，军事打击的非接触化、无人化虽然显著降低了美军被俘的概率和数量，但媒体对这些被俘人员细节的深度挖掘和跟进报道，深刻影响着大众对美军战俘工作的认知。美国军政高层也热衷于打造关切官兵生命的公众形象，2014年5月31日，美国用五名关押在关塔那摩的高级塔利班指挥官将2009年6月被塔利班俘虏的美军中士伯格达尔换回。2015年伯格达尔遭到起诉，一项罪名是擅离职守，另一项是危及美军安全的行为不端。2017年11月4日，美方做出判决，伯格达尔免遭牢狱之灾。

旷日持久的反恐作战使美军认识到需要一个网络来打败另一个网络。俘虏遣返交换尤其需要广泛真诚的国际合作，海湾战争中美军能够在短短四个月内接收安置和移交6万多名俘虏，离不开英国、法国和沙特等国家的鼎力支持。然而进入冷战后，美军在俘虏遣返交换中经常采取“以邻为壑”的短视做法，不顾及其他国家甚至其盟国的利益诉求，一些改善战俘工作境况的努力反而加深了与盟国之间的裂痕。美军与塔利班交换俘虏的举动，公开打破了美国的“拒绝与恐怖分子谈判”的原则，而且无疑是对阿富汗政府的背叛，后者立刻通过媒体表示不满。针对当前美军最为棘手的关闭关塔那摩监狱和俘虏遣返释放问题，即便是美国的传统盟友也对接收俘虏态度冷淡，欧盟委员会副主席雅克·巴罗就以提问方式质疑美国的俘虏遣返释放计划。此外，美军还把俘虏作为讨价还价、要挟勒索的筹码，利用战俘遣返交换打压干涉他国内政。在美国总统签署的第13224号行政命令中所列出的恐怖分子、恐怖组织名录中坚持双重标准，一切从是否对美国造成威胁出发进行选择性认定，直到2016年9月3日才再次将“东伊运”列入这个名单。美国甚至通过被拘禁在关塔那摩的“东伊运”成员大做文章，在遣返释放问题上利用“不推回原则”多次对中国发难，刻意将关塔那摩监狱中的“东伊运”分子区别对待，泛政治化，2006年起将抓获的22名“东伊运”成员送往斯洛伐克、帕劳、瑞士等国家。美国国务院反恐怖主义事务前协调员泰勒在引渡这些暴恐分子时的谈话证明了这一点：“尽管这些人确实参与了在阿富汗的恐怖主义活动，但中国西北地区的人民所面临的合理的经济和社会问题不一定是反恐怖主义问题，这些问题应当得到政治性解决，而不是通过反恐怖主义的方式。”[①] 美方如此居心叵测、充满利益算计，在给其他国家制造麻烦的同时，也为自身本就十分烫手的战俘遣返交换平添了许多变数，这是该问题迟迟得不到解决的重要原因。

三、被俘教育训练取得实效，但问题弊端不容小觑

美军认为战俘具有很高的情报价值，是敌方获取情报的重要来源。战俘同时可能被敌方利用，作为舆论宣传、心理作战的工具或停战谈判的条件，从而给己方军事行动带来危害，给国家利益埋下隐患。因而美军不仅严格限定被俘的条件和要求，清晰界定主动投降与被敌俘虏，而且特别重视被俘教育训练。

美军被俘教育训练也称为SERE训练，SERE是英语Survival（生存），Evasion（躲避），Resistance（抵抗）和Escape（逃脱）的首字母缩写。首先，美军成立专门的训练机构。美国各军种都建有用于进行SERE训练的机构，在这些训练机构里设置有专门的课程开展适应性训练、传授相关技巧、进行理论探讨和实践研究，为美军官兵降低被俘风险，减轻战场心理压力发挥了重要作用。其次，设置科学合理的课程。美军SERE训练注重区分不同受训对象，因人而异。该训练分为A、B、C三个等级，其中A级别偏重于理念灌输，是所有现役军人入伍训练的内容组成部分。生存与躲避训练是SERE训练的核心内容，也是绝大多数受训人员能够接触到的训练科目，而那些极有可能被俘的军人比如特种部队成员或飞行员等，则被安排接受C级别训练。一般也只在C级别训练才开设抵抗、逃脱和一些其他至今尚未解密的科目。[②] 最后，采取高度仿真的训练方法。通过模拟各种恶劣的战场环境，考察官兵的生存知识，考验官兵的自救能力。降低被俘风险是美军开展军人被俘训练的有效做法。美军认为，战场环境是你面对的第一个敌人，而且是最难以克服的敌人，而通常俘虏所面临的环境又是最为恶劣的。因此，SERE训练往往通过采取极端气候条件下的追捕、食物和睡眠剥夺、带有威胁恐吓的审问等训练手段，尽可能地复原战场环境的残酷性、危险性和复杂性。

---

① 王良:《国际视野下我国的反恐机制建设》,《毛泽东邓小平理论研究》2012年3月，第97—101页。

② 王培志:《揭秘美军“战俘学校”》,《解放军生活》2015年第3期，第56—58页。

紧贴战争实践需要的美军被俘教育训练取得了良好效果，不仅大大降低了己方人员被俘的概率，而且造就了若干身处险境、落入敌手仍坚守《军人行为守则》的"英雄"。1993年，在索马里摩加迪沙因驾驶的直升机坠毁而被艾迪德私人武装俘虏的美军士官杜兰特，就挺过了11天的严刑拷打，并最终成功获救。后来，他在自己撰写的《英雄连队》（*In the Company of Heroes*）一书中感慨道："如果不是接受了被俘教育训练，无论如何我是不能荣归故里的。"

美军被俘教育训练也产生了负面效果。SERE训练本来旨在让己方俘虏能够更好地挺过敌方的酷刑折磨，但根据2005年7月《纽约客》的一篇文章披露，负责开发SERE课程的心理学家摩根·班克斯（Morgan Banks）上校，曾经以"行为科学顾问"的身份到关塔那摩和巴格拉姆基地等地向情报人员传授审讯技巧。更多的文章则指出美军很多具有虐待性质的审俘手段其实就是来源于SERE训练课程，时任国务卿康多莉扎·赖斯也承认白宫高级官员讨论过这个议题。由此可见，在俘虏问题上奉行实用主义已经让美军大力推行的被俘教育训练走向了其设计初衷的反面。

四、法规体系日渐成型，但重要瓶颈仍未突破

美军认为，法规条令是联合作战能力生成的核心要素。冷战后，沉寂许久的美军战俘工作立法工作逐渐变得活跃起来。从法规的适用性来看，2012年美军参谋部联合作战分析处（JCOA）在反思10年战争时就承认，"9·11"之后的五年，美军所依赖的政策法规并不能够适应大规模作战以外的其他军事行动。[①] 同一时期俘虏工作法规中存在的许多问题，在针对虐俘事件的调查报告中都有所体现，积累的作战经验和教训也亟待通过修订法规来总结吸纳。从立法主体来看，俘虏工作中的很多事务已经突破了陆军甚至国防部的权限，一些棘手的、带根本性的问题只能由更高层次的立法主体来做出规范，各层次立法主体都企图运用法律手段来推动俘虏工作、解决现实矛盾、寻求妥协共识。目前，美军已经建立起贯穿俘虏工作政策规划、收容看管、运送转移、情报审讯、审判处置、遣返释放、综合保障等各个环节，调整对象覆盖战俘、

① 美军战俘工作法规的大规模出台修订也是在2005年之后，即布什政府第二个任期内，美军开始将在反恐战争中的经验教训总结纳入法规条令之时，与联合作战分析处的论断大致吻合。

所谓“非法战斗员”等不同类别拘禁对象以及包括国防部副部长、军兵种部长等俘虏工作相关人员的法规体系。

美军战俘工作法规体系建设在冷战后具有两大突破，一是纵向结构的延伸，不同适用范围和效力等级的法律规范的出台，使之从冷战结束前的横向分散联系状态逐步演变成为纵横二维结构。一方面，在联合出版物的修订完善中，有各军种、联合参谋部和各联合作战司令部充分参与，确保了思想认识的同频共振。另一方面，陆军条令在体制转型的过程中，也愈发重视与联合出版物体系保持一致。二是横向结构的紧密，法规之间配套性逐步增强。1997年版《敌方战俘、留用人员、拘禁平民和其他拘禁人员》（AR190-8；OPNAVINST 3461.6；AFJI 31-304；MCO 3461.1）突破了军种壁垒，标志着俘虏工作条令从军种条令走向通用条令的重要转变。而反恐战争中拘禁和情报工作的矛盾冲突又推动了联合出版物JP3-63《联合拘禁条令》的颁布及其随后的修订。此外，国会通过的《军事审判委员会法》则将俘虏工作由传统的俘虏看管、情报审讯两大部分拓展至审判处置环节。总体来说，冷战后的美军战俘工作法规体系在多层次立法主体的共同构建下，高度重视法规的系统配套，逐步形成明显的纵向层次和横向分类，在纵向上相连接，横向上相呼应，逐渐由分散孤立走向体系联动。

美军能够迅速将经验教训转化为法规条令指导工作，并在较短时间内实现俘虏工作法规的集中布局。但与此同时新的法规激化了矛盾，密集修订也更多是操作层面的小修小补，核心问题上仍处于僵局。一是过度因循历史传统，与国际法的冲突未妥善解决。冷战结束之后，美军战俘工作法规体系建设走上了背离国际法原则、以历史传统为基础创制独有规则的道路。新法规中采用的“非法战斗员”概念与《军事审判委员会法》的出台，是对国际法中区分原则、审判手段的严重挑战，自然受到了红十字国际委员会（ICRC）的坚决抵制，ICRC就关塔那摩监狱羁押人员的待遇等问题与美国进行了艰难的谈判，在谈判中保持了坚定的立场。[①] 尽管奥巴马打着“变革”的旗号上台，但至少在俘虏工作立法方面“其修正和调整主要是策略、风格和手法的改变，而非根本性变动”[②]。二是关闭关塔那摩监狱问题长期搁置。关闭关塔那摩监狱涉及俘虏的身份认定、审判量刑、交换遣返、异地安置，这

① 红十字国际委员会东亚地区代表处：《150年人道行动》，2014年12月。

② 孙逊、王萍媛：《奥巴马政府国家反恐战略：主旨·特点·评估》，《南京政治学院学报》2014年第4期，第71页。

些议题本身就比较复杂，需要综合考量多方面影响，且因总统、国会等立法主体之间权力结构的制衡关系和党派分歧加剧而愈发棘手。小布什借力军事审判委员会来打击恐怖分子的设想难以执行。奥巴马任期内申请经费翻修汤姆森惩教中心和向美国本土转移俘虏的提议受到了来自国会的阻力。美国法律规定不得动用联邦资金来运送这些俘虏入境美国，近年来奥巴马签署的国防预算法案中也多次重申了这一规定。在国会和现行法规的双重掣肘下，由于缺乏民意基础和资金保障，奥巴马总统关闭关塔那摩监狱的行政命令也沦为一纸空文。

研究对手，是打胜仗的前提，冷战后美军战俘工作的经验教训值得深刻反思和汲取。这启示我们：必须审视研判国际法的意义和价值，完善我军俘虏工作法律法规体系；必须瞄准紧盯俘虏工作的新形势新要求，优化我军俘虏工作机构体系；必须继承发扬俘虏工作的优良传统，激发我军俘虏工作的新活力。新的战场环境、作战对手、作战样式、组织架构等不断挑战着我军原有的俘虏工作理念和做法，必须创新俘虏工作组织模式、制度安排和运作方式，提出符合军事发展规律、适应战争实践变化和体现我军特色的解决方案。

2020 换届选举对美国气候政策的影响*

邹晓龙**

一、引言

2016年被诸多学者称为“黑天鹅事件元年”，很多看似反常或不可思议的政治事件频发：欧洲的英国脱欧、亚洲的朴槿惠“闺蜜门”、美洲的特朗普赢得美国总统大选等，本文不予赘述。与此同时，2016年也是近20年以来数据记载最热的一年，根据美国航空航天局（NASA）的数据，该年2月是近百年来最热的一个月。[①] 尽管仍存分歧，但主流意见认为温室气体（Greenhouse Gases）排放是造成气候变化与全球变暖的主要原因。

《巴黎协定》使各缔约国制订了均衡且雄心勃勃的减排计划，从而实现将全球平均气温升幅控制在工业化前水平以上低于2℃之内，最终缓解全球变暖现象这一目标。中国和美国（全球温室气体排放最多的两个国家）联手协力促成了《巴黎协定》的成功签署。与里程碑式的《京都议定书》不同,《巴黎协定》并未对缔约国设定强制减排目标，但仍不妨碍其成为继《京都议定书》之后缔约国最多、生效时间最快且具有法律约束力的国际条约。对于美国而言，签订该条约也是奥巴马政府在全球气候治理方面最主要的政治遗产之一。然而，特朗普作为坚定的气候变化怀疑论者，自其上任伊始，就开始了一些有关气候、环境政策的“大改革”：特朗普政府的首个国家预算提案对美国

* 本文为吉林大学前沿与交叉学科创新科学研究项目“美国退出《巴黎协定》对全球气候治理格局的影响”（编号451170302220）、教育部青年基金项目“美国航行自由政策发展趋势及中国应对之策研究”（编号18YJCGJW008）和吉林大学教学改革项目（编号2017QNYB043）的阶段性成果。

** 邹晓龙，吉林大学公共外交学院讲师，吉林大学国家发展与安全研究院研究员，主要研究方向为全球气候治理、国际能源与环境政策。

① 邹晓龙、崔悦:《美国退出〈巴黎协定〉的原因及影响与中国的应对策略》,《中北大学学报（社会科学版）》2018年第3期，第59页。

环境保护局（Environmental Protection Agency，EPA）以及美国国立卫生研究院（National Institute of Health, NIH）等机构的预算进行了大幅度削减。其中对EPA的预算削减幅度最大，达到了31个百分点，相当于82亿美元的削减金额。雪上加霜的是，EPA还被要求裁员3200人，其研究和发展办公室（Office of Research and Development）的经费将被减半，从4.83亿美元减到2.50亿美元。[①] 众多科研人员认为特朗普如此大刀阔斧的预算削减将使美国的环境和气候科研项目边缘化。特朗普又于2017年6月1日宣布美国将退出《巴黎协定》。此番宣言为国际气候治理蒙上了一层厚厚的阴霾，其立场也收到国内外众多政客、学者和利益攸关方的口诛笔伐。而批评声浪连番不断的更有来自美国秉持气候友好政策的民主党人。面对2020年美国总统换届大选，其国内两党内部已开始为大选擂鼓造势。民主党人目前有23名成员宣布竞选该党的总统候选人提名，遂成"群雄逐鹿"之势；而身为现任总统的特朗普也在前不久宣布参选连任，且一军独大。因此，本文试图研究2020年的换届选举结果，将对美国的气候政策产生何种影响。

对目前相关该题目的文献，笔者根据类型学（typological review）将其梳理总结为三类。第一类集中在研究党派政治对美国政策（包括内政、外交等）的影响：国外对该类的研究颇丰，学科融汇贯穿于历史、政治、经济、社会科学等多个领域，但目前少见宏观叙事性、分析性研究，更多地呈现于美国媒体（如美国有线电视新闻网、《华盛顿邮报》、福克斯电视台）、调研公司（如盖勒普公司、皮尤研究中心）对某些党派或其推行政策的调研上。

第二类主要集中于对影响美国外交政策的变量（因素）的研究：国外相关的理论成果丰硕，尤其是以欧美为主体的国家关系学界的三大理论范式已形成，后发的理论基本以其为基础并延伸发展，很难再有创新。而目前国际顶级专业期刊［比如《国际组织》（*International Organization*）、《国际安全》（*International Security*）、《美国政治科学杂志》（*American Journal of Political Sciences*）等］所发表的研究成果越加侧重于定量研究；此外，从时政或应用角度来看，美国的外交政策研究，包括政策分析、智囊报告等都走在世界前列，具有很高的实效性与参考性。

第三类是关于美国总统大选结果的预测研究，且往往介于"玄学"和"统

① Sara Reardon, Jeff Tollefson, Alexandra Witze, and Erin Ross, "US Science Agencies Face Deep Cuts in Trump Budget," *Nature* 534 (2017): 471–472.

计学”之间：国外学界多依靠数据建模，侧重于研究影响选民投票的变量。国内从事“结果预测”研究的则寥寥无几，虽有学界巨擘领衔，如清华大学的阎学通教授、复旦大学的唐世平教授、暨南大学的陈定定教授，但方法与结果往往差强人意，应用性与实用性尚待进一步开发与验证。

因此，本研究通过对三个类型文献的梳理，从美国党派政治对其内政外交的影响，进一步将关注点聚焦于美国的党派属性与气候政策的影响，最后通过对2020年美国大选的情景分析（Scenario Analysis），分别探讨其竞选结果对日后美国气候政策的影响。

二、党派政治对美国内政、外交的影响

2016年的美国总统大选进一步揭示了两党的分歧。美国皮尤研究中心2016年的一项调查报告显示：（1）民主、共和两党多数视对方为消极党派；（2）选择党派归属时，厌恶对方党派政策与赞成自身党派政策同样有效；（3）党派间对话充满分歧，虽然在非政治议题上仍有共同语言；（4）两党成员对对方党派成员打低分，对对方党派总统竞选人打分更低；（5）党派间友谊影响了党派间成员对对方党派的态度；（6）自1992年以来，调查结果显示两党间的互相厌恶再创新高。①

实际上，美国的党派政治（Partisanship）与党派身份，自19世纪30年代以来就已根植于美国的民主制度中。与之前相比，党派政治在美国南北战争时促使了世界最大民主国家的诞生，而现今，党派行为更被视为“腐败”“叛国”甚至几乎为“病态”（Astor, 2017）。从历史上看，尽管美国党派共识也曾使第二次世界大战后的美国，尤其在冷战时，促成了一系列举世闻名项目的建立，如州际高速公路、医疗保障体系和人权立法等。但那仅是历史长河中的一条支流，并迅速枯竭。而常态则是美国政党作为选民参与公共政策制定的载体，将美国分成了一块块泛红或泛蓝的社区，宣扬各自政党的理念与立场，将美国逐渐分裂。而这种党派政治，与真正健康民主体制下的党派竞

① Pew Research Center, *Partisanship and Political Animosity in 2016*, June 2016, accessed November 12, 2018, https://www.pewresearch.org/fact-tank/2016/06/22/key-facts-partisanship/.

争，渐行渐远。[①]

从历史上看，民主党与共和党所倾向的外交政策路线各有不同：偏向“理想主义”的民主党倾向于对第三世界国家的经济和政治发展持有较同情的立场；而偏“现实主义”风格的共和党，通常更为保守与内向，强调本国利益，并对第三世界主张干涉和镇压。

然而，第二次世界大战以后“扩张主义”在美国的外交上占据了主导地位，很难简单以“理想主义”和“现实主义”区分两党的外交路线，在内政上也亦斗亦和。直到冷战初期，两党大多数人重新将国家利益置于党派利益之上，尤其在民主党总统杜鲁门执政时期，作为共和党领袖、参议院对外关系委员会主席的范登堡，在重大外交决策上支持民主党所推行的政策，奠定了两党一致的总外交路线。直到越南战争爆发，两党间利益、政见等分歧陡增，最后导致在对外政策上的严重纷争。两党的政策方向愈加极端，并导致公众舆论的极端化，传统上主张国际主义的民主党偏向新孤立主义，而过去主张孤立主义的共和党更是倾向于好战的干涉主义，促使两党在内政、外交上的分歧远大于共同点。[②]

“就外交思想而言，共和党奉行现实主义，而民主党推崇理想主义；共和党的外交风格偏重单边主义，而民主党则喜欢多边主义；共和党倾向于民族主义，而民主党强调国际主义。在防务、外交政策方面，共和党主张强大国防、独善其身、相对孤立，而民主党则倡导裁军、集体安全、多边合作、对外干预。在外交政策目标排序上，共和党倾向于将安全排第一位，而民主党有时将人权/民主排在第一位，有时又将经济排在第一位。”[③] 禄德安进一步分析总结了美国政党政治的特点：（1）两大党交替执政，第三党通常为配角；（2）形散而神不散的组织与功能；（3）超党派政治；（4）政党政治与宪政制度相制衡；（5）复杂的政党政治与选举政治关系。禄德安还总结了美国政党政治对其外交的作用和影响：（1）两党制对美外交影响，即政治逆反心理“你赞成的我反对，你反对的我赞成，从而影响外交”；（2）政党政治与宪政制度的

---

① Aaron Astor, “Partisanship Is an American Tradition–and Good for Democracy,” *The Washington Post*, July 12, 2017, accessed March 27, 2019, https://www.washingtonpost.com/news/made-by-history/wp/2017/07/12/partisanship-is-an-american-tradition-and-good-for-democracy/?utm_term=.52b3aeb7dac.

② Ibid.

③ 禄德安：《试析美国政党政治的特点及其对美国外交的作用与影响》，《国际论坛》2004年第6期，第23—28页。

互动对美国外交的影响，即具体问题具体分析，有一致时，亦有互相掣肘时；（3）超党派的政治与美国外交，即跨党联盟导致美国外交偶然性和不连贯性频发；（4）选举政治与美国外交的影响，由内政和外交环境共同导致。

三、美国总统的党派属性对气候政策的左右

美国是以总统为中心的共和制国家，实行行政权、立法权、司法权的三权分立原则。但也正因为该原则，使某些决策过程变成党派间、机构间的拉锯战或斗争方式。比如，在外交事务上，总统与国会共享决策权，并各司其职。比如美国宪法规定国会享受“明确划定并惩罚在公海上所犯的海盗罪与重罪以及违反国际法的犯罪行为”（第一条，第八款）。如美国宪法第二条第二款规定，“总统有权缔结条约，但须争取参议院的意见和同意，并需出席参议院中三分之二的人赞成”。因此国会对美国的外交决策有主导作用，而美国总统，在通常情况下，受制于国会，即使总统在外交场合签订国际条约，若未经国会核准，仍不具有法定约束力。反之，若经美国国会核准的国际条约，则享受同国内法相同的约束力。

截至2018年12月20日的统计显示：在第115届国会（2017—2018年）中，众议院包括238位共和党成员（包括1名代表及波多黎各常驻委员）、201位民主党成员（包括4位代表），以及5位空席；[①] 参议院包括51位共和党、47位民主党和2位独立党派成员。[②] 而在2018年换届选举之后的第116届国会中，众议院里民主党赢得了239个席位（包括4位代表），共和党保留了199个席位（包括1名代表及波多黎各常驻委员）；参议院里民主党保留47个席位（包括2位独立党派成员），而共和党赢得多数的53个席位。[③] 因此，参众两院分别归属共和、民主两党，再次对身为共和党总统的特朗普形成一定的制衡，尤其当两党政见歧义较大时。

纵观美国历史，主要两大党派之间合中有斗，斗而不破，总体上共识大于分歧。然而根据皮尤研究中心最新的一项调查显示，民共两党之间的分歧

① 代表和委员不具有投票权。

② *Membership of the 115th Congress: A Profile*, 2018, accessed March 15, 2019, https://fas.org/sgp/crs/misc/R44762.pdf.

③ *Membership of the 116th Congress: A Profile*, 2019, accessed March 15, 2019, https://www.everycrsreport.com/reports/R45583.html.

日益呈两极化趋势发展。在几乎所有主要公共政策问题上，共和党人均变得更为保守，而民主党人则秉持连贯的自由主义立场。[①]

两党的分歧与不同立场贯穿于包括内政、外交、国防等一系列事务上。[②]在针对气候变化的问题上，民主党与共和党的分歧更为凸显。在1997年，48%的共和党人与52%的民主党人认为全球变暖正在发生；在2008年，有42%的共和党人和78%的民主党人认同该观点。在1997年，有27%的民主党人和37%的共和党人认为全球变暖被媒体夸大其词；到2018年，这一数字变为民主党人17%，共和党人59%。[③]

除此之外，两大党在气候变化是否有足够的科学依据、气候变化是否为人为因素导致，以及全球变暖是否带来灾难性后果等一系列议题上均有较大分歧。

两党在气候问题上的巨大分歧导致了一系列消极影响。首先，党派之争将严重掣肘美国气候政策的协定过程；其次，议会的两元制度与三权分立原则，使需要多数议员达成共识的立法过程，尤其针对气候议题立法，难上加难；最后，党派观点之争逐渐演变为身份之争，为了反对对方党派，发展成为“只要你拥护的政策我就反对，只要你反对的政策我就拥护”的荒唐境地。[④] 两党在气候问题上的斗争与多极化，不仅展现了其所代表的党派精英与政治领袖的立场，更直接或间接影响了支持他们的选民对气候变化的看法与立场。尤其在某些极具争议的话题上，选民往往将选票投给最能反映或代表他们价值观的竞选人，而他们也会利用各种竞选、游说活动影响选民的观点与立场。因此，当两党在气候议题上意见分歧较大时，公众也会相应形成不同的阵营，总体削弱了民众应对气候问题的积极性。

尽管主流学界对气候变化、全球变暖等议题已经达成世界范围的共识，但大多数共和党人仍坚持质疑其权威性或科学性。相对来说，支持气候友好型政策的民主党人，尤其在奥巴马任内，取得了一系列成就，如2009年出台的《清洁电力法案》，以及2015年奥巴马行使总统特权（executive privilege），

---

① Pew Research Center, *Partisanship and Political Animosity in 2016*, 2016, accessed March 15, 2019, http://www.pewresearch.org/fact-tank/2016/06/22/key-facts-partisanship/.

② Shardul Agrawala and Steinar Andresen, “Indispensability and Indefensibility? The United States in the Climate Treaty Negotiations,” *Global Governance* 5 (1999): 457–482.

③ Pew Research Center, *More Say There Is Solid Evidence of Global Warming*, 2012.

④ Riley Dunlap and Aaron McCright, “A Widening Gap: Republican and Democratic Views on Climate Change,” *Environment: Science and Policy for Sustainable Development* 50 (2008): 26–35.

绕开国会签署了具有里程碑意义的《巴黎协定》。然而，当总统宝座再次被共和党人占有时，一切又回归了原点。特朗普总统于2017年6月1日，宣布美国将正式退出《巴黎协定》，致使全球气候治理再次被阴霾笼罩。

自第二次世界大战结束以来，美国的城镇化、工业化均走在了世界前头。从美国环境的发展历史来看，环保意识开始于20世纪60年代。从表1可以看出，20世纪60—70年代的尼克松至卡特总统任期，无关总统所属党派，均采取环境友好政策，并与当时美国公共环保意识觉醒息息相关。80年代以后，尤其从硬核的共和党总统里根就任以来，美国环境、气候政策受党派意识影响严重，总体趋势为：共和党相对采取非气候友好立场，民主党则采取气候友好的立场。虽然美国在老布什总统任期内，于1992年签署并核准成为《联合国气候变化框架公约》缔约国，但该公约没有强制性的减排标准，因此不能作为气候友好立场的依据。而且，老布什在外交方面表现抢眼，但在内政上却有保守之争议，并被有些人誉为“共和党中的民主党人”，因此，在某种程度上可以将其作为例外。

表1　美国总统以及所属党派与其环境、气候政策的立场

总统	所属党派	环境/气候政策立场（国内/国际）
尼克松	共和党	国内公众环保意识觉醒，国际共识正值襁褓期，1970年建立环境署（EPA）
卡特	民主党	支持环保行动，1980年《环境应对、赔偿和责任综合法》［也称《超级基金法》，*1980 Comprehensive Environmental Response, Compensation, and Liability Act (Superfund)*］
里根	共和党	消极的环保政策，暂停国内环保项目（Global 2000 Report），对世界自然宪章投反对票（1982 World Charter for Nature）
布什	共和党	承认气候变化，加入《联合国气候变化框架公约》
克林顿	民主党	承认气候变化，副总统戈尔为代表签订《京都议定书》
小布什	共和党	总体否认气候变化，拒绝核准《京都议定书》
奥巴马	民主党	积极参与气候治理，签订《巴黎协定》
特朗普	共和党	硬核气候变化怀疑论者，退出《巴黎协定》

注：笔者根据官方资料整理。

四、2020年换届选举的可能结果及对美国气候治理的影响

近代美国的总统大选，基本为民共两党轮流担纲，其他党派沦为依附或陪衬。因此，2020年大选的结果，即便算上极小概率事件，无非为以下三种：共和党人胜出、民主党人胜出、其他党派（包括独立人士）当选。此前，前任纽约市市长、亿万富翁布隆伯格，曾放弃民主党身份以独立候选人参选，但屈服于现实，放弃了竞选。因此，下文就2020年最可能出现的两种结果进行情境分析（Scenario Analysis）。

（一）共和党人胜出

有些人认为，世界上最难预测的就是美国总统大选结果。根据目前舆情，特朗普连任可能性看涨，因为共和党内尚无在民调上比肩或匹敌特朗普的总统候选人宣布竞选。而且作为惯例，若现任总统宣布竞选连任，其所在党派将优先支持其决定，不再另立党内候选人参选。而特朗普总统，也在不久前宣布参选连任。因此，第一种情境即为特朗普成功连任。

倘若特朗普成功连任，会继续秉持对外孤立主义、对内民族主义的外交、内政政策。其第二个任期，将继续加强其第一任期内所做出的承诺。而当年宣布退出《巴黎协定》的三年缓冲期和履行期已到，完成退协已毫无悬念，但仍将以《联合国气候变化框架公约》缔约国身份参与全球气候治理决策。根据表2所示，除了《巴黎协定》，特朗普在其任内已退出了一系列国际或区域性条约（参见表2）。因此，在其第二任期内，特朗普将继续或增强现有的气候政策立场，并进一步加强对传统能源业的扶持力度，在废除奥巴马的《清洁电力法案》后，进一步放宽对交通行业的尾气排放限制等一系列内政、外交措施。

在其他议题上，特朗普政府很可能继续奉行“美国第一”的孤立主义原则，在国际问题上继续以双边机制代替多边原则参与全球治理。这对正处于贸易摩擦阴霾中的中国来说，无疑将是一个严峻考验。

表2　特朗普任内退出的国际条约

时间	美国正式退出的国际条约
2017.1.23	宣布退出《跨太平洋伙伴关系协定》
2017.6.1	宣布退出《巴黎协定》
2017.10.12	宣布退出联合国教科文组织
2017.12.2	宣布退出《全球移民协议》
2018.5.8	宣布退出《伊朗核协议》
2018.6.19	宣布退出联合国人权理事会
2019.4.26	决定退出《武器贸易条约》

注：笔者根据观察者网①、环球网②报道整理。

（二）民主党人获胜

目前民主党已有23名成员正式参选党内候选人提名。虽然民主党内呈群雄逐鹿态势，但根据最近的民调显示，排名前三位的民主党候选人分别为乔·拜登（Joe Biden）、伯尼·桑德斯（Bernie Sanders）和伊丽莎白·沃伦（Elizabeth Warren）。其中，拜登的党内、两党间（同特朗普在竞选周）的民调优势最大，伯尼暂居其后，沃伦与暂时排名第一的拜登差距较大。因此，拜登最有可能获得民主党角逐2020年大选的党内总统候选人。

若民主党候选人当选，比如目前民调支持度较高的乔·拜登或伯尼·桑德斯则会进行一定程度的拨乱反正。从目前的民调数据来看，大部分的民主党候选人都拥护奥巴马政府的气候政策。因此，美国很可能以某种形式重新回到《巴黎协定》的缔约方阵营内，在内政方面将重振可再生能源行业，继续鼓励节能减排、减少汽车尾气排放等一系列环境、气候友好政策。

但仍需指出的是，“拨乱反正”的具体政策出台将面临诸多困难，重回奥巴马时期气候政策，需另辟蹊径。如前文提到，美国已通过立法形式，确认美国将不会通过任何形式允许发展中国家增加碳排放从而破坏美国的国家利益的国际条约。因此，即便民主党人入主白宫，只要国会的参众两院分别由

① 王慧：《盘点这些年特朗普带美国退出的这些“国际群”》，观察者网，2018年10月18日，https://baijiahao.baidu.com/s?id=1614654142229960864&wfr=spider&for=pc，访问日期：2019年5月18日。

② 《特朗普：美国将退出联合国〈武器贸易条约〉》，环球网，2019年4月27日，https://baijiahao.baidu.com/s?id=1631904564134907240&wfr=spider&for=pc，访问日期：2019年5月18日。

民主党、共和党把持，批准国际气候条约的概率仍十分渺茫。更可能的方式为奥巴马模式，即以政府绕开国会方式进行国际气候条约签订。

五、结论

综上所述，可以看出美国的内政、外交政策深受党派政治的影响。民主党、共和党两党之间的分歧日益明显，意见鸿沟不断扩大。这在一定程度上也反映出美国社会内部的分裂，而党派政治即是其民意两极化的体现，又是其促进器。这在美国的气候议题与政策上体现得尤为突出。总体来看，共和党越发保守，秉持现实主义执政路线，拥抱单边、孤立主义，以国家安全与利益之名，反对承担全球气候治理的承诺与责任；民主党相对开明，偏好理想主义路线，总体上支持多边机制与国际主义，并贯穿在其相对气候友好的政策与立场中。

2020年美国大选的结果，将进一步加剧两党在内政、外交等诸多领域的分歧与异议，在气候政策领域中的体现尤为突出与明显。即使民主党人当选，从而对特朗普气候政策进行一系列的“破乱反正”并重回奥巴马时代路线，也很难从美国法律层面进行修改，并不能从根本上解决美国国内利益与国际责任的冲突。

赠地法案对美国高等教育的影响

朱宏清*

自1636年哈佛学院诞生以来，美国高等教育已走过370多年的发展历程。其间，美国与世界上其他大多数国家一样也曾经历了战争的动荡和经济大萧条的冲击，但总体来说，其高等教育一直呈稳步发展的态势。时至今日，无论是招生规模还是办学质量，美国的高等教育已处于国际领先地位。据不完全统计，到1996年，美国各类大学和学院总数约为3665所，2005年为4216所。1996年，美国全国大学和学院所用各类经费总和为2255亿美元，约占美国国内生产总值（GDP）的3%，截至2005年，则上升到8%。更为重要的是，美国的高等教育为美国经济与科技发展提供了世界一流的技术和人才保障，是美国经济、科技得以占据世界领先地位的关键因素之一。

然而，值得深思的是，美国高等教育发展的动力究竟在哪里？

纵观美国高等教育发展的历史，不难发现一个有趣的现象，即每隔一个阶段就会诞生一个新的、里程碑式的法案。无论是历史的必然还是民意的选择，一个不可否认的事实是，这些具有历史意义的法案不仅给美国高等教育的发展注入了新的活力，更是从体制上为其提供了一个强有力的保障。其中最为典型、影响最为深远的当推美国历史上第一个有关高等教育的法案，即1862年通过的《莫里尔法案》，也被称为“赠地法案”。

一、《莫里尔法案》的时代背景

美国的高等教育植根于殖民时期的美国文化。换言之，早在殖民时期，

* 朱宏清，东南大学外国语学院前副院长、美国文化与高等教育研究所所长、中国驻芝加哥总领事馆教育领事、教授，主要研究方向为跨文化交际、翻译学、美国文化。

最早来自欧洲的移民就在他们新的家园开办了旨在培养神职人员和公共事务服务人员的学院。从1636年到独立战争结束后的1790年的一百多年间，美国前后诞生了哈佛大学、耶鲁大学、新泽西州立大学等11所大学和学院，到了南北战争时期，全美国的大学总数已经接近200所。如果从历史发展的角度来分析美国的高等教育，我们不妨将南北战争定为一个分界点，自1636年到南北战争这一阶段的美国高等教育可被定义为早期美国高等教育，之后则为现代高等教育。《莫里尔法案》诞生于南北战争期间的1862年，毫无疑问，该法案是美国高等教育转折时期的一个重要法律文件。

同时，美国的高等教育与宗教总是有着千丝万缕的联系，早期的高等教育更是如此，甚至可以毫不夸张地说，早期的美国高等教育与宗教简直就是一对孪生儿——最早的学院是以宗教为背景、以教会为依托的，同时也是为宗教服务的，其目的是为教会培养具有一定人文素养的神职人员，以及在宗教背景下为社会服务的公共服务人员。因此，美国第一代大学的创立者大都是活跃的新教徒，即便到了第二代、第三代的美国大学乃至20世纪的60年代，几乎所有开拓性大学的领导者都具有新教传统，拥有新教精神所具有的观念。显然，美国大学在创建之初并不是目前我们所看到的具有普遍意义的大学，而是宗教文化的重要组成部分。虽然美国是一个多元文化的国家，但是，由于最早一代来自欧洲的新教领袖首先确立了他们在美国文化中的霸权地位，因而其文化始终为新教教义所主导，其高等教育则当然也是如此。

自18世纪初到19世纪的法国启蒙运动蔓延到了美国，对美国社会形成了巨大冲击。启蒙运动反对宗教蒙昧、封建专制。其思想家认为，社会之所以停滞不前，人民之所以愚昧，主要是由于宗教势力对人民精神的统治与束缚，为了改变这些，必须树立理性和科学权威。他们主张传播科学知识以启迪人们的头脑，大力宣扬“天赋人权”以及自由、平等和民主的新思想，认为只有当人类理性发达、知识普及后，人类才会有很大进步。尽管这与传统意义上的学院及其办学理念是对立的，但客观上这些新思想迅速拓宽了人们的视野。

对于来到这块丰饶的处女地上并准备大力开拓自己家园的早期欧洲移民而言，更加倾向于把神学运用到日常生活，特别是运用于社会中，这样宗教的真正成就不再拘泥于或者是局限于纯神学本身。他们对神学的兴趣相对于保守的欧洲更具实用性，更关注其在实际生活中的体现。“清教新英格兰是应用神学的一项宏伟实验。”神学观点不再是他们讨论的焦点，他们关心社会制度问题，人们的真正自由、平等问题。人们不再专注于研究神学著作，而是投身于社会生产实践当中，从而使得美国的工农业快速发展。

总而言之，这一将宗教向实用性方向转移的变革看似削弱了传统的学院教育，实则是美国高等教育的一次蜕变，客观上为美国历史上的第一个关乎高等教育改革的重要法案——《莫里尔法案》的诞生创造了一个有利环境。

19世纪中期的美国是一个典型意义上的农业国家：60%以上的人口是农民，大部分人生活在乡村地区，而且其基本生活也依赖于农业；其西部地区是当时政府的主要财富来源，可是其中大部分地区仍然尚未完全开垦。为此，政府出台了一系列土地法案鼓励开垦荒地，这不但满足了小农的利益，而且惠及其他阶层，还吸引了大量移民来到这片土地上。然而，随着移民的大量迁入，美国人口数量急剧增加，对农产品的需求也急剧上升。另外，在建国后的30年里，美国农业取得了飞速发展，1850—1900年，耕地面积从2.93亿亩增加到8.38亿亩，农场数目从1850年的144.9万所增加到373.7万所。可是，农业生产体制却制约了当时的经济发展因而亟须改革，尤其是必须迅速向专门化方向发展。于是，一些地区开始专门从事商业性农业，代替了自给自足的农庄。同时，农业科学化与耕种方法的机械化也在美国的土地上展开。显然，这一美国历史上重要的经济形态和社会形态的转变对劳动者的自身素质提出了较高的要求。杰弗逊说过："在欧洲，由于劳动力的充足，就应该以尽量利用土地为目的；而在我国，由于土地充足，就应该以善于利用劳动力为目的。"因此，劳动者的自身素质对农业发展起着至关重要的作用，如何提高农业劳动者的自身素质成为美国人面临的一大课题。此前的美国高等学校数量少、学科分散，难以满足工农业生产的需要，为此，亟须大力发展农工高等教育。

殖民时期的美国只有一些比较原始的工业，而且大多数是出于满足生产和生活的基本需要。北美独立战争的胜利使美国摆脱了英国的殖民统治从而走上了独立自主的道路。

建国后的美国工业也已经开始逐步走出萌芽阶段并开始蓬勃发展起来。这一时期美国工业的发展经历了三个阶段：第一阶段，比较精美的工业品还不能自己生产，还要依靠欧洲，并且国际经济危机波及美国，严重影响了美国的经济秩序。然而，这恰好促进了美国早期工业的重组并为其下一步的发展做好准备。第二阶段是美国工业资本主义加快发展的阶段。从1814年机器生产最先进入棉纺织业以来，机器生产逐渐渗透到了皮革制造业、羊毛纺织业、钢铁制造业、玻璃工业等其他工业领域，这标志着工业革命进入了更高阶段。到了第三阶段，美国开始在其土地上兴修铁路，为交通运输提供了便利，加快了经济商品的流通与发展，同时机器制造业方面的许多改进和提高加速了制造业的发展和多样化。工农业的迅速机械化增加了对劳动力的需求。然而，当时的劳动者并不能满足快速工业化的进程，劳动者的技术知识贫乏已经阻碍了美国的经济建设。因此，如何提高工业生产领域内劳动力的科技文化素质也成为迫切需要解决的问题。

然而，面对劳动力不足以及劳动力本身素质不高的问题，资本家并未采取计划培养的方式。而当时的学校多数是私立的教会办学，以培养神职人员为目的，这不仅与社会需求相矛盾，而且不符合大多数美国人的利益。资本家为了获得廉价劳动力甚至大量雇用妇女和儿童，以及未经培训的徒工。他们的工资低下，生产设备简陋，工作环境恶劣。为了提高社会地位，改善经济待遇，他们掀起了争取受教育的运动。当时比较有影响的有机械工讲习所运动及科学知识普及讲座运动。这虽然培养了一批工业急需人才，但是并不能满足飞速发展的工业生产。显然，美国早期的学院无论是办学形式还是教学内容的设置都已经无法适应经济社会的迅速发展，亟须新型教育的出现。

不难看出，当时的美国社会似乎已经做好了各方面的准备以迎接高等教育革命的到来。

二、《莫里尔法案》概述

托马斯·杰弗逊早就主张给更多的人提供接受高等教育的机会，因为美国的民主政治体系需要有知识的人民来参与，美国的市场经济体系需要有技能的劳动者来支撑。可是直到19世纪中叶，美国社会才具备了进行美国历史上的第一次高等教育改革的条件。美国人民中的有识之士也开始大力呼吁进一步发展公立高等教育以提高国民素质，适应社会需要，其中以乔纳森·鲍德温·特纳（Jonathan Baldwin Turner, 1803—1899）和贾斯汀·斯密斯·莫里尔（Justin Smith Morrill, 1810—1898）为代表。

特纳是早期的农业学校的倡导者。早在19世纪30年代，他就主张扩大教育机会，使教育符合时代和人们的要求，并特别指明科学的普及对工农业的重大意义。他的以赠地的方式促进农工阶层教育发展的想法形成于19世纪中叶，那时他虽然没有明确提及工业教育的概念，但是他在以“为产业阶级服务的州立大学计划”（Plan for a State University for the Industrial Classes）为题目的演讲中，首次概述了其主要观点，即为了产业阶级的利益，以最低花费，建立一所对所有需要教育的农业、商业及艺术劳动者开放的学院，并开设实用及职业科目。该计划还建议从联邦政府拥有的大量土地中，专门拨出土地以资助创办这种新型的大学。之后他又通过各种渠道不断重申这一方案，并得到了农民与工业联盟等方面的有力支持。但是由于时机不成熟，当时该方案未能得以通过。

莫里尔从未读过大学，却是积极的教育倡导者。他曾担任佛蒙特州的众议员（1855—1867）及参议员（1867—1898），在国会的长期工作使他建立了自己的威望，这为其有机会在高层提出赠地法案及对这一方案进行推进打下了基础。根据美国国有土地遭到巨大浪费和破坏，旧式学院的传统教育无法满足农民和技师的教育需求等国情，莫里尔于1857年在众议院首次提出了赠地法案，要求政府根据各州国会议员的人数，每人拨给2万英亩土地，由州设置传授工农业科目的学院。虽然该法案得到众议院和参议院的批准，但却遭到了南部各州议员的反对。直到南北战争爆发，南方各州脱离联邦政府，与莫里尔有共同理想的特纳的好友林肯（Abraham Lincoln）出任美国总统。机不可失，莫里尔不失时机地重新提出了赠地法案。1862年7月2日，林肯总统签署了《莫里尔法案》。

《莫里尔法案》规定：联邦政府根据1860年各州拥有的国会议员人数，向每位议员赠送3万英亩土地，由出售此种土地或土地证券而获得的款项用以建立永久性基金，资助和维持至少一所赠地学院。也可以使用出售土地所获资金购买债券以扩大永久性基金。条件是其主要课程必须按照各州议会所分别规定的方式，在不排除学习其他科学和经典著作的前提下，传授与农业和机械工艺有关的知识，以便提高社会各阶层及各不同领域从业人员的科学文化素质。

显而易见，该法案使得农民子弟获得了接受专门教育和技能训练的机会，为培养更多的有知识、有技术的农业劳动力提供了法律的保障和支持，尤为重要的是为以后的美国社会由农业国家向工业国家转型打下了基础，意义非凡。

《莫里尔法案》对社会经济起到了促进作用，受到各阶层人民的欢迎。其后，美国又出台了一系列相关、相似的法案。其中，美国国会于1887年通过的《哈奇实验站法案》最为重要，是整个赠地法案体系中的另一个代表性法案。该法案规定政府每年须向各州拨款15000美元以资助各州在赠地学院内设立农业实验站。而且，所建立的农业实验站的规模和数量必须与所在州的农业发展情况相适应，州政府也必须根据联邦政府的经费支持额度予以配套支持。该法案的作用在于不仅巩固了《莫里尔法案》的法律地位，而且进一步扩大了它的作用范围。

1890年，美国国会又通过了第二个《莫里尔法案》，在南方的少数几个州专为黑人建立了赠地学院。该法案还规定政府必须向赠地学院提供年度拨款，以保证这些新型的技术学院具有充足的财力得以正常运行。

1914年，美国国会正式通过《史密斯—利弗法》，授权联邦政府资助各州赠地学院与联邦农业部合作，共同推进社区的农业知识和技术的普及。

不难看出，之后获准通过的相关和相似法案不仅是对第一个《莫里尔法案》的充分肯定，更是在此基础之上对州立赠地大学办学模式的进一步完善和补充。《莫里尔法案》与随后颁布的一系列法令具有一个共同的特点，即强调赠地大学对社会的辐射和延伸,创造性地确立了美国赠地学院的教学、科研和服务社会相结合的运行体制。

由于以上诸法案之间存在着极大的相关性和相似性，人们习惯性地把《莫里尔法案》称为“赠地法案”，并且把这一系列的有关法案总称为“赠地体系”（Land-grant System），把根据此类相关法案建立起来的大学或者学院统称为“赠地大学”或者“赠地学院”（Land-grant Universities or Land-grant Colleges）。

据不完全统计，到目前为止，美国共有137所赠地大学，每个州至少有一所以上。其中，全美国第一所根据劳动者需要建立起来的密歇根农业学院，即密歇根州立大学的前身，早在1855年《莫里尔法案》通过之前就已经获得了赠地大学的地位，而《莫里尔法案》被批准后第一个建立起来的赠地大学则是堪萨斯州立大学。

三、赠地学院的办学特点

赠地学院在初期发展过程中虽有种种困难和阻碍，但是多年来它一直坚持办学初衷，积累了丰富的办学经验，形成了自己独特的办学模式和教育理念。

（一）赠地学院的办学目的明确

《莫里尔法案》规定以提高劳动阶级的文化和实用教育为目的，其办学目标就是培养新一代有知识、有文化的工人和农民，为提高产品的质量、产品生产的效率服务。强调实用和技术主义是19世纪后期支配美国高等教育的主流思想，赠地学院从一开始便非常重视实用知识与技能的教学，注重技术的推广工作，培养能满足农业经济急需的科学技术人才，将教学、科研与服务于社会结合在一起。赠地学院并没有固定统一的发展模式，只是根据各州的需要培养人才。《哈奇实验站法案》的颁布则进一步促进了赠地学院向更高水平的发展，该法案规定每个州在赠地学院的引导下建立农业实验站，进行农业科学原理及应用方面的研究与实验。实验站加强了教学、科研与工农业生产的联系，使得工农业生产水平大幅提高。

（二）赠地学院的教育收费低廉

由于学院有政府的资助，学校的办学成本相对于私立大学更为低廉，学校开设各种实用课程，教授实用技术，招收对象大都是中下层阶级的民众，不分性别、种族，为普通民众接受高等教育提供了大量机会，使广大农工成为高等教育的最大受益群体。第二个《莫里尔法案》的颁布更是赋予了不同种族、不同肤色群体平等地接受高等教育的权利。这为社会提供了更多有知识、有文化的劳动力，同时也提高了全民族的素质。

（三）课程设置更加贴近社会

赠地学院本着服务社会的办学宗旨，根据学院所在州的地理、经济条件等实际情况开设课程，为各自州的经济发展和社会进步提供了大量急需的人才。各州的赠地学院还根据各州的实际情况做大量实用性科学研究，为所在州面临的各类问题提供了解决方案。赠地学院把培养科技人才看作是国家兴旺之本，把发展和推广实用技术放在首位，这为美国的经济发展提供了人才技术保障。

在课程内容方面，赠地学院不是以神学和经典文化为主，而是紧密结合其所在州的实际需要来设置课程。著名赠地学院加利福尼亚大学的校长曾经发表演讲明确指出，这所大学是立足于这个州的需要，是适应于那里的人民、那里的特殊环境与资源的需要。在赠地学院基础上发展起来的威斯康星大学的服务性更为明显，当时该校的校长提出，该大学的基本职能包括培养有知识、有能力的公民，进行科学研究，以及传播知识给人民大众。当时的美国刚刚经历了独立战争和内战，在农业与工业等方面都相当薄弱，需要大量技术人才满足其工农业生产。赠地学院在课程设置方面以社会需求为中心，创立农业、工艺等学科，把人们一向鄙视的工农业生产科目作为学院教育的主要内容，以讲授农业及工业等方面的知识作为其主要教学目标。当然，赠地学院也并没有排斥其他科学和经典课程的学习。

（四）在教学方式上，赠地学院不仅重视书本知识，更加重视把理论付诸实践

赠地学院设立示范农场、示范车间和工农实验站，师生一起动手为工农业生产进行实验；还组织学生到农场观察并实际考察工农业生产，把所学知识和技能运用到生产实践中并在实践中发现问题、解决问题。由于许多学生来自工农业生产第一线，他们干脆把生产实践中遇到的实际问题带到学校和课堂，学院面向本地经济建设开展应用技术研究，把研究项目与本州农业生产有关的应用相结合以促进工农业生产的发展，真正做到了学以致用。显然，这些与旧式学院以经典著作和宗教内容为主的教学有着很大的区别。

四、赠地学院的发展以及对美国社会和高等教育的影响

需要强调的是，整个赠地体系的实施自最早的《莫里尔法案》的酝酿直到1914年的《史密斯—莱沃法案》的出台，绵延了50多年，甚至一直到2008年，在1994年29所少数族裔的公立学院获得赠地大学地位的基础上，又有32所类似学院获得了同样的赠地学院的地位。到目前为止，全美国共有137所赠地学院（大学）。显然，该过程是一个对赠地法案体系不断完善、不断充实与提高的过程，同时也不难看出赠地法案体系在美国高等教育历史上的地位和影响有多么深远。

18世纪下半叶的美国刚刚结束了南北战争，可谓是百废待兴。赠地学院根据这一现实情况，开设了各类具有较高实用价值的课程，为农业生产提供了大量有知识、有文化的高素质人才。赠地学院的实验室更是紧密跟踪在农业发展中遇到的实际问题，研究优良品种和肥料，介绍先进的农业种植方法，极大地促进了农业的发展。据统计，1860年至1900年，各类农作物总产量成

倍增长，小麦增长了近3倍，玉米增长了2.5倍，棉花增长了4倍，谷物增长了近12倍。其农产品在满足国内市场需要的同时，还能大量向欧洲工业国出口，成为当时世界上最大的粮食出口国。

农业经济的发展，使美国对先进的农业生产工具的需求不断增长，这也促进了美国工业经济的发展，并且转而反哺赠地学院及其他州立大学农工类学科的建设和发展。这一切不仅积极地迎合了欧洲工业革命的浪潮，也促进了美国社会经济的发展，尤其是促进了美国社会经济形态的转变，即适时地由以农业经济为主向以工业经济为主的社会形态转变。据不完全统计，自1860年到1890年，美国的加工工业产值增长了近7倍，工业产值增长了近4倍，建立了比较完整的现代化工业体系，工业总产值由原来的全世界第4位跃居首位。作为19世纪中期一个贫穷落后的农业国，美国能在短短40年时间里赶超欧洲老牌资本主义强国，追根溯源，与美国1862年通过的《莫里尔法案》并适时建立赠地学院是密不可分的，也与赠地学院的农工类专业为社会培养了大批专业人才是密不可分的。一个重要的事实是，即便是今天的美国已经高度工业化，几乎每个州的老牌赠地学院也依旧设有办学水平很高、科研实力很强的农学、农业工程及相关学科，例如加利福尼亚大学伯克利分校的农业及资源经济专业、康奈尔大学的农业与生命科学学院、普渡大学的农学院、伊利诺伊大学欧巴纳—香槟校区的农业与环境科学学院、威斯康星大学曼迪逊校区农业与生命科学学院等。从这一点来说,《莫里尔法案》及其他相关的相似法案对美国的社会进步与发展具有重要的历史意义，是美国由一个典型意义上的农业国家迅速成功地发展为一个经济发达的工业化国家的强大动力。

赠地学院运动对以后高等教育的发展也产生了深远的影响。全美国公民平等地享有接受教育的权利是美国传统文化中的核心价值观，并且得到了美国宪法的保护。赠地学院作为美国公立高等教育中的重要组成部分，始终坚持以求真务实为原则，以教授学生实用科学技术为目的，为美国经济社会的发展做出了不可磨灭的贡献。从历史的角度来分析，由于受到欧洲高等教育的发展、工业革命的冲击以及宗教革命的影响，南北战争前后的美国旧式学院已经不能满足美国社会发展的需要，赠地学院的产生和发展不仅是早期美国高等教育过渡到真正意义上的现代美国高等教育的一个标志，同时开启了美国高等教育的一个崭新局面。

诚然，赠地学院的产生并不是对原有的旧式高等教育的全盘否定，也不是简单的替代。无论是教育形式还是教学内容，赠地学院与当时的私立学院共同构成了一种并存互补、相互促进的格局。由于受到美国独特的历史传统和宗教在美国文化中的传统地位等多方面因素的影响，相当一部分的旧式学院继续恪守传统，承担着传承历史和经典智慧的社会责任，也是美国社会和民众的需要使然。而赠地学院等州立大学则承担了发展经济、提高综合国力的社会责任。之后，随着社会的不断发展和进步，特别是由于受到德国、法国、英国等欧洲国家高等教育发展的影响，传统的旧式学院为了提高其竞争力也开始开设一些实用性课程。同时，赠地学院为了提高学生的综合素质也开始开设许多学术性较强的课程。应该说，由于赠地学院等州立大学和私立大学的共同引领，美国高等教育开始向着综合性的方向发展。到目前为止，经过两百年左右的发展，一部分原先的旧式学院和最早的赠地学院都已经具有了很高的教学质量和科研水平，有的甚至已经跻身世界顶级大学的行列，加利福尼亚大学伯克利分校、康奈尔大学等就是典型的例子。赠地学院中还有近60所是为少数族裔建立的两年制或三年制学院，它们并不具有很高的教学和科研水平，但是它们所承担的是另一个极其重要的社会责任，即提高社会最底层包括外来移民在内的平民百姓的文化水平和综合素质。显然，这些高校也是构成美国高等教育体制的一个重要组成部分。

需要说明的是，由于赠地学院的办学目的并不是培养神职人员和社会事务服务人员，似乎有别于以新教的福音主义为办学基础和理念的旧式学院的办学模式和办学宗旨，但是，具有讽刺意味的是，由于赠地学院的办学理念就是为所在州的农业和社会经济发展服务，特别是要为更多的社会底层的平民百姓创造平等地接受高等教育的机会，这与新教的福音主义似乎又形成了一种心照不宣的默契：赠地学院也在努力维持着新教的严肃性，保持了与传统的一致，而传统的宗教则在很大程度上为赠地学院的发展提供护佑和支持。这就是为什么美国的州立大学也或多或少地带有一些宗教的色彩，而传统的旧式学院也不再是于高门深院中独守清高的原因。

综上所述不难看出，美国的高等教育之所以能在一个较短的时间内顺利完成从早期对宗教的高度依附过渡到典型意义的近代高等教育的形态，并始终高速前行在一个较为正确的轨道上，与以《莫里尔法案》为代表的赠地法案体系有着密不可分的关系。换言之，美国高等教育发展的动力来源于体制的保障。毫无疑问，这一实践值得我们深思与借鉴。

美国军售牌能打多长?

王　安*

8月13日，美国总统特朗普签署了《2019财年国防授权法案》，该法案不仅要求扩大军备，还包含诸多涉华消极条款，如要求就加强台军战备提交评估和计划等。台湾是中国不可分割的一部分，台湾问题是中国的内政，对台军售是赤裸裸的干涉中国内政。自苏联解体、冷战结束以来，中美关系的战略基础重新建构，美国总是试图用打军售牌来获得政治、经济的双重利益。

一、为何要继续对台军售

美国《国防新闻》周刊于8月13日发布2017年军火销售排行榜，美国洛克希德·马丁空间系统公司（简称“洛克希德·马丁公司”）为全球最大的军火商，其销售额达479亿美元。在世界前十大军工企业榜单中，有五家属于美国。

美国是世界头号军火生产国和出口国，军火出口对美国的经济贡献巨大。美国国会预算办公室的资料表明，每向外出口价值10亿美元的武器，就能在美国国内提供大约4.2万个就业机会。中国台湾是美国军售的最大市场之一。有数据表明，从1989年到1999年7月的10年里，美国对台军售总金额达200多亿美元，中国台湾成为仅次于沙特阿拉伯的美国第二大军火市场。在近些年进行的几宗大规模对台军售的背后，军火利益都起到了重要的作用，这些经济利益又与美国国内的选举政治、官僚政治盘根错节地纠缠在一起。

美国前总统艾森豪威尔在1961年发表的告别演说中提出了“军工复合体”（military-industrial complex）的概念。军工复合体是指由行政部门、部分国会

* 王安，原解放军国际关系学院2016届军事外交专业学员，现任石家庄空军飞行学院宣传干事。

议员、军工企业和受军工企业资助的智库等组成的利益联合体。它的运作主要涉及行政部门当中的国防部、国会和军工企业三部分。该联合体基于共同的政治、经济、军事利益，通过制定、参与或对政府军售政策提出建议来维护自身利益。军工复合体，特别是军工企业，经常会利用各种手段游说政府批准各种军售大单，游说国会议员支持军售议案，从而获取巨额利润。它们在历届政府在对台军售问题上，都有相当大的推动力。1992年，老布什政府一次性批准向台湾地区出售价值高达80亿美元的F-16战机议案，以此挽救陷入困境的洛克希德·马丁公司。此外，按照美国媒体的报道，2009年，奥巴马在执政的第二年，便向台湾当局抛出高达64亿美元的军售大单，这也是在回报其身后的军工企业，因为后者在其竞选时砸下了巨额的政治捐款。

当然，军工复合体也不能在美国政界“包打天下”。就对台军售而言，由于对台军售政策涉及多个部门的共同决策，因此它要经历一个复杂、漫长的官僚政治斗争过程。

在政府内部，对台军售涉及国务院、国防部、财政部、国安会、军控裁军署、情报等部门，各部门都要求最终的成案能尽量体现多家意见。部门之间由此而来的政治斗争有时会达到白热化的程度。正是由于这种斗争，在里根时期，尽管里根总统是“亲台派”，但他也因迫于政府内部斗争，放弃了对台出售先进战机。里根的前任卡特总统，出于改善对华关系的需求，拒绝了台湾提出的购买先进军事装备的要求，直至里根上台执政时，台湾提出的购置价值9600万美元的FX战斗机仍处于延期状态。此时，里根决定提升“美台关系”，向台湾地区出售先进武器，造成了美国行政部门的内部分歧，主要体现在以国务院为一方，以国防部、国安会等部门为另一方的尖锐对峙。前者反对向台湾地区出售FX战机，而后者则极力主张出售。最终的结果是国务卿黑格以辞职来维护自己的立场。受此影响，且出于战略考虑，里根最终没有同意向台湾地区出售FX战机。

军工复合体不仅自身不是铁板一块，还由于美国“三权分立”的政治体制而受到国会的制约。在克林顿时期，中美共同致力于发展“建设性的战略伙伴关系”，克林顿政府尽量避免中美关系再因军售问题而演变为更大的风波。但政府的超然态度引来了国会的强势介入，许多对台军售项目是由国会动议和发起的。国会不仅敦促政府履行对台湾的“安全承诺”，推动FX战机出售，还主动介入行政部门的内部人事变动，参与到政府内部的分歧当中。国会对政策的介入主要关注的是在决策过程中自己的角色问题，而非具体的决策内容和结果。国会此举除了“保护台湾”的意识形态因素、为军工企业“金主”争取大单的经济利益因素，还与其要增强在决策中参与分量的意图关系密切。具体来说，国会介入的最终目的不是决定向台湾地区出售哪种型号的FX战机，而是要求政府在决策过程中及时向国会汇报进展情况，咨询国会的意见，尊重国会的参与权。

从根本上看，美国对台军售的最根本动因是美国的国家战略利益。但就其国家战略利益而言，军工企业的利益无法代表整体国家的战略利益，也与美国政界其他部门的利益存在冲突。经济利益是军工复合体介入美国对台军售决策过程中的直接动力。军工企业只关注经济利益，为了获取军火订单，会采用各种方式，或影响政府决策，或通过国会制衡，以此对政府施压。通过资金支持帮助政党候选人进入政府或国会，军工企业在政界和立法界的影响越来越大，很大程度地影响了美国对台军售的决策效果，但其力量还未达到能够直接主导美国对台军售政策的程度。从长远来看，军工企业与政府和国会的联系越密切，对军售决策的介入就越深，就越能造成“绑架”政府决策的态势，使得对台军售问题的妥善解决愈发困难。“以偏概全”的片面利益追求，对美国整体的国家战略利益是一种损害。

二、美对台军售的特点和变化

美对台军售问题由来已久，军售在每个阶段所反映的政治背景也不尽相同。

第二次世界大战以来，美国始终把与台湾地区的关系，视为其在东亚乃至亚太和全球战略利益中的一个重要筹码。从卡特政府开始，美台军售政策流程和制度开始正式确立，并在里根、老布什和克林顿三届政府的支持下不断延续发展。

20世纪六七十年代，美国陷入内外交困的局面。在国内，美国经济出现衰退，失业率增高，民权运动兴起；在国际上，美国深陷越南战争的泥潭不能自拔。在同苏联的全球霸权争夺中，美国采取守势，处于下风。为威慑苏联，美国积极改善对华关系。

针对美国的对台军售，中国长期开展斗争，并取得了一定成效，主要表现为美国在外交文件中就对台军售政策予以让步，并集中体现在中美“三个联合公报”的精神中。1972年，中美两国在上海发表《中华人民共和国和美利坚合众国联合公报》，即著名的《上海公报》。美国声明，“美国认识到，在台湾海峡两边的所有中国人都认为只有一个中国，台湾是中国的一部分”，并确认“从台湾撤出全部美国武装力量和军事设施的最终目标”。1978年,《中华人民共和国和美利坚合众国关于建立外交关系的联合公报》(简称《中美建交公报》)创立了“中美建交三原则”，即与台湾断交、撤军、废约。1982年，中美发布《中华人民共和国和美利坚合众国联合公报》(即《八一七公报》)，美方承诺“它不寻求执行一项长期向台湾出售武器的政策，它向台湾地区出售的武器在性能和数量上将不超过建交以来近几年的水平，准备逐步减少它对台湾的武器出售，并经过一段时间导致最后解决”。

从1979年开始到冷战结束前夕，美国在深化、拓宽与中国关系的前提下，常常打着各种幌子，继续以军售等实际行动来维持对台湾当局的“安全承诺”。尽管如此，从整体上看，在进入20世纪70年代，尤其是80年代以后，美国对台军售明显放缓，武器出口数量有较大幅缩减，装备性能也不如以前。这一时期的对台军售，既保证了“美台关系”得以继续巩固和深化，也未给中美关系造成过度冲击。

20世纪90年代，随着苏联解体，维持中美关系发展的“联华制苏”大战略不复存在，美国开始逐渐调整对华政策，通过各种方式加大对中国的打压，延缓中国的发展势头。这其中就包括继续加大对台军售。冷战结束后，美国加大了对台军售的力度，提升了与台湾当局之间的军事合作关系，对台军售也成为美台实质关系当中最为重要和关键的内容之一。

总体来说，美对台军售总额一切都以时间、地点、条件为转移。除了顾虑中国的反应，国会对政府的牵制、政府之间不同部门的牵制以及军工复合体背后施加的影响，造就了美国军售政策本身成为一个复杂的矛盾集合体。21世纪以来，小布什、奥巴马两届政府大体沿袭历届政府的对台军售政策，但同样也体现出一些新的变化，主要是通过各类方式，实现更为隐蔽的对台军售。第一，由于美国对台军售一家独大，牢牢地掌控了定价权，因此物价成本因素对于售台军贸总额的影响并不突出。同时，这也使得美国对台军售的数据水分增加，仅凭对台军售交易总额的增长，不能完全反映美国对华究竟是疏是亲的战略意图。举例说明，尽管小布什政府时期对台军售总额约为135.46亿美元，而奥巴马政府时期对台军售总额约为140.8亿美元，但两届政府出售的是完全不同类型的武器。仅凭军售价格，很难判断小布什政府于2003年对台出售的武器实际价值到底如何；而奥巴马政府于2015年向台湾地区出售的二手佩里级护卫舰，该舰折旧程度也无法从军售价格中得出。第二，美国对台军售武器除了在内容上愈发多样与复杂，在形式上也是“暗度陈仓”——近几届政府不断通过装备升级、军事交流、人员培训等办法间接实现对台军售，以加强隐蔽性。譬如：2010年美国对台出售的爱国者III型反导防御系统，是在已售的II型系统基础上改进而来的，并非新货；而台湾陆军部门于2015年3月派遣一支由26人组成的侦搜排赴美，展开了为期半年左右的驻训。此为台军地面部队首度以部队编制赴美国本土与美军演训互动。

值得注意的是，即便现如今，美国在对台军售问题上越来越顾及中国的反应，但无论何时，美国都没有放弃对台军售。即便美国曾在一段时间内受到中国态度的影响，也是从自身战略利益出发，在改善中美关系与加强对台军售之间做选择题，通过调整对台军售的规模与力度来实现自身战略利益最大化。对台军售是美国试图维护其在亚太地区“盟主”地位的一项“安抚”政策，也是美国为干涉中国内政在中国边海钉下的一颗钉子。它不是仅仅依据中美关系就即时变化的、可用可弃的战术手段，而是一项稳定的战略措施，具有长期性、坚定性。譬如，1978年《中美建交公报》发布仅三个月，美国国会便出台了从法律角度保障美台军售的“与台湾关系法”。在对台军售方面，该“法案”甚至提出“美国将向台湾提供使其能保持足够自卫能力所需数量的防御物资和防御服务”。在1982年与中国联合发布《八一七公报》之前，美国又对台提出“六项保证”，其中第一条便是“不设定对台军售的终止期限”。美国之所以对白纸黑字的公报食言，根源在于其在亚太地区的战略利益。美国对台军售问题是一个长期的历史遗留问题，在短期内无法彻底解决。无论是民主党还是共和党执政，都无一例外地强调为台湾地区提供武器的必要性。时至今日，美国一直是台湾地区最大的军火供应商，也是台湾当局最大的军品采购来源国。

三、制约因素

尽管美国对台军售具有长期延续性，但绝非一路高歌猛进。美国对华战略的调整和两岸关系是制约美国对台军售的两个主要因素。

美国对华战略的调整是其对台军售政策的背景,决定了对台军售的程度和面貌。出于战略意图的考虑,美国政府在对台军售问题上采取克制做法的事例很多。

1969年，尼克松上台后，为了改善和发展对华关系，推行“联华制苏”战略，多次明确拒绝了台湾向美国提出购买60架F-4战机的请求，开启了拒绝向台湾售卖先进战机的先例。里根政府时期，荷兰售台潜艇事件引发了中美关系危机，中美之间展开了艰难的外交谈判。在美国国务卿黑格以辞职来表明维护对华关系立场的情况下，里根总统采取了黑格缓和对华关系的政策，与中国签订《八一七公报》。奥巴马政府时期，金融危机使美国国力受损，在恢复国内经济和处理各种国际问题上，美国都不得不倚重中国的支持，因而在对台问题特别是对台军售问题上不得不采取克制性的政策。2010年1月，美国政府相继宣布对台出售爱国者三号导弹防御体系和其他武器、技术和设备，价值64亿美元。对此中国政府强烈回应，停止中美两军交流，拒绝美国国防部长盖茨在2010年亚洲之行中访问大陆，使美方感受到一意孤行坚持对台军售的代价。在2011年对台湾出售价值58.5亿美元的军事装备之后，奥巴马政府暂停对台军售长达四年之久，且2015年公布的军售额度大幅降低，仅为18.3亿美元。

从上述事例可以看出，美国对华战略的调整极大地影响美国的对台军售，美国越来越顾忌宣布对台军售案后中国的反应与态度。美国历任总统上台后，都会以任职以来首次宣布对台军售预案为契机试探中国的战略底线，一旦中国态度强硬，“碰了壁”，便略为回缩。但无论中美关系如何变化，美对台军售的长期趋势暂时不会发生大的变化，特朗普近日公布的“国防授权法案”更是一反前任政府对台军售的克制政策，成为美国对中国新一轮战略试探的开端。

两岸关系的发展对军售问题的影响更为直接，而且日趋复杂。2000年民进党上台以后，由于陈水扁当局一意孤行推行“急独”政策，引发两岸关系紧张。由于担心过多的对台军售会引起大陆的强烈反对，更担心陈水扁当局以对台军售为手段在政策上“绑架”美国，克林顿政府暂停甚至“冻结”对台军售，以限制台湾当局的“急独”行为。然而，2008年马英九上台以后，民进党挑动两岸关系的威胁解除，两岸关系呈现出“和平发展”的积极前景，在军售问题上新的问题又随之产生，两岸关系的发展对军售问题的影响更加复杂化。尽管马英九当局上台以后，两岸签订“三通”协议、成立“两岸经济合作委员会”，不断培育互信氛围，但是，马英九谋求购买美国武器的尝试却从未停止。为了避免刺激中国，2011年，奥巴马政府没有按照台湾方面的请求出售F-16C/D战机，而是出售了性能较低的F-16A/B型战机。

中美战略合作的加强和两岸关系的和平发展，对美国涉台军事关系提出了新的制约条件，但是在对台军售问题上，美方不得不更多地考虑中国大陆的核心利益和两岸和平的新格局。蔡英文上台以来从未承认“九二共识”，为两岸关系发展平添诸多变数，在一定程度上也会令美国考虑是否限制对台军售。

四、对台不利

每当涉及对台军售，“台独”分子总是欢欣鼓舞，认为这是美国的“撑腰”“打气”。然而，美国对台军售，首先要看清其背后的意义。首先，一个最为突出的问题就是：美国是否会“保护”台湾？从美国的国家性格来看，这种想法不切实际。从现实主义的观点看，美国不支持统一，不愿意打破自身作为台湾“可靠朋友的形象”，以致影响其作为亚太强权国家的地位与战略影响力；而不支持“独立”，则是不愿意刺激中国，恶化中美关系。美国对台军售的政治意图大于军事意图，美国希望利用台湾问题干涉中国内政。上述这两个战略目标决定了美方将维持现状视为最佳选择。

其次，美国对台军售严重拖累台湾经济社会发展。美国向台湾地区出售的武器装备，都大幅高于国际市场价格。UH-60M型黑鹰直升机在2000年的出厂价约为1000万美元。以美国2010年对台出售的60架UH-60M型黑鹰直升机为例，从2007年到2010年，该项目的报价从21亿美元涨到了31亿美元。2008年，配套该机型售台的“标枪”反坦克导弹，每枚价格从7万美元飞涨至24万美元。2008年马英九当选“总统”时提出要实现防务预算占到GDP3%的目标，但是在全球经济危机重创台湾经济后，台湾2009年GDP负增长5.65%。即便在此情况下，2010年台湾仍向美国购进价值64亿美元的军事武器。此举浪费了台湾大量的经济资源，减缓了台湾的经济恢复。

最后，台湾从美国购入的军事武器并不能弥补两岸日益拉大的军事差距。美国售台的武器多数都是美军退役装备，在某种程度上，台湾成为美国装备的“资源回收中心”，反而影响台湾自身武器装备的研发。譬如，老布什执政后，马上宣布出售150架F-16A/B战机，轰动了国际舆论界，可实际上，彼时台湾已研制成功IDF战机，并准备列装250架。老布什对台出售的F-16A/B战机空战性能还不及IDF，迫使台湾压缩IDF的生产规模，由250架减产至130架。

五、中国如何反应

美国坚持对台售武，主要是为了维护其在全球，尤其是在亚太的战略利益，实现“以华制华”，围堵遏制中国。面对反华势力，中国不会退缩半步，中国的底气，来源于多方面因素。

经济因素的作用随着各国经济的相互依赖而持续加强。中美经济相互依存，会为美对台军售施加更多影响。中美和两岸经贸关系的日益紧密，使中国在处理美国对台军售问题上有了更多的筹码和方法，美国和台湾地区都不得不因为经贸利益在军售问题上保持更多的谨慎。2015年12月17日，针对美国政府宣布向中国台湾出售总额约18.3亿美元的武器装备一事，中国外交部发言人洪磊表示：“美国企业参与向台湾出售武器是严重损害中国主权和安全利益的行为。中国政府和企业将不会同任何此类企业开展合作和商业往来。”

从军事因素上看，中美双方在军事层面加强了沟通往来，而美国对台湾地区出售的军事武器并不能实质性地改变中国大陆与台湾地区的军事力量差异。2011年5月9日，第三轮中美战略与经济对话举行，中美军方代表首次参加对话。中美战略和经济对话两项机制自确立以来，中美在事关两国关系的深层次、战略性重大问题方面进行了富有成效的沟通与交流，以便于在军事领域加强交流与沟通。中美之间还建立了多个磋商机制，以化解矛盾和增进合作。

从根本上看，中国政府一以贯之地捍卫国家核心利益，坚决采取一切必要措施维护国家主权和领土完整的底线牢不可破，任何低估中国战略决心意志的对手，必然会偷鸡不成蚀把米。2018年8月14日，中国外交部发言人陆慷在答记者问时说，中方对美方不顾中方坚决反对执意通过并签署“2019财年国防授权法案”表示强烈不满，中方敦促美方摒弃冷战思维和零和博弈理念，不得实施有关涉华消极条款。美国必须认识到，台湾问题是中美关系中一个非常敏感和重要的问题，中国在这些原则问题上绝不会屈服于任何压力，美国永远不应低估中国政府和人民的决心和能力。

周末观察文选

我看特朗普的贸易战*

王 波

最近，美国的贸易战成为世界焦点、热点。世界贸易问题，笔者没啥研究，不发表意见。但是，如何看待特朗普，如何看待当下的美国，个人觉得至少有三个方面，可以谈谈个人看法。

一是各种贸易战本质上也是一场话语战。信息时代，传播方式多样，传播媒介多元，话语斗争异常激烈、复杂、透明、不可控。各种问题上的纷争，美国的各种举措，说到底，首先还是围绕着话语权力在造势、在斗争、在争夺。美国人曾自信地认为20世纪是美国的世纪，但是到了21世纪，世界变了，美国不再具有绝对的优势，这也是为什么有的人觉得美国衰弱了。如果说衰弱，这只是相对的衰弱，至少目前如此，毕竟美国在各个方面的实力依旧强大。在第二次世界大战后很长时间里，美国的经济实力超级强大，在国际贸易规则制定、运作等方面，都是美国一家独大。现在不同了，有更多的国家发展迅速，日益在国际上发挥着重要作用，直接或间接地影响美国的话语地位。特朗普提出的“美国优先”，在本质上，也是为了美国的话语权力优先。

二是美国的各种对外政策，是美国式的理想主义和现实主义交织、博弈的结果。但是说到底，美国的政策最终还是现实主义的。特朗普是一个商人，更是会进行各种利益的计算、关系的博弈，力求利益最大化。可是，即便是从商业利益的角度看，也早就不是美国一家独大了。全球化时代，各种关系交织，各种利益交织，各种矛盾交织，美国说了不算，谁说了也不算，它需要各方的谈判、协商、妥协，最终是各种力量博弈的结果，合作共赢才是真理。

---

* 本文于2018年7月7日发表于“美国学与国际研究”微信公众号的“周末观察”栏目。

三是全球化的趋势不可逆转。有人说，美国又试图回到孤立主义时代，“美国优先”也是某种形式的孤立。其实，美国从建国开始，从华盛顿总统确立所谓的孤立主义外交政策开始，美国就从来没有孤立于世界之外。建国初期的美国，希望与欧洲发展商贸关系，不发展政治关系。可是美国又怎能不发展政治关系？更何况美国与欧洲有千丝万缕的血缘联系、利益联系。于是，崛起的美国越来越卷入与其他国家的各种复杂政治关系中去。很快，美国就提出了门罗主义，出现了所谓的美洲孤立。后面的历史，越来越清晰，笔者不去一一评述。到了今天，在全球化已成为趋势和现实的今天，在各国都享受到全球化带来各种好处的今天，美国早已无力脱身于世界之外。所以，不难理解，美国的各种贸易制裁措施，各种对其他国家的不公平做法和单方面做法，很快就招致各种批评，甚至美国的传统盟友，也立马表示不满，并采取措施。因为，世界已经紧密地联系在一起。这不是美国的世界，也不是两个国家的事情，这是一个命运共同体，每个国家都置身其中，美国充其量是世界的重要组成部分。特朗普不是看不到这一点。面对美国面临的各种问题、挑战，他该如何反应？或许他是在借题发挥，或许是希望重拾“胡萝卜加大棒”，希望给美国赢得更多的话语权力。可是，这早已不是一厢情愿的事情。更何况，特朗普并不能完全代表美国，美国的国会议员和大法官们，也是美国政治体制的重要组成部分，关键时刻，他们经常否定特朗普的一家之言。

我看特朗普的移民“新政”*

王　波

特朗普上任以来，移民政策一直是一个焦点、热点，尤其是他一上任就提出的禁穆令和对非法移民采取的“零容忍”移民新政策，遭到各种批评。如何认识特朗普的移民“新政”？特朗普真的如此铁腕，毫无人性？笔者觉得至少要从三个方面来认识当前美国的移民政策。

一是美国的移民政策一直是一个历史争议问题，并不是特朗普上台后才成为新的焦点。从19世纪末开始，美国有关移民问题的讨论一直没有停止过，它不是特朗普时代的专属产物。

1882年5月6日，美国国会通过《排华法案》(*Chinese Exclusion Act*)，标志着美国政府的移民政策从殖民地时期开始的自由移民时期过渡到了限制性移民时期。从此，有关移民问题的辩论从未间断。

制订限制性移民政策的原因很多。其中一个主要原因是，随着工业化的初步完成，美国社会首次遇到了工业社会初期特有的各种社会问题，如失业、贫困、腐败、环境污染等，这些问题在农业社会不是那么突出。与此同时，相应的社会保障机制以及其他现代社会的管理机制尚未建立或完善（19世纪末的进步主义运动正是为了推动现代管理体制的建立而出现的中产阶级社会改良运动）。19世纪末的美国，主流社会不主张联邦政府干预过多，“管得最好的政府就是管得最少的政府”这一政治传统主导着政府管理。经过各种争论、辩论，限制新移民、驱赶非盎格鲁—撒克逊族的移民似乎成了解决就业问题的良方。华人移民首当其冲。

在19世纪，有大批华人移民美国，参与跨州际铁路建设和到西部淘金。华工由于勤劳又接受低工资，因此受到白人雇主青睐。可是，随着19世纪末

* 本文于2018年7月15日发表于“美国学与国际研究”微信公众号的“周末观察”栏目。

工业化的完成，一些行业的雇员数量趋于饱和，特别是随着经济的转型、调整，以及不同程度经济危机的出现，就业市场竞争激烈。于是就有了1882年的《排华法案》（2012年6月18日，美国众议院全票通过表决，正式以立法形式就1882年《排华法案》公开道歉），华工成为被限制和驱赶的首批对象。

从限制华人移民开始，美国的移民政策经历了第一次世界大战、大萧条、第二次世界大战、冷战等时期。不同时期，限制和驱赶的移民重点不一样，包括德裔、日裔等在内的合法移民群体都曾因各种原因遭受过诸多不公正的待遇。在1965年之前，美国联邦政府的移民政策基本延续了1882年开始的限制特定国家移民的传统，同时对准入国家的移民采取配额制。这一限制性移民政策直到1965年移民改革法的出台，才发生大的变化。

第二次世界大战后，由于美国有些退伍军人的妻子是外国公民（战争期间的爱情），加之冷战时代为了充当所谓西方世界领袖和维护救世主形象的政治需要，以及随着20世纪60年代以黑人民权运动为代表的各种社会运动的兴起，美国多元文化主义出现，社会对移民和不同文化变得更为宽容。于是，1965年，美国改变了实行了半个多世纪的限制性移民政策，更为灵活地处理难民问题、退伍军人外国妻子问题、吸纳美国需要的人才问题，以及出于政治考虑接受特定国家移民的问题等，进入了被笔者称为美国移民史上的“选择性移民时期”。

美国政府希望接纳的移民，会优先被安排入境。当然，接纳是有一定原则的。例如，美国公民的亲属、美国需要的高科技人才等，被优先接纳。既然是选择性移民，不同时期，美国对移民总有不同的需求和不同的标准。因此，这个选择的标准肯定有弹性，美国随时可能调整移民政策，以有利于美国的利益。所以，这项选择性政策从1965年开始一直是一项有争议的政策。到了特朗普时代，无论是禁穆令，还是其他措施，选择的对象发生变化，一点也不奇怪。说到底，美国的移民政策是一种选择性移民政策，本质上是一种限制性移民政策，体现了美国式的实用主义。

二是移民政策一直是美国对外政策的缩影。美国是一个移民国家，美国历史上每一次重大移民政策的调整，无不与当时美国所处时代的内外环境因素密切相关，这是美国政府对外部环境的一个重要回应。美国作为世界第一大经济强国，经济能够快速发展，除了自身得天独厚的历史原因、地理位置、发展机会以外，也得益于两次世界大战和冷战，更得益于后冷战时代经济的全球化。但是，经济全球化也给美国带来了诸多的挑战与危机。加之后

“9·11”时代反恐战争的延续，以及新媒体时代网络恐怖主义思想的渗透传播，无一不在深刻影响着美国社会和美国的移民政策，并在一个个具体的议题上反映出来。无论是历史上的《排华法案》，还是今天的禁穆令、对非法移民的“零容忍”，等等，这些移民政策的出台本质上都是美国直接或间接对外部世界的一个反应。

三是非法移民一直是美国的老大难问题。如何彻底根治，一直困扰着美国。之前美墨边境开放的时候，大量非法移民涌入，加上通过其他非法途径进入美国的移民，给美国社会带来了不少挑战和压力。美国政府曾数次归化非法移民，让他们中合适的人获得合法公民身份，但是随后又有大量非法移民涌入。后来，美国政府不得不加大边境管控措施。奥巴马时代如此，布什时代也是如此，只是管控的程度不同而已。尤其是特朗普上任后，他对非法移民几乎采取零容忍态度，对非法移民中的成人提起诉讼，强行带走他们的孩子另行安置，造成骨肉分离，引起各方争议和抗议。

特朗普把非法移民称为入侵者，丝毫不愿意妥协。他似乎在痛下决心整治非法移民问题。或许，他的铁腕政策可让非法移民问题得到较好的解决。

非法移民，尤其是他们在美国出生的子女可以成为合法美国公民，可以合法消耗纳税人的钱，造成不少地方政府财政紧张，有的地方还因为非法移民出现犯罪问题。不过，美国作为一个移民国家，无论是合法移民，还是非法移民，美国总要以更宽容的方式接纳或对待他们，对待合法移民就更应该有一个宽容的姿态。这也是为何特朗普的禁穆令宣布后，立马遭到各方反对，联邦法院也做出反对的姿态。一个依靠移民建国、发展和兴国的国家，一个有着悠久移民历史的国家，如果一味在移民政策上毫无弹性，不顾亲情，不顾传统，恐怕不是所有美国人愿意看到的，毕竟很多美国人的家人、亲属、朋友都是外国人。

当然，特朗普的移民政策，的确对一些美国的中下阶层有较强的吸引力。全球化带来了新的世界经济和贸易转型调整。当经济和市场不景气的时候，对于那些暂时失去就业机会、失去工作的中下层美国人来说，特朗普的强硬移民政策无疑让他们看到了新希望。

可是，这真的是解决问题的有效方案吗？加强边境管控是对的，但是对已经入境的非法移民采取强行拆散父母与子女在一起的做法，即便有法律依据，也有违人性。许多有良知的美国政治家和民众站出来公开表示反对，美国上下意见极不一致。无论是联邦法庭、政府内部，还是在老百姓中，反对声和抗议声此起彼伏。即便特朗普的所谓移民新政策得到一些美国人的支持，他也无法完全任性。

正如在当前很有争议的贸易战问题上，美国参议院在当地时间7月11日，以88：11的压倒性票数通过了一项不需要强制执行的决议，希望结束特朗普以国家安全为由加征进口关税的做法。共和党是特朗普所在的党派，也是美国参议院的多数党。显然，特朗普的贸易战政策招来了共和党党内一些人的强烈不满。即便特朗普要一意孤行，恐怕也不得不考虑国会和它背后的民意吧。毕竟，特朗普的做法看似保护了一部分美国人的利益，维护了“美国优先”的原则，却也损害了另外一部分美国人的利益。

移民问题也是如此。特朗普本人并不是解决移民问题的一剂新良方。他提出的一系列移民“新政”，也不是啥“新政”，只是给美国从1965年以来就已延续半个多世纪的选择性移民政策变相地打上了新的“特氏”标签而已。

“后真相”时代的媒体人和社会人应该有怎样的新媒体观？

——从美国说起*

王　波

2009年6月，据美国一家名为“全球语言监测站”的机构的研究，第100万个英语单词诞生，这个单词就是web2.0（网络2.0）。网络2.0时代的到来，给了民众更多的话语权力和话语途径，普通民众有了更多了解信息和表达意见的机会。民众不再依赖传统媒体获取信息，而是选择自己感兴趣的新媒体了解信息、表达意见。新媒体时代是自媒体时代，用户不是被动接受或下载信息，用户可以上传文字、图片以及视频等信息，以个人为中心的新媒体从边缘走向主流。“消费者即生产者；其生产者多半是非专业人士；个人能选择适合自己才能和兴趣的新新媒介去表达和出版；新新媒介没有自上而下的控制；新新媒介使人人成为出版人、制作人和促销人。”① 自上而下的控制没了。民众随时随地可以去了解自己感兴趣的信息。美国学者保罗·莱文森感叹：“在快速变化的21世纪，关于咨询的最大安慰是，你知道它就在那里。”② 莱文森把这个时代称为新新媒介时代，即web2.0时代，以区别于web1.0时代。

新媒体技术彻底改变了人们的行为习惯和思维方式，让人们自己决定接受信息的时间、地点及方式。正因如此，“后真相”（post-truth）成为牛津词典2016年的年度英文词语。《牛津词典》负责人格拉斯沃表示，随着人们阅读习惯的改变，社交网站已成为获取新闻的重要来源。人们随时随地可以质疑传

* 本文于2018年7月28日发表于“美国学与国际研究”微信公众号的“周末观察”栏目。

① 保罗·莱文森：《新新媒介》，复旦大学出版社，2011，第3—4页。

② 同上书，第67页。

统媒体的报道，甚至忽视真相，仅凭个人立场判断是非。这就是所谓的“后真相”时代。在“后真相”时代，普通民众与政府间的信息不对称几乎被磨平，政府主导舆论的难度越来越大，民众有了更多选择的权利、表达的权利。此外，随着互联网的广泛使用和新媒体的普及，“网络犯罪开始向网络恐怖主义发展，并超越国界成为全球性问题”[①]。“后真相”时代不仅给社会稳定带来了各种挑战，也给国家安全话语环境造成了严重威胁。

在“后真相”时代，像美国这样长期占据世界话语霸权地位的国家，其话语霸权地位受到前所未有的冲突和挑战。美国联邦政府既担心民众受到各种力量的影响或蛊惑，又担忧自己的话语霸权地位不保。为确保继续主导国家安全话语环境，更为了确保美国的话语霸权地位，美国提出了战略传播的理念，出台了一系列应对措施迎接挑战，以加强政府层面对安全话语环境的管控、引导和重塑。尤其是在2016年12月23日，美国前总统奥巴马签署了《波特曼—墨菲反宣传法案》（Portman-Murphy Counter-Propaganda Bill）。法案的出台正是美国在话语战场采取的攻防兼备的新举措，它以强化美国国家安全话语影响力和主导力为根本目的，以反制外部世界的话语威胁为主要目标，希望通过采取更明确、更有效的机制和措施来对付美国所认知的外部威胁，营造符合美国利益的安全话语环境。[②]

事实上，无论是在国家安全领域还是在日常生活中，“后真相”时代的挑战随时都可以感受到。新媒体技术是“后真相”时代的主要推手之一，国内外各类报道或消息被轻而易举地推送到普通民众身边，容易煽动起民族情绪或社会情绪，造成社会的不稳定，对国家安全环境造成威胁。

“后真相”时代对于我们媒体人和社会人有怎样的启示呢？

如果认可“后真相”确实不同程度地存在，那么，除了完善相应的法律法规以加强对各类媒体的管理引导之外，还要呼唤建构新的媒体生态，有新的价值取向。这对于构建和谐社会极其重要。换言之，媒体人和社会人都要顺应时代的要求，更新理念，树立正确的新媒体观。

要做一名合格、专业的媒体人，首要和根本的责任就是挖掘事实和了解真相，客观陈述事实，尤其是在事关民生和国家安全的问题上，不用煽动性语言，不歪曲和夸大事实。真相，是最好的媒体监督。这是媒体人的职业素

① 陈健、龚晓莺：《“一带一路”沿线网络空间命运共同体研究》，《国际观察》2017年第5期，第61页。

② 王波：《美国出台〈反宣传法〉意欲何为》，《世界知识》2017年第12期。

养要求和道德底线。过去和现在，为了营销手段的需要和社会影响力的扩大，媒体或多或少可能都会存在曲解、夸大甚至歪曲事实的现象。美国的媒体尤甚，美国媒体经常利用自己的话语优势，歪曲事实，片面报道，造成在国家之间产生偏见。新媒体技术改变了现实世界，重塑了媒介生态。曾担任过克林顿和奥巴马公共关系顾问的迈克·麦德沃认为，“在一个资源开放的全球温室中，宣传已经过时，因为宣传不能捏造事实。简单的谷歌搜索就能拆穿所有的谎言和粉饰，贴在网上的手机视频能破坏任何人想抹杀历史的努力”[①]。在“后真相”时代，遵守媒体人的职业标准和道德底线是媒体人的基本素养，是营造良好媒体生态的基本要求之一。

“后真相”时代的社会人，同时也是媒体人。新媒体赋予每个社会人以媒体人的能力和途径，人人都成为媒体人。因此，人人都要有一定的媒体责任，要有基本的道德底线，保持一份警醒。当大家普遍对某一议题有争议的时候，作为社会人的你，记得自己也有一份媒体人的责任，可以尝试去了解事实真相，不因个人情绪或好恶随意跟风，或任性转发未经证实的资讯。每个社会公民都有维护社会稳定的职责。对涉及的国外议题，如果可能，提倡阅读原文，不盲目跟着媒体的推文或观点形成自己的个人“媒体观点”，甚至情绪化地转发。对于有一定社会影响力的公民，更应该时刻保持一份警醒与批判意识，履行好公民的职责。社会是透明的，也是复杂的，它呼唤有法律意识、正义感和责任心的公民。

希望在“后真相”的时代，人人都能看到更多的真相，而不是用个人情绪去掩饰更多的“非真相”，甚至因个人原因造成新的“非真相”。全球化让世界变得更小，地球是不同文明共同的家园，呼吁专业的媒体人和有良知的公民携手共建良好的媒体生态，还原更多“后真相”时代的真相。

① 嘉戴尔斯、麦德沃:《全球媒体时代的软实力之争》，中信出版社，2010年，第126页。

为何美国的公立学校不允许出现有组织的祷告活动？*

王　波

最近，笔者有机会与北大一位教授散步聊天。教授是援疆干部，正在新疆某大学支教。他已融入当地生活，交谈时经常随口说“我们新疆”如何如何，并希望内地的学者大力支持新疆的学科建设。笔者曾两度在新疆旅行和参加学术会议，自然与教授有了许多共同语言。我们分享了新疆的风土人情，交流了有关民族问题的看法，探讨了对宗教活动的认识。笔者自然提及了美国的宗教。

宗教无论是对美国的殖民开拓还是建国后的发展历程，影响都是巨大的。但是，美国又是一个从建立联邦制开始就实行政教分离的国家。在有“公立”标签的地方，有组织的宗教活动慎之又慎，避免触碰宪法底线。多年前，有的公立学校出现上课前举行有组织的祷告活动，结果被联邦最高法院勒令禁止。最高法院明确表示，公立学校内有组织的祷告活动违宪。

公立学校有组织的祷告作为一个公共问题引发争议最早出现在20世纪60年代的美国。1962年，在纽约州校董会的建议下，纽约市一个学区教育局由州法律授权，要求该学区所属各学校的学生在上课前由教师带领，高声朗读祈祷词：“全能的上帝，我们愿皈依您，愿您庇佑我们、我们的家长、教师和祖国。”这就是著名的“恩格尔诉瓦伊塔尔案”的来历。最终，联邦最高法院否决了这一做法，认为公立学校有组织的祷告违宪。

有组织的祷告再度引发争议是在里根总统当政的20世纪80年代保守主义时期。美国多地公立学校在开课之前，组织学生进行集体祷告。其实，这是

* 本文于2018年8月4日发表于“美国学与国际研究”微信公众号的“周末观察”栏目。

美国的保守派人士，希望强化宗教的感召力，通过让青年学生参与宗教活动来强化宗教的影响力。在一个政教分离的国家，为何公立学校胆敢如此明目张胆再度兴起有组织的祷告活动？这与20世纪中叶美国国内爆发的各种社会运动有密切关系。

20世纪60年代，包括美国黑人民权运动、妇女解放运动、同性恋运动、反战运动、新左派运动等各种社会运动此起彼伏，不断涌现。这些社会运动一方面促使美国的多元文化得到发展，社会越发宽容，同时也带来了诸多社会问题。比如，道德问题、家庭问题、婚姻问题、犯罪问题、吸毒问题、青年人反叛问题等，诸多社会问题的泛滥形成美国各种社会运动的后遗症。为了解决这些问题，20世纪80年代，保守派人士希望借助宗教的力量来化解社会危机，通过强化宗教意识，举行宗教活动强化基督教教义的学习，教育感化青年一代。但是，事与愿违，保守派通过有组织的宗教活动干预公立学校教育的做法引发了一些美国人的不满。

很快，有家长提出抗议，官司再次打到联邦最高法院。学校组织一部分学生祷告，就等于歧视了不是同一教派的学生以及非宗教学生。在美国，以盎格鲁—撒克逊白人新教徒和天主教徒为主的基督教徒是主流，但是美国的穆斯林、佛教徒等宗教人士和其他非宗教人士也是美国社会的合法公民，更何况新教徒本来就分属不同的教派。你以任何方式组织祷告都是对其他教派成员的宗教歧视。难道，他们都各自组织祷告活动，让课堂成为教堂？让公立教育机构成为教会传教中心？显然，这与政教分离的宪法原则不符。

公立学校有组织的祷告成为20世纪80年代美国社会的热点和焦点。最后，联邦最高法院坚决做宪法的守护神，坚决捍卫政教分离的宪法原则，反对公立学校有组织的祷告，再次旗帜鲜明地维护了宪法的尊严和法律的权威。公立学校不允许有组织的祷告，就是宣告公立学校不得允许出现有组织的宗教活动，尽管时不时出现带宗教色彩的活动，但那是十分谨慎的。

时至今日，联邦最高法院在公立学校有组织的祷告问题上的判决依然有效。今天，它在捍卫政教分离的宪法原则问题上，依然有重大现实意义，对依法治国有重要启示。

首先，它维护了宪法和法律的尊严，强化了依法治国，捍卫了政教分离原则的严肃性。美国是实行政教分离的国家，公立学校既然是公立的，就不应该受到任何宗教势力的影响和干预。美国公民可以有宗教信仰的自由，但是公立学校不是公民宗教信仰的培育者和祷告地，任何有组织的宗教活动都应该受到限制和约束。公立学校允许的宗教活动，只能是自发的、个人的，不带有任何组织色彩的。

其次要看到，美国作为一个移民国家，宗教是殖民开拓和建国的根本原因和基础之一。从殖民地时期开始，宗教一直是美国社会最重要的影响因素之一，北美殖民地的早期开拓者正是为了宗教信仰自由才漂洋过海来到北美。但是，在1787年制定联邦宪法时，美国毅然决定选择政教分离，这是美国人自己选择的治国理政方式，是对历史的深刻反思和理性选择。早期的清教徒饱受英国的宗教迫害，漂洋过海来到北美，迫切希望在北美这个新世界，宗教信仰自由得到保护和保证。于是，在1787年宪法通过后，美国的制宪者们马上通过了宪法前十条修正案（又称《权利法案》），第一条明确规定，“国会将不得制定任何确立宗教或禁止宗教的法律”。这正是对历史的反思与现实的选择。

最后应该看到，宗教与美国政治的关系非常独特和微妙。美国从建立联邦制开始就实行政教分离，但是在现实生活中，主流社会继承了殖民地时期就留下的建立“山巅之城”的理想，宗教的影响无所不在，对美国政治发挥了重要作用。艾森豪威尔总统曾说过：“我们的政治制度如果不是建立在一种深刻的宗教信念之上的话，它就失去了意义，至于是哪一种信念我倒不在乎。”因此，在新总统就职仪式和各种社会活动中，牧师经常参与其中。总统每次发表演讲，也以“上帝保佑美国”作为结束语（至于这个上帝是哪个宗教或教派的上帝，宗教人士和非宗教人士似乎都未质疑）。美军还长期实行有授衔机制的随军牧师制度等。在历史上，甚至还经常出现政治家借“上帝的选民”和“天定命运论”的名义宣扬对外扩张。如1900年，美国参议员贝弗里奇就在国会以“美国的命运”为题，借上帝使命的扩张主义逻辑，大肆宣扬把菲律宾吞并为美国殖民地的诸般好处。

笔者曾在20世纪90年代撰文提出这样的观点，虽然美国实行政教分离，但在现实生活中，宗教与政治是事实上的伙伴关系。美国在其发展历程中，在不知不觉中已形成一种以基督教文化为主要内容、同时兼顾其他宗教的公民宗教。这种公民宗教没有固定的教义和教堂，它的精神体现在一些美国赖以立国的重要政治文本里（如《独立宣言》和《权利法案》等），体现在一些带宗教色彩的公众仪式中。它是美国人在对宗教和文化传统的传承与改造过程中逐渐形成并得到认可的。

在美国社会早期，虽然法律上实行政教分离，但在现实生活中，白人新教徒主导了美国的社会、文化和政治生活。宗教自由更多保证的是新教徒的宗教信仰自由和绝对的影响力，这时候的宗教自由本质上是新教徒的宗教自由，是新教的垄断时期。新教徒排斥、歧视和迫害天主教徒的事不断涌出，19世纪后半期出现的臭名昭著的三K党活动就是白人为了歧视黑人和排斥非新教徒出现的。美国文化长期被WASP（White Anglo-Saxon Protestant）文化主导，即白人盎格鲁—撒克逊新教文化一直是主流文化。直到第二次世界大战后，美国多元文化主义兴起，美国主流社会才逐渐接受不同宗教、不同文化和不同种族。1960年，美国选出了首位天主教总统肯尼迪。

过去和今天，宗教在美国的政治、社会和文化生活中一直发挥着独特和重要的作用。但是应该看到，美国并不容忍宗教势力主导政治，坚持法律上的政教分离是1787年宪法制定以来的基本原则和治国方式。当诸如公立学校出现有组织的祷告这样的宗教活动可能威胁到社会的稳定和国家的团结时，联邦最高法院坚决反对。这表明，当宗教参与美国的政治和社会活动时，那是为了尊重传统和现实需要，是为了确保国家的稳定和维护国家的利益。当宗教活动影响到社会的稳定，美国政府坚决反对和坚决禁止时，还是为了确保国家的稳定和维护国家的利益。虽然美国实行政教分离，但是联邦政府在宗教问题上的务实做法，生动体现了美国式的实用主义。

第二次提名大法官：特朗普有望登上权力巅峰？*

王　波　李永佼**

2017年4月10日，特朗普总统第一次提名的美国联邦最高法院大法官戈萨奇宣誓就职。2018年6月，也就是戈萨奇大法官上任后一年多，联邦最高法院81岁高龄的肯尼迪大法官宣布即将退休，特朗普总统有了第二次提名大法官的历史机遇。保守派法官布雷特·卡瓦诺（Brett Kavanaugh）得到特朗普的青睐。7月10日，特朗普通过全国电视讲话的方式，提名53岁的布雷特·卡瓦诺为联邦最高法院大法官人选，待参议院确认后，卡瓦诺即可走马上任。一旦参议院顺利通过任命，联邦最高法院的保守势力将得到进一步巩固。

美国是一个实行三权分立的联邦制国家，总统、国会、最高法院分别代表联邦政府的三大部门，行使行政、立法、司法权力，三大部门之间拥有相互制衡的权力。有机会第二次提名大法官，这意味着特朗普上任时间虽然不长，但他的权力可能越来越大，一旦涉及宪法和法律纠纷问题，他将得到最高法院更多的支持与庇护，他的争议性政策受到限制的可能性会越来越小。

一、新法官何许人也？

卡瓦诺毕业于耶鲁大学法学院，20世纪90年代初，他与特朗普于2017年提名的大法官戈萨奇一起担任肯尼迪大法官的助理，后来在乔治·布什领导

---

* 本文于2018年8月11日发表于“美国学与国际研究”微信公众号的“周末观察”栏目。

** 李永佼，国防科技大学国际关系学院英语语言文学专业硕士研究生，主要研究方向为美国研究。

的白宫工作，2003年又被小布什总统任命为哥伦比亚特区巡回上诉法院法官。现年53岁的卡瓦诺住在马里兰州郊区，和妻子一起抚养两个女儿。

卡瓦诺属保守派，在宪法第二修正案议题、宗教自由议题上多持保守意见。考虑到他一贯的保守作风，共和党领导人坚信，卡瓦诺可能有助于将最高法院的意识形态构成向右倾斜，并在一代人的法律上留下保守的印记。他们还认为，即将到来的参议院任命斗争是在今年中期选举之前激励选民的一大机会。毕竟在这场选举中，共和党51席的多数席位将面临挑战与风险。

二、尚需参议院确认

根据美国宪法，最高法院大法官由总统提名，参议院任命。因此，此次任命尚需得到参议院确认。毋庸置疑，这将是一场针锋相对的较量。共和党参议员哈奇说："我会全力确保他能够顺利通过确认。"这应该是代表共和党在表态。民主党领导人舒默寸步不让："我将竭尽全力，阻止这次任命。"

目前，共和党是美国国会参议院的多数党，加上去年参议院通过戈萨奇大法官的任命时，共和党已利用"核弹模式"的极端策略将确认最高法院大法官所需要的票数从绝对多数减少到简单多数，所以特朗普只需得到51票，便可通过卡瓦诺的任命。没有特殊情况，任命应该比较顺利。

三、目前最高法院人员构成

美国联邦最高法院现任大法官有九位，其中，共和党任命了五位大法官，民主党任命了四位大法官。九位大法官中，有三名女性大法官，是最高法院历史上女性大法官同时在位人数最多的时期。

首席大法官约翰·罗伯茨（John Glover Roberts Jr.），出生于纽约州的水牛城，1979年以优异成绩获哈佛大学法学院法学博士学位，他由当年的小布什总统提名并于2005年9月29日上任。他被认为一向秉持传统保守的法律哲学，但是属于温和保守派，在奥巴马医改案中支持自由派。

81岁的大法官安东尼·肯尼迪（Anthony McLeod Kennedy）已于2018年7月31日卸任。他出生于加利福尼亚州首府萨克拉门托一个爱尔兰天主教家庭，1961年毕业于哈佛法学院，以优异成绩获法学学士。1987年他被罗纳德·里根总统提名到最高法院，1988年宣誓就职。他还获得过斯坦福大学、伦敦经济学院的学位。肯尼迪是共和党人，偏保守，但是在同性恋婚姻等众多问题上加入自由派阵营。自2006年桑德拉·戴·奥康纳大法官退休后，他已多次作为最高法院大法官投出决定最终判决的关键一票（共九名大法官，最终投票结果经常是5：4）。

克拉伦斯·托马斯（Clarence Thomas）出生于乔治亚州，1974年毕业于耶鲁大学法学院，是美国历史上第二位非裔大法官。托马斯是一位非常保守的共和党人。在对待法律的态度上，托马斯大法官是法律界的“激进主义者”，力求维护美国宪法及成文法的初始意义。

塞缪尔·阿利托（Samuel Anthony Alito Jr.）出生于新泽西州首府特伦顿市，1975年获耶鲁大学法学院法学博士学位。阿利托由小布什总统提名并于2006年1月31日出任最高法院大法官至今，是美国历史上第二位意大利裔、第11位有天主教背景的大法官。现年68岁的阿利托是共和党人。

斯蒂芬·布雷耶（Stephen Gerald Breyer）出生于加利福尼亚州的旧金山，毕业于哈佛大学法学院，曾留校任教。布雷耶于1994年由当时的比尔·克林顿总统任命。布雷耶是民主党人，在现任九位大法官中，布雷耶通常被认为是偏自由、开明的一派。

露丝·巴德·金斯伯格（Ruth Bader Ginsburg）是第二位被任命为最高法院大法官的女性，1993年由比尔·克林顿总统提名。金斯伯格出生于纽约布鲁克林的一个犹太人家庭，获得康奈尔大学本科学位后，1956年进入哈佛法学院，成为那一届拥有500名男生的哈佛法学院中仅有的九位女生之一。后来，金斯伯格转学至哥伦比亚大学法学院。她是第一位担任两大主要法律评论杂志编辑的女性（《哈佛法学评论》和《哥伦比亚法学评论》皆由高年级学生主编）。在美国大学的法学院，只有最出色的学生才能担任法律评论编辑。现年85岁高龄的金斯伯格是民主党人，为争取妇女权利等做出过很多贡献。

索尼娅·索托马约尔（Sonia Sotomayor）出生于纽约贫民区，父母来自波多黎各。她于1976年至1979年在普林斯顿大学和耶鲁大学求学，毕业后获普林斯顿大学最高学术荣誉，以及耶鲁大学法学博士学位。1992年，她担任纽约南区法院法官，1998年担任美国联邦第二巡回上诉法院法官。64岁的索托马约尔于2009年由奥巴马总统提名，成为美国历史上首位拉美裔最高法院大法官。

埃琳娜·卡根（Elena Kagan）出生于曼哈顿上西城，父亲是一名律师。卡根毕业于哈佛大学法学院，并在职业生涯初期任教芝加哥大学法学院，后又任教于她的母校，随后被提名为哈佛法学院历史上第一位女院长。卡根于2010年由奥巴马总统提名，并在同一年成为美国历史上第四位最高法院女性大法官。

尼尔·戈萨奇（Neil Gorsuch）是特朗普总统提名的第一位最高法院大法官。他毕业于哥伦比亚大学、哈佛法学院和牛津大学。进入联邦最高法院之前，戈萨奇曾担任肯尼迪大法官的助理，曾在司法部工作。他是共和党人，自2017年4月上任以来，已成为最高法院保守派中稳定的一员。

四、最高法院进一步趋于保守

目前，高院保守—自由派比例是5∶4，所以新法官的到任不会改变目前最高法院的总体趋势，但保守的卡瓦诺代替游离的肯尼迪法官，势必会使高院的保守倾向得到进一步加强。特朗普于2017年提名的戈萨奇目前已是最高法院最保守的法官之一，随着卡瓦诺的加入，可以预见，未来几十年美国联邦最高法院将进一步趋于保守。因此，特朗普也将得到最高法院更多的庇护与支持。

近日,《纽约时报》编辑部在观点栏目发表文章，呼吁民主党人不要将司法权拱手相让。文章指出，最高法院的天平向右倾斜几乎不可避免，民主党应当组织起来，向新法官候选人的确认展开激战。

文章接着解释，超级党派、政策僵局和普遍推卸责任等问题使国会功能失调越来越严重，司法机构在移民、枪支、选举提名和工作权等领域都在日益发挥重要作用。正如前共和党众议院议长约翰·博纳（John Boehner）在2016年大选时所说，华盛顿的政治进程处于停滞状态，在接下来的四年或八年里唯一真正重要的是谁将提名接下来的最高法院候选人。

在小布什任内，最高法院宣布持枪合宪；在奥巴马任内，最高法院又推动同性恋婚姻全国合法，并争取到医改案通过；在移民问题上，特朗普已尝到甜头。特朗普可能会通过最高法院更便捷合法地实现他的政治诉求，甚至推翻“罗伊诉韦德案”，谋求堕胎等一系列问题的最终解决。在相当长一段时间内，最高法院将维持保守倾向，这势必会对美国政治整体回归保守产生较大影响。

五、有望成为近年来提名大法官最多的总统？

特朗普自信地认为他有机会提名高院九名大法官中的大多数成员。自里根总统以来，历任总统一般只有两次机会提名最高法院大法官。特朗普已接近达到这个数字。里根总统成功提名了斯卡利亚·肯尼迪和桑德拉戴·奥康纳。老布什提名了大卫·苏特和克拉伦斯·托马斯，比尔·克林顿提名了金斯伯格和布雷耶。小布什提名了现任首席大法官约翰·罗伯茨和塞缪尔·阿利托大法官。

奥巴马提名了索托马约尔和卡根两位女大法官。虽然斯卡利亚在2016年意外死亡让奥巴马有机会第三次提名，但参议院共和党人拒绝向民主党候选人梅里克加兰提供听证会。如果民主党在11月重新控制参议院，特朗普可能遇到同样的问题。

大法官们倾向于在提名他们的党派总统执政时选择退休，这样在任总统便有机会提名同一党派的大法官接任。在法庭上，下一位最年长的共和党人提名的大法官是托马斯，他已70岁，如果他像肯尼迪一样在81岁时主动宣布退休，那还可以工作至少10年。

在特朗普担任总统期间，最高法院的自由派大法官似乎无意离任。85岁的金斯伯格是法院最年长的大法官，但她之前已聘请了助理，任期直到2020年6月，即在下一届总统大选前的四个月。布雷耶于2018年8月年满80岁，他在科罗拉多州一次露面活动中被问及是否考虑退休，他的回答是：“不。”

这并没有阻止特朗普和其他人预测，他还会有机会提名新的法官。特朗普总统对于提名最高法院大法官持积极的态度。在此前的竞选活动中他就谈到，斯卡利亚的死是“一个惊喜”。“人们一直在谈论不同的名字”，特朗普谈到关于谁可能接下来离开最高法院时说，“他们并没有想到他，突然之间他就走了。这对人们来说是令人震惊的，所以你永远不知道会发生什么”。

“这可能是历史上任何一位总统任期中提名最高法院大法官最多的总统任期”，特朗普在成为总统之前一年多时间之时，曾在弗吉尼亚州出庭时表示，“可能有三个。可能有四个，甚至可以有五个。”

由于参议院共和党人在总统大选之前一直强行让已故大法官安东宁·斯卡利亚的席位保持空缺，特朗普的第一次提名人选戈萨奇如愿通过了参议院的确认。由于参议院仍处于共和党控制之下，只要投票达到51：49，特朗普的第二选择——布雷特·卡瓦诺，就将取代即将卸任的大法官安东尼·肯尼迪。特朗普已在期待这场战争的胜利，并继续物色合适的大法官人选。共和党参议员哈奇在接受记者采访时表示，他认为此次入围的另外一名候选人、联邦上诉法院法官艾米·科尼·巴雷特，将成为“下次”的人选。

特朗普会有第三次提名大法官的机会吗？尤其是在未来的中期选举之后，一旦共和党无法保证参议院多数党席位，特朗普希望“任命最高法院多数大法官”的雄心壮志，会不会就此遥遥无期？目前一切还是未知数。但是，不管怎样，由于最高法院的保守趋势进一步加强，特朗普在大多数情况下，将得到最高法院的庇护，总统权力受到的限制会越来越少，特朗普或许会因此迎来他总统权力的巅峰时刻。

为何美国的“政治正确”不正确了？*

王　波

“政治正确”（Political Correctness，这里简称PC）是美国社会的一大热词。这个词最早出现在20世纪70年代的美国。1975年，正值全美第二次妇女解放运动如火如荼展开之际，全美妇女组织（NOW）主席卡伦·德克劳在一次公开演讲中宣称：“全美妇女组织正沿着‘政治正确’的方向前进。”从此，PC这个词迅速进入美国英语，得到广泛运用。PC也因此有机会成为当代美国社会最有争议的多元政治文化思潮之一。

一、何为“政治正确”？

20世纪六七十年代的美国，各种社会运动风起云涌。首先是黑人民权运动，然后是妇女解放运动、同性恋权利运动、新左派运动、反越战运动等，令人目不暇接、眼花缭乱。随着美国社会多元化趋势越来越明显，人们日益重视少数族裔、妇女以及其他社会弱势群体的平等权利，多元文化主义的影响力越来越大。人们逐渐形成一种思维定式，那就是必须自觉承认那些传统意义上弱势群体的平等权利，尊重并给予弱势文化一席之地，遵从多元文化主义的热情倡导者们提出的思想、概念和行为，这样在政治上才是正确的。

反之，如果一个人的主张与这部分多元文化主义的热情倡导者们的观点产生分歧，或反对他们的主张，就会招致各种言语攻击，就是政治上不正确。

* 本文于2018年8月18日发表于“美国学与国际研究”微信公众号的“周末观察”栏目。

二、从正确到不正确

PC的初衷是为了争取少数人的平等权利，尤其是为黑人等少数族裔和妇女等弱势群体争取平等权利。因此，PC思潮曾经是正确的。但是，随着时间的推移，PC分子逐渐改变初衷，忘记初心，越来越走向另一个极端。PC分子打着消除偏见和消除歧视的旗号，高调唱衰主流文化，倡导另一种截然相反的偏见和做法，那就是弱势文化强势化，主流文化边缘化。因此，在当下语境，PC思潮的不正确性已远远大于它的正确性。本质上它已演变为一种文化激进主义，这种意义上的文化多元论实际上已成为美国特色的文化极端主义。因此，美国的PC思潮已经不正确。

首先，它是一种激进的政治文化思潮。给予少数族裔和妇女等传统弱势群体平等权利，无可厚非，的确正确。但是PC思潮过于强调和刻意抬高弱势文化，甚至无视社会进步，一味要求长期给予少数族裔和妇女等传统弱势群体以补偿。PC分子强烈要求长期实行“肯定性行动计划”（Affirmative Action），给予少数族裔和妇女照顾。“肯定性行动计划”这一照顾性政策曾帮助过大量弱势群体，并且还在继续提供各种帮助。但是今天，这一照顾性政策正在造成社会新的分裂，形成了所谓的“反向歧视”（Reverse Discrimination）现象。

黑人等少数族裔和妇女等弱势群体，经过多年平权斗争，已争取到许多平等权利，甚至选出了奥巴马作为首位黑人总统。与男性白人相比，虽然黑人和妇女仍存在一定程度差距，但已有质的飞跃。因此，不区分实际情况和需求，继续给予黑人和妇女各种优惠和照顾，导致争议满街飞。例如，无视实际考试成绩或工作能力，在教育和就业这样事关人生发展大计的重要问题上，直接按照少数族裔和妇女在全美总人口中的占比数量原则优先录取或录用。显然，这种简单做法与美国传统的个人主义价值观和通过个人奋斗实现美国梦的精英制原则不符。特别是在当前美国就业市场形势严峻的情况下，照顾性政策尤其招来男性白人公民的强烈不满。由于PC思潮的影响，遭遇“反向歧视”的男性白人担心被扣上种族主义分子和歧视妇女的帽子，不敢过度声张，听由PC分子为所欲为。

其次，这一思潮看似提倡文化多元主义，实则倡导的是少数人文化至上论。PC分子确立了两大目标：推行多元文化价值观和推翻传统西方主流文化。

为了实现这两大目标，PC分子立场极端，不接受任何中间观点，强调任何人都只有两种选择：要么成为他们中的一员，要么成为他们的对立面。比如：在同性恋问题上，要么支持同性恋者的权利，要么反对同性恋；在女权问题上，要么为了女权而斗争，要么就是大男子主义者。这种非此即彼、针锋相对的极端主义，令人难以接受。

为了推翻传统西方主流文化，PC分子曾做过焚烧国旗的事情。他们主张在大学宿舍放置避孕套，支持堕胎，接受同性恋婚姻。他们不批评非婚生子，极力推行和捍卫"肯定性行动计划"，反对智商（IQ）测试，主张男孩玩洋娃娃，支持动物权利组织，禁止在公立学校祷告，要求消除公共建筑物上的基督教标志，允许军队有同性恋者服役，要求军队接纳妇女，只许女性教师讲授女性研究课程，黑人教师讲授黑人历史课程。他们认为资本主义万恶不赦，强烈谴责大探险家哥伦布，要求把黑人称为"非裔美国人"，把印第安人称为"土生土长的美国人"。这一切倡议在PC分子看来都是反对传统文化、推行多元文化的必要行为。这些行为标新立异，置美国主流文化于不顾，过度倡导少数人文化。显然，它与美国主流社会背道而驰，难以得到普遍认可，美国主流社会不会轻易接受。

最后PC分子创设了一套令人啼笑皆非的话语标签。为了保持"政治正确"，必须使用所谓的PC词汇，否则就是政治上不正确。在PC分子看来，使用什么样的语言，就会有什么样的思想。为了倡导极端的民权和女权，必须大量使用PC词汇；如果不遵守，就会被认定为反对民权和反对女权，被扣上大帽子。比如：在日常生活中，不能用"男士"（man）的说法，应该使用"政治正确"的词汇"压迫者"（oppressor）；不能使用"男孩"（boy）的称谓，应该使用"政治正确"的词汇"未来的压迫者"（oppressor-to-be）。显然，这类所谓的PC词汇，荒诞、可笑、极端，大多数美国人应该无法接受。

日常生活中"政治不正确"和"政治正确"表述对比

"政治不正确"的表述	"政治正确"的表述
（男性）主席（chairman）	主席（chairperson）
女性（female）	有性别的人（person of gender）
男士（man）	压迫者（oppressor）
男孩（boy）	未来的压迫者（oppressor-to-be）
少数族裔（minority group）	未被充分代表的人（under-represented population）

续表

“政治不正确”的表述	“政治正确”的表述
黑人（Black）	有色人种（person of color）
非洲裔美国人（African-American）	黑色素充分的人（melanin sufficient）
白人（White）	挑战黑色素的人（melanin challenged）

三、客观认识PC的两面性

美国的PC思潮曾有进步和积极的一面，如支持政教分离、强调少数族裔和妇女的平等权利等。因此，虽然许多美国人反对极端和激进，但PC的部分主张也得到很多美国人的支持。这些年来，PC思潮一直没有偃旗息鼓，有时甚至甚嚣尘上，霸道强势，说明它在美国仍有一定的民意基础，而且毕竟绝大多数美国人不想被扣上反民权和反女权的帽子。

但是，美国PC思潮的不正确性要远多于它的正确性。PC的主张大多有悖于美国主流文化价值观，PC分子的行动和言语过于激进，在当下语境，PC不可能成为美国社会的主流思潮。而且，PC分子成分复杂，在诸多问题上步调难以一致，以至于PC运动本身也逐渐演变成美国多元文化的一个重要组成部分。

另外，值得警惕的是，美国的PC思潮不仅表现在对美国诸多社会问题的影响，还有扩散到影响对外政策的趋势。《美国研究》杂志执行主编赵梅老师在《警惕麦肯锡主义在美国沉渣泛起》（《现代国际关系》2018年第6期）一文中指出，“在对中国崛起的疑虑总体上升的大背景下，美国学界、政界及美国社会出现一种以‘恐中’‘反中’为主要特征的新的‘政治正确’，主张对华接触的学者被指责、被‘抹红’，甚至被污蔑为被中国收买，为中国办事，误导美国政策”。

无疑，如果美国的PC思潮扩散到外交领域，用情绪而不是理智主导外交决策过程，把非此即彼的极端观点强加给美国民众，用少数人的意志绑架多数人的认知，无疑，会对美国外交政策的未来走向产生一定影响。因为，PC思潮已发展成逆历史潮流的行径，最终既会损害美国的形象，更会损害美国的利益。在全球化的今天，不同文化只有平等对话、顺畅交流、和平共处，才是时代之大趋势、和谐世界之大基石、命运共同体之大期待。只有不忘初心，回到PC最初起点，它才是真正的“政治正确”。

改革与重塑：特朗普签署《2019财年国防授权法案》*

许戈辉**

2018年8月13日，美国总统特朗普在纽约州德拉姆堡陆军基地签署《2019财年国防授权法案》，该法案将于10月1日起生效。这份以改革与重塑为主题的国防授权法，凸显当前美军军事战略思路的调整，军事战略重点将从反恐转移到同其他国家间的大国战略竞争。法案旨在进一步强化美军军力，意图应对来自中俄以及其他领域的安全挑战，提出了许多新举措，值得认真应对。尤其是美国不顾世界和平趋势，肆意强化新冷战思维，值得关注。

一、积极响应特朗普的国防战略

《2019财年国防授权法案》为美军在2019财年批准7170亿美元军费，军费继续增加，其中6169亿美元用于军购、军饷等基本开支，690亿美元用于海外作战，并授权美国能源部219亿美元用于核武项目。

法案积极响应特朗普总统提出的“重塑美国武装部队”的倡议，对接特朗普入主白宫以来在国家安全领域推出的一系列强军新战略，支持美军重塑军力，以应对复杂的安全形势。法案重点关注美军自身建设，希望大力推进改革，增加军事灵活性，积极加强战备和增强战斗力。法案提出了配套的装备采购、战备建设、运行维护等开支计划，明确加强重点领域建设的措施要求。

---

* 本文于2018年8月25日发表于“美国学与国际研究”微信公众号的“周末观察”栏目。

** 许戈辉，国防科技大学国际关系学院英语语言文学专业硕士研究生，主要研究方向为美国学。

2018年度的国防授权法案较往年相比，通过程序更为顺利，法案于4月13日由国会众议院起草，并于8月1日在美参议院高票通过，仅用三个半月便完成全部立法程序，比预期提前约两个月。这反映了国会参众两院以及美国两党在加强美军军力建设问题和应对大国战略竞争上已逐步达成共识。

二、重视人力资源建设

法案高度重视军事人力资源建设，采取了一系列针对性措施，旨在提高军人服役吸引力，体现了美军高度重视人才竞争。法案提出，进一步提高美军人才质量，扩大军队员额，计划扩充15600人，并为美军平均增资达2.6%，为九年内最大增幅。法案对生效长达30年之久的《国防军官人事管理法》进行了诸多修改，注重招募高质量、有专业技能的优秀人才入伍，给予各军种在人才招募和晋升上以更大灵活性。计划长期推行“服役间歇期项目”（the Career Intermission Program），为军人在服役期间提供各种进修机会，满足军人职业发展需要，并对急需的专业人才发放特殊岗位津贴，增加福利收入。

法案要求对水面舰艇指挥官的职业发展道路划分进行研究，呼吁海军改善职业培训，并对指挥官晋升进行专业评估。此外，法案高度重视网络战、太空战等特殊作战领域的专业人才培养和职业培训。

法案提出，美国要对军人及其家属给予充分支持，包括充分的医疗卫生保障等。法案授权在第一次世界大战结束一百周年之际举办系列纪念活动，包括首都阅兵等，营造尊崇军人的社会氛围，增强军人服役的荣誉感。

三、加大战备投入，推进改革提效

法案将美国“菲茨杰拉德”号和“麦凯恩”号驱逐舰撞船事故以及2017年度发生的多起严重飞行事故等非战争伤亡责任归咎于战备投入不足，认为美军已面临“危机时刻”，亟须加大战备投入，增加训练力度，确保武器装备的维修保养和有序更新，重振美军作战能力。

为此，新法案增加了军种训练经费，以保障美军训练经费需求。美陆军计划提高利用作战训练中心组训的频次，海军陆战队将实施全方位集体演训（full-spectrum collective training exercises），空军军费将增加1780万美元用于提高飞行训练时长。同时，支持各军种通过模拟实战训练、全方位集体演训和小编队训练等多样形式来强化训练效果。

除训练经费外，美军计划继续加大装备更新采购力度。法案继续授权斥巨资用于装备升级换代，其中177亿美元用于陆军装备，408亿美元用于空军装备，363亿美元用于海军装备，包括采购13艘军舰、77架F-35联合攻击战斗机以及对3390辆联合轻型战术车进行现代化改造等。法案还授权218亿美元用于装备维修保养，另有37亿美元用于采购军事装备零部件。要求国防部加强对空中情报、监视和侦察项目投入的监管，计划增加额外经费采购相关无人侦察装备，满足战场需要。法案进一步敦促国防部推进在网络战和电子战方面的战略实施和能力建设，加强对中俄等国在这一领域的全面评估，确保美国在新战争形态下保持现有优势。

在基础设施建设维护上，法案也给予较大支持，授权拨款235亿美元用于加强海外基础设施重建、核武库现代化改造、弹药库维护等。

此外，法案计划提出对国防机构进行改革，进一步提高经费使用效率。法案对《美国法典》中部分过时的内容和条款进行了修改，并对国防采购流程进行历史性说明。同时对耗费大量预算和人力的诸多国防机构进行改革，通过任命国防部首席管理官（Chief Management Officer）统筹机构职能，推进国防部工作模式转型，扭转国防部门机构臃肿、重复建设、效率低下的痼疾，构建“跨部门、跨领域、跨职能”的先进管理模式，重点推进人力资源、后勤与供应链、信息技术（IT）业务系统、不动产、社会服务、医疗保障等六大领域管理模式转型，提升各部门工作效率和人力成本效益。

新国防授权法高度重视绩效管理，以构建问责机制、加强成本控制、裁汰冗员为目标，依托数据化管理手段，加强经费管理，裁减冗余机构和系统设施，最终把节余资源投入战备建设和科研创新等关键领域。

四、重视核武建设，抢占高科技先机

法案突出了对美军军事装备和技术实力等方面竞争优势丧失的担忧，指出要保持美国在战略前沿领域的高科技优势，就要进一步加强国防关键技术和先进核武器的研发投入，保持强大战略威慑，以应对中俄战略武器和军事技术发展带来的所谓威胁。

法案授权五角大楼研发适用于潜艇发射的新型低当量弹道导弹核弹头，以增强核威慑能力，继续更新核武库，完善核设施。此外，用于研制新一代

“哥伦比亚级”弹道导弹核潜艇的研发经费也已得到确认。

太空作战、人工智能、机器学习、量子计算等新兴领域的技术研发被要求重点推进。法案提出，美军需将现有太空能力整合为太空安全系统，扩大太空战专业人才培养，支持空军太空装备建设。要求在战略司令部下设立太空司令部，逐步提高美军太空作战能力。对于特朗普此前要求组建“太空军”的想法，法案没有为此提供预算，但法案对美军太空作战的高度重视，回应了特朗普的提议。

此外，法案要求加强国防先进技术的政策与计划研究，合理推进新兴前沿科技发展；成立国家人工智能安全委员会，审查相关技术发展，对国防部高级研究计划局（DARPA）和国防创新实验单元（DIUX）等部门的创新实践给予全力支持。法案高度重视网络安全防御，加强网络监管，明确相关网络安全政策，要求抵御俄、中、朝、伊等国的所谓网络攻击，具体措施包括及时发布网络攻击信息、形成季度或年度报告及“威胁”信息共享等。

五、冷战思维明显，遏制意图强烈

法案矛头指向明确，遏制意图强烈。它敦促美国形成所谓的“全政府对华战略”，要求国防部对中国在南海的军事行动和敏感活动形成公开报告。法案修订了对中国军事和安全发展年度报告的要求，要求年度报告中增加有关中国在海外军事和后勤基础设施建设、技术转让、中俄安全合作和军事关系、中国海外投资、中国对其他国家使用的非军事手段（包括所谓的外交和政治胁迫、经济施压等），以及所谓中国政府对美国媒体、文化机构、企业、学术界和政界施加影响等方面内容。法案中针对中国的举措值得认真研究和制定应对措施。

法案要求美国进一步加强“印太战略”的实施部署，支持国防部通过“印太安全倡议”，筹划在印太地区投入必要军事力量，加强基础设施建设，强化后勤能力保障，通过与日、印、澳等国联合军演和安全合作强化美国在印度洋和中国南海的控制力，试图制衡中国日益增长的影响力。法案在涉台事务上喊出硬话，公然干涉中国的台湾事务，支持台湾发展军力，许可进一步扩大对台高层军事交往，在对台军售和联演联训上蠢蠢欲动。法案要求禁止使用或采购国外电信或监控服务设备及相关服务，主要针对华为、中兴、海康威视、海能通信和大华技术股份有限公司等中国企业。法案禁止中国海军参加“环太平洋”多国海上演习，除非得到美国防部长特别许可。此外，法案还要求限制国防部对美国大学中的孔子学院汉语项目进行资助。这些针对中国的动向值得重点关注。

法案要求禁止美国与俄罗斯进行军事合作，确保美国的盟友和战略伙伴使用美制装备。法案支持特朗普提出的向乌克兰提供2.5亿美元防御性援助的要求。禁止承认克里米亚并入俄罗斯，并且授权为“欧洲威慑计划”（the European Deterrence Initiative, EDI）提供63亿美元支持，加强美国在欧洲的军事存在。

法案提出了应对朝鲜和伊朗威胁的预案。它要求美军必须对朝鲜半岛的潜在武装冲突做好充分准备，继续保持在朝鲜半岛的军事存在，加强与地区盟友的反导合作演练，并支持反导装备研发和有关项目的推进。支持美国与地区盟友及伙伴加强合作，共同遏制伊朗。

在反恐方面，美国将继续为其盟友和反恐伙伴提供资金支持，进一步帮助伊拉克政府和阿富汗军队打击基地组织和伊斯兰国恐怖势力。

在对外合作与交往方面，法案主张强化其盟友和伙伴的自卫能力，和美国一起共同应对敌人。它敦促美国加强对外军售，强化与非洲国家和东南亚等国的军事合作，以遏制中国的影响。此外，法案授权对外国投资委员会（CFIUS）进行改革，重点审核外国投资是否对美国国家安全构成威胁。外国投资委员会一旦认定某些交易妨碍美国的技术优势，将有权阻止“关键技术”交易；同时也对美国商品出口管控进行改革，防止美国的新兴技术和知识产权被对手获取。

总的来说，这份法案的冷战思维非常明显，遏制意图非常强烈，值得各方予以关注和认真应对。

罕见：特朗普与媒体的世纪口水大战*

王　波

一般说来，历任美国总统都希望与媒体保持良好关系，以赢得舆论支持。如果得罪媒体，后果可想而知。尼克松总统就因为媒体曝光水门事件差点被国会弹劾。克林顿总统因个人丑闻曝光后，也是被媒体死盯不放，差点被弹劾。总统们在媒体面前一向小心谨慎。可是，特朗普总统却史无前例。他一反常态，在媒体面前无所畏惧，公然与媒体叫板，甚至指责媒体是“美国人民的敌人”。他难道不怕被唾死得太快？

其实，特朗普与媒体的关系一向不好。最近，特朗普和美国几百家媒体更是互相指责，打起口水仗，可谓好戏连台。特朗普指责媒体报道虚假新闻，是人民的敌人，是美国的“反对党”（opposition party）。强大的媒体自然不甘示弱，联手反击，这样激烈的交锋在美国历史上绝对罕见，堪称世纪口水大战。

事情的起因是这样的：7月31日，特朗普在美国佛罗里达州坦帕市游乐场世博会大厅发表公开演讲。当时美国有线电视新闻网（CNN）专门负责白宫报道的主任记者吉姆·阿科斯塔在现场直播。结果，特朗普的支持者在现场攻击起了CNN，对着阿科斯塔高喊：“骗子！请讲出真相！ CNN很烂！”CNN的现场报道被湮没在特朗普支持者的口号声中。

吉姆·阿科斯塔是美国有线电视新闻网专职负责白宫报道的主任记者，负责特朗普政府的所有报道，包括定期报道白宫新闻发布会、外国元首来访以及联邦政府行政部门的大事。

早在2017年初特朗普还只是当选总统的时候，特朗普就曾在一次新闻发布会上告诉阿科斯塔，他不会给他提问机会，因为阿科斯塔的机构是一个“虚假新闻机构”。特朗普上任后，对媒体的犀利言语攻击持续不断，阿科斯塔尤

* 本文于2018年9月1日发表于“美国学与国际研究”微信公众号的“周末观察”栏目。

其已成为特朗普支持者们特别熟悉的攻击对象。所以，这类事件其实早就见怪不怪，不过这次动作搞得出乎意料的大。

事后，阿科斯塔在推特发文，对特朗普和他的支持者表现出来的敌意感到非常担忧。他说："我们不该这么对待自己的同胞。媒体不是敌人。"

白宫发言人莎拉·桑德斯被问及对此事的看法，她自然是偏袒特朗普这边，没有为特朗普及其支持者的激进言行进行解释或道歉。媒体愤怒了。

8月15日，《波士顿环球报》邀请美国各地报纸集体发表社论，建议联手对特朗普进行批判。它们高呼着"自由的媒体需要你！"的口号。《波士顿环球报》的社论说："特朗普政治的一个基石是对自由媒体发动持续攻击。美国之所以伟大就在于自由媒体可以向强权道出真相……（他）把媒体称为'人民的敌人'，这是一个'非美国人'（un-American）的行径，这种言论会危及已存在两个多世纪的公民契约。"

《纽约时报》的社论说："记者和编辑都是正常的人，是人就会犯错误。改正错误对于我们的工作至关重要。但是，把你不喜欢的事实坚称是所谓的'虚假新闻'，这对于国家的命脉——民主来说极其危险。把记者称为'人民的敌人'太危险了，到此为止。"

特朗普在自己的推特发文。他说："报道虚假新闻的媒体是美国的'反对党'，这对于一个伟大的国家是一件非常糟糕的事情……但是，我们正在赢得胜利！"

目前，已有350多家美国媒体加入口水仗，纷纷发表评论，抗议和批评特朗普的言行。

在美国国会中期选举在即的政治大背景下，特朗普竟敢如此不顾后果，不把媒体放在眼里。作为局外人，我们该如何看待特朗普和媒体的这场世纪罕见的口水大战呢？

首先，要看到美国媒体的确存在问题。譬如，美国媒体经常戴着有色眼镜看待其他国家，有时甚至肆意歪曲事实解读真相，这样的做法着实不少。如果不是有这些客观问题存在，特朗普断然没有如此之底气和胆量，毕竟他不能睁眼说瞎话，美国的平头百姓再容易被特朗普忽悠，他们也不是瞎子和聋子，他们总还是需要一定的事实作为依据吧。因此，可以说，媒体是哑巴吃黄连，有苦说不出。由于媒体在当年特朗普竞选总统的时候以及特朗普上任后，一直不甚友好，对特朗普的负面报道居多，特朗普自然是借题发挥，借刀杀人，以报一箭之仇。

其次，特朗普反媒体的做派体现了特朗普一贯的民粹主义作风。民粹主义在2016年总统大选时，已经风生水起，气势逼人。事实上，两党总统候选人当时都在大打民粹牌，以争取获得更多的选民支持。在这个后真相的时代，情绪往往比事实重要。所以，特朗普越是表现得有个性，越是与众不同，就越有煽动性，越容易赢得支持。而且，民粹主义本身就反对政治、经济、文化和媒体领域的精英们。所以，美国媒体正好撞到了民粹主义大潮的浪尖上。媒体应该认真反思自己的传播方式、传播内容和职业精神了。

最后，特朗普不是不需要媒体支持，只是他有了新式武器。这个新式武器就是新媒体。推特等新媒体手段给了特朗普底气、勇气和途径，可以摆脱传统媒体的束缚。由于新媒体技术的飞速发展，特朗普对传统媒体的依赖度大大降低，他甚至完全可以依靠新媒体赢得民众支持，畅通沟通渠道，表达个人好恶。新媒体在某种程度上彻底颠覆了美国的媒体生态和政治生态，让政治家有了更多民意沟通的渠道，扫除了政治家和平民之间的沟通障碍，摆脱了各种中介、桥梁和媒体的束缚。平民可以依靠自己的判断去评判政治家的言行，决定自己的政治选择。正因如此，特朗普才敢与传统媒体对峙。所以，如果没有新媒体作为坚强后盾，特朗普断然不敢对媒体如此无礼。

现在，推特这类的新媒体已成为特朗普游刃有余的得力帮手，成为特朗普赖以反击和背水一战的新媒介手段，所以才爆发了这场世纪罕见的总统与媒体之间的口水大战。虽然那些传统媒体大鳄如CNN也搭载了新的传播媒介，但是，它们毕竟只是新媒体这个超级庞然大物的一部分。

因此，准确地说，这场世纪口水大战，本质上只是特朗普与传统媒体之间的一场舆论大战。特朗普通过自己独特的方式，借助民粹主义的大潮，正在抢得更多的平民眼球和民众支持！从某种意义上说，传统媒体也在无意中成了特朗普借力打力的有力武器。其实，传统媒体也并无多大损失。相反，它们强烈的抗议呼声和一致的舆论行动，面对强权无所畏惧的英雄姿态，恰好为它们过去被称为联邦政府第四部门增色不少，即使失去了特朗普的支持，它们也会赢得另一部分美国人的支持。这样独立于总统和政府之外的作态，恰好是美国媒体的传统。总统与媒体一呼一唱、一哭一闹，这样针锋相对的氛围正是美国政治文化的传统之一。只是争辩的形式、内容、方式等都发生了翻天覆地的变化，让人有眼花缭乱和无法理解之感。或许，这才是一个真实的美国。

美国在南太平洋地区战略调整的动向及影响*

肖 欢**

南太平洋（以下简称“南太”）地区通常指太平洋南部的区域，大约在赤道以南到南纬60°的海域，主要涵盖澳大利亚、新西兰、斐济、新喀里多尼亚、所罗门群岛、瓦努阿图、汤加等29个国家。南太地区位于太平洋腹地，战略位置重要，是印太各国南北互通、东西交往的海上要道和交通枢纽，也是中国建设“21世纪海上丝绸之路”向南的自然延伸，因此历来是大国竞争角逐的重要目标。随着特朗普政府“印太战略”的推进，南太地区的战略地位将进一步凸显。本文将主要对美国在该地区的外交和军事战略调整动向进行分析和评估，阐述其对中国安全环境可能产生的影响和可采取的应对措施。

一、美国在南太战略调整的动向

南太地区主要由澳大利亚、新西兰和其他一些太平洋岛国构成。美国在该地区的战略调整也基本可以根据上述三个不同对象有所区别：

澳大利亚从后方基地变成重要支点。澳大利亚自视为南太地区的“大国”和“强国”，同时因为独特的地理位置和文化特质，自第二次世界大战结束以来就是美国推行全球战略、维护地区主导地位的核心亲密盟友，与日本遥相呼应，形成犄角之势，并称为美国在西太平洋地区的“南锚”和“北锚”。1951年，美澳新三国在旧金山签订《太平洋安全条约》（The Australia，New

* 本文于2018年9月15日发表于“美国学与国际研究”微信公众号的“周末观察”栏目。

** 肖欢，嘉兴学院副教授，博士，主要研究方向为美国研究、大洋洲研究和智库与文化传播研究。

Zealand, United States Security Treaty，又称ANZUS或ANZUS Treaty），正式确立军事同盟关系。此后，美国在澳大利亚建立了诸多军事基地，并派驻军事人员，主要负责情报侦察、通信中继和后期补给。作为盟友，澳大利亚也紧紧追随美国，相继参与了朝鲜战争、越南战争、海湾战争、阿富汗战争和伊拉克战争。

自2012年以来，美国在澳的军事存在持续增加，实现了驻军常态化，并提升了对澳北部基地的使用权限。2016年4月，美国约1250名海军陆战队士兵抵达澳北部达尔文港，开始为期六个月的训练部署，12月美澳达成协议，同意加强在澳的军事部署，其中包括“最先进战机”。2017年3月，澳大利亚陆军少将诺布尔（Roger Noble）出任美国太平洋司令部陆军副司令，这体现了美澳之间军事同盟的紧密和不寻常的军事互信。

新西兰从友好国家升为战略伙伴。第二次世界大战后，新西兰曾经作为美国的盟友，派出少量后勤支援部队参加朝鲜战争和越南战争。但是，自20世纪80年代以来，随着新西兰工党政府“反核”政策的出台，特别是1984年宣布禁止核动力和核攻击船舶进入新港口后，美新军事同盟关系走向破裂。1986年，美国宣布中止其在《太平洋安全条约》下对新西兰承担的防务义务，并把新西兰从“盟国”降为“友好国家”。在此后的相当长时间内，美新两国的外交和军事关系处于冷淡的状态。

近年来，随着战略调整的需要，美新两国的双边关系总体开始回暖，在政治和军事领域的动向值得注意。2010年美国国务卿和新西兰外长签署《惠灵顿宣言》（The Wellington Declaration），将双边关系由“友好国家”提升为“新型战略伙伴”。2012年美新两国国防部长签署《华盛顿宣言》（The Washington Declaration），旨在扩大防务合作，将军事领域的合作机制化。同年，美国取消了新西兰军舰不得停靠美国港口这一执行近30年的禁令。2013年10月28日，美新两国防长在会谈后宣布，两国将重启中断大约30年的两军对话。除此之外，美新两国军队还在联合演习、情报交流、装备升级等方面展开了实质性的合作。不难发现，美国为了实现在南太地区的战略布局，不惜放下身段，与昔日有过节的“小伙伴”重归于好。

太平洋岛国从不被重视到被奉为上宾。由于该地区的太平洋岛国大都面积袖珍、人口稀少，所以美国长期以来对其并不重视，主要交由澳大利亚和新西兰施加影响和主导。2006年，隶属美国国务院的国际开发署甚至关闭了位于斐济的最后一个南太平洋分支。

但自2010年起，美国开始前所未有地关注南太岛国。2011年6月，时任美国助理国务卿坎贝尔与太平洋舰队司令率团访问了基里巴斯、萨摩亚、汤加、所罗门群岛等九个太平洋岛国，并宣布“将寻求加强美国的角色，支持太平洋岛国论坛，为美国企业在太平洋地区加大投资创造机会”。2012年8月，时任美国国务卿的希拉里·克林顿出席第24届“太平洋岛国论坛”，成为迄今为止参会的最高级别美国官员。她还在会上表示，美国寻求在该区域建立“美国式合作模式”，加强对该地区岛国的援助。2018年7月，在美澳年度外长与防长磋商（2+2会议）结束时的记者招待会上，美国务卿蓬佩奥和澳外长毕晓普针对中国在南太平洋岛国扩大影响的举动，都表示了关注，并发出了远离中国的呼吁。

二、美国在南太战略调整的动因

客观而言，南太地区虽然战略地位重要，但是在第二次世界大战乃至冷战结束后的很长时间里，美国一直视其为全球战略中重要但不紧要的后方基地，并未投入过多的精力和关注。但是，正如上文所述，美国近年来对南太地区战略调整的力度前所未有，动向引人注目，其中的深层原因值得探究。

首先，美国全球战略的重心正向印太转移。随着近年来美国实力的相对下降以及特朗普总统提出“美国优先”思想的盛行，美国越来越希望盟友能够承担更多的安全义务，加大军费在预算中的比例，并鼓励盟友之间发展彼此的军事和安全合作，以便将战略重心转移至印太地区，稳固与该地区盟国和伙伴的联盟体系，遏止新兴大国的崛起对美国地区主导权的挑战。在2017年的美国《国家安全战略报告》中，特朗普政府正式用“印太战略”取代了奥巴马的亚太“再平衡战略”。如果说亚太“再平衡战略”更多的是强调美日、美韩同盟的话，那么“印太战略”则希望将更多的国家纳入美国的安全合作网络，这其中就包括澳大利亚、新西兰在内的南太平洋国家。通过以上方式，美国不仅能够实现自身军事力量的收缩和聚拢，也能够通过军售获得巨额利润以迎合国内军工复合体的需要，还能够通过构建以美国为核心的军事安全网络，巩固联盟体系，以最小的成本获得最大的安全利益。

其次，南太地区是美军力量调整的重要支点。作为全球战略调整的一部分，美国正将其军力部署的重心从以冲绳为中心的第一岛链后移到以关岛为中心的第二岛链，并将军力分散部署在关岛周边基地，以“防止在爆发军事冲突时遭到来自敌国中近程弹道导弹的突袭”。作为美军第二岛链基地群的组成部分，澳大利亚及新西兰在内的南太地区可以弥补美国在东北亚失去的优势，有力支撑美国的战略调整。以澳东北部的达尔文为例，它距离马六甲海峡3000公里，距离南中国海2500公里，是通往东亚和印度洋的门户所在。达尔文与关岛一起，既能在敏感时刻进行快速反应和战略机动，又处于潜在军事打击的有效范围之外。正因为如此，美国决定在未来几年内把澳大利亚的达尔文建设成为一个大规模的军事指挥中心，成为核动力航母、B-52轰炸机、全球鹰无人机等多种战略装备的母港和基地。此外，为防止新西兰可能成为在该地区军事布局中的短板和漏洞，美国力图通过加强与新西兰的军事合作关系，将其拉回联盟体系之中，确保“铁板一块”。

最后，美国在南太地区的影响力面临挑战。第二次世界大战结束以来，美国一直以美澳同盟为基石，以美澳新三边关系为纽带，牢牢控制着南太平洋地区的主导权。其间尽管美新关系曾有过冷淡和低潮，但由于有相似的文化、意识形态和价值观，并未产生重大的影响。但近年来，中国、印度等新兴国家与该地区政治、经济交往的日趋紧密，特别是进出口贸易水平的大幅度提升，使得美国的影响力有所降低。自2009年起，中国就开始超越美国和日本，成为澳大利亚的第一大贸易伙伴，是其铁矿石和羊毛制品的最大买家。在过去的10年时间里，由于中国对澳矿产资源的巨大需求，不仅让澳安然度过了金融危机，而且制造了一个“矿产繁荣”（Mining Boom）期。根据统计，中国于2013年正式取代澳大利亚，成为新西兰第一大贸易伙伴和出口市场。中国是太平洋岛国的第二大贸易伙伴，贸易额从2001年的1.8亿美元增加到2013年的44.2亿美元。可以肯定，该地区的任何国家都不想失去中国这个庞大的市场，都期待与中国保持良好的双边关系。美国对自身在南太地区影响力的下降也非常忧虑和警惕。2016年澳大利亚将北部商业和军事港口达尔文港出租给一家中国企业，引发美国的不满和忧虑。澳大利亚还不顾美国的反对，加入中国主导的亚投行，加入了中国支持的《区域全面经济伙伴关系协定》（RCEP）。对此，美国政界人士指责澳大利亚的“不忠”并警告，与中国扩大贸易的努力“让澳大利亚产生依赖，某种程度上，这会从经济和政治上损害你们的行动自由和主权”。

三、对美国在南太战略调整的判断

美国在南太平洋地区的战略调整并未结束，会是一个动态和变化的过程，将对印太地区的力量格局和中国周边安全产生重大影响，值得长期跟踪和观察。根据目前调整的动向和可能的趋势，可以做出以下判断：

第一，美国在南太的战略调整将有力支持其印太战略。由于印太地区特殊的发展历史和复杂的安全局势，地区内一直未能建立起有效的国家间多边安全合作机制，这使美国传统的双边军事同盟及前沿军事部署在一定程度上成为主导性的地区安全机制。特朗普政府不断加大对南太地区政治、经济和军事的投入，力图支持其全球战略中心向印太地区转移的调整。政治上，美国同南太地区国家巩固同盟关系，构建伙伴关系，加强外交互动；军事上，美军贯彻“全球公域进入”概念，加强在澳大利亚基地群的军力部署，大大提高监视和干预南海的能力。同时，美国还在着手将澳大利亚与日本、印度联合在一起，试图构建安全合作网络。2017年2月，美澳日三国空军还在关岛的安德森空军基地举行“对抗北方”（Cope North）空战演习，科目包括兵力运用训练、战斗机空中格斗战术训练以及空地打击训练。2018年1月，澳总理特恩布尔在访日期间，与安倍政府达成共识：加快完成《访问部队地位协定》谈判的框架协议，以简化日本自卫队和澳军在对方境内联合演训期间的人员和物资入境手续。美国前国务卿蒂勒森曾公开表示，“美国正在探索如何在印太地区构建新的安全架构，可能扩大美国、印度和日本的三国集团，纳入澳大利亚和其他一些国家”。美国在南太地区全方位的行动，客观上会巩固和加强与澳新等国的传统关系，为印太战略提供广阔的战略纵深和空间，从而有力支持战略调整目标的实现。

第二，美国将得到澳大利亚等国的支持，其主导地位将得以维持。虽然美国在全球的力量正在收缩，但其自第二次世界大战以来在南太地区确立的主导地位将在今后10—15年继续维持。澳大利亚作为美国的亲密盟友，不仅在意识形态上与美国一致，而且在外交政策和防务目标上也与美国亦步亦趋。澳自视为“中等强国”（Middle Power），意图借助美国的战略调整，保持对周边国家的实力优势，维持对南太地区事务的“发言权”。在2017年11月发布的《外交白皮书》中，澳大利亚坚定地认为，“支持美国的全球领导地位、维护美澳同盟是澳的重要国家利益”。至于与中国发展关系的目的，一位澳政府人士也许反映了其心声："因为经济的需要，才与中国打交道。"该地区的另一个重要国家新西兰，对美国的调整虽不如澳积极，但也持不反对态度。新西兰对近年来南太地区国家持续动荡的局势显得无能为力，对自然灾害后的人道主义救援也感到力不从心，希望通过加强与美国的双边关系，得到后者在南太地区安全事务上的支持和必要参与。至于散布于南太的各个岛国，其国际和地区影响力微乎其微，对美国的调整只能被动接受，基本无能为力。

第三，美国在南太地区的战略调整存在制约因素，不会一蹴而就。在国内，随着中期选举临近，针对特朗普"通俄门"的调查将更加紧锣密鼓。在国际上，伊斯兰国（ISIS）势力在中东地区的蔓延、叙利亚内战的持续、伊朗核问题的重启、朝鲜半岛局势的不确定性、俄罗斯对北约的强硬态度等都将分散美国实施印太战略的精力。而南太各国对美国的战略调整也并非全盘接受，有各自的考虑和顾忌。澳大利亚一直试图在安全和经济两方面寻求微妙的平衡，虽然在军事安全方面紧跟美国，但是又希望能够在经济贸易领域从中国得到好处。澳国内的一些专家学者也在认真考虑美国实力下降甚至失去主导权后，澳大利亚应该如何应对的问题。澳著名学者休·怀特（Hugh White）在《失去美国：新亚洲下的澳大利亚》一文中断言："（中美之间）这场竞争的结果很可能以中国获胜、美国落败收场，这一点已经越来越清楚了。美国终将失去亚洲领导者的地位，而中国将接替美国主导这一地区。"相比澳大利亚，新西兰不是美国的正式盟友，其外交政策更加独立，甚至与美国有不一致的看法。例如，新西兰就没有追随美国在伊拉克战争时加入联军作战。而针对此次美国的主动靠近，新西兰也力图保持距离。其主流媒体《新西兰先驱报》的评论是："按照《澳新美条约》，美军在亚太地区受到攻击时，澳大利亚有义务做出反应。新西兰则不用。"此外，大多数南太平洋岛国自第二次世界大战结束后就远离战火，冷战期间也基本置身两大阵营的对抗之外，它们对美国的调整并不十分敏感，且安全问题也并非其首要关切，它们更关心的是谁能在经济发展方面给予更多帮助。上述因素将对美国在南太的战略调整形成制约，并迫使美国付出更多的政治、经济和外交的代价。

四、结语

通过对美国在南太地区外交和军事领域的调整动向进行分析和判断，不难看出其谋局布势的目的和指向所在，也势必将对中国的周边安全态势和在南太地区的战略利益产生重大和深远影响。

美国对南太地区联盟体系和伙伴关系的巩固和加强，将对中国在南海、印度洋、西南太平洋等地区的行动形成制约。美国将充分利用南太邻近南海、马六甲海峡乃至印度洋的有利地理位置，加强对重要海上交通线的控制，并且遏止中国在南沙群岛、西沙群岛维护海洋权益和领土完整的行动。美国还将利用澳大利亚、新西兰在南太的基地群，与关岛、夏威夷军事基地形成呼应，监视和钳制中国海军在西南太平洋地区的活动。

同时，美国在南太的战略调整将使中国解决南海、台海、东海问题更加困难，不得不面对更多的变量。美澳军事同盟的加强、美澳新伙伴关系的恢复、美澳日“铁三角”的形成以及美国与菲律宾、越南的合作关系的紧密，构筑了针对中国的联盟阵营，也直接强化了相关国家与中国对抗的意志。

此外，美国在南太地区加大政治、外交、经济和军事的投入，势必对中国与地区内各国进一步发展友好关系形成牵制。除澳新两个主要国家外，斐济、汤加、巴布亚新几内亚等南太岛国也将成为美国争夺的重要对象。上述岛国历史上受西方文化影响较深，对中国影响的扩大既欢迎又疑虑，如果再加上美国的压力和利诱，其对华政策将难免有所调整，可能从现有的旨在赢得中国经济援助和政治支持的“北顾”政策，向以澳新为核心的南太平洋地区主义政策回归。

为应对上述调整和可能的影响，基于中国的长远发展和战略利益，可以从以下两方面积极应对和行动：

一方面，继续拓展和深化与南太地区各国的友好关系，消除其对中国快速发展的疑虑，让其搭乘中国发展的快车。2014年11月，国家主席习近平对包括澳大利亚、新西兰、斐济在内的南太三国进行了正式访问，取得了丰硕的成果：中澳两国一致决定建立全面战略伙伴关系，并宣布实质性结束中澳自由贸易协定谈判；中新两国领导人签署了关于建立全面战略伙伴关系的联合声明。据外媒报道，2018年11月中国将召开太平洋岛国峰会，进一步加强与南太平洋岛国的全方位合作。在中国实施“21世纪海上丝绸之路”战略的过程中，可将南太各国纳入其中，利用各自优势和特点，加强互联互通水平，与其分享中国快速发展带来的机会与便利，实现互利合作和共同发展。

另一方面，充分发挥对外贸易和军事外交的杠杆作用，有效避免相关国家做出错误的判断和选择，在一定程度上化解美国在南太的战略布局。以澳大利亚为例，中国近年来对澳能源和矿产资源的进口，使其经济成为在全球金融危机后少数未陷入衰退的西方国家。但正如前文所述，澳大利亚在享受中国经济发展带来的好处时，却在军事和安全领域与美国密切合作，成为后者在南太地区战略调整的排头兵和马前卒。即使是澳本国知名智库“战略政策研究所”也对这种矛盾的角色表现出了忧虑：“堪培拉务必要在澳中经济关系不断密切和澳美传统同盟关系间小心翼翼地寻求平衡。”为了在南太地区塑造有利的安全环境，中国可交替使用经济和军事的硬实力手段，增强在该地区的影响力。例如，利用中国国内经济结构调整和全球能源价格下降的契机，实现对铁矿石等原材料的进口来源多样化，避免对单一市场的过分依赖。又如，可加大中国海军在西南太平洋等远海区域的训练频度和规模，有选择性地参加地区内多国军演在内的军事外交活动，在增进与澳新等国军队相互了解与交流的同时，也可适时展示“肌肉”和军事现代化的最新进展，用巧妙的方式让有关国家更加务实地考虑与美国军事结盟的可能影响和后果。

特朗普与媒体之争背后的党派因素*

王　波

最近，美国有线电视新闻网（CNN）负责白宫报道的主任记者阿科斯塔引发了特朗普总统和美国几百家媒体之间的口水大战。表面上看，这场罕见的口水大战是总统和媒体之间的争斗，实际上它的背后有着深刻的党派因素，美国社会的政治极化现象正日益严重。

一般来说，美国媒体分左右两派，左派支持民主党自由派，右派支持共和党保守派。这场口水大战的牵头者《波士顿环球报》正是左派代言人。它创刊于1872年，读者主要以社会精英和知识分子为主，它和《纽约时报》《华盛顿邮报》《洛杉矶时报》等都是民主党的坚定支持者，代表了自由主义立场。支持共和党保守派的报纸主要有《华尔街日报》《华盛顿时报》等。近年来，美国社会的政治极化现象极其严重。保守派和自由派经常针锋相对，互不相让。由于全球化带来的社会转型和内外挑战日益增多，美国保守势力日益强大，右倾严重，中间力量日益薄弱。但是，报界还是以左派势力居大。在美国发行量排行第一、第二的《时代周刊》和《新闻周刊》都持自由主义的立场。

相比报纸，美国人每天花在电视节目上的时间更多一些，因此电视对于美国人的政治立场影响更大。美国广播公司（ABC）、全国广播公司（NBC）和哥伦比亚广播公司（CBS）三大电视新闻网都是民主党的支持者。福克斯广播公司（FOX）则是共和党的支持者。CNN的立场一向中立，但是近年来左倾严重。面对日益强大的左派媒体，特别是它们不给特朗普任何颜面，不时批评总统的政策，常常让特朗普恼羞成怒。

不过，特朗普并没有从党派角度反击媒体，而是指责媒体自身存在的问题。媒体自身的确问题重重，容易给特朗普抓住小辫子。譬如，美国媒体经

---

* 本文于2018年9月22日发表于“美国学与国际研究”微信公众号的“周末观察”栏目。

常戴着有色眼镜看其他国家，有时甚至肆意歪曲事实、制造假新闻，这样的做法着实不少，导致媒体的公信力逐年下降，人们日益依靠各种社交媒体获取新闻。比如，2017年9月14日的盖洛普民调显示，只有32%的美国人信任媒体，而且大多数美国人认为媒体的党派倾向日趋严重。在国会中期选举到来之际，特朗普更需要旗帜鲜明地表明自己坚定的保守主义立场。

特朗普对待媒体的态度引来前总统奥巴马离任后首次最强烈的批评。9月8日，奥巴马在伊利诺斯州立大学接受一项为公众服务的道德奖颁奖时发表讲话。他说，特朗普领导下的美国已到了一个十字路口。“在过去几十年，分裂、仇恨、偏执的政治，不幸的是，总是在共和党那里找到温床。”他严厉批评特朗普与媒体之争。他说：“我虽然也曾抱怨过福克斯新闻，但你们从未听到我威胁要关了它，或把它们当作人民的敌人……在一个健康的民主社会，对待这样的行为应该有许多权力制衡机制，但现在却没有。”奥巴马认为美国政治话语的沦丧导致美国在偏离“法制、人权和民主”的核心价值观，他强烈呼吁民众参加即将到来的中期选举，用他的话说，“民主需要它”。

随着国会中期选举即将到来，美国左右两派对立情绪将日趋严重。特朗普会借助推特等新媒体手段展开攻势，施展个人影响力。左右两派的争斗也将持续发酵。

当前美国军事智能化建设*

鄢　瑞**

随着大数据、人工智能等高尖端技术进入新的高速增长期，各国政府都已深刻认识到这些足以改变未来世界的颠覆性技术的重要性，纷纷将其上升到国家战略层面，不断深化政策导向、战略规划、资金预算等方面的支持力度。

以美国为代表的世界军事大国，已充分预见到人工智能技术在军事领域的广阔前景，提出了未来军备竞赛是智能化竞赛的观点。为继续保持其军事领先优势，美国已提前布局了一系列研究计划，发布“第三次抵消战略”，力求在智能化上与潜在对手拉开代差，创设下一场战争的制胜规则。为避免“未打先输”，世界各军事大国也全力争夺这一未来战场的“新制高点”。

一、美国深化人工智能在军事领域的支持与投入

近年来，美国大力推动人工智能军事应用，在态势感知、作战指挥等多个领域取得显著成果。未来，在情报搜集、信息处理以及网络攻防等方面，美将不断推动人工智能技术创新发展，并进一步对他国人工智能发展加强竞争和防范，以维护美国军事领先地位。

一是在战略和政策层面加强统领引导。自2014年起，美政府相继出台了《为人工智能的未来做好准备》《美国国家人工智能研究与发展战略计划》《国防战略》《人工智能与国家安全》等一系列报告，以及相关智库推出的“第三次抵消战略”，纷纷将推动人工智能发展提升到了国家战略高度，并明确将人

* 本文于2018年9月29日发表于“美国学与国际研究”微信公众号的“周末观察”栏目。

** 鄢瑞，国防科技大学国际关系学院讲师，主要研究方向为美国研究。

工智能等列为美军未来重点发展领域，强调这是美保持军事领先地位、赢得未来战争胜利的重要保障。

其中，应美国情报高级研究计划署（IARPA）的要求，哈佛大学肯尼迪政府学院贝尔弗科学与国家事务中心于2018年7月发布的《人工智能与国家安全》报告指出，要维持美国的军事技术优势，国防部就必须要从军事演习、战略分析、重点投资及情报应对等多方面加强推进人工智能技术的应用。

二是在资金和机制层面给予强力支持。美军人工智能技术研究起步早、规模大。美国国防部高级研究计划局（DARPA）从20世纪70年代即开始神经技术的基础性研究。在2017财年国防预算中，美国在人工智能、大数据和云储存服务上的开支高达74亿美元，DARPA和三军编列的人工智能技术发展和应用项目达到300余项，投入20亿—30亿美元。此外，为了加大对情报搜集技术的智能化发展，美中情局正在研发的人工智能技术多达137项，计划在情报搜集、处理、攻防等方面引入人工智能。

同时，为推动美军智能化建设由各军种各自为战的无序状态向国防部“自上而下”有序引导局面的转变，美国国防部于2017年7月启动了多军种和机关参与的“专家项目”（Project Maven），成立了“算法战跨职能小组”（AWCFT），旨在整合美军人工智能和机器学习资源，提高美军信息处理智能化水平，进而改变作战模式，保持对中俄等“日渐强大对手和竞争者的优势”。

美军2018年初公布的《国防战略报告》提出，将向自主技术、人工智能和机器学习等技术的军事应用注入更多资金，加快吸收商业领域突破性技术，获取军事竞争优势。美军计划2019财年投入137亿美元，支持包括人工智能和无人系统在内的尖端技术研发创新。前不久，特朗普签署的《2019年国防授权法案》中，进一步提出将追加12亿美元用于在超音速、人工智能、定向能等领域的技术研发。

三是推进民用技术向军事应用转化。美国国防部高级研究计划局、国防创新实验机构及各军种科研机构，将国防需求与创新企业精准对接，开展了“X计划”“视频信号和图像搜索分析工具”等一系列创新项目，不断促进视频分析、图像识别、态势感知等民用技术应用于军事情报领域。

为适应人工智能技术快速发展的特点，美国防部正逐步修订现有采购条令，精简采购程序，为民用技术采购提供便利，以确保商业人工智能技术能尽快进入军方项目，相关智能系统顺利得到部署。此外，美军积极通过组织竞赛等方式，挖掘民间智慧创意，突破技术难点。美国国防部高级研究计划局在2016年的“网络挑战赛”中，关注到卡耐基梅隆大学初创企业“安全牛”（ForAllSecure）产品展现出的强大漏洞检测修复能力，与该企业合作实施“战神金刚”（Voltron）计划，研发新型网络防御系统。

二、美国强化实战运用，有效实现多领域能力提升

人工智能不仅能提升军事信息处理、态势感知、指挥决策的速度和质量，还能充分发挥军事人员智力，解放体力，提升武器平台威力，使有人系统自动化、无人平台自主化、决策系统智能化。通过信息系统、指挥控制、武器平台、后勤保障的智能整合，发挥最大的作战效能。

一是战场态势透明化。将分布在作战空间内的雷达传感器智能组网，大幅提升战场感知能力；同时，利用人工智能系统强大的知识储备、数据库和先进的运算能力，自动处理各传感器和情报系统所获得的多源数据，并通过虚拟现实等技术，将军事信息数据进行可视化展示，形成实时战场态势。

如美国国家安全局通过引入“智能软件”等工具，利用计算机和机器人逐步取代人工，已基本实现特定监控行动自动化。美军近年来开发的全动态影像技术，可为军队提供更为逼真的战场实景，实时跟踪高价值目标，同时减少附带伤害。美陆军通过研发部署SR-72等全智能无人机、无人驾驶水面舰艇和水下潜航器、“奈特勇士”单兵智能系统及相关智能产品，实现对传感器视频的自动识别，增强对海量数据的分析能力，从中获取有价值的信息来辅助决策，为地面作战人员提供多层次的态势感知能力。美海军2015年在“三叉戟勇士”演习中也测试了该技术，解决了航母战斗群有限带宽范围内分发大量全动态影像数据的难题。美军将全动态影像数据与其他感应器数据进行整合，实现了作战人员的情报共享。

美军“专家项目”的作用之一，就是利用谷歌公司成熟的智能算法工具，协助处理无人机对“伊斯兰国”目标侦察所获全动态视频数据，辅助目标识别，形成行动性情报，为决策服务。在人工智能技术支撑下，战场态势将呈现全域透明的特点，不仅能够有效地判明敌方目标和识别伪装，而且不再局限于一机一舰的空间态势，进一步向作战决心、行动模式、作战意图、战争潜力等深层次延伸，战场形势将趋向透明，而人工智能技术占据优势的一方将牢牢掌握战场主动权。

二是指挥决策高效化。智能系统通过对部队组织运行模式、既往战例、行动预案的学习和训练，学会“派兵布阵”，并推演验证方案的可靠性。系统通过对人员技能、素质、状态、战绩、优缺点数据的读取，根据任务目标、敌我态势、装备配置，为指挥员提供最优任务编组。在全方位感知战场态势的同时，深度分析敌方特点，确定高价值目标和最佳打击时机，发挥事半功倍的作用。通过神经网络等技术完善人机交互界面，甚至通过人机接口实现人机合一，提高军事人员与系统和武器平台的信息交换速率，使指挥控制更加协同，部队行动更加灵敏高效。

如美军利用威胁自动识别与评估、辅助决策等智能技术对“全球指挥与控制系统”进行升级改造，实现了指挥控制系统与侦察监视系统的集成，进一步提升了该系统指挥和决策效率。美国国防部高级研究计划局开展的“深绿”计划，将人工智能技术引入陆军C4ISR系统的辅助决策模块，为陆军旅、营级指挥官提供自动化作战指挥与决策支持，可将制订作战计划的时间缩短75%。2017年，美军研制出一套用于情报处理和分析的新型人工智能系统，使情报人员能够对“扫描鹰”无人机获取的战场影像进行更有效的分析与识别，目标识别准确率达到80%。美空军正在实验的“数据决策”程序，可将各种数据传送至一个通用作战系统，通过人工智能技术进行快速精确处理，产生高质量的决策信息。

三是武器装备自主化。军用无人飞机、水下潜航器、无人战车等无人化装备数量进一步扩大。在人工智能和强大数据链支撑下，无人装备将摆脱“遥控”，转向自主，无人作战平台对复杂的战场环境适应能力进一步增强，既可以配合有人平台完成协同任务，也具备自主规划航线、编组、情报搜集、目标识别锁定和定向打击能力，实现察、判、打一体。机器人技术不断升级，且种类更多，能够完成更加复杂、精细的动作，代替作战人员完成敌后侦察、战场补给等危险任务，也可加载武器，执行复杂攻击任务，成为“机器杀手”。在智能系统支持下，武器平台根据目标特点，自主确定弹种弹量；根据敌方防御体系情况随时调整飞行轨迹、释放诱饵，大幅提高突防能力；根据所获情报实时进行智能化情报处理，分析目标构成特性，评估价值，精确识别敌方伪装，自主确定最佳起爆时机，使打击精度更高，杀伤效能得到最大发挥。

四是网络防护动态化。通过深度学习技术，智能网络防护系统可以主动查找和封堵己方系统漏洞，识别和判断对方进攻行为，自动采取应对措施。

将其应用于重要军事网络和信息系统防御、网络情报攻防等领域，可以扩大网络进攻作战效果，并为网络战指挥决策提供信息支撑。如美军部署的“场景生成器”、网络空间飞行器、“舒特”“X计划”等智能化系统，可自动诊断网络入侵来源、己方网络受损程度和数据恢复能力，提高对网络攻击的反应速度。

在军事通信频谱领域，运用智能系统，变固态频谱管理为动态管理、认知管理，根据战情需要实时调整频管策略，确保军事通信系统和武器平台用频安全，提高通信质量和电子战防护能力。在信息交互过程中，利用机器学习技术，通过特殊算法对通信数据进行加密处理，进一步提高军事系统的信息交换速率和安全性。

五是作战样式多样化。在人工智能条件下，人员和装备从个体到整体的作战潜能将得到充分挖掘。具有声纹识别和人脸识别功能的智能穿戴模块与数据库、指挥链无缝链接，让单兵长出“千里眼”“顺风耳”；高度发达的无人装备替代作战人员执行危险作战任务；“忠诚僚机”等人工智能技术条件下的战法应运而生，使达成作战目的的选择更多，例如，单兵深入、无人作战、人机协同、“蜂群战术”将根据任务需要灵活组合。

如美俄等国正研发无人系统集群化作业战法，大量不同用途的小型无人舰机通过智能化编组，集侦察、指挥、打击功能于一体，通过释放诱饵、饱和攻击等战术突破敌方防御体系，攻击航母等大型武器平台，降低战斗成本，提升效能。在人工智能技术条件下，这种以小博大、纠集缠斗的战法将更加常见。

在电子战领域，美国国防部高级研究计划局已开始研发基于人工智能技术的“认知电子战”系统。该系统利用机器学习算法，实时评估和确定雷达及通信发射器特征，判断敌方电子战的最新行动并对其下一步展开预测，能够对美军数据库以外的未知战场电磁信号进行分析并实施针对性干扰，从而不间断地展开系统的感知、了解和应对程序，以提升战机对抗敌方雷达、干扰器的能力。目前，美军正在重点推进“自适应电子战行为学习”项目和“自适应雷达对抗”项目。其中，“自适应雷达对抗”项目2019年将达到六级技术就绪状态，即系统能够实时应对大范围内的雷达威胁。

六是后勤支援精确化。随着大数据、物联网、机器人、3D打印技术在军事领域的不断应用，军事后勤保障将更加精确高效。未来，军事人员和装备信息有望动态联网，通过智能系统分析后勤保障需求，物资补给、维护保养实现定制化保障。利用3D打印技术快速补充战损零配件，缩短后勤补给链；负重机器人等智能装备投入使用，将使部队战场生存能力得到增强。

早在阿富汗战争期间，美就部署启用了服务于物资精确投送的“智能空投系统”，以及大量可为士兵提供实时探路、侦测、联络等支援保障的“赫耳斯曼”“背包”“大狗”等智能机器人。美军在不断完善升级上述系统装备的同时，正着手将人工智能技术拓展应用于武器设备的故障维修中。其中，美空军将人工智能驱动软件、“自主式后勤信息系统”集成到F-16、F-35战斗机上，为机组人员提供潜在故障预测、辅助决策等支持。

麦凯恩离世：分歧之下，独行侠退场*

许戈辉

一、将门虎子，经历非凡

约翰·麦凯恩的家境优渥，出生于将门之后，三代麦凯恩有着各自传奇的人生。约翰·麦凯恩的祖辈是第二次世界大战时期太平洋战场上著名的海军将领，父辈是第二次世界大战中声名远扬的潜艇指挥官、越战期间指挥太平洋海军全局的高级将领。父辈的传奇经历、对国家的挚爱和献身时代的使命感无时无刻不提醒着小麦凯恩要立志成就一番事业。然而其叛逆、出格的行为一度使人们对他不抱希望了。随后老麦凯恩将他送往安纳波利斯海军学院，在这里他依旧没有改变叛逆本性，甚至多次被校方要求开除。即便是毕业考核，他也是排名垫底。毕业后他担任过海军飞行中队长，取得过不俗的成绩，但是风流本性始终不改，在别人眼里他依然是那个纨绔子弟。后来他成为一名舰载机飞行员，其间也亲历过多次飞行事故，但每次都能化险为夷。事实上，麦凯恩的一生确实幸运——多次死里逃生，即使在越战中被俘，遭受了近六年的虐待甚至精神上一度濒临崩溃要自杀，他依然坚持了下来。当时他主动请缨参加越战，在执行一次轰炸任务期间，被一枚苏制导弹击落，随即被俘，关押在被戏称为“河内希尔顿”的火炉监狱，受尽了拷打和虐待。北越方面通过简报得知了他的家世，为其提供了基本的医治，越方也想方设法地招降麦凯恩，甚至开出提前释放的条件，他都拒绝了。

战后，经过数月的精心治疗，麦凯恩重新回到军队，作为海军驻国会参议院的联络官。通过和诸多参议员的密切交流，麦凯恩开始接触政治，并且饶有兴趣。由于战争中造成的生理损伤可能影响其在海军进一步晋升，他最

---

* 本文于2018年10月13日发表于“美国学与国际研究”微信公众号的“周末观察”栏目。

终选择弃戎从政。之后他抛下原配，出轨了亚利桑那州著名啤酒分销商的女儿辛迪，借由家族关系以及辛迪家族广阔的人脉和财力，于1982年当选代表亚利桑那州的联邦众议员。1986年，共和党大佬戈德华特从参议院退休后，麦凯恩顺利当选代表亚利桑那州的联邦参议员，而后五次连任，在参议院任职至去世。

麦凯恩曾两次竞选总统。2000年大选，麦凯恩首度角逐共和党初选，由于其政治主张与党内主流颇有偏差，与党内高层及赞助者关系不睦，因而不敌主流派属意的小布什。2008年大选，麦凯恩终于击败党内竞争者脱颖而出。但由于次贷危机、久拖不决的伊拉克战争和小布什个人声誉等影响，麦凯恩始终处于不利地位。此外，由于和党内高层貌合神离，麦凯恩最终选择了茶党的佩林作为竞选拍档，并因此受到选民质疑。最终，麦凯恩惨负于政治明星奥巴马。

二、保守主义者+强硬鹰派

作为一名共和党参议员，麦凯恩政治生涯的大部分投票都倾向于共和党保守主义立场。同时，他也是一名彻头彻尾的具有干涉主义色彩的外交鹰派。他认为美国有责任和义务传播美国的民主和价值观。美国不应该放弃军事和外交干预手段来维护美国国家安全和利益。在担任联邦参议员期间，麦凯恩力主支持海湾战争及其后对伊朗的制裁，“9・11”后麦凯恩更是游说武装入侵伊拉克的狂热分子。当小布什政府因伊拉克战争和久拖不决的阿富汗战争备受谴责时，麦凯恩与小布什化敌为友，坚定支持小布什政府在伊拉克的军事行动及驻军，并将其作为2008年总统竞选的重要主张，声称“宁可输掉竞选也不能输掉这场战争”。

到了奥巴马时代，麦凯恩的保守主义立场趋于加强。在对外政策上，他不断抨击从阿富汗撤军，认为伊拉克局势在好转，美军不应撤军反而应增兵，以确保安全稳定。此外，他还坚持美国应军事介入利比亚内战、支持叙利亚反政府军，以及支持乌克兰对抗俄罗斯等，在伊核和朝核等问题上亦是态度强硬。同时，麦凯恩也未曾认同奥巴马总统的主要政策主张，对于奥巴马医改、经济刺激法案、大法官提名人选等均投了反对票。由于他独立的个性和政治主张，麦凯恩仍是奥巴马在国会中争取合作的重要力量。麦凯恩主张美国加大国防投入和加强海外军事行动，自其担任参议院军事委员会主席之后，更是力主国防开支上涨，在这一点上，麦凯恩与特朗普的想法一致。

在对华问题上，麦凯恩主张对华态度强硬，麦凯恩是美国政坛亲台势力的重要靠山。2016年6月5日，麦凯恩亲率美国国会访问团到访中国的台湾地区。2017年6月23日，麦凯恩致函特朗普强调美国应坚定表现出对台湾的支持，在对台军售问题上大放厥词。以麦凯恩的名字命名的2019年度新国防授权法更是给予美台军事交往和对台军售以更大权限。

三、政治“独行侠”

有人评论他桀骜不驯、脾气火爆。这是因为麦凯恩对一些问题有自己鲜明的立场和观点，常常和共和党主流派唱反调，甚至一度被视为共和党的“叛徒”。这也是媒体将其称作“独行侠”（maverick）的原因。麦凯恩是一位受人瞩目的政客，几十年的从政生涯，温和派的共和党人甚至是民主党人也常常向麦凯恩伸出橄榄枝，寻求他的支持。其政治立场从不局限于保守派的政治主张。比如，卷入“基廷五人案”的丑闻，使他看到了竞选资金监管存在漏洞所导致的严重危害。随后，他开始为竞选资金监管问题奔走呼号。通过和民主党参议员费恩戈德合作，最终推动了《两党竞选资金改革法》（又名《麦凯恩—费恩戈德法案》），成为30年来竞选资金领域最重要的改革。这其实并非共和党所乐见，反而如了民主党的意。

在外交方面，麦凯恩积极促成美越和解。在移民、干细胞研究等问题上的立场趋于和民主党一致。麦凯恩加入跨党派议员组成的“八人帮”（Gang of Eight），推动移民政策改革。2013年，当共和党以瘫痪预算审议和政府停摆为要挟杯葛奥巴马医保案时，麦凯恩不顾党内谴责对这一做法表示强烈反对，并为奥巴马政府预算案投下赞成票。在环保和全球变暖等议题上，麦凯恩主张政府应主动作为，加以应对，这也与很多共和党人主张不一。此外，当大多数共和党人默许虐待恐怖主义嫌犯时，麦凯恩却对虐囚方式的合理性存疑并表示反对。有趣的是，2017年特朗普准备推翻奥巴马主推的医改法案时，麦凯恩即使在刚刚手术不久尚未痊愈之际，仍前往国会投下了关键一票，使共和党的愿望落空，也为其独行的政治生涯画上了一个句号。

此外，麦凯恩十分支持自由贸易，认为自由贸易是保证美国经济繁荣的基石。他认为美国应该通过区域经济合作组织和双边、多边以及区域经贸协议减少贸易壁垒以促进全球经济分工，进一步完善国际经贸秩序，为美国经济提供更加广阔的空间，从而永葆美国经济活力。对于贸易保护主义，麦凯恩曾称历史证明贸易保护主义只会给美国带来更加高昂的代价。麦凯恩对特朗普所推崇的“美国第一”论调毫不掩饰地予以抨击，他甚至将这种新的政治倾向，称为“半生不熟的虚假民族主义”。

四、麦凯恩葬礼折射美国社会分裂

麦凯恩逝世后，美国主流社会和诸多政治精英高调悼念麦凯恩，前总统小布什、参议院多数党领袖米奇·麦康奈尔等都对其政治生涯赞颂有加，将其标榜为爱国者、时代明灯之类。民主党也加入悼念的行列，前总统奥巴马发言缅怀，前国务卿希拉里也在推特撰文表达对麦凯恩的哀思。除了建制派以外，将自己标榜为民主社会主义者的桑德斯以及家喻户晓的民主党年轻议员候选人奥卡西奥·科特兹等都高度赞颂其爱国精神和高尚品德。主流媒体更是对其深表悼念。无论是带有保守主义色彩的福克斯新闻，还是持有自由主义立场的《纽约时报》《华盛顿邮报》以及日益左倾的美国有线电视新闻网（CNN）等媒体都大幅公布悼词，对麦凯恩的一生和政治生涯高度评价。特朗普只是在推特发文表达对麦凯恩家人的同情，此外，没有更多表示。

国会议员和政治精英齐聚华盛顿致哀，其中民主党政客对麦凯恩的推崇，更多可能是因为麦凯恩对特朗普的批评。在总统竞选时，麦凯恩就曾表示特朗普过激的言行“不慎且危险”，后来特朗普反唇相讥，侮辱麦凯恩的被俘经历，自此双方结下梁子。麦凯恩的身上带有美国主流价值观的影子，特朗普从竞选伊始便被人们贴上反主流、反建制的标签，这两位的死磕，正是美国社会分裂、政治分离的缩影。麦凯恩支持多边主义和现行的多边国际秩序，而特朗普上台以来却以“美国第一”为借口接连“退群”，政策偏向于反全球化和贸易保护主义，与麦凯恩的政策主张形成对立。

近年来，美国社会因种族、移民、贫富差距等问题不断分裂，左翼的“政治正确”与右翼的极端保守主义水火不容，民粹主义、白人至上主义等极端思想不断发声。从2017年以来发生的夏洛茨威尔“白人至上群体”暴力冲突事件到其后陆续发生的多起种族主义抗议活动，再到特朗普和几百家美国媒体之间的口水大战，美国的深层次社会问题由此可见一斑。然而美国政治精英却囿于党派利益，担心选票和政治捐款的流失，怯懦回应，此举无助于弥合社会和种族裂痕，只会进一步加大社会分歧。

特朗普的粉墨登场正是美国选民对于奥巴马执政期间政治左倾的反应，美国政治两极化正在不断加剧，保守派趋向于极端保守，自由派在不断左倾。种族问题不断加重，阶层愈发固化，贫富差距继续拉大。长期以来政治精英们所标榜的标准美国价值观，已让很大一部分美国人信心不足，其中，中下层白人占了绝大多数，他们也是反建制并支持特朗普的主力军。美国两党之间的差别愈发显著，缺乏齐心协力、寻求共识的精神，政治问题的讨论彻底变成了喋喋不休的吵架。两党之间的互撕扯皮已让人厌倦，各党派在执行政策时，首先考虑的始终是为本党小团体、赞助财团以及特定利益集团服务，毫无底线地迎合公众动向的政客比比皆是。这种全方位深层次的社会分裂，或将是一场新的美国内战。

麦凯恩在临终前留下遗言不点名地批评特朗普，呼吁美国人坚守建国理念，不能孤立自闭，政治精英的视界应超脱党派纷争，“当我们把爱国主义和部落式的竞争混淆，并在全球每个角落播下愤怒、憎恨和暴力的种子时，我们削弱了自己的伟大。当我们躲在围墙之后，而非推翻围墙，我们削弱了自己的伟大。当我们怀疑而不相信我们的理念时，我们削弱了自己的伟大”。麦凯恩在其告别信中呼吁美国人民保持团结，对当前的困难保持乐观，坚信美国的伟大。麦凯恩在临终之际的些许嘱托也是对今后美国何去何从的警醒。

艰难上任，仍需战战兢兢
——卡瓦诺提名背后的政治较量*

李永佼

一、资历丰富，政法精英，卡瓦诺提名引争议

现年53岁的布雷特·卡瓦诺（Brett Kavanaugh）原为哥伦比亚特区巡回上诉法院法官。毕业于耶鲁法学院的他与去年被特朗普任命的大法官、同属保守派阵营的尼尔·戈萨奇（Neil Gorsuch）人生轨迹有诸多雷同：他们就读于同一所高中，都曾做过肯尼迪大法官的法官助理，同样经过联邦党人协会的考察和推举。

但卡瓦诺的职业生涯更为丰富。作为一名出类拔萃、资质全面的政治和法律人物，他近乎奇迹般地出现在近20年来美国几乎所有政治事件或大案要案的现场，如弹劾克林顿、2000年大选计票、“9·11”事件、反恐战争、“虐俘门”、“窃听门”，等等，被称为“共和党政治的阿甘”。卡瓦诺还曾是小布什总统核心权力圈的心腹幕僚和高级智囊之一，其工作职能涉及从反恐战争、国际协议到减税方案、移民政策等全部内政外交、军国大事。

出任联邦上诉法官后，卡瓦诺在堕胎权、持枪权、平权措施、环境保护、同性恋权利、奥巴马医保方案、总统行政特权等方面持保守派立场。他的任命对于最高法院整体走向将会产生决定性影响。卡瓦诺在2009年发表的一篇法律评论中主张国会立法免除对在任总统的刑事调查、起诉及检察官的质询。他认为，对在任总统的起诉和审判会削弱联邦政府在处理国内外事务中的可信度。由于调查俄罗斯是否干预2016年大选的特别检察官罗伯特·穆勒

* 本文于2018年10月20日发表于“美国学与国际研究”微信公众号的“周末观察”栏目。

（Robert Mueller）还未决定是否起诉美国总统特朗普，卡瓦诺对总统权限的立场让民主党人士深表不安。

二、关键席位，特殊时期，两党注定针锋相对

2018年7月，82岁高龄的肯尼迪大法官宣布退休，在美国政坛上引起了轩然大波。此前，最高法院9名大法官中，4名民主党提名的大法官基本持自由立场，4名共和党提名的大法官基本持保守立场，肯尼迪大法官为温和的保守派，手握决定性的“摇摆票”。他在多数时候持保守立场，但是在许多问题上会支持自由派，如在同性恋婚姻等问题上，肯尼迪大法官的关键一票帮助自由派获得了最后的胜利。也就是说，在特朗普成功任命了保守的戈萨奇法官之后，保守派在最高法院保证了微弱的优势，而此次极端保守的卡瓦诺取代了肯尼迪，将会使未来很长一段时间内最高法院彻底保守化，这是特朗普上台以来共和党最大的政治胜利之一。两党都明白此次任命结果的重要性，再加上此前数次法官任命风波中的宿怨，此次任命当然针锋相对，两不相让。

在任命尚未获得通过前，从参议院情形来看，形势对于共和党较为有利。2017年，共和党利用“核弹模式”，促使参议院首次以简单多数通过了特朗普对于戈萨奇法官的提名，建立了最高法院大法官任命以参议院简单多数通过的先例。所以此次提名也只需参议院100席位中51票支持即可通过。目前参议院共和党和民主党席位为51：49，如果全部按党派划分投票，自然可以顺利通过。即便共和党有一人反对，出现了50：50的局面，平常无须投票的副总统彭斯仍可以把关键一票投给卡瓦诺，使他得到通过。所以参议院共和党领袖麦康奈尔建议特朗普提名较为保守的法官，且积极推动尽快完成任命程序。

而此次提名恰逢中期选举在即之时，使得提名的政治意味更加浓厚，同时更加充满变数。对于共和党有利的是，此次需要改选的参议员当中，有几位民主党参议员是来自支持特朗普的深红州。也就是说，投票同意特朗普的提名才有利于他们在所在州当选，成为所在州在参议院的议员。这样民主党参议员中有4名到5名议员投票结果变得不可预知。但是对于民主党来说，他们的转机在于如果能将提名顺利拖到中期选举之后，民主党若能控制参议院，该提名便无法通过，他们甚至可以阻挠共和党之后的其他提名。但是由于在中期选举中民主党控制参议员的可能性尚未可知，两党优势此起彼伏不相上

下，民主党此举只能走一步看一步。

三、一波三折，险象环生，提名最终通过

共和党利用参议院多数席位优势，积极推进提名尽快完成。民主党议员对卡瓦诺提出质疑，利用听证会对其百般拷问，而共和党则坚持拒绝提供卡瓦诺的完整历史档案。卡瓦诺凭借精湛的政治艺术，屡屡回避谈及自己过往的敏感政治经历，终于通过了司法委员会的听证会。可就在提名等待司法委员会表决的时候，卡瓦诺突然陷入了性侵丑闻。首先是51岁的加州心理学教授克里斯蒂娜·布莱西·福特（Christine Blasey Ford）指控，卡瓦诺在高中时醉酒后试图对她进行身体和性侵犯。卡瓦诺对福特的指控矢口否认。接着又有两名女性指控卡瓦诺有性侵嫌疑。一时间性侵丑闻充斥各大媒体，各种谣言和质疑纷至沓来、沸沸扬扬。许多人认为这是民主党蓄意破坏，拖延提名程序进程。美参议院司法委员会要求卡瓦诺和福特24日在参议院听证会上公开作证。此后司法委员会以11：10通过了卡瓦诺的任命，并同意任命可以提交参议院全体投票表决。美国联邦调查局（FBI）对此事展开调查。投票表决前，美国联邦调查局向参议院和白宫递交了关于卡瓦诺涉嫌性侵的调查报告，绝大部分共和党参议员都认为从报告内容看无法判定卡瓦诺性侵，而大部分民主党参议员都对报告不甚满意，认为报道没有囊括可能构成卡瓦诺性侵的证据。

最终，卡瓦诺提名终于进入参议院全体投票环节。参议院以50：48通过了卡瓦诺的提名。此次提名投票几乎是全然党争划界的投票，不但是在国会参议院中能够想象到的最低过关表现之一，而且也是1881年以来批准联邦最高法院大法官人选投票中最极化的一次。

四、任命完成，党争依旧，卡瓦诺仍需战战兢兢

卡瓦诺已宣誓就任，但是这并非意味着在这个问题上两党相争的终结。由于卡瓦诺在女性权利和同性婚姻等问题上的极端保守倾向以及其上任后带来的高院整体保守化趋势，为捍卫自身权益而战的女性等群体将扳倒卡瓦诺视为极具标志性意义的目标；民主党人要遏制联邦最高法院的保守风向，卡瓦诺自然是关键突破口。

于是，卡瓦诺在正式就任之前就接到来自国会众议院民主党人的调查“邀请”：民主党人公开宣称如果可以在2018年中期选举中获得国会众议院多数，就将在下届国会中推动对卡瓦诺性侵指控的全面调查，并完全可能发起弹劾。在此刺激下，本来比较低调的共和党选民也被激起了关注中期选举的热情。从这个意义上讲，卡瓦诺已成为两党2018年中期选举动员选民的火热议题。

如今共和党在中期选举中能否保留参议院多数席位尚未可知。虽然中期选举历来对执政党不甚友好，但共和党在参议院的结构性优势使其尚存胜算。而在众议院，民主党人目前一路向好，并利用卡瓦诺出任法官的争议为自己拉拢更多选票。民主党是否能够夺得国会控制权，此次任命尘埃落定还是将再掀高潮，只能等待中期选举结果之后再见分晓。

美国民众并未因美国挑起对华贸易战而反感中国*

翟石磊**

美国挑起的对华“贸易战”引起了中美两国公众的强烈关注，但是，贸易战并没有达到特朗普政府蓄意挑起中美民众对立、抹黑中国形象的目的。换句话说，特朗普通过各种手段蓄意在美国选民中设置的“中国贸易威胁”和“中国崛起威胁论”等议程并没有获得美国人的普遍认可。

根据美国芝加哥全球事务委员会发布的最新民意调查报告（2018年10月），将中国发展视为对美国威胁的美国人并不是主流（39%的被调查者持有此观点）。虽然在本轮贸易战中，中国并没有被视为美国国家安全的主要威胁，但是美国人认为此次与中国的贸易冲突会伤及本国经济（72%的人表示非常关切，另有41%的人表示有点关切）。

相对较多的美国人（43%）表示，与十多年前相比，今日的中国更值得尊重。如果以0—10作为打分区间对中国进行打分的话，他们认为中国的平均影响力在7.3。此结果表明中国成为美国人第二个最为尊重的国家，仅次于美国（8.3）。经过过去数十年的发展，美国人对中国的认知和态度发生了重大改变，认为中国与美国的国际影响力差距迅速缩小（从2006年的2.1分缩小到2018年的1分）。

关于中国崛起问题，43%的美国人认为，虽然中国越来越受到尊重，但是美国的亚洲盟友依然是他们最为重要的伙伴。三分之二（66%）的美国人称，比起与中国建立新型伙伴关系（26%），他们更希望加强与该地区日韩两

* 本文于2018年10月27日发表于“美国学与国际研究”微信公众号的“周末观察”栏目。

** 翟石磊，中国矿业大学外国语言文化学院副教授。主要研究方向为跨文化交际、英语国家社会文化和国际舆情。

个盟友之间的关系。

近十多年来，中国的迅速发展引起了美国公众的关注，也赢得了相当多美国人的认可与尊重。但是，民意调查结果也显示，美国人依然缺乏对华信任，中国的发展成就尚未转化为国际上的全面领导力资源。根据美国皮尤研究中心民意研究报告、英国广播公司民意调查、澳大利亚罗伊民意调查历年来发布的调查结果，国际社会普遍认可中国的经济发展成就，认为中国在世界经济发展格局中具有举足轻重的地位，但是对中国如何发挥全球经济领袖作用的认识却一直存在分歧，也有担忧。中国的经济发展以及中国对世界经济的贡献，全球公众有目共睹，这并没有因为特朗普及其政府的恶意渲染而有所改变。

但是，中国也需要不断地审视自我，思考如何将经济发展成就以更有效的方式向国际公众表达，将中国经济发展所带来的贡献转换为更为匹配的国际认知度，以及国际影响力，这需要社会各界的共同努力。

我看2018年美国中期选举*

王　波

所谓“中期选举”（mid-term election），指的是美国在每四年总统大选期间举行的国会和地方州市一级的选举，由于时间上刚好位于两次大选中间，因此称“中期选举”。国会选举的实质是民主党和共和党争夺对国会的控制权，它往往成为两年后总统大选的一个民意风向标。因此，它比地方选举更受关注。所以，人们平时谈论的美国中期选举，常常指在两次总统大选之间举行的国会选举。中期选举的日期一般在当年11月的第一个星期二举行。

当地时间11月6日，美国迎来了2018年中期选举投票日。选举吸引了全世界的眼球，我们国内各界也非常关注，尤其关注中期选举后美国政治的走向及对内外政策的影响。如笔者预测，最终选举结果是，共和党依旧控制了参议院，民主党赢得了众议院。

一、选举结果与美国三权分立的政治体制有关

根据美国宪法，美国实行总统、国会、最高法院三权分立，相互之间实行权力制衡。目前的选举结果，完全符合三权分立的宪法精神。由于现任总统特朗普是共和党，美国人一般不会再任由总统所在执政党完全控制国会。因为这与三权分立的政治体制以及宪法要求的分权精神不符。虽然美国历史上不乏执政党同时控制国会参众两院的情况，但总的来说，这类情况较少，大部分情况下，美国人希望国会与总统控制在不同政党手中。这是由美国特色的政治体制决定的。

更为重要的是，特朗普执政两年来，争议颇多，政治极化现象严重。在

---

* 本文于2018年11月10日发表于“美国学与国际研究”微信公众号的“周末观察”栏目。

一系列国内外问题上，特朗普肆意孤行，招致较多歧义和多方批评。特朗普两次有机会任命了最高法院大法官，最高法院趋向保守。左右两派经常针锋相对，互不相让。前一阵，特朗普与左派传统媒体进行口水大战，招来包括前总统奥巴马在内的左派人士严厉批判。因此，这次中期选举，是民主党伺机反扑的一大机会，是三权分立原则的再次体现，是对保守主义的制衡。

二、选举结果与美国人不信任政府的政治文化传统有关

美国国会代表的是人民，国会是政策的真正制定者。但是，从罗斯福新政开始，由于国会在处理一系列国内外重大危机与挑战时，自身机制存在许多缺陷，无法高效、快捷地应对危机，于是总统权力膨胀成为一种必须。总统权力的扩张成为20世纪以来美国政治发展的趋势之一，乃至出现“帝王”般的总统。尼克松水门事件曝光后，国会开始试图限制总统权力，通过了《战争权力法》等限制总统权力的法案，表达了民众限制总统权力的愿望。

当下，民粹主义复兴，反建制、反精英成为美国的流行时代话语。左右两派大打民粹牌，试图吸引更多选民的支持。代表民意的国会自然备受关注。反建制的做法与美国人不信任政府的政治文化传统息息相关。“政府是必要的邪恶”“管得最好的政府是管得最少的政府”，这些从殖民地和建国初期沿袭下来的政治话语体现了美国的政治文化传统。

今天，不信任政府的政治文化依然根深蒂固。特朗普提出反建制、反精英的民粹主义主张深刻体现了这一传统。它本质上不是什么新理念、新思想、新做法。如果特朗普没有响应美国的政治传统，他不可能取得民众支持，不可能以体制外的身份成功立足华盛顿政界。

事实上，美国两党都试图表现得非常民粹，都试图吸引更多的支持者。两党希望获得更多中间选民的支持，赢得选举。特朗普上任后，保守势力来势凶猛。此次中期选举，作为一种政治力量的制衡，民主党顺理成章赢得了更具民意代表性的众议院，既顺应了美国政治民粹化的倾向，又体现了美国人不信任政府的政治文化传统。民众希望有一定的政治力量制衡特朗普的保守主义，避免特朗普政府打着民粹旗号脱离民众。

因此，这次选举是对当下美国民意的一个自然回应。奥巴马时代，左倾严重，特朗普上任后又右倾明显，迫切需要一定的制衡力量。由于中期选举参议院只有1/3席位改选，众议院全部席位改选，要让参众两院全部易帜难度

太大。最终，民主党夺回了最具民意代表性的众议院掌控权，既顺应了民意，也是对三权分立制度的回应。更或许，这也是美国自由主义和保守主义周期论的一个具体体现。

三、选举结果对美国内外政策会产生一定影响

中期选举之所以称为中期选举，一定程度上是因为它是美国民众对总统的“期中考核”，是竞选连任的风向标。

中期选举同样决定总统所在党派在参众两院的席位，很大程度上决定选举后该届政府的政策能否顺利推行。一个例子是前总统奥巴马：民主党在其第一任内的中期选举输掉了众院多数席位，在第二任内中期选举输掉了参院多数席位，让奥巴马彻底成为“跛鸭总统”，这对奥巴马政策的推行带来了很大麻烦，医改政策上体现得尤为明显。

根据宪法，美国的众议院权力集中在财权、预算和提出议案等方面。此次共和党输掉众议院无疑给特朗普政策的推行带来一定阻碍。特朗普不得不花更多时间去应对众议院。更有甚者，民主党控制下的众议院可借助“通俄门”等事件对特朗普启动弹劾调查。尽管弹劾提案最终通过的可能性微乎其微（需参议院批准），但它会大幅分散特朗普政府的注意力，导致他的行动力大大下降。

在当前美国两党渐行渐远的背景下，国会的分裂很可能将如同奥巴马任期内一样陷入长期争斗、碌碌无为的困局。这种情况一旦出现，特朗普可能将一如既往继续“甩锅”和打反建制牌，将责任推给阻挠议程的民主党和光说不做的政治精英。最终，无论他的政策对错与否，他将沦为一名碌碌无为的总统。

幸运的是，参议院仍由共和党控制，在国际事务或重大人事任命等性命攸关的问题上（这些都是参议院权力范围的事），特朗普不会有更多阻碍。相反，选举结果还强化了特朗普的权力，让他再无弹劾之忧，交椅坐得稳稳的。由于参议院具有批准和解除条约的权力，特朗普可任命更多和他观点相近的人到政策团队，确保“美国优先”得以落实。包括退出《苏联和美国消除两国中程和中短程导弹条约》（简称《中导条约》）在内的一系列退群想法都有望实现，从而让特朗普创设国际新议题、建立美国主导国际新秩序新框架的可能性与操作能力大大提升。

此外，自从特朗普任命了两名最高法院保守派大法官后，他已改变了最高法院保守派与自由派的权力比重。考虑到在位的自由派法官有的年岁已高，特朗普未来如有机会连任，他就有机会再次任命新的保守派大法官，这对美国政治的整体右转影响将是长期的。

不过话说回来，事事难以预料，尤其是在特朗普的问题上有许多不确定性因素。笔者曾在文章《我看特朗普的移民“新政”》中有过这么一段论述：

“在当前很有争议的贸易战问题上，美国参议院7月11日，以88：11的压倒性票数通过了一项不需要强制执行的决议，希望结束特朗普以国家安全为由加征进口关税的做法。虽然这不过是一个表态性决议，却清清楚楚表明了国会的态度。共和党是特朗普所在的党派，也是美国参议院的多数党。显然，特朗普的贸易战政策招来了共和党内一些人的强烈不满。即便特朗普想一意孤行，恐怕也不得不考虑国会和它背后代表的民意吧。毕竟，特朗普的做法看似保护了一部分美国人的利益，维护了‘美国优先’的原则，却也损害了另外一部分美国人的利益。”

由此可见，即便是共和党，也不会事事袒护特朗普。由于新媒体时代的到来和后真相时代的话语传播特点，民众声音会越发多元，越发琢磨不定，美国政治会日趋碎片化。因此，大可不必高估特朗普总统的权力。相反，要更多地从美国历史和文化的视角，从美国三权分立的政治体制本身去认识今天美国政治文化的本质内涵，只有这样才不至于被纷繁复杂的政治万花筒和一些政治琐事所迷惑。笔者相信，美国人民有自己的判断力，不会让特朗普严重偏离美国政治的传统。选举结果就是最好的明证。

风波迭起："特"翁又失"马"？*

许戈辉

当地时间10月14日，特朗普在哥伦比亚广播公司的一档《60分钟》节目中，表示"马蒂斯有点像民主党人"，随后他还说："但马蒂斯将军是个好人，我们相处得很好，他可能会走，每个人在某个时候都会离开，这就是华盛顿。"一时间关于马蒂斯即将离任的猜测引发热议。随后白宫和马蒂斯本人都对此表示否认，但此番言论再度引发中期选举后可能再掀一波高官离职潮的疑虑。

一、马特分歧愈演愈烈

特朗普上台以来高官离职不断，如此高的离职率较往届总统史无前例。尤其到2018年1月特朗普执政一周年之际，离职潮越发凸显。前国务卿蒂勒森、前总统国家安全事务助理麦克马斯特以及日前宣布年底离职的美国驻联合国代表妮基·黑利等一众高官相继离职，引发舆论关注。11月8日，即中期选举结束后的首日，特朗普便要求压制"通俄门"调查不力的司法部长塞申斯离职，再加上选举后很可能又会空出一些政府要职，华府政坛可能引发新一轮人事大变动，或将掀起新一波高官离职潮。

特朗普似乎更加中意于那些对他言听计从的忠实执行者，似乎些许不和，便会招致他的反感。因为朝核问题立场不一，蒂勒森被特朗普丢在了一旁，选用了更能领会总统意图的前中情局局长蓬佩奥担任国务卿。特朗普的不当言论和任性的处事风格，让人敬而远之。据称，因不赞同特朗普对进口钢铁和铝产品加税以及特朗普在夏洛茨维尔暴力事件中对白人至上主义者的暧昧

* 本文于2018年11月17日发表于"美国学与国际研究"微信公众号的"周末观察"栏目。

态度，前首席经济顾问加里·科恩也萌生了辞职的想法。2018年以来，蒂勒森、麦克马斯特、妮基·黑利、塞申斯等一众高官相继离职，让人们不禁唏嘘。自特朗普上任至今，白宫已发生多次人事变动，且逐渐向内阁要职蔓延，这是此前所没有的。观察这些离开白宫的人不难发现，他们有一个共同特点，即与特朗普理念不符。无论是此前担任美国常驻联合国代表的黑利，还是近来发酵可能离职的防长马蒂斯都是如此。

曾经参与揭露水门丑闻的知名记者鲍勃·伍德沃德在前不久出版的《恐惧，白宫里的特朗普》一书中描绘了诸多白宫高官与特朗普产生严重分歧的细节，这其中便有国防部长马蒂斯。该书透露，马蒂斯曾在内部圈子表示，特朗普对政治的理解是五六年级小学生的水准。随后马蒂斯表示这是作者虚构的，自己并没有对总统有过言语上的不敬。据美国《新闻周刊》报道，一项民调显示，人们更愿意相信书中所刻画的特朗普政府高层的种种细节，书中描绘了一众高官对于特朗普执政能力的不满，以及他们对特朗普任性执政方式的反抗。

事实上，关于马蒂斯离任的消息早已不胫而走，外媒报道称，马蒂斯和特朗普有诸多政见上的不和，马蒂斯曾向前参议院军事委员会主席麦凯恩写信反对建立太空军，认为组建太空军为时尚早，在国防部进行战略管理体制改革的大背景下，马蒂斯认为此举只会增加组织和财政负担，而特朗普却决意建立太空军，并且公开要求国防部研究执行。

《纽约时报》称，特朗普已将马蒂斯排除在中期选举人员任免名单之外。相较于特朗普任期第一年对马蒂斯在外交和防务政策上的倚重，近六个月以来，马蒂斯在白宫的地位发生了微妙的变化，马蒂斯正在被边缘化，这集中体现在今年以来马蒂斯与特朗普在外交政策上的分歧。比如，美韩联合军演取消和美朝领导人会晤等重大决策并未提前征询这位国防部长，而马蒂斯认为美韩军演是保持驻韩美军战备能力，与地区盟友加强战备建设的重要举措，不应作为让步而迁就朝方。美驻以色列大使馆迁往耶路撒冷以及7月中旬特朗普与俄罗斯总统普京进行的首脑会晤等，都与马蒂斯的主张相冲突，马蒂斯认为大使馆迁址会加剧地区局势紧张。在他看来，俄罗斯根本不值得信任，普京一直试图突破北约并削弱美国与其西方盟友的关系。

2018年3月22日，“战争鹰派”约翰·博尔顿接替麦克马斯特出任总统国家安全事务助理以来，特朗普当局在伊朗、叙利亚和对华事务上愈加强硬，马特分歧也进一步加剧。在政策方面的冲突更可能激起特朗普对于马蒂斯的不信任。虽有“疯狗”的称号，马蒂斯还算是个相对理智的鹰派。在伊核问题上，马特存在严重分歧，马蒂斯认为伊朗只要遵守之前的伊核协议，美国就不应该对其继续制裁，在这一点上两者意见可谓大相径庭。特朗普上台之前便反对与伊朗进行谈判，并在2018年5月单方面撕毁了伊核协议，并且没有提前询问和告知马蒂斯。

此外，2018年4月，特朗普多次通过社交媒体和公开场合发声，就非法移民问题喊话近邻墨西哥，并签署一份公告宣布派遣国民警卫队赴美墨边境协助打击非法移民活动。马蒂斯虽然签署命令执行了特朗普的要求，但是起初他对特朗普这一举措表示反对。

二、马蒂斯，特朗普政府仅存的“成年人”？

有美国媒体将马蒂斯视作当前特朗普政府仅存的“成年人”。据称，特朗普对于外界认为马蒂斯是白宫西厢办公室里唯一一位成年人的评论感到恼火。但是这样的评论并非没有道理，面对特朗普上台以来提出的众多争议政策和观点，马蒂斯很多时候担任着消防队员的角色，在其中不断斡旋各方。

马蒂斯没有党派身份，并且军事领导经验丰富，曾担任过阿富汗战争和伊拉克战争的一线指挥官，于2013年从美军中央司令部司令任上退休。此外，马蒂斯酷爱阅读，还对历史和战略颇有研究。特朗普对这位退役将领的任命也得到了两党一致的支持，是特朗普执政一年多任职最长的重量级阁员之一。早前，当被记者问到其政治属性时，他坚称“从未登记加入任何政党”。马蒂斯表示：“从根本上来说，我的职责横跨两党，也就是保护美国。这是特朗普总统要我做的，我定会贯彻执行这件事。”马蒂斯也曾寻求在五角大楼建立一支跨党派的领导团队。例如，邀请希拉里竞选团队中的国防部长候选人米歇尔·弗卢努瓦做国防部副部长，虽然弗卢努瓦最终拒绝了，但是特朗普和他的死忠派们都对此耿耿于怀。在一些重要职位的任免上，马蒂斯与白宫也是意见不合，马蒂斯想要吸收一些共和党防务专家在国防部任职，但由于他们在总统大选期间就曾对特朗普隔空开骂，所以白宫明确表示这些人不可能在这届政府任职。

在许多欧洲政府看来，马蒂斯也被视为特朗普政府里面的可接触对象。马蒂斯等官员向美国盟友保证，即使特朗普在社交媒体和其他公开场合大放厥词，美国还会继续坚持与盟友的承诺。福克斯新闻称，特朗普和马蒂斯对北约盟友重要性的看法存在分歧，这也是两人最重要的冲突点。特朗普认为北约在内的盟友体系拖了美国的后腿，要求盟友增加自身的防务开支，减少对美国的安全依赖。此外，特朗普当选总统后还陆续发表了“英国脱欧伟大论”“北约过时论”等争议论调，这让欧美关系遇冷。马蒂斯则一直强调北约在内的盟友体系对美国发挥全球影响力的重要作用，而特朗普却多次尖锐地指责欧洲盟友，马蒂斯在这时便成为特朗普内阁中安抚盟友的重要声音了。

特朗普在竞选总统时曾承诺结束阿富汗战争，但马蒂斯和麦克马斯特成功地说服了特朗普政府继续保持美国在阿富汗驻军，并进一步增兵4000人，以支持喀布尔政府当局。马蒂斯等人认为美军一旦撤出，将会在这一地区形成权力真空，届时“伊斯兰国”和“基地组织”等恐怖势力将会乘虚而入。

早前，特朗普通过社交媒体突然宣布禁止变性人服役，此番言论引发美国政界、社会人士、民权组织等多方不满，马蒂斯向特朗普说明对变性人服役是否影响军队战斗力还需进一步评估，国防部并没有执行相关禁令，称在白宫发出进一步指示前，不会对现行政策做出改变，已服役的变性人群体继续服役。马蒂斯总是在为特朗普的不当言论和争议政策收拾“烂摊子”和“打补丁”。

三、不可或缺的“稳定器”

当然特朗普有权选择一位更加顺应其政策主张的新防长，政见不合导致特朗普对马蒂斯不满，解雇马蒂斯也不是小概率事件，但马蒂斯却是目前得到两党一致认可的为数不多的内阁成员。两人的分歧可能会让特朗普感到恼火，但是留任马蒂斯或许有助于特朗普执政稳定。也有人认为马蒂斯在白宫的地位似乎不可战胜，如果他辞职或者被解职，美国盟友可能会对充满不确定性的特朗普政府感到恐慌，甚至美国国会中的不少共和党人也可能将矛头指向特朗普，因为马蒂斯在美国政府发挥着稳定器的角色。尤其当白宫高层充斥着博尔顿这类强硬鹰派时，此时马蒂斯对特朗普政府及其政策走向的稳定作用便越发凸显。

德媒《每日镜报》评论说：“马蒂斯是美国政府内最后一个温和冷静的内阁成员，这样的人离职，会让美国政府失去理性，鹰派将在白宫占据绝对主导。这对美国与世界其他地区的关系不是个好消息。”马蒂斯更乐意维持现状，保持美国内政外交政策的连贯性。而特朗普多变且难以预料，再加上2018年以来两项白宫重大的人事变动，蓬佩奥接任国务卿以及博尔顿担任总统国家安全事务助理，更加奠定了特朗普执政团队更加保守的趋向。据部分白宫官员披露，特朗普认为马蒂斯看轻他，对其政策主张的执行力不够，当前特朗普更加依赖蓬佩奥和博尔顿两个人。马蒂斯可能会一步一步地被踢出决策核心圈。如果马蒂斯离职，特朗普很可能会任命一位与其政策主张相一致的，且更加趋于保守激进的人物，届时两党之间的冲突对抗可能会进一步加剧。特朗普的安全政策恐愈发难以预料，尤其当参联会副主席保罗・塞尔瓦和欧洲司令部司令柯蒂斯・斯卡帕罗蒂等美军高层即将退休离职，这或将更加有利于特朗普在重要岗位上选择忠实于他的人物，让更多高层官员与其理念保持一致。

马蒂斯很注意避免公开与特朗普产生冲突，在与特朗普的交往中他保持了一定程度上的克制，似乎也习惯了特朗普的处事风格。马蒂斯的继续任职将有助于特朗普政权安全政策的稳定性，平衡特朗普执政团队趋于保守激进的单一化趋向。

中美正在滑向全面冷战吗？*

刘惠华**

上周末在巴布亚新几内亚举行的亚太经济合作组织（APEC）峰会，被认为是在11月底阿根廷“习特会”前，中美两国之间最重要的一次沟通机会，但结果变成了中美之间的一场强硬交锋。峰会有史以来首次未能在闭幕时发表领袖共同宣言公报，其原因不在本文探讨之列。但是，这至少从一个侧面表明，中美之间的对抗已经从经贸领域进入其他领域。

美国商务部工业和安全局（BIS）11月19日发布了一份技术出口管制先期通知，向公众征询公开意见，拟收紧对14个涉及国家安全和高技术的前沿科技领域的技术出口类别，其中包括脸部和声纹辨识的先进监控技术。征询意见将于12月19日结束。据《华盛顿邮报》的分析，预计苹果、谷歌、亚马逊等公司所在的语音智能手机、自动驾驶汽车、超级计算机等领域的对华技术出口将受到限制。

如果通知中所提及的技术出口管制得以实施，这将成为美国历史上规定最严的技术出口管制条例。而且，可以预计的是，受此影响最大的国家毫无疑问将是中国，很多中国高科技公司赖以生存的芯片将面临新的封锁。可以毫不夸张地说，美方的科技出口限制一旦落实，将意味着美方正式向中国发动“科技战”。这背后的动机就是要阻止中国实现“中国制造2025”计划。

特朗普政府对“中国制造2025”计划很敏感，认为该计划是对美国目前在全球科技上的领先地位发起的正式挑战。同时，美国战略界和商界的精英们对该计划的解读是：这是中国企图利用产业政策，在一些重点行业打造“国家级冠军”。例如，美国驻华商会认为，这是“一个国家与一个公司的不公平

* 本文于2018年11月25日发表于“美国学与国际研究”微信公众号的“周末观察”栏目。

** 刘惠华，北京语言大学讲师，博士，主要研究方向为美国外交、中美关系和英语国家社会与文化。

竞争”，是一种零和博弈。这在一定程度上说明了为什么美国商界在这次中美贸易摩擦中，和以往任何一次中美贸易摩擦中所扮演的角色不同，美国商界并没有发挥积极作用。有什么样的认知，就会有什么样的立场。不同的认知导致了不同的立场和行为。

其实，这早已有前兆。2018年10月，美国商务部将中国科技公司福建晋华列入了出口管制实体清单；11月1日，美国司法部起诉晋华窃取美国芯片制造商美光科技（Micron）的知识产权。美国一直指责中国存在利用“网络间谍”和人员窃取美方知识产权和强迫美国公司进行技术转让的行为。美国前副国务卿詹姆斯·斯坦伯格（James B. Steinberg）于11月19日在北京语言大学所做的演讲中也提到，这是导致中美关系变得如此紧张的几个原因之一。此外，据报道，美国司法部成立了打击中国经济间谍活动的专案小组，并强调今后将展开跨政府部门的合作，保护美国敏感技术以及避免被外国政府渗透。

种种迹象表明，中美两国之间的贸易摩擦的演变正在朝着对中国很不利的方向发展。2018年9月底，在美国、加拿大和墨西哥三国达成的新的贸易协议中，有一个所谓的“毒丸条款”，即任何一方与非市场经济国家签订自由贸易协议时，应允许其他各方在发出六个月的通知后终止本协议，并以它们之间的协议（即双边协议）来取而代之。新协定中的“非市场经济国家”显然指的是中国，“毒丸条款”在贸易协议中是前所未有的，目的是“孤立”中国。不管美国孤立中国的阴谋能不能得逞，我们都要提高警惕。中国人民大学美国研究中心主任时殷弘教授在最近的一次讲座中也提道，“2018年初以来，加剧变更的世界政治经济开始至少隐约透露出一种危险的‘两分’（dichotomy）的可能性”，他的判断也正是基于美加墨新协议中的该条款。同时，他表示：“中国必须尽最大努力降低甚至杜绝这种世界经济二分的可能性，以求保证中国的长远发展前景。”因为，这种世界经济二分的情况一旦出现，中国将只能和与中国友好的发展中国家，特别是“一带一路”沿线合作国家，开展主要的经贸活动。

总之，美国似乎已做好和中国进行全面冷战的准备。我们应该丢掉幻想，做好如何应对的心理准备，并且研究如何能在这场新的冷战中立于不败之地的战略。用时殷弘教授的话来说，特朗普是一个“残忍的战略家”和“精明的战术家”。即使在特朗普离开白宫之后，不排除出现比特朗普更残忍和更精明的对手。对此，我们要有足够的心理准备，并在战略层面和战术层面做出相应规划。

“软实力”如何为我所用*

金衡山**

2018年8月20日李世默在美国《外交政策》杂志上发表题为“软实力的盛衰”的文章，副标题为“约瑟夫·奈的概念失去了关联，中国可以取而代之”。这篇文章在对外介绍中国过往40年走过的道路，宣传中国的主张，指明以美国为首的西方软实力走向衰败方面很有启发意义。同时，文章的论述和逻辑也可以让人思考如何更好地让“软实力”的概念融合进中国的发展理念，让中国的影响力更加合理地发挥作用这些问题。

一、文章的逻辑与基本观点

文章认为美国政治学家、哈佛大学教授约瑟夫·奈提出的软实力基于民主、自由、人权这些西方价值观，其实质是新自由主义的诉求。在冷战结束后的很长时间内，以美国为首的西方国家把这种诉求强加于世界各地，在很多地方曾一度掀起“民主”热潮。但好景不长，这种情况延续时间不长，而且出现了一团糟的现象。无论是美国“解放”伊拉克后的民主进程，还是冷战后东欧紧随西方的步伐，或者是晚近时期的中东、阿拉伯世界的“颜色革命”等，在这些地区和国家进行的民主实验都遭遇到了不同程度的灾难，美国的软实力并没有带来预想的灿烂结果。新自由主义的输出遭遇滑铁卢，而且反过来影响了自己。西方世界本身在过去的几年里经历了“反自由主义”的逆转，英国的脱欧运动，美国的特朗普上台，以及东欧一些国家的民族主义情绪的上升等都说明了这些问题。曾经的软实力失去了关联作用，相反，

---

* 本文于2018年12月1日发表于“美国学与国际研究”微信公众号的“周末观察”栏目。

** 金衡山，华东师范大学外国语学院教授，博士，主要研究方向为美国文学、美国文化和美国研究。

在这些国家，关注更多的是硬实力的问题，如特朗普的“美国优先”政策。

相比之下，中国出现了持续、稳定的上升景象。一方面中国融入了世界经济发展一体化过程，在全球化的过程中得到了发展的机遇，同时也为世界作出了巨大的贡献。另一方面，中国坚持自己的发展道路和理念，走出了一条不同于新自由主义预设的道路，其结果是国家的长期稳定和经济的持续发展，而这正是中国的软实力所在。在通过硬实力说话的同时，中国也提出了自己的发展理念，如早些时候的“和平崛起”，以区别于历史上新兴国家为获得权力必经战争的老路，以及现在的“人类命运共同体”的理念。这些都向世界表明了中国的软实力。

二、文章的反响以及对外宣方面的启示

李世默（其英文名是Eric Li）是复旦大学中国研究院的研究员，也是春秋发展战略研究院的研究员。后者是他自己创建的民间智库。李世默“文革”期间出生在上海，后在美国加州伯克利大学等名校受教育。他是风险投资家，同时也是一位政治学者，曾经发表文章阐释中国的发展道路，最近几年撰文介绍党的十九大内容和修宪之必要。李世默用英文撰写文章，发表在美国一些知名的刊物和媒体上，产生了一定影响力。例如，上述文章得到了一些英文网络媒体的转载，进入相关研究专题的目录，也得到一些研究人员的回应，比如讨论西方新自由主义碰壁的原因等。当然，此文也引起一些议论，主要是质疑中国的崛起会不会走美国霸权的老路，中国的软实力因此会不会也像美国一样强加于人。这些确实需要引起我们的注意。

李世默的英文文章同时会被翻译成中文，在其创建的中文网站“观察者”上刊出，也会产生一定的影响力。就宣传主张而言，李世默在美国一些主流媒体如《华盛顿邮报》《外交政策》等刊物上发表文章，论述中国道路，阐释中国理念，直接参加到美国知识界关于中国问题的讨论中，这对于传统的国内外宣渠道是一个很大突破。又因为，他是以民间身份出现，且也有外方身份，因此其论述会有一定的说服力，也是凸显中国软实力的一个渠道。几年前，国外的一些媒体已经注意到了这个现象，把包括李世默的春秋发展战略研究院在内的一些国内民间智库（多数是由一些海归人员创建）看成是阐述中国软实力的一个有力方式，因为与美国的很多智库类似，民间智库与政府保持一定距离，同时亦能更加深入地阐述政府的相关主张。在这个方面，我

们得到的启示是可以鼓励发展更多的有一定基础的民间智库。但同时，也需注意，类似李世默这样能够在美国等西方国家的主流媒体上发表文章并不简单地等于其思想就一定能够完全产生正面的影响。美国媒体上各种声音都有，出现阐述中国立场的声音自然是一件好事。不过，也要关注与其同时出现的反对意见，有些反对意见其实很能代表西方知识界对中国的态度，需要引起我们特别注意。就此而言，一方面我们的外宣应该充分关注李世默这样的力挺中国的言论，使其能够发挥更大的作用。另一方面，也要注意保持一定距离，不要简单地将其拉入政府的怀抱，导致湮没其能够发挥的作用。

三、从"软实力"的学理看其如何为我所用

李世默的文章把约瑟夫·奈提出的软实力基本等同于新自由主义思想，有其合理的一面，但也有偏颇之处。就约瑟夫·奈的思想发展来看，其提出的"软实力"概念也经历了发展的过程。早先的软实力概念是指一个国家让别的国家做他想要做的事情，但不是通过命令或强迫的手段，而是通过吸引人的方式进行，这是约瑟夫·奈思想的核心内容。所谓"吸引人的方式"其实就是美国式的价值观，这也是李世默的文章所提及的。但是，就约瑟夫·奈而言，他并不完全是一个新自由主义的推崇者。恰恰相反，正是因为出于反对小布什的伊拉克战争的态度，他才感慨美国的软实力在所谓的反恐行为，尤其是把民主与自由强加于他人的行动中遭遇到了损害。由此他认为软实力的实现需借助"合作"意愿，之后从奥巴马政府的缓和政策中，他又看到了软实力与"自愿"的关系。他指出，"软实力使用一种特别的方式（不是强力，也不是金钱）以促使合作的产生，在一种关系中，它依赖引力、爱或者是责任，诉诸价值观，一些能够带来正义感的价值观，而这在于对共享价值和目的的贡献"。他又指出："在决定如何让人自由地选择他们的偏好时，存在着非常重要的自愿问题。对于外者来说，不是所有的软实力看上去都是柔软的。在有些情况下，很难确定是什么让偏好的（选择）自愿形成。""合作"和"自愿"是约瑟夫·奈软实力思想后期发展的重要内容，值得我们特别注意。当然，约瑟夫·奈阐述软实力的出发点和落脚点都在于维持美国的国际霸权地位，这一点毫无疑问。但是，从其阐述软实力的策略上来看，依然可以看到为我们所用的价值。

中国提出的"一带一路"强调"合作"和"自愿"，这也是我们多年来的

外交政策进一步延续的结果。约瑟夫·奈指出软实力的一个体现路径正是外交政策的实施。我们并不是要以约瑟夫·奈的思想作为出发点来衡量我们的外交政策，而是可以考虑如何把一个已经在国际关系和文化输出领域产生深刻影响的思想充分融入我们自己的话语体系中，为我所用。不是用我们的行动来表明这个思想的正确与否，而是用我们的行动说明软实力并不是美国的专利，在软实力的实施机制上，我们同样也体现了普遍的、通行的原理。

从一个更高的角度而言，这也是我们参与国际对话的一个有利途径，在参与的同时，构建我们自己的话语。这种构建如果能够在充分利用已有的、有影响力的国际话语的基础上进行，那么我们的“构建”就能够不仅形成对话，而且也可以有所超越，形成吸引力，并由此产生影响力。这种产生影响力的发生机制也深刻蕴含在了“人类命运共同体”的思想之中。

科教在中美关系中的地位与作用*

马秀山**

在中华美国学会2018年年会暨学术研讨会上，科技部中国科技发展战略研究院研究员赵刚回顾并展望了中美科技合作：1979—1989年是“愉快”的十年，1989—2001年是“蜜月”结束自行发展时期，2001—2016年是我国发展的黄金时期。中美科技合作特点有以下几点：一是非实质非本质合作，总是扼制与反扼制，美国将对中国的技术限制与朝鲜归为一类，比俄罗斯还严；二是民间科技交流十分活跃，2017年政府间合作协定不再续签，但“民间”意向高涨，美国诺贝尔奖得主极其愿意合作，即便被模仿，只要尊重知识产权即可；三是人员创造知识产权，有交流碰撞就有想法（idea）产生，人员交流有动力，互相交流启迪。

与会的国际关系学院院长助理达巍教授认为，支撑中美建交的是两国战略合作需要，中美关系发展，科技教育先行。今天的困难是两国战略发展的变化。

解读中美关系科教先行。建交后，美国接受中国派遣留学生。美国先进的科技教育成为强化两国关系的重要手段和重大措施。1995年参与中国科学院对美专利学术与实务交流来访的美国客人“骄傲”地说，走访中科院院所，很多研究人员都曾在美研修……

贸易互利，投资互信。经济保障今天，科技保障明天，教育保障后天。成思危副委员长曾这样阐述经济、科技与教育的功效。

目前形势下，科技可能成为中美关系压舱石的重要补充力量。科教交流

---

* 本文于2018年12月8日发表于“美国学与国际研究”微信公众号的“周末观察”栏目。

** 马秀山，曾任中国专利局机关团委书记、局机关党委组织部副部长、局监察办公室副主任、中国知识产权报社（前身为中国专利报社）副社长，现为中国知识产权研究会副秘书长、《知识产权》杂志副主编。

特别是教育交流，既是不可或缺的“民营经济”，亦“符合”美国的“和平演变”战略，尼克松在《1999年：不战而胜》中阐述：“对苏联制度的最大威胁是，他们的思想与我们的思想进行交流，他们的人民与我们的人民进行交流，他们的社会与我们的社会进行交流。这种交流会引起不受欢迎的对比，打破克里姆林宫对信息的垄断，播下有一天会开出和平演变之花的思想种子。”

尼克松还在该书强调：下个世纪，公开侵略的代价将愈加高昂，经济力量和意识形态的吸引力将起决定作用。协约是共同利益国家间的协议，缓和则是利益各异的国家间的协议。不以共同理想而以共同利益为基础，在中美建立一种联系，符合两国利益。强国间虽有分歧仍应交往，否则就可能产生误解和误判，这种风险是现代世界担当不起的。

中美两国在建交伊始的1979年便签署了科技合作协定，其中的知识产权条款是中美关系最早的知识产权内容，目前仍在“工作”。“信誉来自信任，信任来自了解，了解来自交流”。交流有限，启迪无限。美国在科技特别是自然科学领域长期占据制高点，其“风吹草动”皆有可能成为成果。与其交流，有助于获取相应的“溢出”效益，有利于我国经济特别是科技发展。

办好我们自己的事包括知识产权制度和环境建设，为更好地推动这一发展，“人民，只有人民，才是创造世界历史的动力”。

中美关系在美国政治家手中，也在美国企业界人士手中。赫鲁晓夫曾对西方企业界领导人说过：“你们长期掌权，政治家们是过客。”为了胜任这一长期任务，美国企业界应学会“放眼未来”这一东方艺术。中国人思考问题以几十年、几百年为单位，而西方人想到的往往只限于本财政年度结束时的收支状况。

这就是东西方的巨大差异，而科教交流大有裨益。

我们离“后特朗普时代”还远吗？*

刘惠华

2018年11月底，在特朗普准备前往阿根廷参加二十国集团领导人峰会（G20峰会）之际，他的前私人律师科恩29日在纽约曼哈顿联邦法院举行的听证会上，承认他在莫斯科兴建特朗普大厦计划上向两个国会委员会作了伪证，并就对他向国会作虚假陈述的指控认罪。这项指控是由特别检察官穆勒提出的。穆勒正在调查俄罗斯是否介入了2016年美国总统大选以及特朗普竞选团队与俄罗斯是否存在勾结。美国媒体评论说，科恩对特别检察官穆勒提出的指控认罪，是没有人预料到的，这让特朗普和其他参与这一交易的人可能面临着“不可预料的新的法律和政治风险”。

通俄门调查最近取得的这些进展，使得毕业于哈佛法学院、曾任纽约市布鲁克林区联邦助理检察官、现任《纽约客》杂志职业撰稿人和美国有线电视新闻网（CNN）资深法律评论员的杰弗里·图宾（Jeffrey Toobin）于11月29日在CNN的“AC360”节目中表示：“今天，我第一次真正认为，特朗普可能不会完成他的总统任期。”因为他认为，特朗普当时的私人律师科恩代表特朗普和莫斯科去谈项目时，特朗普不大可能如他所声称的那样和科恩没有任何接触。其实，他并不是最早预言特朗普的总统任期会提前结束的人。2017年5月17日，曾和特朗普一起完成特朗普自传《交易的艺术》一书的美国记者托尼·施瓦茨（Tony Schwartz）在CNN新闻节目采访时说：“对特朗普来说，没有对错之分，对他来说，只有输赢之分，这很不一样。他现在非常害怕输掉。但事实上，他正在输。我非常确信的是，在接下来的某个时候，他必须得找到一种方式来辞职——就像他做商人的时候那样，在某个时间体面地离开，否则他将会被继续羞辱。这和他此前的做法一样，他希望反败为胜，这

* 本文于2018年12月15日发表于“美国学与国际研究”微信公众号的“周末观察”栏目。

样，哪怕是辞职，他也能体面地离开白宫。”

在12月前的两周，特朗普面临的压力陡增。中心人物当然是曾给特朗普长期担任私人律师的科恩。科恩12月12日在纽约曼哈顿联邦地区法院被判三年监禁，还被判罚没50万美元，补缴近139.3万美元税款。就在宣判前几天，科恩正式确认，他是在特朗普指示下，向两名艳星支付了封口费，而支付封口费的钱来自竞选资金。这样一来，就违反了竞选资金法。在法庭上，科恩认为他之所以会落到今天这般田地是由于他对特朗普的“盲目忠诚”。他说：“一次又一次地，我觉得我有义务掩盖他所干的那些丑陋的勾当。”如果如科恩所说，特朗普被证实确实指示科恩动用竞选资金支付封口费，以影响大选，那么特朗普就有可能因此被弹劾。尽管特朗普对封口费一事不断变换说辞，但有证据显示他从一开始就知道这件事。根据《华尔街日报》2018年11月9日的报道，在2015年8月科恩和《国家问询报》(National Enquirer)首席执行官戴维·佩克(David Pecker)面谈给相关女性支付封口费时，特朗普本人可能在场。2018年12月13日，国家广播公司(NBC)报道，有消息人士现在证实，当时在场的另一人就是特朗普本人。尽管特朗普在推特上说他并不担心会被弹劾，但据消息人士透露，实际上他觉得自己在2019年被弹劾这种可能性是切实存在的。从现在到科恩的刑期正式开始的3月6日，有理由相信科恩为了获得减刑，会进一步配合联邦检察官对特朗普展开相关调查。据《华尔街日报》12月13日报道，联邦检察官已对特朗普就职典礼委员会的1.07亿美元捐款是否被滥用展开调查，调查也正就一些顶级捐赠者是否提供资金以接近即将上台的特朗普政府，是否影响政府的官方立场展开调查。这次调查的部分原因和此前突击检查特朗普前律师科恩办公室有关。在这次突击检查中，联邦检察官查获了科恩和曾担任第一夫人顾问、参与筹备特朗普就职典礼工作的斯蒂芬妮·温斯顿·沃尔科夫(Stephanie Winston Wolkoff)之间的一段谈话录音。沃尔科夫在录音中表示，她对就职委员会如何花钱这一点深表忧虑。可以预料的是，科恩将在这一调查中扮演重要角色。

除科恩以外，另一个重磅人物是特朗普的前国家安全顾问迈克尔·弗林(Michael Flynn)。当地时间12月4日，穆勒向美国联邦法院表示，弗林向“通俄门”调查机构提供了“实质性帮助”，不应被判刑。法庭文件显示，穆勒团队和司法部门对弗林进行了19次面谈，弗林配合检方调查俄罗斯政府与特朗普竞选团队成员之间的联系与配合。穆勒所说的“实质性帮助”到底是什么？答案可能要等到穆勒公布调查正式报告的那一天。但是，这很可能意味着，好戏还在后头。这也是为什么有人最近在《华盛顿邮报》上撰文说，弗林才是最让特朗普担忧的。

此外，美国的精英阶层对特朗普再次表现出极度的失望，也呼吁国会采取行动捍卫美国民主。在《华盛顿邮报》12月10日的一篇专栏文章中，44名前参议员这样写道："我们正处于特别顾问罗伯特·穆勒的调查和众议院开始对总统及其政府进行调查的前夕。这两件事发生在一起的时候，正在酝酿的地区冲突和全球强权对抗继续威胁着我们的安全、经济和地缘政治稳定。"他们警告当前和未来的参议院议员，美国正"进入一个危险期"，敦促他们维护美国的民主，为国家利益而不是政治意识形态服务。这实际上是在要求弹劾特朗普，也不禁让人想起2018年9月初《纽约时报》那篇题为"我是特朗普政府中的一名抵抗者"的匿名评论文章，该文称特朗普被白宫内部联合"抵抗"，"以挫败他的部分议程和最糟糕的倾向"。

那么特朗普遭弹劾的可能性有多大呢？首先，民主党将在新一届议会中控制众议院（民主党已获得435个席位的235个），而弹劾程序是必须由众议院来启动的。这无疑让特朗普被弹劾的概率增大。据《国会山报》12月12日的报道，越来越多的民主党议员正在越来越多地谈论要不要弹劾特朗普。尽管很多议员认为，目前弹劾特朗普的时机并不成熟，需要等到穆勒调查报告最终出炉以后再做决定。即使民主党控制的众议院决定不弹劾特朗普，他们还是可以用很多其他方式来给特朗普施加压力，例如召开听证会、展开调查和发出传票要特朗普政府提交相关文件等。特朗普如果真的面临弹劾，或者面临巨大的政治压力，会不会像施瓦茨所说，正在"输"的特朗普会选择体面地辞职而不是等着被羞辱呢？现在看来，特朗普被迫辞职的可能性很大，而且极有可能在半年之内。

种种迹象表明，"后特朗普时代"离我们已经不远。对美国、对中国和对世界来说，"后特朗普时代"会意味着什么呢？具体会有什么影响，还有待观察。但是，对中国来说，更多的将是更为严峻的挑战，因为如果特朗普提前下课，接任总统职位的将是现任副总统彭斯，而彭斯是美国新保守主义阵营的主要旗手之一。

汲取“共享历史”智慧，促进中美民间友好*

倪建平**

中美关系当前正处在一个重要关头，面临不少挑战；美国副总统彭斯近期在哈德逊研究所发表的反华演说使中美关系的下行趋势再度加剧。这也表明，所谓“修昔底德陷阱”的时代内涵就是中美关系是否会从合作变为冲突，以及如何避免冲突的升级和遏制冲突所需的军事力量的累积风险。更重要的是，中美两国如何消除身份上的互相猜忌以及观念认同方面的分歧，如何将自己置于对方的文化情境和历史环境的氛围中来理解对方可能做出的反应，这不仅有助于避免采用习惯性的知觉定势去判断对方的行为和对策，避免因为某些突发事件的影响而偏离正常轨道及由此而生的冲突和对抗，也有助于双方建构彼此的信任和理解；而这一切更需要我们从对中美关系产生重要影响的历史智慧中获取深刻启迪，进一步挖掘中美民间友好的巨大潜能。

一、弘扬中美关系史“互惠合作”的主旋律

彭斯副总统在哈德逊研究所的演讲出于美国国内政治需要建构的美中关系史叙事已经造成美国公众对历史上的中美关系的严重误解，其结果就是令美国公众以为两国之间的冲突和对抗将会增强，而对两国间的合作和友谊知之甚少。中美关系中的冲突和对抗被彭斯的演讲津津乐道，而两国的合作、互利与人民之间的友好交往被有意或无意地忽略和淡化。这正是需要中美两

* 本文于2018年12月22日发表于“美国学与国际研究”微信公众号的“周末观察”栏目。

** 倪建平，上海市美国问题研究所研究员，主要研究方向为美国文化外交、文化传播和文化产业发展，以及中美关系与亚太安全。

国的研究中心、智库和专家学者通过扎实的基础理论研究来启迪民智的发力点。正如近年来中美关系史研究中的“共享的历史”，其关注的就是中美两国人民和政府共同创造的对各自国家的历史都产生影响的历史经验，这种经验强调中国人与美国人之间共同的历史经历和旅程在中美关系史中的重要意义。

19世纪华工在美国筑路的经历就是中美共享历史的重要篇章。这些来自中国南方的贫苦农民背井离乡、远涉重洋的故事是近代中国历史的一部分，而他们在美国的经历，特别是在美国铁路建设中的作用无疑是美国历史的一部分。它从一个侧面说明了美国国家的历史并非仅仅是美国人创造的，包括中国筑路工人在内的其他国家的人民也参与了美国历史的进程。数千名华工为美国建设横贯大陆的铁路作出巨大贡献的历史不仅让后人了解和铭记华工对美国西部开发的贡献，而且对促进在美华人的权益和发展中美关系具有重要的现实意义。当年，这些华工不仅创新了中央铁路枕木的铺轨工艺，还教会了美国人如何栽种、培育、收获果园和庭园里的作物。没有华工的直接参与，就没有美国西部的大开发，至少加州的开拓和发展要推迟几十年。国家主席习近平在2015年访美时就指出，数以万计的华工铺就通往美国西部的大通道，树立了旅美侨胞奋斗、进取、奉献精神的丰碑。

广东不仅是当年建设北美太平洋铁路的众多华工的故乡，而且，如今百万华裔美国人中的80%的祖籍是中国广东。广东在一百多年中美友好交往的风景画上泼洒了独特的浓墨重彩。在这一个半世纪里，从广东到北美洲的跨太平洋移民模式，深刻地影响了大洋两岸国家的经济和文化，也改变了中国与世界的关系。1784年8月下旬，美国商船“中国皇后”号从纽约港驶出抵广州黄埔港；这次历史性的航行开拓了中美之间直接的贸易和文化关系，进而掀起美国历史上的首轮中国热。这些作为中美关系重要内容的重大历史事件，特别是共享历史的辉煌篇章，在促进中美人文交流中的地位将会日趋重要。

在中美长期交往的历史进程中，实际上合作总是多于冲突的，互惠合作是中美关系的主旋律。这个主旋律不仅唱响在两国政府层面（太平洋战争中两国结盟共同对日作战就是两国政府间合作的高潮），还更多地回荡在两国民众之间。例如，美国传教士在上海建立的教会学校，在无形之中深化了美国对中国教育事业的影响，进而促进了中美两国之间的文化交流。特别是20世纪二三十年代前后，很多著名的美国友人不远万里来到中国，了解中国人民和中国革命，进而认识和传播中国共产党和中国革命的生涯。他们中的先驱者、著名记者埃德加·斯诺对中国共产党早期外交思想的传播发挥了重要的作用，并促使罗斯福总统调整了抗战时期美国的对华政策。也正是在斯诺的开创和引领下，由国内外各大报刊著名记者组成的中外记者西北参观团于1944年夏奔赴延安和晋绥抗日前线采访，真实地宣传了我党控制区域军民的抗战情况和我党抗战的方针、政策，国内外舆论对中国共产党在抗战中的地位和作用重新给予了新的评价。斯诺的《红星照耀中国》于1937年和1938年在英、美两国相继出版后，人们通过阅读这本生动描述中国革命进程的传记，不仅走近了中国共产党领导中国人民进行可歌可泣的斗争历史，而且从中深切体会到所蕴含的中美人民友谊的具体内容。

自20世纪90年代以来，随着浦东新区的不断开放和发展，美国跨国公司纷纷抢滩浦东开发区；上海通过吸引美资、引进技术等交流合作，促进了产业支柱的提升和高新技术的崛起。上海迪士尼乐园则是由上海国有企业申迪集团与美国华特迪士尼公司共同投资、建设和运营。作为迪士尼在全球的第六个度假区，上海迪士尼乐园于2017年6月开园一周年就已接待游客超过1100万人次，实现盈利。这与我国各有关方面采取的知识产权保护措施密不可分，其中围绕上海迪士尼乐园的综合全面、行之有效的一系列知识产权保护措施和整体环境，不但是锦上添花之举，更是画龙点睛之笔。上海迪士尼乐园作为世界多元文化对话、东西文化交融的大舞台，将不断完善其扮演的“世界文化创意产业龙头企业”的角色，也是促进中国知识产权保护和对发展中美关系具有重要现实意义的典范。

二、汲取中美“共享历史”的正能量

如上所述，一方面，美国无疑是影响中国历史进程的重要外部力量，而且在相当程度上是积极的、建设性的力量。另一方面，虽然中国对美国历史的影响远没有美国对中国历史的影响那么大，但也并非是微不足道或可有可无的。正如近年来全球史、跨国史和国际史的研究越来越表明，一个地区和一个国家的历史不完全由本地区和本国人民所创造，实际上它也受到域外事态的深刻影响，域外人士和外来力量甚至会参与塑造本国或本地区的历史进程。随着中国作为世界大国崛起，中美之间的结构性矛盾开始显现，并有愈演愈烈的趋势，特别是中美之间战略互信的缺失增加了中美之间陷入“修昔底德陷阱”的可能性。中美之间的“同舟共济”不仅需要建立在共同的利益基础上，还依赖于共同的命运意识的培育，而共享历史的挖掘可以培育这种共同的命运意识，促进中美两国从“共享的历史”走向“共同的未来”。“思考共同的过去和共享的历史经验可以为创造更愉快的共同未来提供钥匙”，“通过更好地理解中美共享的历史，中国人民和美国人民将愿意进一步创造未来共同的旅程”。

目前，美国公众对中国的看法复杂且充满变数，这使对华鹰派与对华鸽派都有充分的机会去说服美国民众。美国公众的态度是否会打破当前精英的预期，促成更具协作性的中美关系，抑或与华盛顿决策者如出一辙，转而对中美关系采取更强硬的态度？尽管中美双边关系的紧张程度日益上升，但美国公众的态度仍悬而未定。据美国皮尤研究中心2018年8月底的一项最新调查，随着特朗普政府蓄意加剧中美紧张的经贸关系，过去一年来，美国对中国的态度已经变得不那么积极了。总的来说，38%的美国人对中国有好感，比2017年的44%略有下降。近年来，美国对中国的态度在一定程度上有所波动；在2012年的选举周期中，态度一度变得更加消极，而在2017年，态度却变得更加积极。当被问及他们是否更关心中国的军事或经济实力时，越来越多的美国人选择后者。在美国人对中国的担忧清单中，经济问题占据了显著位置。大约一半或更多的受访者说，中国持有的大量美国债务、美国把就业岗位让给中国以及对华贸易逆差都是非常严重的问题。这项于2018年5月14日至6月15日对1500名成年人进行的最新调查也发现，年轻人对中国的态度通常更为积极。在18岁至29岁的人群中，约有一半（49%）的人对中国持乐观态度，而在30岁至49岁的人群中，这一比例为37%，而在50岁及以上的人群中，这一比例仅为34%。与老一辈人相比，年轻人对网络攻击和失业的担忧也要小得多。此外，这项调查发现对华态度还有明显的党派分歧：在美中关系中，共和党和倾向于共和党的独立人士尤其担心经济问题，如债务、失业和贸易赤字；而民主党和倾向于民主党的独立人士则特别担心中国的经济增长对全球环境的影响。

在美国国内舆论生态正在发生重大变化的今天，讲好中美“共享历史”故事无疑将在促进中美沟通和交流方面扮演积极的角色，也将成为中美之间全新的连接方式和交流平台。如果说中美两个大国之间的综合国力竞争日趋激烈，国家的经济实力或军事力量先前可能会决定竞争的成败，那么，今天国家的成败可能是由谁能够及时发布议题，抢占国际舆论制高点，在国际上讲好“国家故事”来决定的。面对美国国内日益升腾的战略疑虑，除了要加强和美国媒体的交流和合作以达到借力发力外，我们还需要官方的政策宣示，同样更需要以“人性化”的视角和叙述方式，向美国人民生动讲述中美“共享历史”的好故事，以增强自身的亲和力和感召力，努力提高从战略层面和社会层面来解疑释惑的能力和效果。

三、结语

今天，在中美关系下行趋势还会进一步加剧的情势下，一方面我们要做好底线思维的心理准备；另一方面，我们更需要着眼于中美两国人民共同的历程和追求，从“共享历史”独特的视角重新梳理中美两国人民交往与合作的经历，提供关于中美关系的新叙事。这不仅具有更新中美关系研究方法的理论价值，对思考当前和未来的中美关系也具有重要的政策含义。讲好中美“共享历史”故事作为人文交流的重要组成部分，将日益成为促进中美两国人民相知相识的“探路器”和深化两国各领域务实合作的“推进器”。我们要通过“探寻历史遗存，重温历史记忆”，进一步改善两国民众对彼此的观感，为促进中美关系健康稳定发展不断添加新动力、注入正能量。

高科技手段在美军外语能力建设中的运用*

王　萍**

早在20世纪中期美国快速崛起为世界强国，美军就于1941年成立了语言学校，培养军队外语人才。冷战开始后，由于美苏竞争格局的需要，美国政府进一步加大了对军队外语人才培养的力度，把由军事情报语言学校演变而来的陆军语言学校和海军语言学校合并，成立了跨军种的国防语言学院。冷战结束后，美国发起的几场局部战争，特别是阿富汗战争和伊拉克战争，让美国进一步认识到语言和文化能力对美军的霸权地位具有重要意义。美国前国防部长莱昂·帕内塔（Leon Panetta）在2011年8月的备忘录中指出："语言、地区和文化能力是持久的战斗力，对于在当今动荡不定的全球环境中所必须要具备的战争准备能力至关重要。我们的部队必须有能力同盟军部队、国际合作伙伴以及当地的民众进行有效交流，并懂得他们的文化习俗。"近年来，美军为提升语言能力，国防语言学院以及美军其他教学单位不断增加新的语言种类和调整课程内容。例如，在教学中增加了比较生僻的达里语和普什图语的阿富汗方言，以及车臣语、乌兹别克语、亚美尼亚语和乌尔都语等，增加了波斯语、韩语和阿拉伯语的课程比重。同时，美军还不断利用高科技，开发新的教学方法和教学手段，旨在更加高效地实现对美军外语能力的整体提升。在用高技术手段提升外语能力方面，美军的主要做法是打造远程教育网络平台和网上学校，有针对性地开发网络课程项目，建立网上图书馆，利用电脑游戏等仿真手段模拟语言学习环境，以及与地方高科技公司合作开发新项目等。事实证明，推进美军外语水平的提升取得了很好的效果。

---

* 本文于2018年12月29日发表于"美国学与国际研究"微信公众号的"周末观察"栏目。

** 王萍，国防科技大学国际关系学院副教授，博士，主要研究方向为外语教学和美国研究。

一、打造远程教育网络平台及网上学校

现役军人和地方普通学生或在职培训人员不同，一方面他们要受严格的纪律约束，大部分时间要围绕完成军事任务这个中心，只有少量空余时间可用于自我学习。现役军人不仅自学时间十分有限，而且空余时间非常零碎，没有规律性。另一方面，现役军人的流动性很强，频繁更换服役地点，甚至要经常到海外轮岗。以上两个特点决定了现役军人虽然有机会参加传统的课堂教学，但无法完全依靠传统的课堂教学提升外语能力。这一现实挑战长期困扰着美军，但随着信息技术的兴起，美军开始不断摸索建立网上教育平台，打造在线学校，使现役军人不用参加传统的课堂教学就可以提升语言能力，同时还可以充分利用零星时间实现自我提升。

从2003年起，美国国防部就同马里兰大学合作，成立了马里兰大学高级语言研究中心，致力于国家安全和情报领域的语言研究，并从事二语习得、认知神经科学以及冷门语言的教学等。如今，该中心已为分布在四大洲的超过25个国家和领地的150多个军事基地提供了远程教育，其形式包括现地教学和网络教学。最重要的是，该中心的网络课程项目得以让现役军人能够在调动到其他任何地方工作时，都能实现学习内容的无缝衔接。网络教学的灵活性得到充分展现。

美军除了和马里兰大学共建高级语言研究中心外，还支持民营公司以云技术为基础建立网上学校“英语在线”。“英语在线”由“教育优先”公司创办。为了促进国际交流与合作，该公司根据北约通用的STANAG 6001统一标准，设计开发了专门针对军队人员的外语学习课程，旨在满足军队以及维和人员所独有的语言需求，帮助他们在复杂的跨国行动中更加出色地完成任务。目前，“英语在线”已经可以为用户提供2000多小时的学习内容，包括口语和写作的评价系统、语音识别系统等。

基于云技术的学习模式对服务于军队和国防工业且需要提高语言能力的人来说是一个理想的渠道。在线网络的特点意味着学习者可以在世界上任何有网络的地方进行自主学习，这在很大程度上解决了军人流动性强、学习时间难以确定的现实困难，让频繁调动岗位的军人实现了学习的连续性。不仅如此，“英语在线”还具备下载后离线使用功能。此外，“英语在线”课程高度的针对性也能帮助军队人员在尽可能短的时间内掌握直接有助于自己工作的

内容。学习者可以根据他们日常工作中的需要有针对性地学习。例如，飞行员可以选择与航空相关的课程，护士可以选择专门为医护人士设计的课程，而海军则可以选择海军方面的课程。“学以致用”可以大大提高学习者的学习动力，实现了“干中学”和“学中干”的有机统一。

此外，美军还充分利用信息和通信技术，将现有的与军事英语相关的多媒体学习材料与动态数据库资料网络化。例如，美军从2008年起，启动了一个基于开源学习管理系统Moodle的网络“军事英语学习系统”教学项目，该项目目前已经投入使用。

远程教育平台和网上学校大大提升了美军的语言培训能力，实现了教学效果的最大化。

二、开发有针对性的网络课程项目

美军的语言教学不仅利用高科技互联网手段致力于解决军人工作时间不规律、工作地点不固定等问题，而且还特别注意在课程设计中突出军事特色，令学习更有针对性。这不仅可以进一步激发学习者的学习热情，学习效果也显著提升。

自2009年起，美国空军文化与语言中心率先创建了两门自控式的网络学习课程，分别是《文化导论》和《跨文化交际导论》课。这两门课程集中讨论同军事人员直接相关的跨文化交流技巧，课程的自控模式也是针对军队学习者“非典型的，而且经常是不可预计的日程安排”的特点进行设计的。同地方高校开发的网络课有所区别，这两门课程有以下特点：第一，与学习者从事的军事活动直接相关。学习者在学习中发现他们进行语言演练的场景大多是自己熟悉的，尤其是同空军相关的场景，学习兴趣因此大大提高，学习效率显著改善。第二，由于学习者可能驻守在世界各地，部分地区的网络信号难以保证持久稳定，因此课程的设计给了学习者以较大的自控空间，使他们可以根据所处的环境灵活调节自己的学习节奏。第三，由于课程本身具有跨学科的特点，为设计好这两门课程，设计团队囊括了人类学、交际学以及文化地理理论等领域的资深专家，保证了课程的质量和多学科的融合。第四，课程不仅注重教学方面的内容，还专门设计了课前与课后的评估环节，并定期对结课之后的学习者进行问卷调查，并根据问卷调查结果不断改进课程的设计，以提升课程的实效性。在这两门课程中，设计者不仅对课程内容做了精心设计，而且根据往期学习者的建议，指导教师还设计了“维基”环节，即将针对某一个话题的松散的内容进行集体编辑，整合后及时发布到互联网上并不断更新，以便参加远程教育的学习者更灵活地参与到课程的互动环节之中，这比传统的“学生发帖提问，老师回答”模式更有实效。学生可以对之前学习者的“维基”帖子发表评论，或直接创建新帖；学生结课之后，新贴的内容还可经过加工设计成新的学习场景，供后来者使用。正是因为具备了上述特点，美国空军文化与语言中心的这两门网络课程成为美国国防部远程教育的样板。

美国国防部还开发了“领跑2”（Head Start 2）项目。该项目以军事行动为场景，借助数字化动画手段，对目标语言进行听、说、读、写的教学。从2006年引入的伊拉克阿拉伯语至今，该项目已经可以提供16门语言的教学服务，其中伊拉克阿拉伯语、普什图语和达里语已进入全军学习管理系统（Army Learning Management System），乌尔都语、波斯语、汉语、葡萄牙欧洲语、俄语、法语、德语、西班牙语、乌兹别克语、斯瓦希里语和葡萄牙巴西语则都进入了国防语言学院外语中心系统，并也将逐渐被汇入全军学习管理系统。此外，还有11个语种正在开发之中。

国防语言学院前院长丹尼尔·皮克（Danial Pick）上校指出，“该项目可以服务于某目标语言零基础的军人，无论他属于哪个军种，都能对该语言的发音和文字，以及其所在的文化背景有所了解，从而获得语言上的基本生存能力”。对于普通用户来说，通过80—100小时的自主学习即可完成该语言项目。事实上，“领跑2”的设计环节综合了陆军和海军陆战队的相关要求，并且特别关注军人巡逻、封锁边界、搜查以及医疗救助等方面的词汇与用法，以方便官兵们在执行任务中使用上述语言。美军现役人员可以通过国防语言学院的网站，或是各军种专门的网站入口登录“领跑2”网站。此课程项目除了提供在线学习服务外，也可以下载到自己的个人电脑上进行使用。对于驻守在偏远地区通信网络不畅通的军人，国防语言学院还可以提供特殊服务，如果需要，国防语言学院可以提供学习光盘。

参与此课程的学习者获得的不仅是执行外派任务时能够更加快速地进入情况，还有其他实实在在的好处。为提升美军现役人员的学习积极性，美国国防部规定，参加“领跑2”可获得在美国军队训练要求与资源库中的认证学分，每一门语言对应一个学分，这些学分将会成为其升职过程中的有效参考。根据计划，国防语言学院未来还将推出“领跑2”的后续项目“门户”

（Gateway），斯瓦希里语是首推的目标语言。

此外，国防语言学院外语中心还开发了另一个网络教学语言项目，即“全球语言网络支持系统”（GLOSS）。该系统由多个语言教学单元构成，提供包括40余种目标语言、7000多门课程的教学服务。特别难能可贵的是，这套系统中包含特别冷门的普什图语、豪萨语和达里语。由于开发人员认为，在外语能力提升方面，文化教学和语言教学应处于同等重要的地位，并且二者是一种水乳交融的关系，所以这套系统的内容涵盖文化、经济、环境、地理、军事、政治、科学、安全、社会和科技等多个领域。从功能方面看，“全球语言网络支持系统”提供的课程主要培训学习者的阅读和听说能力，共分七个等级，学习者通过持续学习可以比较轻松地达到目标语言的三级水平。此外，该项目的适用人群还包括那些有一定的语言基础，但因长期不使用该语言而变得生疏的学习者，从而帮助他们随时随地获得学习机会，达到“维持”外语能力的目的。

三、用信息技术建立外语学习的配套资源体系

除了网络课程以及与课程相配套的资源之外，美国军方还利用信息技术着力为学习者提供专门的、为外语学习提供支持的其他资源内容。例如，“CL-150平台”（CL-150 Platform）和“网上透明语言”（Transparent Language Online）是美国军方为满足全体军队人员语言学习需要而开发的网络资源平台。

CL-150平台是由美国国防部门户网站“联合语言大学”（Joint Language University）赞助开发的，专门服务于美国军方的职业训练。该项目同多所政府赞助的学校、语言项目以及语言课程开展合作，为军队语言学习者提供大量的语言学习素材，其中包括有关创造力训练方面的素材以及课程管理方面的内容。

与CL-150平台项目相比，“网上透明语言”平台主要针对的是个人语言能力的提升。虽然该平台涉及的语种与CL-150项目不相上下，提供的语种多达80多门，包括语音、演讲、语法、写作以及词汇积累等方面的课程，但内容相对浅显一些。“网上透明语言”平台为用户提供的资源主要有以视频为基础的语法课程、社交媒体资源以及文化学习资源，它可以让各种程度的语言学习者都能从中受益。同前文提到的网络课程有所不同的是，该平台所提供的

课程与资源并非用于对学习者语言能力的正式教授与认证，而是帮助学习者在闲暇之余进行自我提高之用。目前，美国空军和海军都为“网上透明语言”平台提供了财政上的赞助和其他人力物力支持。在“海军图书馆”项目的支持下，不仅现役军人可以使用这个平台提升外语能力，军人的配偶、家庭其他成员，以及所有海军基地的非现役军人都有资格使用该平台。对空军来说也是如此，不仅空军的全部现役军人，还包括文职雇员、退休军人以及空军家属都能通过网络使用该平台的资源。

除了上述两个网络平台之外，前文提到的由国防语言学院开发的“全球语言网络支持系统”也在网上提供了大量语言学习的听力录音资料。例如，在该系统中，仅仅是阿尔巴尼亚语的对话录音文件就多达140多份。不仅如此，国防语言学院外语中心还建立了一个阿拉伯语和西班牙语的“口音图书馆”。例如，针对同一份文本，该图书馆提供了11种西班牙语口音，以及包括用埃及口音、伊拉克口音、约旦口音、沙特口音、突尼斯口音和苏丹口音等10种不同阿拉伯语口音朗读而成的录音资料。

考虑到非洲大陆数目众多的方言高达2100多种，美国陆军从2015年起开始着手启动“战地科技支援”项目，建立非洲方言语料库，为在非洲执行军事任务的军人提供更加有针对性的培训。这个项目将对参与美国培训项目的非洲士兵的讲话进行录音，将这些录音资料汇集成相应的语料库并将其输入自动语音识别软件，在需要的情况下便可以实现在英语和对应语种方言之间的切换。

四、开发高技术辅助外语教学手段

虽然网络教学解决了军人自由时间有限且无规律性、驻地分散，且时常有可能被派遣外出执行任务等问题，但在语言能力提升方面，美军还存在另外一个需要关注的问题，即和地方人员相比，军人的工作时间会更长，强度也会更高。由于外语学习本身相对枯燥，需要反复记忆和大量进行阅读、听力等项目的练习，对军人来说要想在有限的自由时间内专注外语学习并非易事。鉴于此，如何在外语教学中寓教于乐也成为美军不断努力的一个目标，而当代高科技手段也使之成为可能。

一方面，对于语言学习来说，单纯的课堂讲授，无论是真正的课堂还是网络课堂，或者学习者仅凭书本或音像资料进行模仿，其效果都远不及浸润式教学效果明显。华盛顿大学安德鲁·迈尔左夫（Andrew Meltzoff）在2009年主持的一项研究结果表明，孩子们在游戏和阅读的同时，若是有机会与周围人进行现实互动，可以最高效地掌握一门外语。视频和音频素材提供的内容虽然与之相似，但如果缺少现实互动，则很难取得好的效果。针对这一问题，国防语言学院外语中心开发了一个名为“流利”（FluentU）的平台。该平台配套有大量真实生活中的视频资料，包括音乐视频、电影剪辑片段、新闻以及有启发意义的对话等，并将这些资料转化成个性化的语言学习课程内容。如此，可以让学习者仿佛身处目标语言的生活环境之中。不仅如此，该平台甚至还设计出了一套仿真模拟系统，例如营造出卧室或厨房的整体环境，让学习者似乎置身其中。例如，如果目标语言是德语，那么该浸润式项目就可以让学习者在学习时感觉自己仿佛进入了一个德语世界，在这个世界中，德语是唯一可用的交流语言。通过在这样的环境中连续几天的生存体验，学习者对目标语言的认知及应用能力将会成倍地增加。

由于近年来虚拟技术的日渐成熟，美国各军种都致力于开发相关软件，帮助官兵们体验现实的战场环境，在学习和训练中加强针对性，提高训练效果，虚拟仿真游戏软件就是其中之一。虚拟仿真游戏软件不仅帮助学习者在游戏中强化语言学习，还插入了当地的传统习俗、手势以及其他文化要素内容，有助于学习者在执行实际任务过程中能同当地人进行有效的沟通和互动，避免不必要的文化冲突。

美国军方开发的虚拟仿真游戏软件比较多，几乎每个军种都有主打项目。例如，美国空军的“第二生命”（Second Life）平台开发出了“我的基地”仿真游戏软件项目，主要目的是让将被派驻到陌生的海外基地的官兵提前适应驻地环境。该项目从2008年开始投入使用，现已向各军种开放。美国国民警卫队的“美国焦点”（U.S.Nexus）平台可支持政府各部门的教育和训练，尤其适用于军队人员及地方处理紧急事务的人员提升外语学习能力。海军的“水下战争中心”项目使用最前沿的“虚拟世界”技术进行产品设计和开发。美国陆军推出的官方游戏项目“美国陆军”模拟真实的战争场景，旨在提高官兵们“射击、移动及交流能力”。“‘达沃斯’战术语言”和“战术伊拉克”游戏项目则是利用虚拟技术，强化官兵们的文化交流和语言学习能力。前者提供了法语、普什图语、达里语和阿拉伯语等课程，供官兵们免费下载，或是进行在线游戏互动；“战术伊拉克”在使用虚拟游戏技术的基础上，进一步运用了语言识别功能和机器人技术，向用户传授阿拉伯语口语、手势和动作等的文化含义。

此外，美国军方还开发了一些虽然不提供系统的语言学习课程，但却能以充满趣味的手段，在基本的日常词汇和听说能力方面提升用户语言能力的平台。例如“50语言”网站就提供了超过50种语言的1900多个词汇，涉及42种话题内容，包括情感、动物、运动、工具、交通等多个方面，每个单词配以图片、英文及目标语种的拼写，用鼠标点击箭头便有目标语种的真人发音，既便于学习，又富有趣味，手机、电脑均可使用，便于经常被派驻国外的官兵掌握基本词汇。与之对应的还有双语课本配套、网上测试、收音机电台收听、网络学习游戏等，为军人提供所需的目标语言学习指南。

五、军民融合推进语言能力提升方面的高技术运用

美军的语言教学在高科技利用方面一个突出的特点就是军民融合，借助地方相对更加丰富的资源促进军队外语能力的提升。前文提到的名为“英语在线”的网上学校就属于地方“教育优先”公司；“50语言”网站以及其他不少军事教学的游戏软件也都是和地方公司合作开发的。“战术伊拉克”语言学习游戏软件就是美军同南加利福尼亚大学合作的成果。军民融合的另一个例子是美国国防语言学院外语中心于2011年在解决保密问题的前提下，将其网站顶层域名由“mil”改为“edu”，这意味着学员可以利用移动电子设备更加便利和高效地进行语言学习。

美军利用军民融合推进高技术手段在外语能力提升方面的应用最突出的成功范例是前文提到的马里兰大学高级语言研究中心。该中心是针对语言与国家安全问题进行高级研究和开发的国家级实验基地，目的在于提高美国政府职员在语言方面的工作能力，尤其针对的是美国情报机构在语言方面的需求，通过提高美军及相关情报人员的语言储备及应用能力来维护美国的国家利益。中心的工作重点是将语言研究同军队人员的日常工作结合起来，并为领导决策提供参考建议。从2003年创建之日起，该中心就投入巨资开发“罗塞塔石碑”（Rosetta Stone）项目，提供包括法语、西班牙语、德语、意大利语和汉语等30多个语种在内的教学课程。这些课程通过一系列的图片、游戏与动画，帮助语言学习者在不经意中发现不同语种的语言规律，并逐渐积累基本的词汇和句式用法。课程共设计了五个层级，跨度从能够满足在目标语种国家进行短途旅行所需要的最基本的日常对话能力，到完全达到同母语者

一样的纯熟语言能力。课程项目提供了可供选择的大量多媒体教学手段，其辅助教学内容包括网络授课辅导、声音识别软件、手机应用等，学习者可以通过获取光盘或直接在网上下载程序，随时随地进行学习。此外，学习者还可以根据自身的情况选择不同的学习包，时长从一个月到两年不等，而且还可以选择独自学习或与其他人组成学习伙伴或团队。

然而，“罗塞塔石碑”虽然在普通的语言教学方面取得了较好效果，但在阿拉伯语、汉语等难度较高的语种教学方面的效果尚不尽如人意。目前，由民营公司研发的“语言步步高”（LinguaStep）软件和由米德尔伯里学院开发的“米德尔伯里互动语言”软件正致力于解决这些高难度语种的教学问题，其中米德尔伯里学院已同美军部分军种达成了合作意向。

“同”与“不同”、历史文化传统、技术变革：影响2019年中美关系走向的因素*

王　波

2019年，中美关系的走向受到哪些因素的影响？在全球化时代，这一世界上最重要的双边关系之一已直接或间接影响到每个人。仁者见仁，智者见智。无论是知名学者，还是普通百姓，在这个问题上都会有自己的意见表达，都可以有大量的个人见解。笔者不想纠结于中美关系具体议题的争论、分析，当然主要是个人学术功力浅，对一些重要议题缺乏系统研究，不敢妄言。不过，旁观者清，置身事外有时候看问题可能会更清晰一些。纠结于细枝末节，反而会困于心、乱于行，会只见树木、不见森林。笔者觉得，不妨摆脱具体议题，从国家关系发展的大势、影响一国对外决策的历史文化传统以及技术变革带来的深刻社会变化对中美关系的走向和影响等方面做些思考。

笔者认为，至少可以有三个方面的思考：

首先，中美之间有太多的“不同”，因此反而要更关注两国之间的“同”。世间万物都存在于一个个大大小小的体系中，它们构成了一定的生态。由于内部元素的量变，这个生态会发展变化，最终达到一定的动态平衡。中美两国之间过度关注“不同”，争论“不同”，说明这个生态中的元素在发生量变，正处于激烈作用和反应过程，但是最终会达到动态平衡。有“不同”，正是因为有“同”。只有看到“同”，才能解决“不同”。因此，看到诸多“不同”的时候，要多考虑中美两国建立关系时的承诺。这个承诺是中美双方确认的共识，是“同”的基础。说到底，就是中美三个联合公报，它们是两国发展

* 本文于2019年1月5日发表于“美国学与国际研究”微信公众号的“周末观察”栏目。

任何关系的基础和前提。任何一届美国政府只要认可这一共识，其他事情就不至于偏离过多，也不应该偏离过多。对于大国来说，白纸黑字的双边协议不是一纸儿戏。

中美关系发展到今天，议题众多，内容复杂，各种问题盘根交错，你中有我，我中有你，已不再是一个简单的双边关系，而是与其他各种双边、多边关系交织在一起。无论是经贸关系还是政治关系，或其他关系，早已相互渗透、交织，谁都绕不开谁。世界全球化程度已经很高。世界虽然不是大国的世界，但世界的发展变化无时无刻不受到大国影响。大国之间的问题往往牵一发而动全身。中美之间的贸易问题，早已不仅仅是一个简单的双边贸易问题，它已成为世界贸易问题，也是一个复杂的国际政治问题，直接影响到两国，也影响到其他国家。同在屋檐下，怎可不低头？合作共赢才是解决问题的良方，才是大势和顺势。

即便美国个别政治家有时候鼠目寸光，甚至无理取闹和大放厥词，都挡不住中美两国关系的大势。顺势而为，对两国有利。看不清中美关系的大势，过于强调“不同”，看不到“同”，忘记“同”，都不足取。笔者相信两国政治家的智慧。矛盾客观存在，甚至无比巨大，但两个大国，一举一动都要理性，也会理性，也不得不理性。美国个别政治家的不理性言行最终只能代表少数人的意志，不会成为美国的主流民意。正因如此，中国政府一再强调求同存异，合作共赢。2018年11月8日，习近平主席在会见基辛格博士时提出：中国坚持走和平发展道路，仍然致力于发展不冲突不对抗、相互尊重、合作共赢的中美关系，愿同美方在平等互利基础上，本着互谅互让的精神，通过友好协商妥善解决两国关系发展中出现的问题。同时，美方也应尊重中方按照自己选择的道路发展的权利和合理权益，同中方相向而行，共同维护中美关系的健康稳定发展。

其次，要关注中美两国历史文化传统的影响。这个历史文化传统不是上面提到的“不同”，它更多的是指从一国历史文化传统的视角看待该国对外政策的制定。比如中国，中国没有对外扩张的历史文化传统，中国的和平崛起必然是大势。个别西方理论家和政治家借用他们自己的历史文化经验来解读中国，势必误判误读。用一国的历史文化传统来评判其他国家会引起误读误判，但它的确对该国对外政策的制定发挥着重大影响。

虽然影响一国对外决策的因素很多，但是这个国家的历史文化传统必定是其中一大重要因素。虽然历史文化传统在不同历史时期有变化有发展，但相对比较稳定，不会呈现跳跃式发展的态势，因为历史文化传统是长期形成的，它的演变是渐进的、缓慢的。历史文化传统往往潜移默化地影响到这个国家的行为方式和领导人的思维、意志和决心。中美两国也不例外。

美国是一个移民国家，盎格鲁—撒克逊白人新教文化一直是这个国家的主流文化，美国在殖民和开拓过程中形成的国家特性一直是这个国家的主流价值观，即便到20世纪六七十年代美国多元文化时期，主流文化和价值观仍是美国的立国基础。到了21世纪的今天，美国的历史文化传统依然和各种现实议题交织在一起，直接或间接地影响着美国的对外决策。忽视它，就难以对美国的现实政策有深刻的理解，就容易产生片面的认识。

为此，笔者提出加强对美国历史文化的研究，这也是笔者呼吁在外国语言文学学科中建立中国的美国学、加强国别与区域研究的主要原因之一。加强对美国历史文化的研究可以帮助我们更准确地解读美国，促进跨文化交流和沟通。董小川教授曾说："美国文化研究能使我们本质地了解美国的过去，清醒地认识美国的今天，也能帮助我们正确地预料美国的明天。"有关美国移民和对外贸易问题以及在其他现实议题上的各种争论，都会受到美国历史文化传统的影响。仅从现实利益和直接矛盾分析，是难以准确把握美国政策制定过程的各种复杂因素的。

最后，要关注信息技术（特别是新媒体技术）的变革对中美关系的重大影响。新媒体技术的发展对21世纪世界各国的政治生态和对外关系正在产生并且将会产生重大影响。

好莱坞顶级制片人、克林顿和奥巴马公共关系顾问迈克·麦德沃曾说，"在一个资源开放的全球温室中，宣传已经过时，因为宣传不能捏造事实。简单的谷歌搜索就能拆穿所有的谎言和粉饰，贴在网上的手机视频能破坏任何人想抹杀历史的努力"[①]。

随着网络2.0时代的到来，美国的政治生态在发生颠覆。新媒体的传播特点，取消了中间环节，架起民众和政治家之间的桥梁。新媒体不受时间、空间限制，而且双向互动，相互交叉，直接把民意表达给政治家。政治家直接表达和回应民意，不受官僚机构的束缚。特朗普偏爱的推特，正如1960年肯尼迪和尼克松的首次电视辩论，也如小罗斯福总统大萧条年代的"炉边谈

① 嘉戴尔斯、麦德沃：《全球媒体时代的软实力之争》，何明智译，北京：中信出版社，2010，第126页。

话”，每次媒介技术的重大突破，都会导致美国政治生态发生重构与重塑。

新媒体技术，加上后真相时代的话语传播特点（有关讨论参见“美国学与国际研究”微信公众号的“周末观察”栏目中王波所作的《“后真相”时代的媒体人和社会人应该有怎样的新媒体观？——从美国说起》），让中美关系的发展变化无时无刻不受到舆论影响，尤其体现在一些具体议题的热议中。美国的政治家和普通民众都会成为，并且已经成为新媒体时代对外关系议题讨论的积极参与者，美国传统政治精英的作用在弱化。

从奥巴马开始，到现在的特朗普，美国政治家努力迎合技术发展的趋势，特别注重运用新媒体拉近与民众的距离，直接与选民对话，这正是新媒体时代政治生态重建重构的表现，也是美国草根政治生态作用日益显著的表现。

当前，美国民粹主义的复兴受到新媒体时代和后真相时代话语传播特点的深刻影响与推波助澜。美国的政策辩论受到民众直接或间接的影响，民众的情绪容易被少数人的激进言论所煽动，在一些具体议题上容易产生诸多不确定性因素和干扰因素，影响中美关系的正常发展。信息技术发展带来的深刻社会变革和政治影响不容小觑。

因此，无论是美国还是中国，都要看清世界发展的大势，加强对对方历史文化传统的研究，树立正确的舆论导向，运用恰当的舆论传播方式和媒介，避免正确的事情、简单的问题被误导、误播、误传。只有这样，中美关系的发展才会少一点障碍，多一点理解。中美关系的大势才能少一点阻力，多一点推力。在不断变化的“不同”中求“同”，在“同”的基础上，合理处理“不同”，最终互利互惠，合作共赢，这样才有利于世界的和平与发展。

美国政府“停摆”动因探究*

顾　元**

2019年1月9日，美国总统特朗普与众议院议长佩洛西（Nancy Pelosi）和参议院少数党领袖舒默（Chuck Schumer）关于2019财年的临时拨款法案（Continuing resolution，CR）谈判再次破裂，中途特朗普便退场发推特称“如果不同意在美墨边境修墙，便完全是在浪费时间”，致使酿成首个横跨两个国会届别及历来最长的政府“停摆”事件，打破克林顿政府21天的“停摆”纪录。而此次“停摆”的原因主要在于美墨筑墙经费（约57亿美元）未包含在临时支出法案中，特朗普拒绝签署导致约80万联邦雇员的薪金发放受影响。后因国会进入新会期，民主党从共和党手中重新控制众议院等缘由，白宫与国会至今无法达成一致意见。据称，若临时拨款法案仍久拖不决，特朗普很可能以宣布国家进入紧急状态的方式，通过动用国防经费来支付筑墙费用。

纵观美国历史上的政府停摆事件，因财政拨款延期导致的占绝大多数，特别是自美国国会预算程序于1976年修订执行以来，19年间政府关停19次，最少1天，最多达21天，几乎平均每年关门一次。作为世界头号经济强国美国，却频频因“缺钱”而关门，实在让人费解。本文从其政体、历史和现实入手，以窥探其政府“停摆”背后的动因。

第一，“停摆”源自其政体设计的需要。美国“三权分立”的政体设计本意就为任何一方皆不能独揽大权，故其财权被巧妙地分置于行政和立法部门之中。其中行政部门拥有制定预算和经济政策的权力，通过“经济三角”部门（由财政部、国民经济委员会、经济建议委员会组成）和总统预算管理办公室（OMB）实施；立法部门国会则掌握国家的征税权、举债权、拨款权和

* 本文于2019年1月19日发表于“美国学与国际研究”微信公众号的“周末观察”栏目。

** 顾元，国防科技大学国际关系学院军事指挥学专业硕士研究生，主要研究方向为美军研究。

监督权，使其拥有包括收入和支出在内的“钱袋子权力”（Power of Purse）。主要部门包括参、众两院的拨款委员会、筹款委员会、预算委员会、国会预算办公室（CBO）和会计总监局（GAO）。美国在行政部门和立法部门各设置了一套参与预算编制和审核的系统，二者各有侧重，互相制约。从此意义上讲，倘若没有政府“停摆”之矛盾，美国的政治设计也就未达预期效果。

第二，政府开支权力收紧致“停摆”加剧。可以说，美国联邦体制的权威性真正成形是在内战期间所得税的开始征收，它标志着成熟税收体系的开端，此时美国政府才拥有一定的“财政自由”。随后美国推行扩张主义和西进战略，政府财政支出越发不可收拾。1884年，国会通过《反超支法案》，避免诸多机构故意在前几个月耗尽资金并要求国会提供额外资金以履行合同等情况发生，防止政府“超预算”支出。1921年《预算与会计法案》和1974年《国会预算暨截留控制法案》的通过，更使得政府的任何预算支出（主要是自由裁量支出，discretionary spending）必须通过年度预算法案方才有效。1982年，美司法部长本杰明·希维勒提（Benjamin R. Civiletti）对《反超支法案》进一步作出司法解释，称除涉及“人身安全”及“公共财产”的部门，其余联邦机构不得在无拨款情况下开支，此举进一步强化了预算拨款的刚性要求，也加剧了因未拨款致使政府“停摆”的可能性。

第三，复杂的拨款程序使政府“停摆”成为常态。美国的预算编报流程异常复杂、耗时，从各部门编制预算到最后的执行，历时约33个月。其中以国会审批阶段的斗争最为激烈，共需经历约两部法案的辩论过程。第一阶段是以预算法案的通过为标志，从2月初总统提交下一财年预算案至两院通过（一般为4月15日），此阶段确定了新年度财政收入总额、经费支出总额、预算授权额度，但不具备法律效力，不需要向总统提出批准或者否决，它只是国会强制通过的规则制度，是在成员间达成的一个协议。第二阶段是以9月30日前通过下一财年拨款法案为标志，其具有绝对的法律效力，是下一财年行政支出的基础，需要国会两院和总统的批准。当总统与国会有矛盾争议时，通常会采取谈判方式协调，亦可否决国会通过的拨款法案。除此之外，最为普遍的做法是通过临时性拨款法案（CR），使得行政当局可以按现有水平继续拨款到某一时间，避免政府关门。从近年的实际看，国会辩论阶段通常持续九个月之久，不仅增加了拨款法案通过的难度，也使得临时性拨款法案逐渐成为财政拨款的主要方式。在2007年、2011年和2013年，临时性拨款法案甚至取代正式的预算拨款法案，成为全年财政支出的依据。

第四，政府“停摆”也逐渐沦为党争“工具”。战争是政治的延续，“停摆”亦是如此。从其历史规律来看，一是“党派纷争”特点鲜明。在19次“停摆”事件中，国会与白宫非同一党派的占13次，两党分治国会的占8次，多数为在野党通过预算法案来掣肘执政党相关政策，从而为本党的政治诉求“发声”，因此使得政府“停摆”大多情况下属政治博弈范畴。二是国内福利议题和财政赤字成为争论主题。在19次政府“停摆”事件中，除里根总统1987年因向尼加拉瓜反政府武装提供非致命性援助问题和此次特朗普关于美墨筑墙经费问题外，其余17次皆为关注诸如移民、救灾援助、儿童健康保险、妇女权力、医保法案等国内福利性政策；同时从里根政府开始，美国财政赤字逐渐增加，围绕制定平衡的预算开支法案也逐渐成为两党争议的焦点。三是逐步被滥用，成为一种政治“要挟”的手段。由于新财年拨款日期为每年10月1日，此时间正好处于美国大选或中期选举前，对于总统或执政党来说，是展现和宣扬其政策理念的关键时刻，故此时跨党派合作较难达成，双方都更具有强硬性，也越加可能通过预算和拨款法案来相互施加压力，从而提高自身选举的主动性。例如2013年奥巴马借助政府“停摆”推动其医疗保险改革法案，特朗普亦通过此方式来实现其竞选时的“让美国更安全”的口号，为2020年竞选造势。

美国历届政府“停摆”数据统计表

序号	年份	持续天数	时任总统	参议院多数党	众议院多数党	主要矛盾
1	1976	10	福特（共和党）	民主党	民主党	劳工、卫生、教育问题
2	1977	12	卡特（民主党）	民主党	民主党	医疗卫生问题
3	1977	8	卡特（民主党）	民主党	民主党	同上
4	1977	8	卡特（民主党）	民主党	民主党	同上
5	1978	18	卡特（民主党）	民主党	民主党	国防、卫生、教育及福利问题
6	1979	11	卡特（民主党）	民主党	民主党	资深公务人员加薪和医疗补助问题
7	1981	2	里根（共和党）	共和党	民主党	预算减赤方案问题
8	1982	1	里根（共和党）	共和党	民主党	同上
9	1982	3	里根（共和党）	共和党	民主党	就业和国防问题
10	1983	3	里根（共和党）	共和党	民主党	教育支出和国防费用问题
11	1984	2	里根（共和党）	共和党	民主党	打击国内犯罪资金拨款问题

续表

序号	年份	持续天数	时任总统	参议院多数党	众议院多数党	主要矛盾
12	1984	1	里根（共和党）	共和党	民主党	同上
13	1986	1	里根（共和党）	共和党	民主党	福利计划问题
14	1987	1	里根（共和党）	民主党	民主党	向尼加拉瓜反政府武装仅提供非致命性援助问题
15	1990	4	布什（共和党）	民主党	民主党	预算减赤方案问题
16	1995	5	克林顿（民主党）	共和党	共和党	同上
17	1995	21	克林顿（民主党）	共和党	共和党	同上
18	2013	16	奥巴马（民主党）	民主党	共和党	医保法案问题
19	2018	35	特朗普（共和党）	共和党	共和党	美墨边境50亿美元修墙拨款问题

第五，政府“停摆”折射出美国内政隐忧。政府“停摆”的党争背后，也在一定程度上反映出美国内政特别是经济问题所引发的忧虑。自20世纪70年代以来，伴随着美国周期性的金融危机和全球实力下降，其财政赤字和债务负担开始进入精英阶层的视野。特别是布雷顿森林体系崩溃后，以赤字财政促进就业和消除危机的方式逐渐成为主流。如尼克松在20世纪70年代对美国经济滞涨推出的货币宽松政策，与2009年奥巴马应对金融危机推行的大规模救市计划如出一辙，特朗普也自誉接过前总统里根的衣钵，通过大幅增加国防预算，用“以民哺军”政策助推其“美国优先”战略，致使美国经济在周期性的刺激和宽松条件下坠入高负债、高通胀的危险中。当前，美国2019年3月新一轮联邦债务上限即将到期，现债务总额已达21.6万亿美元，且国会预算办公室（CBO）预测2019年美国财政赤字将突破1万亿美元，历史上国会曾37次提高国家债务上限，对以减税和国防为重的共和党以及偏向增税和在民生领域投入的民主党来说，如何削减巨额的债务问题将会是一场持续的辩论和对抗。

正如佩洛西在随后的新闻发布会上所说：“特朗普选择把关键的医疗与安全服务、把美国人民的福祉劫持为谈判筹码，并扣留全国80万无辜联邦雇员的薪水，那是完全错误的。”同样，57亿美元的修墙资金仅仅占美国2019财年预算的九牛一毛，持续的争论并非美国缺钱，而是其固化的党派分歧所致，从中更折射出美国政治受选举制度的影响较大，往往会因政治短视而忽视国家利益，此乃其政治制度演变至今日所形成的“顽疾”，此病不除，“停摆”闹剧也将难以治愈。

老布什离去，伟大一代的落幕*

许戈辉

美国前总统乔治·赫伯特·沃克·布什于当地时间2018年11月30日逝世，享年94岁。老布什总统是美国历史上最长寿的总统，也是最后一位参与过第二次世界大战的总统，其长子乔治·沃克·布什是美国第43任总统，布什父子也是继亚当斯父子之后美国历史上出现的第二对父子档总统。

这位德高望重的前总统的逝世，引来了美国社会各界的缅怀和纪念。12月5日，位于华盛顿城区的国家大教堂内，特朗普和第一夫人梅拉尼娅以及卡特夫妇、克林顿夫妇以及奥巴马夫妇等多位美国现任及前任总统夫妇，还有德国总理默克尔、日本前首相福田康夫等多国政要出席国葬，共同为这位传奇总统的最后一程送行。葬礼上，小布什的一番缅怀致辞最是令人感动，悼词中的老布什既是一个忠于国家、甘于奉献的总统，也是一个宽容平和、重情爱家的父亲和丈夫。

《纽约时报》和《华盛顿邮报》等媒体刊登的讣文，也流露出了对他的敬意和温情。虽然特朗普和布什家族素有不睦，但布什家族还是依照老布什的遗愿邀请了特朗普夫妇出席葬礼。特朗普也将12月5日定为全国哀悼日，并在推文中赞扬老布什："乔治·赫伯特·沃克·布什度过了一段长久、成功、美丽的人生。每次和他在一起，我都能看到他对生活的乐观和对家庭的担当。他的成就非常伟大。他的一生令人赞叹，我们都会怀念他的。"特朗普虽然没有在葬礼上致辞，但他还是与梅拉尼娅在官方悼文中写道："布什总统引导我们的国家和世界结束冷战、走向和平；作为总统，他奠定了美国今后几十年的繁荣。他功成名就，但依然保持谦卑，为国奉献的使命感给他明确的方向。"前总统克林顿说："我为我跟布什总统在一起的每一分钟而深怀感激。我

* 本文于2019年1月26日发表于"美国学与国际研究"微信公众号的"周末观察"栏目。

将永远把我们的友谊视为我人生中的最大的恩惠之一。”前总统奥巴马和夫人米歇尔说：“随着乔治·赫伯特·沃克·布什的去世，美国失去了一个爱国者、一个谦卑的公仆。我们的心情今天为此而沉重，但也充满感激。”

一、经历丰富的传奇总统

1924年6月12日，老布什出生在马萨诸塞州弥尔顿，生于美国历史上最伟大的一代（The Greatest Generation）。这一代人出生于经济大萧条时代，成长于第二次世界大战时期，体验过家国一体的责任，不同于“迷惘一代”的消极颓丧以及之后拥抱个性的“婴儿潮一代”。

老布什出身于显赫的美国新英格兰政商世家，其父普雷斯科特·布什是一位成功的华尔街银行家，20世纪50年代普雷斯科特·布什进入政坛后曾连任两届康涅狄格州驻国会参议员。第二次世界大战期间，和肯尼迪、尼克松、里根一样，老布什也满怀着一腔热血应召入伍，前往战场。1942年6月12日，老布什在18岁生日当天加入美国海军，经历了九个月的飞行训练后，就被派驻到“圣哈辛托”号航母（USS San Jacinto CVL-30）上，成为一名鱼雷轰炸机飞行员，是当时参战的最年轻海军飞行员之一。1942年8月至1945年9月，他共执行了58次军事任务。1944年，在一次战斗中，老布什等人所驾驶的飞机被日军防空火力击落，随即跳伞逃生，但仅有老布什被美军潜艇救起，其他同伴均沦为俘虏而被杀害。

战后老布什进入耶鲁大学学习经济学。毕业后他携家带口远离家乡，将人生的版图定格在了得克萨斯州，开始从事石油行业。十多年的商业经历已让老布什名声斐然。在商业经营的成功之外，老布什也渐渐对政治产生了兴趣。1963年，他成功当选得克萨斯州哈里斯县共和党主席，随后七年的时间内，老布什虽然积极参加选战，代表共和党角逐国会议员席位，但是效果并不理想。他只在1966年至1968年的两次选举中，成功夺下了国会众议员席位，担任众议院筹款委员会委员。然而在1970年的中期选举中，老布什再度被对手斩落，无缘参议员席位。在尼克松的帮助下，老布什放弃了参与国会选举，进而转向在行政分支机构任职。1971年至1973年，老布什担任美国驻联合国代表。“水门事件”之后，老布什也被尼克松推向了政治舞台的中央，担任共和党全国委员会主席，受命稳住阵脚，抵挡住新闻界和国会的攻击。随后由于党派争执，老布什主动请缨来到中国作为第二任美国驻中华人民共和国联络处主任。由此，他与中国结下了不解之缘，在中国的外交生涯中，老布什夫妇学习汉语和中国文化，与中国领导人建立了良好的友谊，经常骑着自行车走街串巷，被中国人民称为“骑自行车的大使”。1976年，老布什开始接盘深陷丑闻和信任危机的中央情报局，主管安全和情报工作，可见老布什在当时共和党权力架构中的重要地位。不久，民主党总统卡特就任后，老布什短暂离开了政坛几年。

老布什将眼光投向了1980年的总统大选，但是由于里根在党内的强势崛起，老布什未能获得党内提名，最终成为里根的竞选搭档，当了八年的副总统。在副总统任内，他是低调、负责、政策主张不甚鲜明的良好助手，是团结凝聚党派的好手。1985年，由于里根的健康问题，老布什还成为历史上第一位暂代行使总统职权的副总统。1988年，老布什参加总统竞选，面对民主党名不见经传的候选人杜卡基斯（Michael Dukakis）最终以压倒性优势取得胜利，成为美国历史上第41任总统。虽然在总统任内，老布什在外交事务上颇有建树，但还是由于国内经济状况欠佳，失业率飙升，经济衰退，在1992年总统大选中不敌年轻的平民州长克林顿。老布什也成为20世纪以来继胡佛和卡特以外第三位没有取得连任的美国总统。

二、外交政策夺目的历史转折亲历者

老布什执政期间，最为引人注目的政绩在于发动了海湾战争，促使苏联解体，使冷战结束后两极格局平稳瓦解。老布什总统善于灵活处理外交事务，这成为他任职总统期间的重要标志。但是由于执政期间糟糕的经济状况，老布什在内政方面的表现明显不如外交事务那样突出，这也是他未能取得连任的根本原因。

经过在美国政坛20多年的深度参与，老布什总统积累了大量的政治资源，建立了强大的内阁，詹姆斯·贝克任国务卿、迪克·切尼任国防部长、科林·鲍威尔任参联会主席……这些作风强硬、能力卓著的大佬，在对苏外交和入侵巴拿马以及后来的海湾战争中作用显著。

1989年至1991年间的世界形势剧变，让美国突然间成为世界上唯一的超级大国，冷战行将结束也让美国放下包袱，果断采取单边行动，积极运用其军事力量维护世界霸权，保护美国国家利益。接任总统后，老布什开始了两场短暂却又举世瞩目的热战，1989年老布什政府出兵入侵巴拿马，推翻了巴拿马地区领导人曼纽尔·诺列加，并选举产生了新的亲美政权。

1991年，海湾战争爆发，更是老布什人生的高光时刻。在深陷越战泥潭之后，老布什是第一个将普遍的厌战情绪和战争实际处理得非常好的美国总统。海湾战争仅仅42天便宣告结束，地面军事行动仅持续了100个小时，美国以较小的代价取得了军事上的全胜，同时还赢得了国际社会和美国民众的普遍支持，老布什的民意支持率甚至一度达到了九成以上。从“沙漠盾牌”到“沙漠风暴”，老布什以冷静娴熟的外交操作逐渐取得了美国盟友和国际社会的广泛支持。当舆论普遍以为战事会继续推进时，老布什却戛然中断了战争，以尊重联合国决议为名维护美国军事干预的合法性。老布什奉行着海湾战争的既定目标，没有急于扩大战果，遏制住了美国政坛的扩张欲望。在国际局势风云突变的20世纪八九十年代，老布什总统的选择无疑具有前瞻性。

在苏联问题上老布什十分谨慎，保持了沉稳冷静的外交姿态，确保美国能在地缘政治剧变的时期保持航行的稳定。老布什政府提出“超越遏制”战略，主张对苏友好接触，促使苏联向西方价值标准下的“开放”社会转变，同时加速向东欧国家渗透，加快“和平演变”进程。1991年美苏签署《削减和限制进攻性战略武器条约》，规定大幅削减美苏核弹头数量，是旨在削减两国核武器的首个条约。在苏联行将瓦解之前，美国没有对苏联的动乱予以幸灾乐祸和大肆的渲染，反而对当时苏联爆发的动乱表现出了关切和谴责，并支持戈尔巴乔夫政府。美国的低调应对，促使了世界秩序的平稳过渡。但是局势的发展远超预计，苏联很快不复存在。之后，老布什又提出“世界新秩序”构想，想要建立美国主导的单极世界秩序。虽然老布什政府没能准确预见国际局势的迅猛变化，但其外交反应却有效地防止了事态进一步扩大，避免了冲突和对抗。

在外交事务上，老布什还有其他重要举措。1991年后期，老布什总统召开马德里和平会议，恢复以色列—巴勒斯坦和平进程。到留任最后，老布什宣布执行“恢复希望行动”，以人道主义救援为由派遣美军开往索马里，旨在进一步加强对索马里这一重要战略通道的控制，这也展示出美国想要主宰世界秩序的霸权心理。

三、国内经济表现不佳的偏科总统

前任总统里根在其执政时期推出里根经济学，主张减税增支，提出所谓

“星球大战计划”战略，使得美苏军备竞赛加剧，军事开支大幅增长。虽然里根达到了拖垮苏联经济、加速苏联解体的战略目的，但是财政赤字也随之扶摇直上。自1980年到1990年，美国财政赤字暴涨3倍达到2200亿美元，占当时美国GDP的5.9%，为战后最高值，因此缩减财政赤字也成为老布什执政期间的重要政策目标。

关于削减赤字，共和党人认为最为行之有效的措施便是缩减政府开支，而民主党则坚称只有通过加税，尤其是对富裕阶层征税，方能解决巨额财政赤字。因此，两党很难在这一问题上达成共识。于是，老布什寻求说服被民主党控制的众议院调整财政预算，在国会的激烈挣扎和游说之后，老布什还是不得不屈服于民主党多数议员的意见，继续加税。但这对于老布什来说却是致命的。共和党保守势力将其视为对里根经济学的背叛，早在总统竞选之时，老布什就曾信誓旦旦地承诺“不加税”。这让老布什在共和党内部受到了孤立，成为老布什执政期间的重要转折点，也为第二任期竞选失败埋下了伏笔。

自1990年7月起美国经济进入第二次世界大战后历时最长、程度最深的一次衰退期，失业率一度达到惊人的7.81%。而老布什却对严重的经济和社会问题处理不力，海湾战争后六个月，即在经济颓势显现一年之际，老布什才推出一系列经济刺激计划，但未取得实质性进展。冷战后，美国人也渐渐趋于内向保守，认为外在的对抗威胁已经减弱，美国公众对老布什的全球战略产生怀疑，要求政府将注意力转到国内问题，尤其是经济问题上。里根总统时期，美国经济经历了较长的一段增长期，但是主张宽松借贷政策、小政府方针、减税的里根经济学也让美国经济负担很重，企业和居民负债率较高。经济衰退引发许多公司破产，企业裁员。中产阶级和工薪阶层对现实经济状况愈发感到沮丧，政府在应对失业救济、福利等方面的社会保障需求激增，也使得政府财政压力愈发凸显。

在1992年的总统竞选中，克林顿在竞选中强调广泛的经济问题的同时，巧妙避开了民权运动以来常常造成民主党分裂的种族和文化问题，以经济事务凝聚民主党竞选力量。因此民主党在竞选中占据先机。克林顿在竞选一开始就抓住了美国选民关心的要害——经济。在竞选中，当老布什想要转移公众视线到其外交成绩时，克林顿的一句“一切都是经济，傻瓜”，切中了要害。同时来自得克萨斯州的独立候选人罗斯·佩罗加入竞选，使得选战更加激烈，佩罗利用选民对两党的不满情绪以及对联邦官僚作风的怨言，以采取坚决措施解决经济危机为竞选目标，使得其民意支持率甚至一度领先于克林顿和老布什。佩罗的横空出现，大大分散了选票，使得老布什处于劣势，无缘第二任期。

未能取得连任对老布什打击较大，他似乎对自己的历史地位显得没什么信心。有一次他对其个人传记《命运与权力：乔治·赫伯特·沃克·布什的美国奥德赛之旅》一书的作者乔恩·米查姆说："我迷失在了里根的荣光——到处是他的纪念碑、赞美、大英雄——和我的儿子们的拼搏之间。"还有一次，他谈起那些将评判他的功过是非的人时说："万一他们只能找到一摞空白卡片怎么办？"

老布什在其他内政方面取得了一些成绩。在其任内，他开启了北美自由贸易协议谈判。老布什总统还促使国会通过了具有里程碑意义的人权法和环境法，美国残疾人法和清洁空气法，加大应对环境变化和环境保护投入，在公共住宿、交通和就业方面给予残疾人以支持。1992年他签署美国加入联合国气候变化框架公约，为以后的巴黎协定促进全球减排埋下伏笔，得到了环境保护者的认可。由于民主党控制着参众两院，共和党在国内事务方面确实难以有所建树。老布什支持保守的经济和社会政策，支持在公共学校的自愿祷告，反对堕胎，支持拥枪权利。面对民主党对国会的控制，老布什惯用其"否决策略"，其执政期间共对国会44案进行了否决，其中10案旨在放宽关于对堕胎的限制，其他否决案多与法规、加税和预算有关。

老布什时代的共和党，温和的保守派占了多数，跟现在极右的、民粹的共和党区别非常大，从老布什到小布什，共和党的政策立场在不断右倾，到如今民粹总统特朗普，共和党极右翼势力不断抬头。老布什代表的保守、稳健的共和党建制派，与特朗普代表的极右民粹势力，泾渭分明。即使曾是总统大选时针锋相对的对手，老布什卸任后还是和克林顿成为好朋友，老布什在民主党人中拥有不错的人缘。在党派政治愈发凸显的今天，这样的两党合作的情况已不多见。在当前华盛顿龃龉不断的美国政治大环境中，人们自然更加怀念曾经"化敌为友"的老布什，以及他所追求的"更善良、更温和"的国家。

"互相竞争并不意味着你们就是敌人，"老布什说，"政治并不一定是粗野而肮脏的。"《最后的共和党人》一书的作者马克·K. 厄普德格罗夫说："在很多方面，老布什都是我们今天所看到的共和党领导层的对立面。他体现了'第二次世界大战一代最优秀人才的谦逊有礼和自我牺牲。他表现得强硬，但是公平，在两边都能结交朋友，拒绝把政治看作一场零和游戏'。"

奥斯卡奖政治逻辑的演变

——基于2013年至2019年美国电影艺术与科学学院奖的研究*

武　洋**

当地时间2月24日晚，第91届奥斯卡颁奖礼落下帷幕。《绿皮书》获得最佳影片，成为本届奥斯卡奖的最大赢家。

奥斯卡奖，正式名称为“美国电影艺术与科学学院奖”，是当今世界影响力最大的电影奖项。然而，奥斯卡奖项评选的政治性却一直备受关注与质疑。2019年，反映美国种族问题的电影《绿皮书》荣获本届最佳影片，再次引发奥斯卡政治正确的热议。

奥斯卡奖的确具有鲜明的政治性。但有两点需要正确认识：第一，奥斯卡奖评选的政治性只有在提名影片的艺术性旗鼓相当或者差距不大的情况下才会凸显出来，学院评委还是将电影的艺术性作为首要标准考虑；第二，奥斯卡奖的政治性在最佳影片、最佳导演、最佳男主角、最佳女主角等重要奖项上体现得较为明显，最佳摄影、最佳视觉效果、最佳音效剪辑等技术类奖项基本不会考虑政治因素。

奥斯卡奖的政治性也并非一成不变，它深受国际国内政治环境影响。比如20世纪50年代，奥斯卡奖的评选就受到美国国内麦卡锡主义泛滥的影响。笔者从2013年开始关注奥斯卡奖，本文即以2013年至2019年共七届奥斯卡奖为研究对象，探究七年来奥斯卡奖背后政治逻辑的演变。

七年来奥斯卡奖背后政治逻辑的演变可分为两个阶段。第一阶段为2013

* 本文于2019年3月9日发表于“美国学与国际研究”微信公众号的“周末观察”栏目。

** 武洋，国防科技大学国际关系学院军队指挥学专业硕士研究生，主要研究方向为美国军事。

年第85届奥斯卡奖至2016年第88届奥斯卡奖，这一阶段奥斯卡奖的政治性主要体现在捍卫并发扬美国传统价值观。第二阶段为2017年第89届奥斯卡奖至2019年第91届奥斯卡奖，这一阶段的政治性变为宣扬美国左派价值理念，捍卫政治正确。

一、2013—2016年：宣扬传统价值

这一时期的奥斯卡奖主要体现美国传统、主流的价值观，对LGBT［女同性恋者（Lesbians）、男同性恋者（Gays）、双性恋者（Bisexuals）与跨性别者（Transgender）的英文首字母缩略字］等有争议的话题明显回避。

2013年第85届奥斯卡最佳影片呼声最高的是《逃离德黑兰》和《少年派的奇幻漂流》。《逃离德黑兰》讲述了美国驻伊朗大使馆被刚刚取得伊斯兰革命胜利的伊朗人民包围，一位精通伪装技巧的中情局特工成功地将六名外交官从德黑兰营救出来。影片中美国的情报人员睿智勇敢、信念坚定，俨然一部中央情报局宣传片。《少年派的奇幻漂流》讲述的则是一位少年遇到海难，和一只孟加拉虎在救生小船上漂流了227天，最终战胜困境获得重生的故事。显然，《逃离德黑兰》的政治性更强，更符合美式主旋律。最终，《逃离德黑兰》获得最佳影片，《少年派的奇幻漂流》则被授予最佳导演奖以示安慰。

2014年第86届奥斯卡，讲述黑奴故事的《为奴十二年》获得最佳影片、最佳女配角、最佳改编剧本三项大奖，而展现不幸感染艾滋病毒的同性恋者与病魔斗争的《达拉斯买家俱乐部》则获得了最佳男主角和最佳男配角。相反，讲述股票经纪人一夜暴富，充满性与毒品的《华尔街之狼》，由于政治上极不正确，尽管获得了五项提名，却最终颗粒无收。

2015年第87届奥斯卡，墨西哥导演亚历桑德罗·冈萨雷斯·伊纳里图的《鸟人》和美国导演理查德·林克莱特的《少年时代》，在奥斯卡之前的各大奖项上平分秋色、势均力敌，均被视为奥斯卡最佳影片的有力争夺者。两部影片的主题也都没有体现出明显的政治性。按照惯例，在这种情况下，两部影片一般会各自获得最佳影片和最佳导演。然而，结果却是《鸟人》包揽了最佳影片和最佳导演，《少年时代》仅获得最佳女配角一个奖项。

2016年第88届奥斯卡最佳影片的争夺更为激烈。号称“奥斯卡风向标”的金球奖和制片人工会奖，分别授予讲述受伤后被同伴抛弃的猎人复仇故事的《荒野猎人》和从次贷危机中捞取利润的《大空头》。而最终奥斯卡最佳

影片却由《聚焦》摘得。《聚焦》讲述了《波士顿环球报》的几位记者克服重重阻挠，揭露了美国神职人员奸污和猥亵儿童的丑闻。影片体现的媒体监督、言论自由、公民知情权等，显然更符合美国的传统价值观。

二、2017—2019年：捍卫政治正确

从2017年开始，奥斯卡奖的政治性有了明显转变。捍卫政治正确，支持女性、少数族裔以及性少数群体等弱势群体成为主题。

这种政治逻辑的演变明显受到特朗普当选总统的影响。2016年的美国总统大选将美国社会撕裂为左右两派，特朗普当选后，游行示威此起彼伏，支持政治正确的左派精英和反政治正确的右翼分子爆发了数次规模不小的冲突，美国社会趋于左右两极分化，中间派成为少数。原本就属左派的好莱坞在这种背景下，自然成为政治正确的坚定捍卫者。

2017年第89届奥斯卡颁奖礼上的乌龙事件，让大家还记忆犹新。最佳影片居然颁错了！其实，如果最佳影片真的颁给《爱乐之城》，大家毫不惊讶。在奥斯卡之前，《爱乐之城》已横扫颁奖季各大奖项，其中包括具有“风向标”价值的金球奖、英国电影学院奖和制片人工会奖。可是，奥斯卡最佳影片却授予了《月光男孩》。本片的主角既是黑人又是同性恋者。提名最佳影片的电影里确实找不出比《月光男孩》更政治正确的了。获得本届最佳动画长片的《疯狂动物城》讲述的则是消除偏见和刻板印象的故事。本届最佳外语片也很耐人寻味。由于特朗普政府“禁穆令”的出台，提名最佳外语片的伊朗电影《推销员》的制片人兼导演阿斯哈·法哈蒂无法来美国出席颁奖典礼。结果，学院放弃了呼声最高的《托尼·厄德曼》，将最佳外语片授予《推销员》。这似乎是对特朗普“禁穆令”的一种回击。

2018年第90届奥斯卡，评价最高的电影《三块广告牌》由于反政治正确的主题，遗憾错失最佳影片。而获得最佳影片和最佳导演的《水形物语》则涉及女性残疾人、黑人、同性恋者，影片中的那只水怪也象征着因为与大部分人不同而受到不平等对待的弱势群体。而一部反映种族问题的恐怖片《逃出绝命镇》，居然获得了最佳原创剧本，更是让很多人大失所望。

2019年第91届奥斯卡更加彰显了政治正确。第一部黑人题材的超级英雄电影《黑豹》，成为第一部提名奥斯卡最佳影片的漫威电影，还最终赢得三个奖项，创造了新的历史。获得最佳影片的《绿皮书》又是一部反映美国种族

问题的电影。本片和另一部反映种族问题的电影《黑色党徒》还分别获得了最佳原创剧本和最佳改编剧本。在表演奖项方面，最佳女主角奥利维娅·科尔曼、最佳男主角拉米·马雷克、最佳男配角马赫沙拉·阿里在影片中所饰演的角色均为LGBT，最佳女配角雷吉娜·金则是一名黑人女性。最佳动画长片《蜘蛛侠：平行宇宙》更是将男性、女性、大人、小孩、白人、黑人、亚裔，甚至动物蜘蛛侠们汇聚一堂，其乐融融。

奥斯卡的政治正确不仅体现在奖项评选上，评委的比例也必须政治正确。2015年1月25日，一份完全由白人组成的奥斯卡奖提名名单公布后，立即引发了“奥斯卡太白”（OscarSoWhite）的争议。据统计，2016年，拥有投票资格的美国电影艺术与科学学院会员约92%为白人，75%为男性——如此压倒性的数据引发广泛质疑，迫使学院开始平衡内部人员调配比例。奥斯卡官网于2018年6月25日公布的一份928人的新会员名单显示，女性占49%，有色人种占38%，使得学院女性会员的总人数达到31%，有色人种达到16%。

奥斯卡奖越来越强的政治性，让许多人感到失望。笔者认为，大可不必。一方面，电影的好坏并不是由一个奖项决定的，没有获得奥斯卡最佳影片却名垂青史的电影不胜枚举。另一方面，只要是由人评选出的奖，都不可能保证完全客观公正。奥斯卡奖的评委们不可能不受政治的影响。作为美国一支重要社会力量的好莱坞，也必然有着自己的价值理念和政治倾向。

到底谁控制孔子学院

——解读美国审计署报告*

江振春**

2019年2月27日，美国参议院国土安全与政府事务委员会常设调查小组发布了一份题为“中国对美国教育制度的影响”（China’s Impact on the U.S. Education System）的调查报告。在这份花费了八个月的调查时间、共计93页的调查报告中，该调查小组煞有介事地认为：在美孔子学院基本不受美国政府控制，“中国政府几乎控制着美国学校孔子学院的各个方面”；孔子学院在美国充当了扩大中国影响力的功能。该报告称，过去15年来，中国在美国院校开设了100多所孔子学院，全美还有500多所中小学开设了教授中文的孔子学堂。调查小组估计，从2006年至今，中国已在美国校园投入1.58亿美元用于设立孔子学院。有批评人士甚至认为，这些孔子学院给美国的国家安全构成威胁，所以孔子学院要么改革，要么应被关闭！与此同时，该报告也“无可奈何”地承认，尽管联邦调查局关注着孔子学院，但该调查小组并没有发现孔子学院有从事所谓“间谍活动”的证据。

2004年第一个孔子学院在美国成立，截至2017年12月31日，全球已建立525所孔子学院。在美国，多数孔子学院都依托于美国大学而成立。截至2019年1月，全美共有44个州以及哥伦比亚特区设立了孔子学院，目前运行的有96所孔子学院。然而，最近几年来，有一些美国政治精英像“猎巫”一样歇斯底里地围攻孔子学院。美国国务院则将孔子学院形容为“中国最有力量的软实力平台”。美国一些政客甚至建议将这些孔子学院或他们的雇员注册

* 本文于2019年3月16日发表于“美国学与国际研究”微信公众号的“周末观察”栏目。

** 江振春，南京审计大学教授，博士，主要研究方向为美国宪政史、美国法律史和美国文化史。

为“外国代理人”。在某些政客的操弄与攻击下，有些孔子学院难以为继。例如，位于美国杰克逊维尔的北佛罗里达大学2014年开办的孔子学院于2018年8月宣布关闭。

然而，这次参议院所发表的调查报告遭到美国审计署啪啪打脸！参议院调查报告发布的第二天，美国审计署发表了一份题为“中国：观察美国的孔子学院以及中国的美国大学”（China：Observations on Confucius Institutes in the United States and U.S.Universities in China）的审计报告。在这份审计报告中，美国审计署抽查了90份孔子学院合作协议。在这90份合作协议中，有42份协议包含保密内容，而有些协议直接在网络上可以查到或者提出申请就可以查阅到；三分之一的协议清晰地阐述了美国学校的政策应用于孔子学院。也就是说，孔子学院合作协议并非秘密协议，即使有些协议个别条款属于保密内容，但并非见不得光。审计署官员实地调查了10所大学，采访了这10所大学孔子学院的行政负责人。这些行政负责人都认为，美国学校的政策依旧约束校园活动和课堂内容。也就是说，美国政府牢牢地控制着这些孔子学院。中国政府并没有干涉他们的学术自由。在这份审计报告中，孔子学院的行政负责人都认为，孔子学院益处多多，包括它们给很多学校提供了很多国际联系的机会，也给很多学校提供了资助以及很多与中国相关的项目资源。这些行政负责人表示，因为中国汉办支付孔子学院教师的薪水，节省了这些学校的开支，即使在学生注册不是很好的情形下，这些学校也能提供汉语语言课程。这些行政负责人也认为，在学校和更大的社区，孔子学院提供了有价值的资源和机会，增进了美国人民深入地了解和接触中国以及中国文化。

孔子学院与英国文化教育协会、法语联盟或歌德学院之间存在惊人的相似性。所有在美国的孔子学院都是经由美国学校申请，本着“相互尊重，友好协商，平等互利”的原则，中美双方共同协商建立的。孔子学院是传播中国文化的平台，正如《孔子学院章程》所言，孔子学院作为非营利性教育机构，其宗旨是增进世界人民对中国语言和文化的了解，发展中国与外国的友好关系，促进世界多元文化发展，为构建和谐世界贡献力量。然而，美国有些政治精英面对中国崛起的时候，玻璃心很受伤。他们并不乐见孔子学院成为展现中国软实力的平台，也不乐见中美两国人民友好交往，他们甚至莫须有地质疑孔子学院从事间谍工作，这是美国一些政客狭隘的民族主义意识在作祟罢了！

浅谈美军的荣誉激励*

许戈辉

美军高度重视军人的价值观培育和荣誉感的激发，荣誉激励来自物质、精神、社会认可等多个方面，通过物质激励、价值观培育、军事条令条例规范、军事勋章文化，以及各种各样的宣传途径使得美军的荣誉感和战斗精神得到激励。

美军高度重视对官兵的物质激励，基于官兵个人的知识、能力、职业、岗位、工作地点、工作条件、工作绩效等确定工资待遇，以高工资、高补贴、优厚待遇和福利保障作为物质利益驱动，提高军人职业的荣誉感和吸引力。通过与联邦雇员和社会雇员的平均薪资待遇的参照，每年对现役人员的工资进行调整。如2019年的《国防授权法案》就规定美军将增资2.6%，为九年内最大增幅。除薪资以外，美军还会提供税收补助以及各种岗位和任务性津贴，同时为现役军人在医疗、住房和子女教育等多方面提供福利保障。美军将高工资、高津贴和高福利作为增强官兵队伍吸引力的基本措施。美军在其征兵广告中，便宣称参军的三大好处是服务于国家、周游世界和获得存款。可见，重视物质激励是美军激励军人的首要策略。

美军同时也十分重视对官兵进行价值观塑造和道德培育。美军实施全志愿兵役制，对于这样一支具有雇佣性质的武装力量，如何激励官兵的战斗精神和保持对官兵的道德要求十分重要。美军首先对官兵进行爱国主义教育，向官兵灌输“国家利益至上”，注重增加官兵对美国社会制度和意识形态的认同，激发官兵增加作为现役军人的优越感和尚武精神。此外十分强调个人主义，尊重和激励个体的奋斗意识以及创新精神。美军核心价值观实际上是建立在个人利益之上的个人主义价值观。美军各个军种都具有自己的价值观文

* 本文于2019年3月23日发表于“美国学与国际研究”微信公众号的“周末观察”栏目。

化。美国陆军将价值观概括为“忠诚、职责、尊敬、无私奉献、荣誉、正直、个人勇气”七条；美国海军的核心价值观为“荣誉、勇气、承诺”；美国空军的核心价值观是“诚实与正直第一，先公后私，工作优异”。

此外，美国法典及美国国防部和参联会颁布的一系列伦理规则为美国各军种核心价值观的确立提供了依据，同时严明的法规军纪也是监督和惩戒官兵以维护价值观的方式。在《军事统一法规》和《统一军事司法法典》等军事法规中对官兵的违法违纪行为进行了说明，并附相应的惩处条款。

美军重视通过军事誓词、行为准则和作战手册等对官兵的道德和行为进行规范，强调按规矩办事，注重行动的有序化和规范化，形成特异性的军事文化和制度规范，作为官兵道德培育和行为养成的重要环节。各种各样的军事仪式性活动，也对官兵产生潜移默化的荣誉激励。此外，美军还十分重视军事历史和传统教育，广建军事博物馆和纪念场馆，营造历史氛围，设立历史性的纪念节日等，很多单位还会邀请老兵进行宣讲，重温过往的军营和战斗经历，以激励官兵。同时还要求军官学会研究和运用军事历史。重视用网络和影视等现代传媒手段把军事历史研究成果转化为军史教育资源。

此外，浓厚的勋章文化也对美军起到明显的激励作用。美军的勋章文化由来已久，奖章种类繁多，每年获奖章的人数比例也较高。美军勋章荣誉的覆盖面广，很多勋章具有很强的历史传承性，比如荣誉勋章（Medal of honor）、十字勋章（Navy Cross/Flying Cross/Air Force Cross/Distinguished Service Cross）以及杰出服役勋章（Distinguished Service Medal）等。

美军的功勋荣誉同样也具有较高的社会认同度，如从每名军人的资历章就可以看出其服役经历、功绩和特殊才能等，这些都会形成重视荣誉、尊重奉献的良好导向。勋章荣誉除了精神奖励之外，同时也有与之相匹配的相关权利和物质激励，荣誉获得者也有更多的机会入学深造和晋升。

从特朗普推特看新媒体对美国民粹主义政治生态的影响*

章瀚夫

2016年美国总统大选，社交媒体继续成为各候选人角逐的一大战场，并在特朗普胜选后作为其与民众交流的常规手段。特朗普的私人推特账号“@realdonaldtrump”现有超过5300万关注者，在拥有最多关注者的推特账号中位列第18，其影响可见一斑。推特好比新媒体时代的“炉边谈话”，一方面两者同为总统与民众沟通方式的一大创新，另一方面前者给政治生态带来的变化或不亚于后者。

一、新媒体的民粹主义特质：以推特为例

新媒体的一个常见定义是指利用计算机和网络、强调交互性的传播媒介。据上述定义，推特等社交媒体当属新媒体范畴。这里主要以推特为例。推特呈现的特点及其影响也可见于其他新媒体平台，因此有举一反三的意义。

与传统媒体相比，推特具有去中心、互动性、“平民公共领域”三大特性。去中心，即每个用户都是信息发布的中心。推特用户掌握信息流转全过程的控制权，推特的信息发布模式可降低原创门槛。结果就是推特实际上提供了绕过传统专业媒体话语权“建制”的替代方案。互动性，即普通民众可与总统直接互动，传统民意反馈过程中的所有中间环节均被绕过，平民意见拥有了直达高层的渠道。“平民公共领域”，即推特事实上已成为美国公民讨论民生、参与政治的低门槛场所。与传统“公共领域”相比，推特大大降低了参

* 本文于2019年3月30日发表于“美国学与国际研究”微信公众号的“周末观察”栏目。

与政治的成本，人们无须到场或付费，甚至无须离开沙发即可发表具有政治影响力的言论。政治参与成为普通老百姓在时间和金钱上负担得起的活动。具备上述三种特质的推特及其他新媒体实际上承载着一种更趋扁平化的政治组织机制：以往国家领导与民众交流中存在的中间层在推特上不复存在，民意可直达国家领导层，政治家也可直接发动老百姓。从这个意义上讲，新媒体本身就富有民粹主义色彩。

二、美国民粹主义的历史根源深远

多数学者认为，美国民粹主义的起源可追溯至安德鲁·杰克逊。事实上，杰克逊的政治哲学与杰弗逊及共和派传统自由民主理念存在共同点，一个重要的方面是认为人民拥有朴素精神和高尚美德，故人民能够做出正确抉择，人民有权选举并能够指导当政者。这体现了民粹主义人民至大、政治精英作为人民代理、对精英的不信任等观念。美国宪法宣扬的天赋民权为民粹主义人民大于精英的观点提供了合法性来源；民粹主义者警惕精英、反抗背叛人民的精英的思想也与反联邦党人倡导的小政府自治理念存在逻辑推理关系。可见民粹主义是美国历史上一个源远流长的政治文化元素。

从建国之初的小册子到今日的社交媒体，媒体在商业规律作用下日趋用以争取消费市场，这同时也符合民粹主义者广泛接触群众的需求以及民粹主义选民不求甚解的基本特征。对民粹主义而言，新媒体较传统媒体更具优势：新媒体常被民粹主义者认为是不被精英操纵的中立场所；新媒体直接互动的传播模式符合“亲民”这一为民粹主义者所宣扬的自身合法性与信誉来源；新媒体上的话语更加通俗，重情感多于理性，符合民粹主义话语风格。故民粹主义者往往比主流政治人物更加依赖以社交媒体为代表的新媒体。

三、新媒体重塑了美国的政治生态

富有民粹主义色彩的特氏政治与新媒体似乎“一拍即合”。对此，笔者认为存在两个促成因素。一方面，民粹主义者往往强调自己与“人民”之靠近及与“精英”之疏远，能够直接和人民对话就成为题中之义。推特等新媒体为这一扁平化结构的实现提供了切实可行的方案，不值得信任的中间机构被悉数省去，最高领导人和普通民众可以直接交流。另一方面，以推特为代表的新媒体是特朗普直接发动民众的良好渠道。推特作为特朗普的“传声筒”和“大会堂”，表现出鲜明的快感政治特点。通过推特，特朗普可时时塑造热点、煽动情绪，直接高效行使作为国家领导人的话语权。用新媒体笼络民心，再通过快感政治驾驭民意，可谓是民粹主义的新形态。

从新媒体在2016年美国总统大选及在特朗普阵营发挥的作用看，特朗普现象不应仅解读为民粹主义本身的再度崛起，而是民粹主义结合新媒体取得成功的例证。一方面，国内不满情绪提供了民粹主义生长的土壤，这是当前美国政治所处的大环境。另一方面，新媒体正重塑政治家和选民之间的关系，令民意的权重与日俱增。此外，新媒体短平快的阅读特点意味着富有极端情感的内容更容易获得响应，这进一步刺激了快感政治在新媒体的流行，使政治生态更趋民粹化。

新媒体正推动民粹“去派别化”。随着依靠新媒体越来越成为政治家们的常规操作，其承载的扁平化政治组织与民意表达模式也将渗透到各个政治派别，引起民粹主义泛化。奥巴马竞选时就曾依托新媒体大打平民牌；本届大选民粹主义同时在左右翼出现，并有一派最终取胜。可见，新媒体与草根平民当前若非赢得美国政治选举的必要条件，至少也存在相当程度的关联。新媒体与民粹主义组合，前者推动后者跨派别泛化，或许就是新媒体时代民粹主义的新形态。

世界资源研究所的产品及传播*

孟　磊

世界资源研究所成立于1982年，创始人是詹姆斯·古斯塔夫·斯佩斯（James Gustave Speth）。在20世纪70年代卡特总统时期，斯佩斯曾任总统行政办公室环境质量委员会主席，是总统环境事务首席顾问，负责制定和协调总统的环保计划。20世纪60—70年代环境问题开始增多，森林砍伐、沙漠化和气候变化尚未得到充分解决。这些复杂的全球问题构成了前所未有的政策和政治挑战。70年代被称为美国史上的“环保十年”，美国的环境保护运动蓬勃发展，建立了美国环境保护局（EPA）、通过了《清洁空气法》，等等，但当时的焦点主要集中在美国国内问题上。在国内环境问题上取得了真正进展的同时，斯佩斯开始意识到，他和其他环境保护者一直忽略了一个大局问题，那就是大规模的全球环境问题没有得到解决。

在卡特总统任期结束时，斯佩斯决定填补这个空白，并成立一个新的研究机构来应对全球环境问题。他向麦克阿瑟基金会（MacArthur Foundation）分享了他的想法，麦克阿瑟基金会决定提供1500万美元的捐赠。1982年，斯佩斯创立了世界资源研究所，其创立初衷是要将研究所与其他环境组织区分开来，使之成为一个智库而不是传统的倡导型组织，以避免政治游说和压力策略，更倾向于研究和政策分析，但他们也想积极推动变革。它主要致力于研究在不损害自然资源和整体环境的基础上,满足人类的基本需要和促进经济增长,以帮助政府、环境保护和开发组织制定适当的政策和发展规划。

目前，世界资源研究所聚集了近700名气候、能源、粮食、森林、水、城市和运输、治理、商业、经济和金融方面的专家和员工。研究所的研究工作主要围绕六个方面，即关于气候、能源、粮食、森林、水、可持续城市等全

* 本文于2019年4月13日发表于“美国学与国际研究”微信公众号的“周末观察”栏目。

球问题。研究所通过商务中心、经济中心、金融中心、治理中心等四个中心来运行。

一、研究报告

世界资源研究所在成立之初，还没有全面反映世界环境状况的调查报告或书籍。自1986年起，研究所与联合国开发计划署、联合国环境规划署和世界银行合作，组织世界各地的科学家对世界范围的环境及环境对社会和经济发展的影响进行全面调查和分析。1986年世界资源研究所首次出版《世界资源报告》，名为《支持全球经济的资源基础评估》，此后定期出版《世界资源报告》，对人类健康与环境、气候变化、生态系统等问题进行了深入分析。每份《世界资源报告》都建立在强有力的证据基础之上，帮助决策者评估和实施最有效的解决方案。目前，研究所已出版15份《世界资源报告》，该报告已成为研究所的旗舰产品。

研究所官网还提供了其他针对各个研究主题的研究报告、简报、工作文件和技术说明等，并且所有报告均可在官网下载。

二、多媒体产品

世界资源研究所充分利用数字信息技术和数字媒介，通过互联网平台传播自己的声音，扩大影响力。研究所官网设立了博客板块，供研究所专家及时分析和评论环境与人类发展之间的关键问题，并建立原创播客，定期进行更新，公众可在iTunes上订阅收听或直接从研究所网站查阅。

网站还向访问者提供了由专家介绍其研究和研究成果的演示文稿，这是对研究报告的可视化呈现，可以让访问者更加清晰直观地了解研究所的成果。同样地，研究所还制作了短视频来传播其研究成果，给访问者带来更多的视觉展示。

三、数据平台

世界资源研究所与数十个合作伙伴合作，建立了一套数据平台，使用户能够利用卫星监测森林，跟踪气候变化的驱动因素，了解水资源短缺问题，检查全球环境问题，等等。这些平台从世界各地获取数据，并为用户提供开放式数据访问，实现透明的决策。

1. 全球资源观察平台（Resource Watch）

这是一个开放式数据可视化平台，拥有200多个可用数据集，主题包括气候变化、人类迁移、森林砍伐、空气质量、农业和能源等。用户可以深入了解主题数据页面，探索近实时数据，并通过叠加各个数据集来创建自己独特的可视化数据。

2. 气候观察平台（Climate Watch）

这个在线平台旨在为政策制定者、研究人员、媒体和其他利益相关者提供所需的开放式气候数据和可视化资源，以收集有关气候变化进展的情况。

3. "恢复力和防范伙伴关系"数据（PREPData）

该平台为决策者提供准确数据，以进行气候脆弱性分析，建立气候恢复力。

4. 森林地图（Forest Atlases）

这个在线信息系统允许用户获得和分析有关森林变化、土地利用和土地覆盖的可视化数据。

5. 地标平台（LandMark）

这是第一个提供原住民族和当地社区集体持有和使用的土地的精确地图以及其他重要信息的在线互动全球平台。

6. 环境民主指数（Environmental Democracy Index）

这是根据联合国环境规划署《巴厘准则》制定的客观和国际公认标准，对70个国家的75个法律指标进行评估。

7. 全球森林观察（Global Forest Watch）

这个在线平台提供近实时数据和监测森林的工具。

8. "水道"水风险工具（Aqueduct）

该工具使用户能够利用其开源性和高分辨率平台测量、绘制和减轻全球水风险。

四、学术活动

世界资源研究所每年举行大约100场学术活动，包括大型会议、小型研讨等。代表性的活动有：

1. 绿化治理系列研讨会

这一系列研讨会将治理与环境社区之间的鸿沟联系起来，通过汇集两个领域的领先专家来讨论他们各自的工作，以确定有益于人类和地球的解决方案，从而弥合这一鸿沟。

2. 转变交通方式大会

这是研究所一年一度主持召开的可持续交通项目大会，主要讨论世界各国在提供可持续交通方面所面临的挑战及解决方案。

3. 城市研究系列研讨会

该研讨会旨在让重要利益相关者、合作伙伴与研究所分享想法并开展合作，继续开展“迈向更加平等的城市”的世界资源报告研究。

4. 网络研讨会

用户可以通过简单注册，参与研究所的网络研讨会，针对特定议题，听取发言人发言，并据此开展研讨。

五、参与国会听证

参与国会各种委员会的听证，提供证词，在美国很重要，它可以借以影响国会议员在特定问题上的看法，进而影响行政当局的政策。据美国政府信息网（govinfo）统计，世界资源研究所共参加了30次众议院、参议院以及联合听证会，听证会的焦点集中在美国气候变化、能源、森林等问题上。同其他智库相比，研究所参与国会听证较少，这也许与研究所并不仅仅关注美国国内的环境问题，而是放眼全球、全人类有关。

2020年美国大选再现“反特朗普式”候选人*

章瀚夫

近日，美国印第安纳州南本德市市长彼得·布蒂吉格宣布参加2020年总统大选，颇受关注。不久前民调支持率还不足1%的布蒂吉格如今是上升最快的民主党候选人之一。据《华盛顿邮报》的民主党候选人排名显示，布蒂吉格现在党内排名位于第七，紧随前副总统拜登，将哈里斯、沃伦、布克等领跑者置于追赶范围内。

布蒂吉格不仅在竞选口号上“反特朗普”，其本人在多个方面就堪称特朗普的反面：时年37岁的他是美国史上第二年轻的市长，年龄刚刚超过特朗普的一半。布蒂吉格在民主党阵营，特朗普则在共和党。布蒂吉格是一名公开出柜的同性恋，去年与丈夫正式结婚；特朗普三次娶妻，花边新闻不在少数。布蒂吉格曾在海军后备役担任情报军官，并被派驻阿富汗；特朗普毕业于军事院校，却未曾服役。布蒂吉格本土色彩浓厚，生长在南本德市，最终成为市长，致力于该市的发展；特朗普则在自传中提及自己年轻时为了追逐最好的机会前往曼哈顿。布蒂吉格重视“千禧一代”选民，特朗普更吸引中老年选民。

在15日宣布参选的演讲中，布蒂吉格说道，要讲一个不同于“让美国再次伟大”的故事，指出“回到美好的过去是只存在于政客广告中的伪神话”，并号召选民要“着眼未来”。在政策主张方面，布蒂吉格支持全民医疗、环境治理、取消死刑、取消选举人团（2016年特朗普恰是靠选举人票获胜）和“童年入境暂缓遣返”计划（DACA），提出推动民主党与劳工组织合作，普及购

---

* 本文于2019年4月27日发表于“美国学与国际研究”微信公众号的“周末观察”栏目。

买枪支的全面背景审查，联邦立法禁止对“同双变”人群（LGBT）的歧视和缩小贫富差距，与特朗普的主张大相径庭。

值得一提的是，布蒂吉格宣布参选的活动因雨转移到了南本德市的一处旧工厂内。该工厂作为旧建筑再利用项目之一，如今是南本德市“复兴街区”的一部分，成为数个科技公司所在地。布蒂吉格认为，这恰好反映了他的主张：着眼未来而非试图使时光倒流，这才是美国的前路所在。

布蒂吉格的出现为美国人提供了一种截然不同于特朗普的治国方案。随着2020年大选日趋临近，美国人民将再度面临选择。从两党候选人截然不同的竞选主张看来，三年前《时代》杂志的一个标题“美利坚分众国”的说法似乎在如今依然恰当。

美国国土安全部高层频繁洗牌*

许戈辉

一、国土安全部近来人事变动密集

4月2日，特朗普证实已撤回对移民和海关执法局（ICE）代理局长罗纳德·维蒂洛作为该机构负责人的提名，放弃对他的提名可能是特朗普为了控制边境移民危机在国土安全部重要人事调整上的第一步。财富网（Fortune）报道称，特朗普正寻求任命更加铁腕的移民政策官员。

4月7日，美国国土安全部长克尔斯滕·尼尔森离职的消息得到证实，特朗普在推特上宣布由海关和边境保护局局长凯文·麦卡利南暂时担任代理部长职务，尼尔森也是特朗普执政以来的第二任国土安全部长以及第12位离任特朗普政府的内阁阁员。尼尔森宣布离职之后仅一天，白宫也确认特勤局长伦道夫·奥尔斯将被免职。据美国有线电视新闻网（CNN）4月8日报道称，国土安全部长克尔斯滕·尼尔森和特勤局局长伦道夫·奥尔斯已“出局”，另外至少有两名国土安全部官员可能被“扫地出门”：美国公民及移民服务局局长弗朗西斯·西斯纳和国土安全部法律顾问办公室主任约翰·米特尼克。4月9日尼尔森在推特上宣布，国土安全部副部长克莱尔·格雷迪也向总统提出辞职，次日请辞生效。据多家美国媒体报道，这些人事变动的幕后推手都是总统高级政策顾问斯蒂芬·米勒，特朗普正在寻求改组国土安全部，对国土安全部重要岗位进行重新任命，以更好地贯彻执行其移民政策。据CNN援引美国政府一位高级官员的话说，“美国第二大国家安全部门正在进行一场近乎系统性的清洗”。

联邦特勤局（USSS）、移民和海关执法局（ICE）和公民及移民服务局

* 本文于2019年5月25日发表于“美国学与国际研究”微信公众号的“周末观察”栏目。

（CIS）是国土安全部下属的重要职能机构。

二、国土安全部概况

“9·11”事件使得美国人意识到21世纪威胁美国安全的因素发生了变化，长期以来被美国人所忽视的本土安全更加凸显，本土安全成为国防与安全的首要关切。美国政府痛定思痛对情报界以及国家安全职能部门进行了大刀阔斧的改革，成立了各种新的安全情报机构，国土安全部由此应运而生，成为保卫美国国土安全的中坚力量。

国土安全部由海岸警卫队、移民和规划局及海关总署等22个联邦机构合并而成，依据2002年颁布的《国土安全法》建立，于2003年1月1日正式成立，作为美国联邦政府仅次于国防部和国务院的第三大联邦职能机构。小布什在2002年国土安全部战略计划文件中指出，国土安全部是用联邦、各州、地方政府的资源，将众多机构及项目转型协调而成立的一个独立的、一体化的、用于专职保卫美国人民及国土的机构。国土安全部负责统筹协调领导各个政府层级的国土安全保卫工作。国土安全部肩负着四大任务：边境与交通安全、危机准备和应对、核生化及放射性威胁反制、信息分析与设施保护。其中涉及边境非法移民的执法部门有海关与边境保卫局（Customs and Border Protection）、公民及移民服务局（Citizenship&Immigration Services）以及移民和海关执法局（Immigration and Customs Enforcement）。

三、美墨边境移民问题持续发酵

根据美国哥伦比亚广播公司（CBS）报道，2月非法移民越过美墨边境数量达到76000人，3月更是预计达到10万人，这将是2008年以来接收非法移民最多的单月。暂时接任尼尔森职务的代理部长麦卡利南呼吁国会采取行动，称当前边境移民局势已达到“临界点”。

自2018年9月以来，以洪都拉斯为主的“大篷车”难民大军闯关美国，引发全世界关注，特朗普强硬的移民政策更是激发了中美洲国家难民的不安，大量难民出于对移民政策收紧的担忧，更加坚定地前往美国。中美洲萨尔瓦多、洪都拉斯、危地马拉三国社会动乱不断，社会治安极差，国内黑帮猖獗，枪支泛滥，暴力、毒品横行，暴力犯罪死亡率极高。黑帮势力泛滥是北上移民人数不减的主要原因。黑帮势力渗透到了三国的绝大部分地区，当局政府对此无能为力，黑帮势力无孔不入，公然和政府分庭抗礼。每年都有大量难民希望进入美国，要么是通过庇护申请，要么甚至是非法入境。此外，除了暴力犯罪高发之外，社会不平等和经济疲软也是三国难民涌入美国的重要原因。由于社会安全失序，三国经济状况很差，洪都拉斯是拉美最不发达国家之一，萨尔瓦多是“中低等收入国家”，危地马拉经济虽略好，但也属于贫穷的发展中国家。

面对来自中美洲的非法移民，美国国会两党移民政策存在较大分歧。基于“美国第一”理念，非法移民问题在特朗普看来是对法律秩序的践踏，只会损害本国国民利益。由此特朗普当局主张，必须严格执行法律规定，对非法移民依法实行抓捕、惩罚和遣返。在此基础上，他主张通过“建墙”、强化边界巡逻、加快司法程序、针对性立法等手段，进一步打造坚实的边境线，坚决遏制非法入境，确保国内民众利益和安全。特朗普继续收紧非法移民政策，对非法移民进行立即拘留，不再假释，将遣返的目标扩大到几乎所有的非法移民，不再区分类别和等级。

民主党方面的左翼势力则基于自由主义原则，认为“人道”执法应是非法移民政策的核心原则。非法移民群体处于弱势地位，应该被给予更多照顾，其人权应当得到保障。奥巴马政府对非法移民的态度是相对人道宽松的，对待没有犯罪记录以及多年以前的非法移民，采取逮捕后立即释放的做法，重点打击有犯罪案底的非法移民。希拉里在竞选纲领中也曾表示要人道地执行移民法律，在法律执行中如果产生不人道的后果，便不会严格地执行相关法律。从人道主义来看，应当为非法移民提供必要的物质和生活设施保障，在程序框架内尽量通过非法移民合法化解决移民问题。联合国等相关国际机构也是无差别对待难民及保证非法移民权利的主要倡导者，联合国一直拒绝使用“非法移民”（illegal immigrants）一词，而是使用“非认证移民”（unauthorized immigrants），认为这些移民在未授权情况下进入一个国家，事实上并没有造成任何实际犯罪行为，认为这些“非认证移民”不应当受到拘捕，他们的人权应当受到保障。但这一执法理念也进一步造成非法移民持续涌入，对他国边境安全造成较大挑战。

特朗普政府针对中美洲非法移民潮的涌入，从两个层面试图加以解决。第一个层面，美国政府在过去三年向中美洲国家提供了20多亿美元援助，用来稳定和改善中美洲三国经济形势，减少其移民的动力。但这一措施似乎没有取得显著效果，特朗普对中美洲三国未能阻止国内移民潮涌入美国表示不满，声称要终止这一援助。另一个层面，特朗普当局不断加强边境执法和边境墙修建，并试图修订移民法中的漏洞，进一步收紧移民准入条件。2018年4月，司法部和国土安全部共同执法执行新的针对非法移民的“零容忍”政策，所有非法入境的行为即视为犯罪，会受到起诉，如被定罪将会被驱逐出境。根据美国法律，这些成年人的孩子属于无人监管，将会与父母分开，由专门机构照管，由此造成“骨肉分离”。这项政策引发巨大争议。在两党议员、人道主义团体和移民倡导者施以的巨大压力下，特朗普在2018年6月又签署行政命令，叫停“骨肉分离”措施。《今日美国》于2019年4月7日报道，最近一份法庭文件显示，至今仍有因“骨肉分离”政策造成的数千名被迫离开父母的儿童身份无法确认。作为“骨肉分离”政策的推动者和执行者尼尔森也由此被很多媒体指责，同时也受到党派和舆论批评。

特朗普近来又多次在推特上威胁要关闭美墨边境，并说“美国已经满了”，拒绝来自中美洲的移民入境。特朗普作为共和党现任总统，移民政策改革是其执政承诺中最为引人注目的关键政策议程。特朗普在非法移民问题上也屡屡采取多项激进措施，比如为修建边境墙，由于经费问题，不惜造成政府停摆。随着中期选举之后众议院被民主党所掌握，特朗普政府很难在边境墙问题上获得较多的国会拨款支持，通过政府停摆，则可以向选民表现出奋力达成竞选承诺的姿态。

2019年2月15日，特朗普以南部边境存在危机为由宣布进入国家紧急状态，意在绕过国会，通过动用国防经费等其他来源的经费用于修建边境墙。日前特朗普还称，如果墨西哥和国会不解决边境问题，就要关闭美墨边境或对墨西哥制造的汽车征收关税。

四、国土安全部高层大调整意欲何为

2017年10月，特朗普提名尼尔森出任国土安全部部长。2017年12月5日参议院以62：37高票通过，尼尔森成为特朗普上台后的第二位国土安全部部长。尼尔森长期在国土安全部工作，专于网络安全和国家安全政策。据美媒报道，尼尔森获得部长提名任命离不开白宫幕僚长约翰·凯利的支持，尼尔森是凯利担任国土安全部长期间的部长办公室主任。

虽然尼尔森在公开场合多次辩护特朗普的移民政策，但据美国福克斯新闻网消息人士透露，尼尔森被视为对特朗普及其政策顾问所推动的一些移民政策有抵触，特别是在与边境政策和难民的受保护地位等相关的议题上。福克斯新闻网报道，一位高级政府官员透露，国家安全顾问博尔顿长期认为尼尔森不是这项工作的合适人选。2018年4月，由尼尔森主推的“骨肉分离”政策，更是让他饱受两党议员和舆论的谴责。早在2018年年底，《华盛顿邮报》等媒体就曾报道，特朗普已考虑准备撤掉尼尔森。

暂时接任尼尔森的麦卡利南也受到民主党人好评，部分原因在于他在边境和移民问题上持中立态度。麦卡利南是海关与边境保护局（CBP）局长，专注于反恐、边境安全和贸易执法，是非政治性的执法专业人士。在边境危机不断发酵、引发国内外普遍担忧的背景下，免除一直以来为特朗普移民政策背锅的尼尔森，由麦卡利南这样的专业执法官员暂时代理，或许是暂时缓和两党政策冲突的一种考虑。特朗普政府在美墨边境上做出的强硬姿态和强硬政策，使得国会两党都不尽满意，这时候对尼尔森和其他国土安全部官员进行调整，一方面是特朗普政府需要在边境移民问题上进一步统一思想，另一方面是为前期造成的边境非法越境人员激增，各方对移民政策的不满，暂做退路，给予各方交代。这一人事变动对于白宫来说，似乎可进可退。

中美洲非法移民不断涌入引发各方关注，也成为2020年总统大选之前的重要热点问题。边境危机的持续发酵，使民众的担忧随之增加，令特朗普早已拉开帷幕的2020年连任竞选极为被动，特朗普政府急需重新掌握边境和移民问题控制权，以尽力达成竞选承诺。特朗普的政策动机是寻求连任，那么他就必定需要谨慎行事，兑现竞选承诺，这时候就需要抓住时机和炒作议题。尼尔森离职，以及国土安全部的其他人事大变动，反映出特朗普当局对于边境非法移民问题的政策思路调整，是一次主动出击。着手整治国土安全部，一方面是特朗普为2020年大选定下基调，表现出对非法移民问题的高度重视，表达实现竞选承诺的决心，以反移民为竞选口号，积极笼络其支持者。另一方面，特朗普可通过任命更多反对非法移民的强硬派上位，统一思想，坚决推行强硬的边境和移民政策。

废除“奥巴马医改法案”，特朗普还有“招”吗？*

荣　霞**

2019年4月，美国德州地方法院法官里德·奥康纳判定奥巴马医改法案中的核心条款“个人强制条款”违宪（“个人强制条款”是奥巴马医改法案的核心内容之一，要求几乎所有美国人都要购买医疗保险，否则将被处以罚款）。这次辩护要点是美国国会在2017年的减税法案中已将“个人强制条款”的罚款降至0美元，形同于取消。这在事实上削弱了“个人授权”的法律依据，从而使奥巴马医改法案中的这一核心条款不再合乎宪法。特朗普立刻在推特上大加赞许，表示这是一个“好消息”。案件又上诉至美国联邦第五巡回上诉法院，第五巡回法院将在2019年7月听取双方辩词，此案很有可能将再次提交至美国最高法院。

奥巴马任期内最大的国内政绩莫过于《患者保护与平价医疗法案》（Patient Protection and Affordable Care Act，简称“奥巴马医改法案”），法案自2010年在国会通过后，美国社会对此的争议从来就没有停止过。特朗普的上任使奥巴马医改法案的反对者又看到了推翻法案的曙光，特朗普上任后一直也很卖力，毕竟取消奥巴马医改是特朗普的竞选承诺之一。不过因为医改法案在美国牵涉面太广，涉及美国两党之争，难以从中权衡，加上共和党在参议院席位优势微弱，共和党内部对医疗保障也存在分歧，结果自然是一拖再拖。特朗普虽然说要另起炉灶，做出一个替代法案，但共和党法案一直被搁浅，没有实质性进展。虽然在国会无法推进，这次司法系统却也为特朗普

---

* 本文于2019年6月15日发表于“美国学与国际研究”微信公众号的“周末观察”栏目。

** 荣霞，南京特殊教育师范学院副教授，博士，主要研究方向为英语教学和美国研究。

提供了一丝希望。

在发达国家中，美国在建立医疗保障制度方面是“异类”。美国几乎从一开始就促使了医疗福利的私有化，由私人部门为公民提供第一道抵御疾病的防线。私人部门的运作建立在保险精算价值的基础上，以盈利为基础来运作，因此，美国医疗体系中各式利益集团丛生，且具有排他性。奥巴马医改法案期望达到的目标也是有限的，因为法案强调的是“可负担性”（affordable），意味着让更多美国人购买得起保险。和加拿大、英国等国家不一样，这项立法既没有使美国的医疗服务达到某种程度的免费，也没有明示医疗保险是美国公民的一项“权利”，是在不排除保险公平价值的基础上，扩大分担责任。奥巴马医改是在不改变原有医疗保险架构和拉平原有等级的基础上，增加了美国的医疗保障体系的包容性。即使这样一个折中的方案也留给了特朗普政府不小的麻烦，覆盖面扩容后还不允许价格歧视，那么扩容后的缺口资金怎么解决？美国在实施奥巴马医改法案后，医疗费用不降反升，特朗普有解决方案吗？

美国制度的独特之处已经让美国的医疗保障成为世纪难题，特朗普纵有除奥巴马医改法案而后快的意气，无奈牵一发而动全身，医疗保障中牵涉的利益群体实在太多，共和党内部的分歧太大，所以近日特朗普已经决定将共和党制定的新医改法推迟到2020年后公布。目前还有其他办法吗？基本很难。美国最高法院在2012年对奥巴马医改法案的合宪判决中认可强制条款合宪，现在虽然条件发生了一些变化，里德·奥康纳以减税法案的实施质疑个人强制条款的实际有效性和合宪性，但显而易见的是罗伯茨法院推翻奥巴马医改法案的可能性微乎其微，否则将造成法律界和社会上的重大混乱，毕竟总体来说罗伯茨法院秉承的还是司法最低限定主义。因为奥巴马医改法案中缺乏监管药企和中间商的实际内容，使得美国医药费用不断上涨，美国司法部门也抓了几个乱涨价的中间商祭旗，但是并不可能触及美国树大根深的医药集团的根本利益，目前来看一些压缩成本的法规也没有显示出明显效果。特朗普现在除了喊喊口号，争取争取选民的支持也没有更好的方法。特朗普也深知想推倒奥巴马医改法案全部重来可能性也不大，特朗普所致力的共和党版的医改方案应该是会侧重于如何实施有效的监管，用更低的成本维系住当前的保险体系。至于具体内容，那就要等到2020年后看特朗普政府的医疗改革方案能否冲出国会包围了。

米勒出席国会听证会，2020年大选角力拉开*

许戈辉

2019年7月24日，美国司法部“通俄门”前特别检察官罗伯特·米勒（Robert Mueller）出席了美国国会众议院司法委员会和情报委员会的听证，这场听证会备受美国各界瞩目。随着2020年大选不断拉近，从特朗普执政伊始发酵至今的“通俄门”事件再次成为两党角力的热点。2017年5月17日，司法部任命前联邦调查局局长罗伯特·米勒担任特别检察官，调查俄罗斯是否干涉美国2016年大选、特朗普是否有通俄以及特朗普是否存在妨碍司法调查的行为。2019年3月22日，米勒向司法部提交了通俄门结案报告。4月18日司法部将通俄门调查报告公开，其中部分涉密内容被涂黑遮盖。这一部分涂黑的非公开信息引发了公众的好奇与质疑。米勒的通俄门调查报告肯定了俄罗斯方面存在系统性的大范围干预大选行为，并且俄方倾向于特朗普获胜，但报告声称没有证据表明总统通俄，报告还提出了至少10例特朗普存在嫌疑干预司法的证据，但是未对其做出犯罪指控。报告未对特朗普定罪，但也没有为其脱罪。其中提到，司法部有规定，为避免影响总统执政，不能对现任总统提出犯罪指控。米勒的结案报告中否认了特朗普与俄罗斯在2016年大选中的勾结，民主党人在听证会上也只是想要得到更多关于总统妨碍司法的证据。特朗普团队中已有六人被起诉或认罪，其中包括竞选团队主席以及国家安全顾问，这便很难撇清特朗普存在的不当行为甚至是犯罪行为。特朗普确有存在嫌疑妨碍司法调查，他直接炒掉不肯停止通俄门调查的联邦调查局局长科米，又促使阻拦通俄门调查不力的前司法部长塞申斯离职。他还多次在推特上开骂米勒以及通俄门调查，这些举动很难让人相信特朗普没有妨碍司法调查。但是，一般的妨碍司法调查，是嫌犯已经罪名坐实，因而针对嫌犯

---

* 本文于2019年8月3日发表于“美国学与国际研究”微信公众号的“周末观察”栏目。

的行为动机进行调查，而特朗普通俄的罪名并未坐实。因此，对其做出直接指控存在一定的法律争议。随后，司法部长巴尔声明，不对特朗普提出妨碍司法罪的指控。巴尔对总统未犯妨碍司法罪的定论，引发了民主党人的强烈抨击，巴尔之前多次对通俄门调查持批评态度，其参与调查得出结论的独立性和公正性遭到质疑。米勒报告模棱两可的表述，以及司法部不能对现任总统起诉的规定，让一直对特朗普执政合法性存疑的民主党人看到了继续深挖调查和弹劾特朗普的机会。因此，民主党占有优势的国会众议院传唤米勒公开作证。民主党人希望通过听证会，从米勒口中得出更加翔实具体和超出报告内容的重要证据，证明特朗普存在犯罪行为。虽然米勒在报告中提到了不能给特朗普脱罪这样的表述，但是作为特别检察官，司法部对米勒的授权必定不会超过报告本身。如果米勒在听证会上自说自话，超出报告本身，那么公众便会对整个调查存疑，这实际上限制了米勒在听证会上的发言。此外，米勒在听证会上的发言事关重大，任何一点超出报告本身的陈词都会引发华府风云剧变。听证会上，民主党议员不断引导米勒朝着他们所努力的方向提问，但米勒还是三缄其口，回答严谨，没有说出民主党人所期待的充实证据。米勒多次回避提问，或让提问议员仔细参阅调查报告。但是米勒在听证会上也至少两次明确表述，总统离任后可以被起诉，总统并没有被证明无罪。

7月24日，在听证会后特朗普发布的推特配图表明，通俄门调查发酵至今，推动这一调查的民主党人从中收益有限，反而在一定程度上被人视为是政治偏见者的无端指控和政治龃龉。2020年大选即将到来，民主党也面临着竞选策略的选择。民主党内目前对于是否要弹劾特朗普，以及是否将重心放在2020年选举上存在意见分歧。民主党人抓着特朗普妨碍司法的不当行为，希望米勒亲口爆料，从而得到充实证据，借以弹劾总统，即便弹劾不成也使得特朗普的竞选努力遭到打击。但是随着时间的推移，发酵了近三年的通俄门事件，事实上对特朗普执政的影响在进一步弱化。民主党想要坐实总统妨碍司法的罪名很难，界定也十分模糊，仅凭米勒报告和听证会上含糊其词的表述，很难得到弹劾的充分证据。弹劾总统对于民主党人来说是一步险棋，从美国历史上看，没有必胜把握的弹劾只会对发起政党的选情不利。如果没有充实的证据足够扳倒特朗普而贸然弹劾的话，更容易激怒摇摆的中间选民，并加强共和党传统支持者的团结，使得民主党人在竞选中更加没有优势。共和党占优势的参议院否决弹劾案的概率较大。如果民主党启动弹劾，将会进一步加剧两党对立，使得2020年大选前的美国社会更加政治两极化。

民主党在通俄门事件上继续咬住特朗普不放，或体现出民主党人在面对2020年大选中赢得选民的手段不足、能力不够，缺乏政治优势。但就特朗普执政近三年的表现来说，美国失业率创历史新低，经济形势总体较好，并且自进入大选周期以来，共和党人似有淡化民主党人关于通俄门指控的倾向，努力巩固自身基本盘，争取关键盘。2016年大选中，特朗普竞选团队就得益于在移民和种族主义强硬立场上的圈粉无数。近来，特朗普针对四位少数族裔议员的种族歧视言论占据各大媒体头条。特朗普在移民和种族问题上的主动出击，反映出共和党竞选团队较为团结，竞选策略相对稳定。反观民主党，则民主党对通俄门事件仍然紧抓不放，但是对是否弹劾，民主党内部声音并不一致，民主党似乎陷入了一场群龙无首、意见纷乱的状态，只能在抹黑对手、挖对手猛料上找团结。民主党人如果继续深挖通俄门，不一定会有多大成效，反而可能招致更多反感。找准切实可行的主攻方向，对于当前民主党选战或许意义更大。7月31日，美国纽约联邦法官科尔特尔裁决停办民主党全国委员会起诉俄罗斯联邦、俄总参情报总局以及特朗普竞选总部在2016年总统选举期间参与侵入民主党服务器的案件，科尔特尔在一份官方文件中表示，“法院审查了各方证据，这些证据或是没有法律效力，或是没有价值，由于上述原因，民主党全国委员会的第二次修正申诉被驳回……文书对此案结案”。这一诉讼案的结案，在米勒调查报告的基础上进一步帮助特朗普摆脱通俄罪名，对民主党来说，对特朗普通俄罪名的指控宣告无果。

民主党人试图通过对特朗普通俄进行控诉，将特朗普置于民主和公众的对立面，从而希望在道德制高点上牢牢把握美国主流舆论，这种做法实际上不断制造了两党之间的对立。通过一系列对特朗普的黑化和查证，民主党试图塑造出民主党人是美国主流价值观的捍卫者和美国民主基石的捍卫者形象，而将特朗普塑造成民主的破坏者。事实上，美国媒体的宣传引导以及长期以来的曝光，通俄门调查对特朗普当局来说，始终是悬于头顶的一枚定时炸弹，束缚着特朗普政府的内政外交政策。通俄门事件不断爆料，更多爆出的是美国式民主体制的恶性痼疾，对美国式民主政治产生了一定负面影响。

斯金纳事件引发的思考*

王　波

据2019年8月2日有关媒体报道，于2019年5月语出惊人、抛出所谓美中“文明冲突”论调的美国国务院政策规划办公室主任基伦·斯金纳博士（Kiron Skinner）已被解职。报道称，斯金纳被解职的原因是“滥用职权”（abusive management style）。

目前，在美国国务院网站上，斯金纳还是办公室主任。不过，美国国务院网站的最近更新时间为7月29日。

国务院政策规划办公室主任的职位极其重要，美国历史上被称为“冷战鼻祖”的乔治·凯南（George Kennan）是该机构创始人和首任主任。1947年，凯南应美国国务卿马歇尔的请求，创立了政策规划办公室。该机构的主要任务是为国务卿提供战略咨询和建议，推进美国的利益，传播美国的价值观。它的主要职能包括：政策分析（Analysis），承担特别项目（Special Projects），政策协调（Policy Coordination），对外政策阐述（Policy Articulation），联络工作（Liaison），与其他国家的同行进行政策交流（Planning Talks），提出不同政策方案及建议（Dissent）等。

1946年，凯南撰写的“长电报”，拉开了美国对苏“遏制”的开端。斯金纳的对华“文明冲突”论调，有复制凯南外交路径的嫌疑。特别是她的职位特殊，她的荒谬论调值得警惕和痛批。

斯金纳并不无知。至少从她的履历看，她是一位知名国际问题专家，阅历丰富。她曾是卡内基·梅隆大学的重量级教授，同时担任政治与战略研究所所长、战略分析研究所所长、国际关系与政治中心主任、华盛顿学期项目主任等职。斯金纳有着丰富的政府和智库工作经历，曾担任美国国防部防务

* 本文于2019年8月10日发表于“美国学与国际研究”微信公众号的“周末观察”栏目。

政策委员会关于伊拉克和阿富汗战争的顾问（2001—2007）、海军行动执行专家组负责人（2004—2016）、致力于通过行为科学和社会科学研究改善安全领域情报分析的国家学术委员会成员（2009—2011），以及国家安全教育委员会成员（2004—2011）。2010年，她被任命为乔治·布什口述史项目委员会顾问。2012—2015年，斯金纳担任宾夕法尼亚州州长汤姆·科比特（Tom Corbett）关于非裔美国人事务顾问委员会成员。此外，她还曾在胡佛研究中心任职多年。斯金纳出版著作多部，其中《里根：乾坤在握》（*Reagan: In His Own Hand*）（2001）和《里根：书信人生》（*Reagan: A Life in Letters*）（2003）均是畅销书。

2018年8月31日，美国国务卿迈克·蓬佩奥（Mike Pompeo）在宣布斯金纳的任命时对她高度评价，"她的眼光和专长将为国务院代表美国人民从事的工作提供丰富的资源"。

斯金纳被解职，或许有其他隐情，这里不得而知，也不去深入探究。但是她的离职对致力于和谐共生、积极推动人类命运共同体的各国人民来说是一件幸事。我们有必要密切关注一下美国政府近年来在舆论场的一些新动向，它值得各方思考。

一是从斯金纳在2019年5月抛出所谓美中"文明冲突"论调至今已经有三个月。由于她的身份，她抛出的论调绝对不是一个孤立事件，至少在一定程度上代表了一些美国人的看法。同时，这也说明斯金纳被解职不是因为这一原因。否则，她早就会因为大放厥词被解职了。因此，外媒称斯金纳被解职是因为管理问题，这有很高的可信度。

二是美国国务院机构调整值得关注，尤其是新成立的国务院"全球作战中心"（Global Engagement Center）。"全球作战中心"成立于2016年3月，旨在协调跨部门反制极端势力宣传的政府行动，中心的成立替代了美国反恐怖主义战略传播中心（Center for Strategic Counterterrorism Communications）。虽然该机构设在国务院，但是它负责整合国防部、国际开发署、广播理事会、情报机构以及其他相关政府部门在内的联邦政府资源。该中心主要致力于对外国宣传和谣言的曝光与反制，以维护美国及其盟国的利益。

三是2016年12月23日，时任总统奥巴马签署了《波特曼—墨菲反宣传法案》（Portman-Murphy Counter-Propaganda Bill，简称《反宣传法》）。该法案由美国国会共和党参议员罗伯·波特曼（Rob Portman）和民主党参议员克里斯·墨菲（Chris Murphy）共同提出，目的主要是针对国外宣传采取反制行动。当时有外媒称，法案的通过表明美国意欲挑起一场舆论新冷战。《反宣传法》是《2017财年国防授权法案》的配套法案。根据该法案，美国将在两方面采取行动。第一，美国将制定一个涉及全联邦政府的反政治宣传和谣言战略，进一步加强美国国务院所属机构“全球作战中心”的权威、资源与权力，通过该中心协调联邦政府各部门的反宣传措施，确保部门之间步调一致。第二，除针对极端势力外，美国还把俄罗斯和中国等国也列为反宣传对象。有些美国人认为，俄罗斯曾在2016年美国大选中采用黑客和谣言等方式干预了美国选举。

四是特朗普总统签署的《2019财年国防授权法案》，将军事战略重点从反恐转移到与其他国家的战略竞争。其中，法案提出要指导形成“全政府对华战略”（whole-of-government strategy on China），其中包括限制美国国防部为拥有孔子学院的大学提供汉语项目资助等内容。

美国政府的这些新动向值得思考。随着信息技术的飞速发展和全球化带来的一系列新问题、新挑战，以及中国提出“一带一路”倡议和命运共同体等新理念、新方案，世界话语场斗争越发激烈。有关国家安全的话语塑造与传播已成为意识形态斗争的新战场和主阵地。

美国自建国至今，历史并不悠久，但是它的文化独特。美国人对自己的文化传统高度自信，政府更是极其重视文化外交，发挥美国文化的影响力。比如，第二次世界大战结束后，美国为了与苏联博弈，发挥超级大国影响力，维护美国式的霸权主义，应对各种现实威胁和挑战，积极推行文化外交，推销美国的文化价值观，从国家层面有意识地、系统地倡导、强化美国话语体系，主动出击，营造符合美国国家利益的国家安全话语环境。

在后“9·11”时代，特别是随着信息技术的飞速发展，运用系统的、机制性的话语手段建构有利于美国安全的话语环境显得越发重要和关键。从美国政府在话语场采取的一系列措施看，美国政府目前多管齐下，不仅决心在军事战场上战胜敌人，也决心在舆论战场上确保话语的主动权与主导权，以确保美国的话语霸权。话语争夺和话语安全已成为美国的重要安全战略目标之一，是实现其他安全战略目标的前提和保障，是实现美国国家战略、发挥超级大国世界影响力的主要措施，是美国对自己国家认知的外在表现。

目前，美国持斯金纳这样论调的还大有人在，应该引起各方关注。不过，笔者始终相信，合作共赢应该是负责任大国之间博弈与竞争的主要模式，各国人民应该有也会有自己的正确判断力。特别是中国在亚洲文明对话大会上提出的“文明对话”理念和所谓的“文明冲突”论形成了鲜明对比。中国对不同文明开放包容的态度，对自身文明和其他文明差异性的认知，以及求同存异的做法，必将推动不同文明之间交流对话、和谐共生，必将和志同道合者共同谱写“各美其美、美美与共”的文明华章。笔者期待着中国倡议和中国方案可以在国际舞台发挥更大作用。

特朗普时代的美国外交将何去何从？*

刘惠华

自美国总统特朗普入主白宫以来，这位商人出身、没有任何从政经验的总统给美国外交带来了相当大的冲击。这种冲击的破坏力已经逐渐显现出来，让美国外交面临着一个更不确定的未来。

早在2018年4月，美国有分析人士指出，在美国国会的外交政策决策圈，一场“革命”正在静悄悄地发生。截至2018年3月初，已经有39名共和党众议员和4名共和党参议员明确表示他们将在2019年新一届国会正式开始工作之前退休或者辞职，这其中包括当时担任参议院外交关系委员会主席的鲍勃·考克。这么多的国会议员即将离任意味着，对共和党而言，最后一批支持“经过缜密思考的国际主义”的议员正在渐行渐远。换句话说，这种“空心化”可能会对美国外交政策制定的方式进行“彻底的重塑”。

国会外交政策决策圈这种空心化趋势所带来的这种“彻底的重塑”，和特朗普总统本人的决策考量和决策风格叠加在一起，使得美国外交政策的制定模式正加速偏离原有轨道。最近的两件事情也许正是对这种现象最好的注解。一是特朗普决定从叙利亚东北部撤军，二是特朗普正准备大幅削减国家安全委员会雇员。

10月6日，特朗普与土耳其总统埃尔多安通话。10月7日，白宫宣布土耳其将向叙利亚北部发起军事行动，美军不会介入，而且将撤出叙利亚北部的“附近区域”。10月9日，土耳其总统埃尔多安宣布，在叙利亚北部发动“和平之泉”军事行动，打击叙利亚库尔德武装和“伊斯兰国”。10月13日，美国国防部长埃斯珀称，美国将再从叙利亚撤出约1000名军人。10月15日晚，在美国民主党初选辩论中，美国前副总统拜登说：“我们有一个疯狂且不可靠

* 本文于2019年10月19日发表于“美国学与国际研究”微信公众号的“周末观察”栏目。

的总统，对于外交政策一窍不通，出于自我恐惧和达到连任目的，他才做出这些决策的。”

特朗普的这一决定引发了国会议员的激烈讨伐，国会议员警告这会让包括库尔德人在内的盟军陷入危险境地，并增强“伊斯兰国”恐怖组织的实力。众议院议长佩洛西与共和党参议员格雷厄姆一致认为国会应通过一项决议，以推翻特朗普撤军的决定。10月15日，民主党和共和党代表向国会提交了一项联合决议，反对特朗普总统关于从叙利亚撤出美军的决定。10月16日，美国众议院以压倒多数通过了该决议，谴责特朗普总统从叙利亚东北部撤军的决定。该决议以354票对60票获得通过，有数十名共和党议员投了赞成票。这样的表决结果充分说明，美国国会对特朗普所采取的行动非常不满。

许多议员认为，特朗普的行动是放弃了与美国人并肩作战、打击“伊斯兰国”武装分子的库尔德战士。换句话说，这个问题已经超越了党派政治，有共和党的参议员公开批评特朗普总统的决定。其中，最具代表性的是参议院外交关系委员会主席、资深共和党参议员格雷厄姆。作为特朗普最亲密的盟友之一，他在一系列推特中说：“通过抛弃库尔德人，我们发出了最危险的信号——美国是一个不可靠的盟友……俄罗斯、伊朗和朝鲜以危险的方式采取行动只是时间问题。”此外，来自田纳西州的两名共和党参议员拉马尔·亚历山大和玛莎·布莱克本也对特朗普的决定进行了批评。前者已经宣布将不会在2020年竞选连任，在这个时候站出来批评特朗普似乎已经不存在什么后顾之忧，而后者是2018年刚当选的参议员，也敢站出来批评特朗普，说明特朗普的决定真是不得人心。当然，另外一个原因可能跟这个事实有关：在田纳西州的州府纳什维尔聚居着大约15000名库尔德难民。这些难民对特朗普从叙利亚撤出美国军队的决定感到很震惊，很多人认为这是对库尔德人的背叛。

以格雷厄姆为代表的国会议员的担心并不是多余的。众所周知，在国际关系中，可信度一直以来都是大国，特别是霸权国所看重的。因为，威慑能否成功发挥作用的核心条件就是相关国家在其他国家眼里有没有足够高的“可信度”。作为世界上唯一的超级大国或者霸权国，美国不可能不顾及自己在国际社会和盟友中的可信度。而自特朗普上台以来，美国的可信度似乎正在一点一点地变弱。

此外，特朗普自上台以来，就一直不注重外交。在特朗普执政期间，国务院从一开始就受到关键职位空缺的困扰。批评人士称，这个问题使驻海外的美国外交官面临风险，削弱了美国的软实力。特朗普政府还致力于“从内部掏空美国国务院”。美国驻乌克兰前大使玛丽·约瓦诺维奇10月11日在民主党进行弹劾调查的闭门作证中说：“今天，我们看到国务院受到攻击，并被从内部掏空。国务院领导层与国会一起，现在需要采取行动，保卫这个伟大的机构，以及其成千上万忠诚而高效的员工。我们需要让外交重新作为推进美国利益和美国防御前线的最初手段。我担心，不这样做会损害我们国家的利益，也许是无可挽回的损害。”看到一位现任国务院雇员说，国务院基本上正在被从内部摧毁，这着实令人吃惊。玛丽·约瓦诺维奇是一位职业的政府官员，与特朗普政府没有政治关系（她是被奥巴马任命的），但这种谴责也极为罕见。

除美国国务院的职能不能正常高效地得以发挥，特朗普还倾向于在对外交往中，把自己的一己私利置于国家利益之上。这也正是导致他目前的政治生命受到威胁的根本原因。随着由乌克兰丑闻引爆的众议院针对特朗普的弹劾调查不断深入和升级，越来越多原来不为人知的事情正在不断地浮出水面。10月16日，刚刚辞职几天的美国前国务卿蓬佩奥的高级顾问迈克尔·麦金利在国会作证时表示：“我们利用我们的海外大使来推进国内政治目标。令我感到不安的是，有人与外国政府接触，以获取有关政治对手的负面信息。我深信，这也将对外交部门工作人员的士气和我们海外工作的完整性产生严重影响。”

2019年8月12日的一纸举报人的指控书，在9月下旬引发了华盛顿几十年未曾见过的政治风暴。时隔20多年后，众议院正式启动针对总统特朗普的弹劾调查。特朗普因此也一直对举报人耿耿于怀，并称给举报人提供信息的人都是“间谍”。

日前，为了泄私愤，特朗普更是决定对国家安全委员会大开杀戒。其中一个原因据说是特朗普认为举报人就是国家安全委员会的工作人员之一。特朗普总统的新国家安全顾问罗伯特·奥布莱恩计划在2020年年初之前削减50多名国家安全委员会（NSC）的工作人员。奥布赖恩在上个月刚被特朗普任命为国家安全顾问，接替辞职（或是被解雇的）的前国家安全顾问约翰·博尔顿。在10月16日（周三）发表在《华盛顿邮报》的一篇专栏文章中，他对裁员计划进行了阐述。他在该文中称，他将在2020年年初之前将国家安全委员会员工从174个政策职位减少到“远低于120个”。奥布赖恩说，裁员是他计划让国家安全委员会回到传统角色所做努力的一部分。他对这个传统角色的界定是：在不同的政府部门和机构中协调美国的外交政策。

国家安全委员会自成立以来，大多为历届总统所倚重，特别是在处理重大危机时，常要召开国家安全委员会会议。可以说，国家安全委员会已经成为美国政府讨论和研究重大战略决策的核心组织。就是这样一个核心机构，在特朗普任职不到三年的时间里，已经有了四任国家安全顾问。而20世纪80年代的里根总统在八年任期内，也才总共有六位国家安全顾问。现在还很难说，精简后的国家安全委员会会是什么样子。而此前，已有分析人士指出，不少国家安全委员会雇员实际上由于工作越来越不好干而有了辞职的念头。

特朗普在对外政策上的很多决定已削弱了美国的软实力，但这还不是最具破坏力的。综上所述，其个人的行事风格、基于个人的利益考量、对外交的不信任和从人事安排和制度设计方面对美国外交决策机构进行的改组和削弱才是对美国外交冲击最大的。不仅如此，美国国会外交政策决策圈对外交的不重视倾向也逐渐清晰。这两个因素叠加在一起，似乎注定了在特朗普时代，美国外交的前景将变得不可预料。令人担心的是，不知道世界为此准备好了吗?

美国国会纪念北美黑奴贸易400周年*

王　波

9月10日，美国国会领导人、议员以及一些名人在国会山举行仪式，纪念首次有历史记载的北美黑奴贸易400周年。国会黑人核心小组（Congressional Black Caucus）组织该活动。

1619年，首批约20名黑奴被贩卖到弗吉尼亚的詹姆斯敦，掀开了北美历史上的跨洋黑奴贸易。美国国会众议院少数党领袖麦卡锡说，奴隶制“导致我们政府出现过许多可耻的时刻，包括在国会内部……奴隶制是美国历史上最可恶的一章”。为了解历史，美国国会还组织议员前往加纳，参观与黑奴贸易有关的历史遗迹。

从1619年黑奴贸易开始，到林肯总统解放黑奴，再到20世纪60年代黑人民权运动爆发，美国历史其实也是一部歧视黑人的历史。无论是在北美殖民时期，还是在美国建国后，美国《独立宣言》中所宣扬的“人人生而平等”，对于黑人以及其他少数族裔或有色人种来说，一直都是一纸空文。黑人直到内战结束后，才在法律上正式成为公民。然而，1896年美国联邦最高法院却在普莱西诉弗格森（Plessy v. Ferguson）的判决中通过判决方式确立了种族隔离的合法性，从法律上确定了黑人的二等公民地位。直到1954年，最高法院才在著名的布朗案判决（Brown v. Board of Education of Topeka）中打破种族隔离，宣布“隔离但平等的设施”违宪。随后，黑人民权运动爆发，最终黑人逐渐获得平等的公民权利，并在2008年选出了首位黑人总统，掀开了美国历史新的一幕。

然而，深入考察美国社会的黑人现状，可以发现一些耐人寻味、值得深思的现象。其中一个现象是，虽然黑人首次历史性地当选为美国总统，但是

* 本文于2019年10月26日发表于“美国学与国际研究”微信公众号的“周末观察”栏目。

美国社会的种族隔离现象却在一定程度和范围上日趋严重。表面上看，美国的工作场所已实现种族融合，但是日常生活中自发的隔离现象依然普遍存在。

2009年2月18日，刚上任不久的美国第一位黑人司法部长艾瑞克·霍尔德就美国司法部“黑人历史月项目”（African American History Month Program）发表讲演。他说，“工作之余，黑人和白人并无实质性互动……周六和周日，在某种程度上，今天的美国和50年前的美国相比，并无很大区别。这的确令人沮丧”。

从表面上看，美国在种族平等问题上取得了实质性突破，选出了第一位黑人总统，任命了第一位黑人司法部长，但这并不意味着多年来美国面临的大量社会问题就迎刃而解了。这正是美国社会种族关系的现状，也是不得不面对的黑白关系现实。因此，美国媒体经常曝光针对黑人的不平之事，例如2014年8月9日弗格森小镇黑人青年迈克·布朗被白人警察枪杀的事件就被广泛报道过。不过，对于很多复杂问题的认识，并不像表面看起来那么简单，还需要追根溯源，从美国历史文化的源头找寻部分答案。同时，在新的历史条件下，又有了许多其他因素的介入和交融，问题会变得越发复杂。

时过境迁，400年后，美国不再是昔日的殖民地，黑人也不再是昔日的黑奴。美国主流社会能够正视歧视黑人、迫害黑人的历史，的确难能可贵。但是，认识问题和解决问题是两个完全不同的概念。美国社会现实生活中实际存在的隔离现象、歧视现象从未得到彻底解决，这也成为美式民主的一个怪现象，成为对美式民主的嘲讽。

美国在叙利亚正被边缘化*

许戈辉

近期，美国对叙利亚政策的调整，引发一系列地区局势变化，引起世界关注。10月9日，土耳其武装部队发起代号为“和平之泉”的军事攻势，进入叙利亚北部，打击库尔德武装。13日，特朗普下令驻叙利亚北部的约1000名美军官兵撤出叙利亚，前往伊拉克。库尔德武装同叙利亚政府达成协议，共同抵御土耳其入侵。俄叙联军北上进入原先由库尔德人和美国控制的北部边境地区。美国副总统彭斯到访土耳其进行停火斡旋。10月16日，美国众议院通过决议，反对特朗普下令从叙利亚东北部撤军。10月24日，美方又宣布以保护叙利亚油田为名，向叙利亚油田区加派装甲部队。10月26日，美国宣布击毙巴格达迪。10月30日，由叙利亚政府、反对派和民间人士代表组成的叙利亚宪法委员会在瑞士日内瓦正式启动，开始就宪法改革事宜展开工作，使得美国在叙利亚战后安排的作用更加边缘化。

特朗普的撤军决定在美国国内引起轩然大波，美国国内舆论和国会两党对特朗普政府施加压力。美国在中东地区的存在和影响力调整，给土耳其等区域大国重塑中东秩序提供了机会窗口，加剧了地区局势的变化。此外，特朗普推动从叙利亚撤军应当更多地从美国国内政治的角度去认识，随着2020年大选年即将到来，特朗普还是着眼于兑现其竞选承诺，稳住其基本盘内的反战情绪。美国广播公司（ABC）新闻文章指出，特朗普从叙利亚撤军是出于竞选策略需要，并且转移弹劾危机视线。报道指出，特朗普对于撤军筹划已久，此次撤军对于普通美国选民来说，外交政策并不是他们最关心的，他们更关心国内经济、医保和移民等政策。

美国从叙利亚撤军凸显出美国中东政策背后的矛盾与困境。从奥巴马到

* 本文于2019年11月2日发表于“美国学与国际研究”微信公众号的“周末观察”栏目。

特朗普政府，美国在叙利亚问题上都缺乏清晰的对叙政策。2018年底，特朗普就宣布计划从叙利亚撤军，美国政府保持着战略收缩态势，想要在保持地区主导性和现实利益的基础上，更多地依靠地区盟友和伙伴，在中东地区收缩力量，减少投入。随着“伊斯兰国”大势已去，美军介入叙利亚危机的反恐任务也已接近完成。且巴沙尔政府也在战局上逐渐取得国内优势，使得推翻巴沙尔政府下台并不现实。美国在叙利亚的政策则愈发显得不够清晰。

美国随后又在叙利亚油田区部署军队和计划增兵，体现出特朗普既想保持战略收缩的政策总基调，同时又想稳住国内反对势力，是对国内反对势力的妥协和补偿性应对。石油是未来叙利亚冲突通过政治手段解决后寻求国家重建与稳定的经济命门。通过对产油区的增兵保护抓住叙利亚的经济命门，力图在战后安排中保有话语权。这体现出特朗普对盟友间利益的精密取舍，美国没有完全放弃对库尔德人的支持立场，同时又承认了土耳其在叙利亚边境开辟安全区所实现的分割库尔德国内势力和叙利亚库尔德武装的行动目的。

叙利亚战争成为俄罗斯与中东关系的转折点，扩大了俄罗斯在中东地区事务中的话语权。中东国家与俄罗斯的关系改善和频繁的战略互动，促进了在叙利亚问题上一定程度的美退俄进。当前俄罗斯再度借叙利亚内战深度介入中东事务，俄罗斯在叙利亚危机中，成为游走多方寻求解决叙利亚危机的积极斡旋者和推动者。俄罗斯在叙利亚问题上保持强势立场加之直接军事介入，使得俄罗斯在中东国家的影响力得以提升。俄罗斯积极推动叙利亚问题谈判的阿斯塔纳进程，使得俄罗斯在叙利亚问题上掌握更多的主动性。土耳其与美国也因为库尔德人问题分歧加深，美国与叙利亚库尔德武装结盟严重妨碍了土耳其的核心利益，这也促使土耳其在俄美两巨头间寻求平衡。土耳其与俄罗斯互动频繁，俄罗斯积极拉拢土耳其参与其主导的叙利亚问题谈判协调，这可能使美国对叙利亚未来战后局面的影响力进一步下降。

在叙利亚的战后安排中，美俄各自主导建立了一套机制，从效果上看，美国主导的由联合国牵头的日内瓦机制逐渐在俄罗斯主导建立的阿斯塔纳机制前失色。当前美国对叙利亚和平进程的构建作用正在被边缘化。叙利亚宪法委员会的开启工作将军事解决和推翻叙利亚现政权的手段排除在外，由俄罗斯、伊朗、土耳其三国外长在阿斯塔纳进程框架中推动进行，有利于叙利亚通过政治进程解决冲突，但是叙利亚乱局背后错综复杂的各方博弈使得政治解决前景还十分遥远。

弹劾：权力的游戏2020*

章瀚夫

10月31日，美国国会众议院以232票对196票通过了由马萨诸塞州众议员吉姆·麦克戈文提出的关于弹劾总统特朗普的提案。该提案题为“指示特定委员会继续其正在进行的调查，以确定众议院有否充足理由行使弹劾美国总统唐纳德·特朗普的权力及其他目的”。两名民主党众议员及所有共和党众议员在表决中投票反对该提案。

支持弹劾的一方认为：特朗普试图利用访美邀请和军事援助作为条件“换取”乌克兰总统泽林斯基启动针对拜登及其子亨特的调查，并责成私人律师朱利亚尼架空国务院外交人员，构成滥用职权谋取私利罪；特朗普指示政府高官不与国会调查人员合作，构成妨碍司法。反对弹劾的一方认为：调查程序将特朗普法律团队排除在外，侵犯了其享有的“正当程序”权利；特朗普的行动仍属宪法赋予总统的外交权力范畴；控方无法证明特朗普具有非法意图。

关于“弹劾”，美国宪法有如下规定：（1）弹劾的权力，为国会众议院独有（第一章第二条）；（2）审议弹劾的权力，为国会参议院独有，须取得三分之二多数方可通过；（3）弹劾的判决，限于免除公职，但仍可依法追究法律责任（第一章第三条）。可见，第660号提案获通过仅意味着众议院正式启动了弹劾调查，距离弹劾特朗普的最终目标尚有众多环节。即使众议院最终通过决议弹劾特朗普，该决议在共和党占据53席的参议院获得三分之二票数通过的可能性也可谓渺茫。

尽管如此，民主党依然投入了极大努力，表明弹劾特朗普即便不能成功，民主党也仍能从中收获红利——目前看来，或有三个方面：（1）牵制特朗普，

---

* 本文于2019年11月16日发表于“美国学与国际研究”微信公众号的“周末观察”栏目。

为2020年大选制造机会。近期“猎巫”“共谋”等成为特朗普推特的新高频词，超越此前长期占据榜首的“假新闻”。就“通乌门”弹劾调查申辩和反诘的推文占据了特朗普近期推文的大多数，表明特朗普乃至其团队的关注点已发生转变。随着弹劾调查进一步深化，特朗普团队将不得不调配更多资源应对，不能将全部精力投入连任选举。（2）持续制造热点，获取媒体红利。2016年大选中，特朗普反复用“邮件门”抨击民主党候选人希拉里，最终击败后者。“通乌门”弹劾或重演“邮件门”，对特朗普及共和党的信誉构成打击。弹劾过程冗长，有大量媒体红利可以继续挖掘。将焦点转移到特朗普身上也可在一定程度上保护同样牵涉该事件，但目前在民主党党内候选人中处于领先位置的前副总统拜登。（3）以“官方”之名对抗特朗普“假新闻”主张。特朗普用“假新闻”的标签挫伤了立场偏向民主党的一众媒体，间接削弱了民主党的舆论影响力。弹劾调查开启后，以调查组名义发声有望在一定程度上规避“假新闻”的不利影响。

此次民主党发起弹劾特朗普，一方面体现了特朗普作为总统，确有更多不守常规之处，但另一方面可能也表明特朗普对于当前的民主党确实过于强大，难以用常规手段反制。反观2020年民主党候选人，沃伦尚未建立显著优势，前期曾一度落后；拜登和乌克兰的关系尚未撇清；桑德斯近期心脏病发作，身体状况存疑；布蒂吉格缺乏高层经验，政见不够系统，其试图代表少数群体的策略有得有失。若民主党未能取得相对优势，大概率将继续激化党争，这又会进一步异化美国的政治生态。然而也不能否认，在高层频繁轮换、政府深陷争斗之当下，美国社会仍能大体保持稳定运行，展现强大的生命力和自持力，其中奥秘，值得考察。

如何看待美国的民意*

王 波

近期参加一个小型讨论会时，有学者谈到，近年来，美国精英阶层中有一部分人对中国怀有敌意与不信任，但是民意却恰恰相反，老百姓对中国的态度非常友好。这就引出了一个话题，如何看待美国的民意?

民意（Public Opinion），也称公众舆论，是公众对特定事件的看法或态度（《柯林斯词典》），是社会中的人对某一议题的看法（《牛津词典》）。从它的定义看，首先，公众性是民意的基本属性。其次，民意必须有一定的人数规模，人数过少，不代表民意。最后，它是对特定事件或议题的看法。换言之，在同一议题上持相同看法的人，可能在另外的议题上持不同的看法。民意的这些特征为我们认识美国的民意奠定了基础。

一是要看到美国民意的复杂性。民意会随着议题的变化而变化。人们可能对这一议题持相同或相近的看法，但是对另外一个议题，可能持不同甚至敌对的看法。因此，在中美关系问题上，由于中美全方位发生联系，涉及的议题具有多元性，美国的民意更不可能趋于一致。有的议题看法相近，有的议题看法不同。这就为中美关系的民意增添了诸多复杂性。我们必须加强针对性研究，才能准确把握不同群体的民意、不同议题的民意，尤其是同一议题的不同民意。我们要避免看问题简单化、情绪化。即便是在同一个议题上，民意往往也会随着时间的推移和关切度的相关性变化，不断发生变化。

二是要看到美国民意的多元化。美国是一个多元社会，谈到美国的民意，一定要了解，这是哪个阶层或群体的民意。种族、文化、性别、收入、行业、地区等，都会导致不同社会群体民意的多元化。美国从来不是一个声音，多元化是它的基本特征。这也是为什么特朗普政府在一系列涉及中国核心利益

---

* 本文于2019年11月23日发表于“美国学与国际研究”微信公众号的“周末观察”栏目。

的问题上发表强硬态度时，在美国精英层发出不友好的信号时，民意可能相反。因此，在有关议题上，我们既要重视美国政府的态度，又要淡化绑架民意的美国政府的倾向，不被美国精英层的意见牵着鼻子走，人民的力量往往更强大，意见更重要。

三是要防止把美国的民意简单化。由于美国精英层掌握话语的媒介和渠道，容易把少部分精英的意见等同于民意。美国政治极化现象非常严重。随着自媒体时代的到来，民意越来越碎片化。精英口中的民意往往不是真正的民意，只是代表了一部分人的利益。自媒体技术的发展使普通民众拥有更多潜在话语权的同时，也让精英拥有了更多操纵民意的渠道和手段，这是一个易遭忽视的双向过程。由于美国的精英阶层掌握所谓的主流话语权，容易让人把精英的看法当成民意。这就需要我们加强对特定群体话语的研究，以避免被精英层的话语主导和误导，而看不到真正的民意，看不清真正的态度。因此，我们不妨多关注一下美国知名民调机构的民意测验结果，如著名的盖洛普民调（Gallup Poll）等。

这些民调机构由于其独有的工作机制和组织文化，具有较高的可信度。比如，美国前国防部长查克·哈格尔高度肯定盖洛普民调。他说："盖洛普如一座真正独立的岛屿——它拥有的可信度和信任感是其他任何机构几乎都没有的。它的知名度来自它的不偏不倚、公正和高水准的工作。"

但是，民调也有出错的时候。在2016年美国总统大选中，有相当多的民调预测就与最终票选结果大相径庭，连民主党的竞选策略都受到了一定程度的误导。这一轮失误也引起了民调机构及专家学者的反思。但毫无疑问，民调当前仍被官方机构和研究者视为民意的重要窗口。

四是要看到基于中国经验、中国理念的对外传播正在发挥积极作用。当美国的精英意见与普通民意相左时，意味着中国的对外传播越来越在发挥着积极作用，正在影响着世界上许多国家普通民众对中国的看法，美国也不例外。各国都在探讨世界的时代命题，凝聚共识，共同应对人类的挑战和威胁，中国方案、中国模式就受到了关注和欢迎。

比如，2018年10月19日，皮尤研究中心的一份研究显示，70%的人认为当前中国在世界上的作用比10年前更重要。而只有31%的人认为美国比10年前发挥了更重要的作用。

2019年3月4日的一份盖洛普民调显示，世界各国对中国领导力的肯定比例达到34%，美国只有31%。

正确看待美国的民意，对于中美决策者至关重要。尤其是在事关中美关系的大局上，更需要决策者冷静客观地了解民意、解读民意、正视民意，从而做出正确的战略判断，制定有利于两国关系发展的政策，共同致力于人类命运共同体的构建。

重新认识美国的外交传统*

王　波

近来，美国多次就中国内政通过有关法案，比如通过所谓“香港人权与民主法案”，此前还通过所谓“台湾保证法”“台湾旅行法”等。美国丝毫不顾忌别国，肆意干涉他国内政，它到底意欲何为？历史是一面镜子。回顾美国历史，不难发现，美国通过其国内立法或领导人发表重要政策讲话来干涉别国内政，一直是美国的传统，深入了解美国历史、文化与外交传统，美国的做法就见怪不怪了。

一个典型的例子是《门罗宣言》。1823年12月2日，美国总统门罗在致国会的年度咨文中阐述了美国的外交立场，这就是著名的《门罗宣言》。它主要包括三条原则：（1）美洲体系原则，强调美洲是美洲人的美洲；（2）美欧两洲互不干涉原则；（3）非殖民原则。《门罗宣言》提出的时候，有一定积极意义，它阻止了欧洲列强对拉美各国的进一步殖民，排斥了欧洲列强在西半球的政治影响，为美国赢得了未来的政治发展空间。

事实上，1823年的美国，是一个弱小的新兴国家，尚未废除奴隶制，国内政治分裂，经济刚刚起步，特别是刚结束第二次美英战争（1812—1815），国力弱小，无力与欧洲列强抗争。《门罗宣言》成为美国的实用主义对外政策，同时也标志着华盛顿总统确立的孤立主义外交政策演变为美洲孤立原则。美国在不知不觉中慢慢扩大对外影响，扩张势力范围。

南北战争之后，由于工业化带来的机遇，美国经济、社会迅速腾飞。日益强大的美国随之利用《门罗宣言》的影响力扩展美国霸权，试图把美洲变成美国人的美洲。到19世纪末，美国已是世界第一经济大国，开始追求政治影响力。老罗斯福对拉美各国“胡萝卜加大棒”的政策，以及冷战和后冷战

* 本文于2019年11月30日发表于“美国学与国际研究”微信公众号的“周末观察”栏目。

时期，美国对拉美各国的干涉，都是打着门罗主义的旗号，或者说是现实版的门罗主义。美国曾公开宣称，门罗主义适用于这一原则。这一当初具有一定积极意义的外交原则成为美国粗暴干涉别国内政、干涉别国事务的借口。

回顾《门罗宣言》的起源与发展，让我们深刻认识到美国外交的扩张性与霸权主义政策的延续性。这一做法，不是美国对外政策的一时心血来潮，而是一贯的传统。

1900年1月9日，美国参议员贝弗里奇在国会发表“美国的命运”演讲，号召美国吞并菲律宾，把它作为美国的殖民地。因为这是美国可能首次要拥有海外殖民地，所以在美国国内掀起了一场大辩论。作为扩张主义者的贝弗里奇有很多理由，首先就是中国的市场（And just beyond the Philippines are China’s illimitable markets. 译文：在菲律宾群岛的另一端，是中国广袤的市场）。贝弗里奇赤裸裸地认为这是上帝赋予美国的职责（...thanksgiving to Almighty God that he has marked us as His chosen people, henceforth to lead in the regeneration of the world. 译文：感谢全能的上帝选择我们作为他的子民，因此必须领导世界的重建。）事实上，贝弗里奇彻头彻尾是一个种族主义者，可以看看他对菲律宾人的态度。他在演说中无耻地说道：“他们无法自治。他们怎么可能做到？他们不是一个能够自治的民族。他们来自东方，居住在马来半岛上，听令于盘踞在最糟糕住宅区的西班牙人。”当美国想干涉或入侵他国时，理由总是冠冕堂皇。

事实上，无论是在第一次世界大战结束时，美国总统威尔逊于1918年1月8日在国会发表“十四点计划”演说，提出“建立世界和平的纲领”，还是在正式参与第二次世界大战前，美国总统富兰克林·罗斯福于1941年1月6日在国会发表“四大自由”演说（即言论自由、信仰自由、免于贫困及免于恐惧的自由），美国看似提出了一个个公正的原则，但是最终这些原则成为美国干涉别国的借口。罗斯福总统提出四大自由，当时确有深远意义。结合当时的历史背景，罗斯福总统在太平洋战争爆发前提出四大自由，带有一定的政治考量，即通过对四大自由的阐释，表达对欧洲战事的关切，以捍卫和保卫人类的自由为名，从舆论上、心理上、道德上为美国做好参战准备。同时，美国作为未卷入冲突的第三方，唱高调，讲道义，扮演灯塔角色，也使美国在舆论和心理上赢得优势，美国由此在参战前就牢牢把握住了世界舆论的主动性和心理优势。这“四大自由”对其他国家正处于战争中的人们，其感染力和号召力不用言说，也使美国参与战争前的作用和价值得以彰显。但是最终，这些都成为美国在冷战和后冷战时期干涉别国内政、维护美国霸权的理由。

从美国历史不难看出，美国干涉别国内政，参与世界事务，既有美国式的理想主义色彩的意识形态动机，又有基于现实、深谋远虑的政治利益考量。然而，不论是“山巅之城”还是所谓“道义维护”，其背后始终是霸权的影子。这让我们不得不重新审视美国文化，对美国文化的扩张性和美国外交传统的本质引发更多的思考，也需要更多地去考证。

在全球化的今天，和平与发展应该是时代的主题。每个国家都有自己独特的文明和不同的历史发展路径。和而不同、相互尊重、合作共赢，才是构建和谐世界的基础。如果美国长期大搞单边主义，一意孤行，动辄以自己的所谓标准要求别国，它就是全球最大的不稳定因素。美国外交政策的走向值得我们密切关注，更值得美国人自己反思。

拉美裔人口增长对美国总统大选影响探析
——以加利福尼亚州党派转向为例*

许戈辉

拉美裔和亚裔等少数族裔群体的快速增长正在促进美国人口族裔结构的多元化，规模占优的传统白人人口占比不断下降。美国部分州拉美裔人口规模已经逐渐接近甚至超过白人。对待人口族裔构成的变化，不同政党往往采取不同的应对政策。面对拉美裔人口的快速增长，共和党往往采取保守的政策取向，采用反冲政策（Backlash policy），特别是特朗普总统自执政以来，强力推行保守的移民政策进一步加剧了拉美裔选民对共和党的不满，突出了美国种族及族裔间的对立，可能会引发拉美裔选民更加偏向于对移民政策更加多元包容的民主党。拉美裔人口不仅在数量上不断增长，其政治潜力也得到不断发挥，尤其是正在不断增长的年轻拉美裔人口的政治参与度的增长，使得拉美裔或将成为重塑美国政治生态的重要力量。

一、当前美国人口变化趋势

当前美国人口出现两大主要变化趋势：人口不断老龄化以及人口族裔结构持续多元化。美国拉美裔人口相较于其他族裔人口，呈现出更快的增长趋势，已经成为少数族裔中人口最多的族裔。

根据美国人口普查局最新发布的人口预测，美国拉美裔人口在2018年达到5990万，比上一年增加了120万人，比2008年的4780万增加了1210万人。2008年至2018年，拉美裔在美国总人口中所占的比例从16%增加到18%。在

---

* 本文于2019年12月21日发表于“美国学与国际研究”微信公众号的“周末观察”栏目。

此期间，拉美裔人口增长约占美国总人口增长的一半以上（52%）。自2000年以来，美国拉美裔人口的增长有所放缓，但仍然高于其他族裔群体。从2005年到2010年，拉美裔人口平均年增长3.4%，此后下降到2.0%。而同期白人人口的增长微不足道，黑人人口的年平均增长率也不到1%。根据皮尤研究中心的统计数据，到2020总统大选时，拉美裔将超过黑人群体，成为美国选民中最大的少数族裔群体。

值得注意的是，美国最年轻一代Z世代（Generation Z），是迄今为止美国人口中，受教育程度最高，并且种族构成最多元的一代人。近半数（48%）的Z世代人具有少数族裔背景，其中不乏拉美裔背景，在政治立场上，这一代人也常常对一些关键问题持有和千禧一代相似的自由主义观点。这意味着未来美国人口构成将会持续多元化发展的趋势，且政治立场更加偏向自由多元。

二、拉美裔人口按州分布情况

目前，拉美裔人口最多的五个州是加利福尼亚州、得克萨斯州、佛罗里达州、纽约州和亚利桑那州。其中，得克萨斯州的拉美裔人口比例最高，加利福尼亚州拉美裔人口比例仅次于得克萨斯州。

根据《库克政治报告》（*Cook Political Report*）统计数据，从10个拉美裔人口占比最高的州（除去波多黎各外）来看，只有得克萨斯州倾向于共和党，亚利桑那州和佛罗里达州处于摇摆州地位，其他7个州都更加倾向于民主党。根据数据分析网站statista的统计，2000年至2018年，得克萨斯州拉美裔人口增长了70.9%,亚利桑那州拉美裔人口增长了75.4%，加利福尼亚州增长率为42.2%。可见在这些拉丁裔人口聚集的州内，拉美裔人口也保持着十分迅速的增长速度。得克萨斯州的拉美裔人口比例高达39.6%，亚利桑那州为31.6%。得克萨斯州、亚利桑那州同加利福尼亚州在拉美裔人口增长速度、人口规模、人口占比和移民来源上看，存在着较大相似性。

2019年9月30日,《库克政治报告》公布的2020年选举团评级（electoral college ratings）显示，倾向于民主党的选举人票共计248票，倾向于共和党的选举人票有205张。该报告认为2020年大选，亚利桑那州将成为两党争夺的摇摆州，得克萨斯州将作为可能投向共和党的红州。这两个州的选举人票数分别是38张、11张，合计49张选举人票。竞选总统最终获得选举人票的简单多数（超过270票），即可赢得大选。

结合《库克政治报告》对2020年大选选情的预估，民主党似乎在大选选举人票上拥有优势。如果未来得克萨斯州和亚利桑那州拉美裔选民的选票得到充分利用，将会对未来地方政治格局和未来美国总统选举走向产生重大影响。因此，两党对于亚利桑那州以及得克萨斯州拉美裔选民的争取，将有利于获得更多的选举人票，从而赢得总统大选。

三、加利福尼亚州地区党派倾向变化——从红州到蓝州

从20世纪90年代以来，加利福尼亚州完成了从传统支持共和党的红州向支持民主党的蓝州的政党倾向转变，并且加利福尼亚州向民主党靠拢的趋势还在不断加强。在这一过程中，拉美裔人口族裔结构变化以及选举潜力的发挥是改变加利福尼亚州地方政党势力的关键因素。从加利福尼亚州的地方党派势力变化可以管窥美国其他拉美裔人口聚集区的地方政治变化趋势，因而具有一定的参照意义。

加利福尼亚州是美国人口最多的州，同时它也是美国人口族裔结构最多元、少数族裔人口占比最高的州。自2000年人口普查以来，加利福尼亚州的少数族裔人口便超过白人，占多数地位。当前，加利福尼亚州无论是在国会选举还是总统选举人选票上，都被民主党所掌握。

自1996年开始，民主党开始在加利福尼亚州取得优势，并不断巩固其蓝州属性。近几年，加利福尼亚州对民主党的支持也更趋强化。2016年总统大选，希拉里也在加利福尼亚州领先特朗普200多万张选票，稳稳拿下加利福尼亚州55张选举人票。2018年的中期选举，加利福尼亚州在蓝州和自由州的身份属性上更加突出，民主党得以翻转了七个国会选区，使共和党人在该州53个国会众议院席位中只占有7个。

事实上，长期以来，加利福尼亚州却是共和党掌握的传统优势地区。在1952年至1988年的11次总统选举中，仅在1964年，民主党总统林登·约翰逊赢得了加利福尼亚州的选举人票。此外，加利福尼亚州还是共和党总统尼克松和里根的家乡。但从1992年以来，民主党在加利福尼亚州的政治优势不断扩大。加利福尼亚州是怎样从一个红州变成一个蓝州的呢？人口族裔结构变化，以及不同政党的应对政策及其引发的连锁反应，或许是产生这一变化的关键，加利福尼亚州的地方党派倾向的变化也可能成为未来美国多个地方政治版图翻盘的缩影。

加利福尼亚州从一个红州转变为一个坚实的蓝州（Solid Democratic）用了大约10年的时间。加利福尼亚州可以被看作美国人口族裔结构变化与地方党派倾向变化的缩影。1990年，加利福尼亚州的族裔人口构成是，58%是白人，7%是黑人，25%是拉美裔，10%是亚裔。到了2000年，白人占全州人口的50%，拉美裔达到了31%，亚裔占13%，黑人占6%。在20世纪90年代和21世纪初的加利福尼亚州，该州的种族人口结构发生了变化，特别是拉美裔和亚裔人口的占比变化。2014年，拉美裔超过白人成为该州最大的单个族裔群体。加利福尼亚州人口族裔结构的变化对政党的政策应对以及选战策略等产生了直接的影响。

加利福尼亚州由红州变为民主党的蓝州，始于里根时期。1986年，里根政府颁布的《移民改革与控制法》在国会通过后，使当时加利福尼亚州300万拉美裔非法移民一夜间获得了合法身份，继而也获得了合法选民身份。拉美裔移民在加利福尼亚州政治格局中的作用不断得以发挥。

共和党在加利福尼亚州主政期间，针对人口族裔结构的变化，没有采取接纳亚裔和拉美裔人口的政策。在对待非法移民方面，共和党采取了更加强硬的措施，这也使得人数不断增长的少数族裔人口被共和党所疏远。1994年，共和党在执政期间提出了187号提案。187号提案试图禁止非法移民从医疗保健和公共教育中受益，甚至该项法案要求医生、护士和教师向当局报告他们怀疑在该州的非法移民。该提案一经通过即引发了拉美裔参与的多场示威抗议。随后，联邦地区法院就对该提案发布限制令，禁止实施。该提案使共和党与人口不断增长的拉美裔选民更加疏远，并使拉美裔选民更加倾向于民主党。

之后不久，针对加利福尼亚州的人口族裔结构变化，209号提案出台，该提案于1996年取消了该州的平权行动，要求禁止加利福尼亚州政府和公立大学在录取时考虑人种、性别和族裔。此项提案，引发了广泛抗议。之后的227号提案，创建了一个仅允许使用英语的学校日，并于1998年取消了该州公立学校的双语教育。共和党应对拉美裔人口增长的措施是进一步保守，排斥拉美裔。在共和党看来，其应对政策，更多的是针对拉美裔中不具有投票资格的非认证移民。但是拉美裔人口常常群居在大家庭中，亲属和朋友关系叠加，合法和非法移民相互杂居、混居。因此，共和党的保守政策，也使得拉美裔选民更加愤怒。而对待移民政策，民主党一直被认为对外来移民十分温和、包容。因此，拉美裔非法移民和少数族裔在政治上更倾向于民主党。

此外，加利福尼亚州白人选民也并非都是共和党的坚定支持者，白人年轻选民则在移民等问题上较为进步。这可能与年轻白人的生活环境有关。这些年轻人在成长过程中，加利福尼亚州就已经出现了多样化的族裔发展趋势，他们与拉美裔移民的联系也较多。此外，加州的拉美裔选民报告也表明，拉美裔人口对政治活动有了更多的了解，与之前入籍的选民相比，20世纪90年代之后入籍的移民登记率和投票率更高。

当前，共和党针对美国人口族裔结构的变化，还是继续采取保守的政策取向。共和党采取的应对政策，主要是针对族裔结构变化和传统白人主体地位受到威胁而进行的政策反应。但是，这些反应也进一步激化了共和党与拉美裔选民之间的矛盾。拉美裔在人口增长的同时也开始在政治上表达诉求，参与选举，参与投票，甚至改变了地方的政治格局。

四、得克萨斯州和亚利桑那州拉美裔人口可能对地方党派倾向的影响

当前，从得克萨斯州、亚利桑那州和加利福尼亚州拉美裔人口增长速度、人口规模、人口占比和移民来源上看，存在着较大的相似性。得克萨斯州和亚利桑那州会否产生和加利福尼亚州相似的地方党派倾向的转变？得克萨斯州和亚利桑那州的拉美裔选民会否积极参与选民登记，参与投票？民主党能否整合少数族裔选举势力，从而获得选举优势？

（一）得克萨斯州

得克萨斯州拉美裔人口占比、人口数量以及增长速度和加利福尼亚州相仿，但是目前多家民调数据显示，得克萨斯州选举人票倾向于共和党，但这一倾向也在发生着微妙的变化。目前得克萨斯州拉美裔人口参与投票的比例只有39%，而加利福尼亚州的拉美裔人口投票比例则有49%。10个百分点的投票参与率差异，可能是造成得克萨斯州目前在党派偏向上仍然倾向于共和党的原因。如果得克萨斯州拉美裔和加利福尼亚州拉美裔以同样的选举参与度参与投票，或许对州政治和总统大选产生颠覆性的转变。

此外，得克萨斯州共和党在对待少数族裔群体上，并未采取同加利福尼亚州共和党相仿的激烈的保守政策。1994年小布什竞选州长时就将接纳拉美裔和移民作为其竞选活动的核心，呼吁共和党更具包容性和多元化。2001年，

时任共和党州长佩里任内通过的“得克萨斯梦想法案”（Texas Dream Act）成为法律。因此，得克萨斯州拉美裔并未受到本州内较大的族裔挑战和政策威胁，所以投票率较低。

但是也有迹象表明，随着特朗普总统上台，对拉美裔非法移民的强力打压，对合法移民“家庭团聚”规则和传统的改变，大规模搜捕和遣返拉美裔非法移民，力推美墨“边境墙”建设，试图改革绿卡抽签机制和减少合法移民数量等政策举措，以及在多个场合针对拉美裔的偏激言论等，或许会刺激得克萨斯州内的拉美裔选民参与投票，这或将对2020大选得克萨斯州的选举人票流向产生直接影响。

相较于2014年，2018年得克萨斯州参与投票的选民增长了80万人，参与度提高了近80%。此外，得克萨斯州还拥有近170万已注册却没有投票的选民，另外还有200万有资格却未注册的选民。如果民主党努力动员争取拉美裔社区，拉美裔或将成为总统大选时影响得克萨斯州选举人票的重要投票力量。

在2018年的中期选举中，得克萨斯州作为美国传统上的“深红票仓”，却险些在参议员竞选中被民主党候选人战胜。这也体现了民主党在得克萨斯州与共和党的差距已经缩小。

（二）亚利桑那州

2018年，亚利桑那州拉美裔人口占比预计也已达到31.1%。预计到2024年，少数族裔人口在总体上会超过白人的多数地位。

亚利桑那州人口族裔结构的变化，也引发了一系列反应。共和党推动的S.B.1070号法案也在全美引发争议和讨论，该法案允许地方和州警察在因怀疑公民身份而进行拦停时使用“种族定性”（racial profiling）。民调显示，拉美裔认为这一法案旨在针对该州的拉美裔人口，对此普遍不满。最终，美国司法部也对该法案提出质疑，最高法院也最终判决该法案诸多条款违宪。但是该法案因突出了对少数族裔的不公对待，刺激了亚利桑那州内部党派趋势的变化，拉美裔也更趋于向民主党方向转变，从2014年到2018年，拉美裔选民的比例增加了3%，而白人选民的比例下降了4%，在可预见的未来，可能会有一定程度上的政策转向。

亚利桑那州也持续朝着民主党有利的方向转变。在2018年的中期选举中，亚利桑那州联邦参议员杰夫·弗莱克决定退休，使得民主党人有机会争取这一席位。此外，在州立法机构的席位争夺上，民主党人又获得了4个席位，最终将民主党在州立法机构的份额增加到29席，而共和党保有31个席位，两党差距渐趋缩小。此外，目前白人在65岁及以上的选民中占了绝大多数，而拉美裔人口则在年轻人中占优势地位。随着拉美裔人口的迅速增长和白人人口的显著老龄化，年轻选民在诸多议题上更加自由多元等，拉美裔选民在选举中的分量将会更加突出。根据亚利桑那州选举后的民调（exit poll）显示，18—44岁的选民在2018年中期选举的参议员选举中，更偏向将选票投向民主党（59%—38%）。“拉美裔的选择：2018年选举前夜”（The Latino Decisions: 2018 Election Eve）民调显示，在亚利桑那州的拉美裔中，74%的拉美裔不赞成特朗普的所作所为。随着拉美裔人口的增长、拉美裔政治参与度的提高，以及拉美裔在政治上更加偏向民主党，在亚利桑那州未来也可能会产生地方党派倾向的转变，进而直接影响总统大选。

美国弹劾制度与被弹劾的总统*

黄彩梅

弹劾在美国是指立法机构（通常是众议院）以一项或多项罪名对政府文官提出指控，其本质类似于大陪审团提出起诉。弹劾是宪法赋予国会的合法权力，用以制衡行政机构和司法机构，是美国三权分立制度的重要体现。一般认为，弹劾制度源于古希腊雅典等城邦所实施的一项独特的政治制度，即“陶片放逐法”，又称“贝壳放逐法”。在一年一度的公民大会上，雅典公民可以通过投票强制将可能威胁雅典民主制度的政治人物放逐。

一、弹劾制度的起源和发展

美国现行的弹劾制度深受起源于14世纪的英国议会弹劾制度影响。1787年，制宪会议在费城举行，大会就是否把弹劾制度写入美国宪法进行了广泛讨论。部分与会者对此持反对意见，认为弹劾制度可能会严重影响三权分立制度。然而，来自马萨诸塞州的埃尔布里奇·格里指出：“一个好的官员不会害怕弹劾，一个不合格的官员应该对此有所畏惧。”在乔治·华盛顿、亚历山大·汉密尔顿以及本杰明·富兰克林等与会者的支持下，弹劾制度最终被写入美国宪法第二条第四款，即“总统、副总统和合众国的所有文官，因叛国罪、贿赂罪或其他重罪和轻罪受到弹劾并被定罪后，应予以免职”。

迄今为止，有两名联邦法官因受贿罪被弹劾和免职，无一官员因叛国罪遭到弹劾，而所有针对联邦官员的弹劾都是基于“其他重罪和轻罪”的指控。宪法没有明确规定“其他重罪和轻罪”的内涵，致使基于这一点的弹劾更为复杂。律师们通常把“其他重罪和轻罪”解读为真正犯罪（触犯法律）、滥用

* 本文于2019年12月28日发表于“美国学与国际研究”微信公众号的“周末观察”栏目。

职权以及如亚历山大·汉密尔顿在《联邦党人文集》中所定义的“违反公众信任”。1970年，时任众议员杰拉尔德·福特将可以进行弹劾的罪行定义为“在特定时刻，多数众议院议员认为可起诉的罪行”。从历史上看，国会的弹劾议案通常基于三大类罪名：超出宪法赋予职务的权力界限，行为举止不符合职务的职能和宗旨，以及利用职权达到不当目的或谋取个人利益。

二、弹劾制度的法律规定

美国宪法不仅赋予了国会弹劾文官的权力，还规定了弹劾制度的基本法律程序。弹劾程序由本杰明·富兰克林在制宪会议期间首次提出，他指出罢免“可憎的”领导的传统机制已是形同虚设，弹劾是罢免领导者更合理更可取的一种方式。

美国宪法第一条第二款规定：“众议院选举本院议长和其他官员，并独自享有弹劾权。”弹劾调查程序的第一步是众议员提出弹劾动议，一般会附上相应的证据资料和调查报告。随后，众议院议长将指示众议院司法委员会就该动议举行听证会，决定是否以及何时由该委员会全体成员投票表决。这一阶段只需要过半的票数，即简单多数票，就可以通过动议。动议通过后，众议院会组织进一步调查，目的是提出弹劾条款，明确被弹劾者所犯罪行。弹劾条款形成后，司法委员会将对此投票表决，只需要简单多数票即可通过。司法委员会投票通过弹劾条款后，这一弹劾条款要交由众议院全体会议审议。如果参议院以简单多数票通过弹劾条款，这就标志着弹劾对象正式被弹劾。弹劾类似于司法案件中的起诉，弹劾对象可以一直担任公职，等待参议院判决。

此后，众议院将弹劾条款提交给参议院。与众议院独享弹劾权一样，美国宪法第一条第三款规定：“参议院独自享有审判所有弹劾案的权力。”宪法只是授予参议院审理案件的权力，没有规定具体的审判程序。一般来说，参议院的审判程序由三部分组成，即审前准备、现场审理以及投票判决。参议院在宣读弹劾条款后会阻止相关人员进行审议，其间，可以传唤弹劾对象以便询问。审前准备完成后，审判程序就进入了现场审理阶段。担任参议院议长的副总统可以主持弹劾审判，但是，如果弹劾对象是总统，副总统就必须回避，弹劾审判将由合众国最高法院首席大法官主持。审理过程与法院庭审比较相似，控辩双方可以出示证据、听取证词以及展开辩论等。现场审理的最后一步是控辩双方总结陈词。之后，参议院召开闭门会议，对弹劾案进行进一步审议。

审议结束后，参议院举行公开投票，要求全体参议员对各个弹劾条款分别投票。参议院需要2/3以上的多数票，即67票以上，才能通过弹劾条款。只要有一条弹劾条款在审判中表决通过，就会判决弹劾对象有罪。弹劾对象将被自动免除职务，同时不得上诉，因为参议院的判决属于终极审判。弹劾程序是政治性的，不具备刑事性质，弹劾对象需要承担的唯一后果是被免除职务，国会无权对被罢免的官员进行刑事处罚。

三、被弹劾过与接近被弹劾的总统

根据美国宪法，弹劾是一个漫长而复杂的过程。纵观美国历史，弹劾程序很少被启动，总统弹劾案在美国历史上也是鲜有发生。迄今为止，有三位总统被众议院弹劾，一位总统接近被弹劾。

（一）安德鲁·约翰逊（Andrew Johnson）

亚伯拉罕·林肯遭到暗杀后，时任美国副总统安德鲁·约翰逊继任成为美国第17任总统，任期为1865年至1869年。执政期间，约翰逊与国会时有冲突。他否决了国会提出的多个议案，包括为流离失所的南方人提供食物、住所、医疗和土地的“自由人局法案”。1868年3月，约翰逊遭到众议院弹劾，成为美国历史上第一个被弹劾的总统。约翰逊遭到弹劾的直接导火索是他罢免了战争部长埃德温·斯坦顿。国会认为，约翰逊罢免斯坦顿，违反了“联邦官员任职法”。该法案禁止总统在未经立法机构批准的情况下罢免经参议院任命的官员。1868年5月，在针对约翰逊的弹劾案审判中，35名参议员投了赞成票，离三分之二多数票还差一票。约翰逊的反对者因一票之差没有能够将其免职。

（二）比尔·克林顿（Bill Clinton）

一个多世纪以后，比尔·克林顿也遭遇了与约翰逊相似的政治命运。比尔·克林顿是美国第42任总统，任期为1993年至2001年。1998年1月，克林顿与白宫实习生莫妮卡·莱温斯基的婚外情曝光后，面对联邦调查人员，克林顿坚决否认与莱温斯基有过不正当关系。1998年12月，美国众议院举行全体会议，通过了弹劾总统克林顿的两项弹劾条款，即在“性丑闻案中做伪证”和“妨碍司法”。克林顿因此成为美国历史上第二位遭到弹劾的总统。虽然多位参议员认为克林顿行为不端，但他们也认为克林顿的不当行为尚未构成美国宪法所规定的“重罪或轻罪”。与约翰逊弹劾案相似的是，参议院没有能够获得三分之二多数票，这就意味着对克林顿的两项指控罪名均不成立。参议院裁定克林顿无罪后，克林顿留任至任期结束。

（三）理查德·尼克松（Richard Nixon）

理查德·尼克松，第37任美国总统，其任期为1969年至1974年。众议院对尼克松的弹劾缘于“水门事件”。1972年6月，尼克松竞选班子的五名成员潜入位于华盛顿水门大厦的民主党全国委员会办公室，安装窃听器并窃取绝密文件，被当场抓捕。8月，尼克松发表演讲，发誓白宫工作人员没有参与此事，而多数选民也选择相信了总统。同年11月，尼克松以压倒性优势再次赢得总统大选。后来的证据显示，尼克松一直试图掩盖和阻挠相关方面对“水门事件”的调查，包括给关键证人提供封口费、拒不交出白宫办公室的日常录音带、解雇检察官等。1974年7月，众议院司法委员会投票通过了弹劾尼克松的多项罪名，包括妨碍司法、滥用权力和藐视国会等。8月5日，尼克松迫于形势公布了相关录音，这也成为他参与水门事件的确凿证据。与安德鲁·约翰逊和比尔·克林顿不同的是，为了免受参议院的审判，尼克松在众议院通过弹劾条款前选择辞去总统职务，成为美国历史上第一位辞职的总统。

（四）唐纳德·特朗普（Donald Trump）

唐纳德·特朗普，第45任美国总统，其任期为2017年至今。这位上任近三年的总统正面临着由一通电话引发的弹劾。2019年8月12日，一名举报者指控特朗普滥用权力，以扣留美国对乌克兰的军事援助和推迟双方领导人在白宫举行的会议为手段，向乌克兰新任总统弗拉基米尔·泽连斯基施压，要求对方调查其2020年总统竞选主要对手乔·拜登，以从中谋取个人政治利益。9月24日，众议院发言人南希·佩洛西宣布正式对特朗普发起弹劾问询。次日，白宫公布了特朗普与泽连斯基的通话记录，希望能够以正视听。通话记录显示，特朗普7月份在与泽连斯通话期间，表示希望他能帮忙做两件事情：对乔·拜登的儿子亨特·拜登及其曾任职的乌克兰天然气公司进行调查，支持乌克兰而不是俄罗斯干预2016年美国总统大选的说法。

然而，公布通话记录并没有能够阻止国会弹劾特朗普的脚步。10月31日，由民主党控制的众议院以232票对196票通过了弹劾问询，其后举行了多次听证会。12月13日，众议院司法委员会通过了针对特朗普的两项弹劾条款。第一项弹劾条款是“滥用权力”，即特朗普扣押美国对乌克兰约4亿美元的军事援助，以此要挟乌克兰总统调查拜登，谋取个人政治利益；第二项弹劾条款是“妨碍国会”，即众议院在询问调查期间，特朗普命令行政机构和官员拒绝配合。12月18日，众议院全体会议通过了针对特朗普的两项弹劾案，意味着特朗普成为美国历史上第三位被弹劾的总统。

特朗普反驳称，暂停对乌克兰军事援助是为了防止援助经费被用于滋生腐败，同时，还考虑到法国和德国等欧洲国家没有加强对乌克兰援助，并且在乌克兰没有启动调查前，白宫就恢复了对其援助。特朗普私人律师朱利安尼以及一些特朗普的支持者宣扬，乌克兰干预美国2016年大选是为了帮助民主党候选人希拉里·克林顿。

四、特朗普弹劾案何去何从

距离2020年总统大选只剩不到一年的时间，由民主党控制的众议院对总统特朗普发起弹劾，究竟意在何为？从整个事件的发展过程来看，可以说，弹劾特朗普更多的是缘于党派之争，是两党相争的具体表现形式。

民主党缺乏坐实特朗普罪行的相关铁证。与尼克松“水门事件”不同的是，众议院未能从白宫公布的特朗普与乌克兰总统的电话录音中找到有力证据，而众议院传唤的多个证人也没有能够提供有力证词。出席民主党召开的第一次听证会时，作为证人的国务院副助理国务卿乔治·肯特表示，他曾就副总统乔·拜登的儿子亨特·拜登在乌克兰天然气公司董事会就职一事提醒过奥巴马政府，并“和其他美国官员一起主张对该公司进行调查”。这部分证词恰恰在某种程度上论证了白宫以及共和党反对弹劾特朗普的主张。特朗普第一个任期的时间已经进入倒计时了，民主党完全可以等待大选的到来，把审判权交给选民，而不是在没有确凿证据的情况下启动弹劾程序。民主党此举的意义是过程大于结果，指望在调查过程中，披露出特朗普税收、性丑闻等问题，拉低选民支持率，为民主党候选人在2020年的大选中赢得更多筹码。

众议院对弹劾特朗普的历次投票都呈现出清晰的党派之分。由民主党控制的众议院以232票对196票通过了弹劾问询。从投票结果来看，多数民主党人投赞成票（只有两名民主党议员投反对票），共和党人投反对票。众议院司法委员分别对针对特朗普的两项弹劾条款进行了投票，两次投票结果都是23票对17票，也就是说，所有民主党人投赞成票，共和党人投反对票。此外，众议院规则委员会以228票对197票通过了商讨弹劾条款的具体程序和规则。众议院全体会议以230票对197票通过了第一项弹劾条款，以229票对198票通过了第二项弹劾条款，其中，没有一个共和党人投票赞成弹劾特朗普，也只有个别民主党人投反对票。可以推测的是，议员在投票时首要考虑的不是特朗普是否真的有罪，不是真实情况究竟如何，而是效忠自己所在的政党，选择"站好队"。党派之争正是美国开国元勋华盛顿所担忧的问题。在即将卸任总统之际，他在《告别演说》中告诫国人要警惕政党之分，说明其有百害而无一利。

特朗普声称自己没有丝毫错误可言，把针对他的弹劾案称为"恶作剧"和"猎巫行动"，认为民主党的真实目的是混淆视听，抹黑他任期内在国家经济发展方面所取得的成就，进而推翻2016年总统大选的结果。特朗普在写给众议院议长的一封信中，抨击民主党把弹劾当成武器，对民主宣战，与民主为敌。在美国历史上，为达到目的诉诸"民主"的美国总统不在少数，第5任总统詹姆斯·门罗以维护美国民主制度为由，禁止欧洲国家干涉美洲事务；第32任总统富兰克林·罗斯福为说服美国民众同意支持处于第二次世界大战中的英法等国家，声称美国应该成为"民主的兵工厂"。"民主"是美国总统的有力武器，大有"进可攻，退可守"之势。应该说，特朗普希望"民主"能够成为自己政途中的一把利器。

时至今日，特朗普在共和党内的支持率依然居高不下。随着事态的不断变化，共和党人会不会像抛弃尼克松一样抛弃特朗普呢？1974年，美国最高法院公开了"铁证"录音带，证实尼克松和相关工作人员在1972年总统大选前曾经明确谈论过要阻止"水门事件"的调查。随后，尼克松的支持率急剧下降，只有约20%，意味着至少有一半的共和党人不再支持他。然而，目前看来，共和党抛弃特朗普的可能性较小。首先，共和党坚持认为特朗普没有任何犯罪行为，暂停对乌克兰军事援助在其行政职能范围以内，又何来"妨碍国会"一说。其次，有关"水门事件"的相关证据被披露后，尼克松已经进入第二个总统任期，是一个"跛脚鸭总统"，而特朗普的第一个任期尚未满，共和党还指望特朗普连任，为共和党带来更多利益。最后，推动共和党和民主党之间党派纷争的推手是特朗普的政治手段，而不是基于事实的调查。

共和党能够容忍性丑闻、封口费以及“通俄门”等多个负面新闻缠身的总统，就不会轻易抛弃特朗普。由此可见，由共和党控制的参议院通过弹劾条款的概率很小。

一项盖洛普民意调查显示，自弹劾问询启动以来，特朗普的支持率上升了6%，达到45%。可见，弹劾事件对特朗普支持者的负面影响较小。特朗普很有可能从弹劾事件中全身而退，赢得2020年总统大选，成为美国历史上第一个被弹劾后连任的总统。如果民主党能够找到有关特朗普罪行的铁证，那就另当别论了，不过这种可能性也是极小。